10 ANOS DE GOVERNOS PÓS-NEOLIBERAIS NO BRASIL:

LULA E DILMA

FLACSO – Faculdade Latino-Americana de Ciências Sociais
Sede Acadêmica Brasil

Diretor: Pablo Gentili
Coordenador Acadêmico: André Lázaro
Coordenadora Executiva: Salete Valesan Camba
Coordenador de Relações Internacionais: Emir Sader

Rua São Francisco Xavier, 524 – 12º andar – Sala 12.111 – Bloco F
CEP: 20550-013 – Maracanã – Rio de Janeiro/RJ
www.flacso.org.br

10 ANOS DE GOVERNOS PÓS-NEOLIBERAIS NO BRASIL:

LULA E DILMA

ANA MARIA COSTA - ARTUR HENRIQUE - BERNARDO MANÇANO FERNANDES - DALILA ANDRADE OLIVEIRA - ELEONORA MENICUCCI DE OLIVEIRA - GLAUBER PIVA - JORGE MATTOSO - JOSÉ LUÍS FIORI - LISZT VIEIRA - LUIZ GONZAGA BELLUZZO - LUIZ INÁCIO LULA DA SILVA LUIZ PINGUELLI ROSA - MARCIO POCHMANN - MARCO AURÉLIO GARCIA - MARILENA CHAUI - NELSON BARBOSA - PABLO GENTILI PAULO VANNUCHI - RENATO CADER - RENATO FERREIRA - SERGIO MACHADO REZENDE - TANIA BACELAR DE ARAUJO - VENÍCIO A. DE LIMA

ORGANIZAÇÃO: EMIR SADER

BOITEMPO FLACSO BRASIL

Coordenação editorial
Ivana Jinkings
Editores-adjuntos
Bibiana Leme e João Alexandre Peschanski
Assistência editorial
Alícia Toffani e Camila Nakazone
Revisão
Vanessa Carneiro Rodrigues
Diagramação
Acqua Estúdio Gráfico
Capa e falso-rosto
Ronaldo Alves
na quarta capa, sobre imagem de Heinrich Aikawa/Instituto Lula
Produção gráfica
Livia Campos

CIP-BRASIL. CATALOGAÇÃO-NA-FONTE
SINDICATO NACIONAL DOS EDITORES DE LIVROS, RJ

---

d518
10 anos de governos pós-neoliberais no Brasil: Lula e Dilma / Emir Sader (org.). - São Paulo, SP: Boitempo; Rio de Janeiro: FLACSO Brasil 2013.

ISBN 978-85-7559-328-8

1. Brasil - Política e governo 2. Neoliberalismo 3. Desenvolvimento econômico. I. Sader, Emir, 1943-. II. Faculdade Latino-americana de Ciências Sociais. III. Título: Dez anos de governos pós-neoliberais no Brasil.

13-2196. CDD: 320.981
CDU: 32(81)
05.04.13 09.04.13 044039

1ª edição: maio de 2013

BOITEMPO
Jinkings Editores Associados Ltda.
Rua Pereira Leite, 373
05442-000 São Paulo SP
Tel.: (11) 3875-7250 / 3875-7285
editor@boitempoeditorial.com.br
boitempoeditorial.com.br | blogdaboitempo.com.br
facebook.com/boitempo | twitter.com/editoraboitempo
youtube.com/tvboitempo | instagram.com/boitempo

SUMÁRIO

APRESENTAÇÃO

O Brasil mudou – e mudou para melhor – nesses dez anos, e recordar com precisão o que era o país antes de janeiro de 2003 é um exercício necessário.

A década que teve fim em 2002 combinou várias formas de retrocesso. Entre elas, a prioridade do ajuste fiscal, as correspondentes quebras da economia e as cartas de intenção do FMI, que desembocaram na profunda e prolongada recessão que o governo Lula herdou. Na estrutura social, o desemprego, a precarização das relações de trabalho, a exclusão social e o aumento da desigualdade deram a tônica. Já a política foi reduzida a complemento da ditadura da economia, assim como o Estado foi reduzido a Estado mínimo, com a centralidade do mercado. No plano internacional, viu-se a subordinação absoluta aos desígnios da política externa dos Estados Unidos. Na cultura, o Estado renunciou ao seu fomento e promoveu a mercantilização.

Os caminhos que os governos Lula e Dilma trilharam e ainda trilham para enfrentar essa herança foram mais complexos e conflituosos do que se poderia esperar. Como construir uma hegemonia pós-neoliberal em meio a uma hegemonia neoliberal tão predominante no mundo? Como agir diante do legado devastador deixado pelos governos neoliberais?

Os artigos deste livro deverão ajudar o leitor a compreender o que mudou no mundo na primeira década do século XXI e, em particular, na América Latina. Analisam as tensões em meio às quais se desenvolveu a política econômica do governo, da primeira à segunda – e atual – fase. Também discorrem sobre como foram implementadas as políticas sociais – o coração dos governos Lula e Dilma –, seus enfoques setoriais obrigatoriamente desiguais, seus sucessos e obstáculos até hoje não superados.

O livro pretende contribuir para a reflexão sobre o percurso dessa primeira década de governos pós-neoliberais no Brasil. A intuição e o pragmatismo de Lula serviram de bússola nesse caminho, com situações às vezes surpreendentes e inesperadas, mas que fizeram com que se concluísse esse período com um balanço claramente positivo.

Esses 10 anos – que, ao que tudo indica, podem ser seguidos de pelo menos mais uma década – servem de pano de fundo para se pensar sobre a herança recebida, as transformações logradas e aquelas não realizadas, com suas razões e consequências, e as projeções para o futuro brasileiro.

Se este volume puder contribuir para a reflexão e a atualização da prática política necessárias à superação definitiva do neoberalismo, terá cumprido seu objetivo. Uma prática política sem consciência dos itinerários já percorridos permite que os riscos da perda de horizontes estratégicos se efetivem e que elaborações teóricas desvinculadas da prática política concreta se tornem inócuas. Pretendemos, portanto, ajudar a rearticular a teoria e a prática transformadoras da realidade.

Emir Sader

O NECESSÁRIO, O POSSÍVEL E O IMPOSSÍVEL

Luiz Inácio Lula da Silva

entrevista concedida a Emir Sader e Pablo Gentili

Um livro sobre os 10 anos dos governos que transformaram profundamente o Brasil não poderia deixar de dar a palavra a seu principal protagonista, aquele sem o qual esse processo não teria sido possível e, menos ainda, ter logrado tamanho êxito. Luiz Inácio Lula da Silva é um político prático, intuitivo, que busca a resolução concreta dos problemas. Foi em boa medida graças a essa capacidade que se desenvolveu no país um complexo processo de articulação política que tornou viável a prioridade do social e a promoção de políticas igualitárias, a soberania externa e a recuperação do papel ativo do Estado na construção dos direitos cidadãos.

Esses avanços são analisados neste livro e interpretados por Lula na presente entrevista, realizada na sede do Instituto Lula, em São Paulo, em 14 de fevereiro de 2013. Traz contribuições para compreender uma década fundamental na história brasileira. Ajuda-nos a interpretar, pela visão de quem foi e continuará sendo uma das figuras mais destacadas da política mundial no século XXI, conjuntura de excepcional riqueza na luta pela construção de uma nação mais democrática e justa.

Que dados terá a sua disposição um historiador que pretenda analisar o governo Lula no futuro, além dos publicados pela mídia tradicional?

Quando faltava um ano, um ano e pouco para acabar o meu mandato, decidi que iria registrar em cartório tudo que o meu governo fez. No dia 15 de dezembro [de 2010], a Miriam Belchior[1], que coordenou esse processo, registrou em cartório todas as atividades do Ministério do Planejamento, da Economia, da Pesca, tudo. Por quê? Porque, eu queria contar um pouco a história deste país. Eu aí falei aos ministros: "Vão

[1] Foi assessora especial de Lula (2003-2004); depois, foi responsável por articular a ação de governo e monitorar os projetos estratégicos e, a partir de abril de 2010, coordenadora geral do PAC. [As notas deste capítulo são de autoria dos entrevistadores].

ter que registrar em cartório, porque, se vocês mentirem, não será para mim. Vocês estarão cometendo falsidade ideológica". São seis volumes. Estão em letrinhas pequenas. Está tudo muito benfeitinho, tem a assinatura de todo mundo. Se você quer saber o que nós fizemos para combater a corrupção, está aí; o que nós fizemos na área da Educação, está aí; o que nós fizemos na área do Transporte, está aí [...]. Dia 15 de dezembro nós fizemos um ato público (para lançar o balanço de governo). Está tudo na internet[2].

Antes, a gente não conseguia encontrar a agenda do Sarney, do Collor, do Fernando Henrique Cardoso, do Itamar. Não se sabia o que eles faziam. Nós passamos a registrar a agenda. Eu lembro que um dia uma CPI[3] mandou um ofício para o Gilberto Carvalho[4] perguntando se eu tinha me encontrado com o presidente de um banco tal. Aí eu disse ao Gilberto: "Fala para eles procurarem na internet. Está lá minha agenda".

A gente passou a tornar pública a atividade do governo. Por que tinha que ser segredo de Estado? E eu falei: "Então nós vamos registrar, para ficar na história". Quando uma universidade quiser pesquisar, vai saber como foi tratado o assunto. Foi um trabalho de cão fazer isso: exigir que os ministros cumprissem, pois há sempre uns mais organizados que outros. A exigência de registrar em cartório era para eles serem verdadeiros com eles mesmos.

Qual o balanço que o senhor faz dos anos de governo do PT e aliados?

Esses anos, se não foram os melhores, fazem parte do melhor período que este país viveu em muitos e muitos anos. Se formos analisar as carências que ainda existem, as necessidades vitais de um povo na maioria das vezes esquecido pelos governantes, vamos perceber que ainda falta muito a fazer para garantir a esse povo a total conquista da cidadania. Mas, se analisarmos o que foi feito, vamos perceber que outros países não conseguiram, em trinta anos, fazer o que nós conseguimos fazer em dez anos. Quebramos tabus e conceitos preestabelecidos por alguns economistas, por alguns sociólogos, por alguns historiadores. Algumas verdades foram por água abaixo.

Primeiro, provamos que era plenamente possível crescer distribuindo renda, que não era preciso esperar crescer para distribuir. Segundo, provamos que era possível aumentar salário sem inflação. Nos últimos 10 anos, os trabalhadores organizados tiveram aumento real: [...] o salário-mínimo aumentou quase 74% e a inflação esteve controlada. Terceiro, durante essa década aumentamos o nosso comércio exterior e o nosso mercado interno sem que isso resultasse em conflito. Diziam antes que não era possível crescer concomitantemente mercado externo e mercado interno.

Esses foram alguns tabus que nós quebramos. E, ao mesmo tempo, fizemos uma coisa que eu considero extremamente importante: provamos que pouco dinheiro na mão de muitos é distribuição de renda e que muito dinheiro na mão de poucos é concentração de renda.

---

2 Foi feita e distribuída uma edição em papel na ocasião e o conteúdo está disponibilizado no seguinte endereço eletrônico: <www.balancodegoverno.presidencia.gov.br>.

3 Comissão Parlamentar de Inquérito.

4 Na época chefe de gabinete da Presidência.

A quebra desses tabus foi percebida pela sociedade?

Muita gente da classe média e rica acabou compreendendo. Aqueles que ironizavam o Programa Bolsa Família, [...] o aumento do crédito para a agricultura familiar, [...] o programa Luz pra Todos e todas as outras políticas sociais, aqueles que ironizavam dizendo que era esmola, que era assistencialismo, perceberam que foram milhões de pessoas, cada uma com um pouquinho de dinheiro na mão, que começaram a dar estabilidade à economia brasileira, fazendo com que ela crescesse, gerasse mais emprego e renda. Esta é uma lógica que todo mundo deveria entender.

Existe algum lugar no mundo em que as pessoas vão produzir se não tiver consumo? Se isso acontecer, é porque a economia voltou-se para a exportação [e, nessa lógica,] o povo do país que se dane. Você pode fazer uma grande política de produção para exportação, mas nunca conseguirá, com isso, governar para mais de 35% da população, inclusive porque as fábricas sofisticadas geram menos empregos. Hoje, os postos de trabalho são gerados no setor de serviços e, mesmo assim, menos do que antes.

Precisamos ter em mente o seguinte: que país do mundo vai crescer se o seu povo não tiver poder de compra, se o povo não puder comprar aquilo que é produzido dentro do país?

Do ponto de vista econômico, eu acho que marcamos uma nova trajetória na vida brasileira. A partir daí, foram dadas as condições para que as taxas de juros fossem colocadas em um patamar aceitável pela sociedade.

O senhor considera que cumpriu as promessas que fez ao povo brasileiro nas suas duas campanhas eleitorais?

No fim do primeiro mandato, pedi à Clara Ant[5] para fazer um levantamento do programa de governo. Queria saber se o tínhamos cumprido. Nós mais do que cumprimos! E, no segundo mandato, nós mais do que cumprimos aquilo que já tínhamos cumprido no primeiro mandato.

Isso é importante: você faz um programa, estabelece metas e cumpre as metas. E as pessoas têm conhecimento disso. E qual o legado de tudo isso? É que o povo sentiu que participou do governo. As pessoas falavam: "Eu sou igual a esse cara" ou então "Esse cara está junto comigo". E também pensam o mesmo de Dilma. [O brasileiro] começa a se sentir parte do projeto: ele sabe, ele contribui, ele dá a sua opinião, ele é contra, ele é a favor...

As conferências nacionais foram a consagração disso. A gente não tinha orçamento participativo[6], não era possível fazer orçamento participativo na União. Então, nós resolvermos criar condições para o povo participar. Promovemos conferências municipais, estaduais e nacionais[7]. Foi a forma mais fantástica de um presidente da Repú-

---

[5] Então assessora especial da Presidência.

[6] Experiência de gestão participativa dos orçamentos municipais iniciada em Porto Alegre, em 1989, na gestão petista de Olívio Dutra, que se tornou a marca dos governos municipais petistas desde então.

[7] Segundo Leonardo Avritzer, a prática de debate de políticas públicas pela sociedade civil, por meio de conferências nacionais, já existia, mas foi generalizada no governo Lula. Desde 1940, quando o governo Vargas realizou a primeira Conferência Nacional de Saúde, até maio de 2012, foram realizadas 115 conferências, 74 delas nos dois mandados de Lula. Cf. Leonardo Avritzer, "Conferências Nacionais: ampliando e redefinindo os padrões de participação social no Brasil", *Ipea*, texto para discussão 1739, maio 2012.

blica ouvir o que o povo tinha a dizer. Eu fui a 95% das convenções nacionais. Ficava duas ou três horas sentado no plenário ouvindo o povo falar mal, [...] contestar, [...] dizer que não estava bom ou estava bom e saía dali com um documento que servia de parâmetro para melhorar as coisas que estávamos fazendo.

Qual foi o grande legado dos 10 anos de seu governo?

Nesses dez anos recuperamos o orgulho pessoal, o orgulho próprio, a autoestima. Conquistamos coisas que antes pareciam impossíveis. Passamos a ser mais respeitados no mundo: as pessoas não olham para o Brasil, hoje, e veem apenas criança de rua, Pelé e Carnaval. As pessoas sabem que este país tem governo, que este país tem política, que este país passou a ser tratado até às vezes como referência para muitas coisas que foram decididas no mundo.

Esse é um legado que vai marcar esses dez anos. E eu tenho convicção de que, com a continuidade da companheira Dilma no governo, isso vai ser definitivamente consagrado.

Parto do pressuposto de que chegaremos a 2016 como a quinta economia do mundo. Mas o mais importante é ter a clareza de que o objetivo maior não é o Brasil ser a quinta, ser a quarta economia do mundo. É importante que se melhore dia a dia a qualidade de vida do povo brasileiro, seja do ponto de vista dos salários, seja do ponto de vista da habitação, do ponto de vista do saneamento básico, do ponto de vista da qualidade de vida.

Esse foi o grande legado desses dez anos: nós nos descobrirmos para nós mesmos. Nós não somos mais tratados como cidadãos de segunda classe. Nós temos o direito hoje de andar de avião, de entrar num shopping e comprar coisas que todo mundo sempre quis comprar. E recuperamos o prazer, o gosto de ser brasileiro, o gosto de amar o nosso país.

Do que o senhor mais se orgulha no seu governo?

Eu sinto um orgulho – e nesse caso é um orgulho muito pessoal, até um pouco de vaidade –, que é o de passar para a história como o único presidente sem diploma universitário, mas o que criou mais universidades neste país. Esse número eu dou sempre, que é um número muito exitoso e que vai ser muito difícil alguém superar: 14 universidades federais novas, 126 extensões universitárias, 214 escolas técnicas. Eu não estou contando esses dois anos agora porque eu não sei quantas foram feitas agora.

Ontem eu recebi uma carta de um cara, motorista de ônibus, que agradece não apenas a formação do filho dele, em Biomedicina, mas também sua formação em Direito. Os dois pelo Prouni[8]. Essas coisas aconteceram porque, na sua sabedoria, o povo conseguiu, depois de tanto medo, depois de tanto preconceito, testar um deles para governar este país.

---

[8] Iniciado em 2004 pelo governo federal, o Programa Universidade para Todos (Prouni) concede bolsas de estudo integrais e parciais em universidades privadas.

Quando começou o governo, o senhor devia ter uma ideia do que ele seria. O que mudou daquela ideia inicial, o que se realizou e o que não se realizou, e por quê?

Tínhamos um programa e parecia que ele não estava andando. Eu lembro que o ministro Luiz Furlan[9], cada vez que tinha audiência, dizia: "Já estamos no governo há tantos dias, faltam só tantos dias para acabar e nós precisamos definir o que nós queremos que tenha acontecido no final do mandato. Qual é a fotografia que nós queremos". E eu falava: "Furlan, a fotografia está sendo tirada". Não é possível ficar com pressa de obter resultados. Nós temos que provar, no final de um mandato, se nós fomos capazes de fazer aquilo que nos propusemos a fazer. Se a gente for trabalhar em função das manchetes dos jornais, a gente parece que faz tudo e termina não fazendo nada.

Então é o seguinte: eu plantei um pé de jabuticaba. Se esse pé nascer saudável, vai ter sempre alguém dizendo: "Mas, Lula, não está dando jabuticaba, está demorando". Se for cortar o pé e plantar outra coisa, eu nunca vou ter jabuticaba. Então, eu tenho que acreditar que, se eu adubar corretamente, aquele pé vai dar jabuticaba de qualidade. E eu citava esses exemplos no governo... Soja tem que esperar 120 dias, o feijão tem que esperar 90 dias. Não adianta ficar repisando, "faz uma semana que eu plantei e não nasceu". Tem que ter paciência. Eu acho que eu fui o presidente que mais pronunciei a palavra "paciência", "paciência"... Senão você fica louco.

Tem gente na política que levanta de manhã, lê o jornal e quer dar resposta ao jornal. E daí não faz outra coisa. Eu não fui eleito para ficar o tempo todo dando resposta a jornal. Eu fui eleito para governar um país. E isso me deu tranquilidade suficiente para ver que o programa de governo ia ser cumprido.

Quando o senhor perdeu a paciência?

Obviamente que nós tivemos problemas no começo. Você acha que é simples um metalúrgico sentar naquela cadeira na qual sentaram tantas outras personalidades, que via pela televisão, que achava que era mais importante do que eu... E o mesmo em relação a dormir no quarto em que dormiu tanta gente importante ou que, pelo menos à voz da opinião pública, são importantes. E eu ficava pensando: "Será que é verdade que eu estou aqui?".

No começo tinha muita ansiedade. "Será que nós vamos dar conta de fazer isso? Será que vai ser possível?", eu me perguntava. Eu acho que nós fizemos. Com erro e com muita tensão, mas fizemos.

Até as coisas mais simples geravam tensão. Quando eu propus criar o Conselho de Desenvolvimento Econômico e Social, qual foi a reação do Congresso? [A interpretação] era de que nós queríamos criar um instrumento [de decisão] por fora do Congresso. Era uma opinião inclusive de muitos dos nossos [parlamentares]. Existia um processo de desconfiança muito grande, mas eu sabia que, para que o governo desse certo, eu precisava conquistar a confiança dos trabalhadores, mas também conquistar a confiança dos outros segmentos da sociedade. E isso exigia muita conversa, muito diálogo. E foi isso que nós fizemos.

---

[9] Ministro do Desenvolvimento, Indústria e Comércio Exterior de 2003 a 2007.

Tivemos tropeços, é lógico. Muitos tropeços. O ano de 2005 foi muito complicado. Quando saiu a denúncia[10], foi uma situação muito delicada. Se não tivéssemos cuidado, não iríamos discutir mais nada do futuro, só aquilo que a imprensa queria que a gente discutisse. Um dia, eu cheguei em casa e disse: "Marisa, a partir de hoje, se a gente quiser governar este país, a gente não vai ver televisão, a gente não vai ver revista, a gente não vai ler jornal". Eu passei a ter meia hora de conversa por dia com a assessoria de imprensa, para ver qual era o noticiário [...], mas eu não aceitava levantar de manhã, ligar a televisão e já ficar contaminado. Então eu acho que isso foi um dado muito importante.

Eu tinha uma equipe e criamos uma sala de situação, da qual participavam Dilma, Ciro [Gomes][11], Gilberto [Carvalho] e Márcio [Thomaz Bastos][12]. E era muito engraçado: eu chegava ao Palácio e eles estavam todos nervosos. E eu estava tranquilo e falava: "Vocês estão vendo? Vocês leem jornal... Vocês estão nervosos por quê?".

Qual mandato foi mais difícil para o cumprimento das metas do governo, o primeiro ou o segundo?

O resultado foi auspicioso do ponto de vista da execução das coisas que nós queríamos fazer. Sabe, a imprensa queria que eu gerasse mais empregos em quatro anos do que os outros tinham gerado em 20 anos. Nós nunca falamos em criar 10 milhões de empregos. No nosso programa de governo estava escrito o seguinte: "O Brasil precisa criar 10 milhões de empregos". Nunca falei que era eu que ia criar. O Brasil precisava disso para resolver o problema do desemprego. Pois bem, nós criamos, até agora, em 10 anos, quase 18 milhões de empregos formais, com carteira assinada.

Nós tomamos medidas erradas no começo. Eu lembro que chegamos a anunciar, na campanha ainda, o programa do primeiro emprego. Era uma ideia de o governo pagar para o empresário dar emprego. Concluímos que essas coisas fictícias não funcionam. Pode ficar muito bom no discurso, mas o patrão só vai contratar um trabalhador se precisar dele. Nem o Estado contrata se não precisa, por que o patrão, um empresário privado, iria contratar? Aí nós fizemos a lei, aprovamos a lei, mas percebemos que não ia dar certo aquilo. Então, o que podia dar certo? A teoria original: "Dê um pouco de recurso às camadas mais pobres da população que as coisas começam a acontecer".

Foi isso. E aí o nosso programa foi cumprido, e as coisas que pareciam difíceis ficaram fáceis. Deus queira que os outros repitam, mas sinceramente o que nós fizemos de 2007 a 2010, ou seja, do dia 1º de janeiro de 2007 ao dia 31 de dezembro de 2010, é muito difícil de repetir. Isso porque a gente vinha com o aprendizado do primeiro mandato, todo mundo estava afiado. A Dilma tinha tomado conta da Casa Civil com muita competência e com o PAC as coisas começaram a acontecer. Era um PAC para a Educação, um PAC para Ciência e Tecnologia... As coisas começaram a fluir com uma facilidade enorme. E ficou tudo mais fácil, embora os nossos companheiros da mídia ainda continuassem a nos tratar como inimigos.

---

[10] Denúncia feita pelo então presidente do PTB, Roberto Jefferson, de que o PT teria repassado dinheiro a parlamentares para a aprovação de matérias de seu interesse na Câmara.

[11] Ministro da Integração Nacional de 2003 a 2006.

[12] Ministro da Justiça de 2003 a 2007.

Como o senhor avalia suas relações com a mídia?

Às vezes fico triste. A impressão que eu tenho é que o ódio que [os donos da mídia] têm do PT e a raiva que eles têm de mim se devem às coisas boas que nós fazemos, não às coisas ruins.

Talvez eles tenham raiva porque, durante o meu mandato, eu não fui jantar com nenhum deles, não fui à casa deles, não visitei nenhuma redação. Não era esse o papel de um presidente. Não só não fui jantar com eles como não fui jantar com ninguém. Não fui a casamento, não fui a aniversário, não fui a batizado. Nem em aniversário de companheiros meus fui. Recebi dezenas de convites de casamentos e não fui a nenhum, porque eu falava o seguinte: "O presidente não vai se expor". Hoje, com o celular, ninguém pede licença para mais nada – para fotografar, para gravar.

Existe uma hipocrisia muito forte em relação à política. A classe política tem de reagir para ganhar respeito. Todo mundo pode beber, o político não pode. Todo mundo pode contar piada, o político não pode. O político tem que ser o ser perfeito que não existe, o ser perfeito que nem o cara que critica é. E nós aceitamos isso. Eu tenho dito nos meus debates, sobretudo para a juventude: "Olha, o político perfeito que vocês querem não está dentro de mim. Está dentro de vocês. Então, levantem e vão fazer política. Vão ser candidatos, vão organizar um partido".

Aquelas três promessas do meu discurso de posse – "primeiro, eu vou fazer o necessário, depois eu vou fazer o possível e, quando menos imaginar, estarei fazendo o impossível" – deram certo. E a coisa sagrada de tudo isso: não ter medo de conversar com o povo. Quando você tem 92% de aprovação nas pesquisas de opinião pública, não precisa conversar com o povo. Você tem que conversar com o povo quando a porca está entortando o rabo, quando está sendo acusado, achincalhado. Na hora que você conversa com o povo, e que você fala olhando no olho das pessoas, elas sabem distinguir o que é mentira e o que é a verdade e quem está com quem nessa história.

Por que seu governo provocou tanta reação da elite e da mídia? A reação das oposições aos governos do PT não é desproporcional, tendo em vista os resultados que foram apresentados?

Em 1979, eu era possivelmente a única unanimidade nacional no movimento sindical, quando surgiu a bandeira de luta pela liberdade de organização política. E eu lembro que, pela primeira vez num comício lá em São Bernardo do Campo, num comício com o PMDB, eu falei na criação do Partido dos Trabalhadores. Mas para as pessoas que estavam em cima do palanque, a liberdade política não era pra criar outros partidos. Era pra consagrar o PMDB, o partido em que todos nós um dia estivemos juntos contra o regime militar. E quando nós nascemos, o que diziam de nós? "Não é possível ter um partido com as características do PT, um partido criado por trabalhadores, dirigido por trabalhadores. Isso não é real, isso não está escrito em nenhum lugar do mundo. Como é que vão agora esses metalúrgicos aqui do ABC, esses bancários, esses químicos, criar um partido?" E nós criamos o partido. Depois eles achavam que nós não passaríamos de uma coisa pequenininha, bonita e radical. E nós não nascemos para sermos bonitos, nem radicais. Nós nascemos para ganhar o poder.

Mas vocês nasceram radicais...

O PT era muito rígido, e foi essa rigidez que lhe permitiu chegar aonde chegou. Só que, quando um partido cresce muito, entra gente de todas as espécies. Ou seja, quando você define que vai criar um partido democrático e de massa, pode entrar no partido um cordeiro e pode entrar uma onça, mas o partido chega ao poder.

Então, a nossa chegada ao poder foi vista por eles não como uma alternância de poder benéfica à democracia, não como uma coisa normal: houve uma disputa, ganhou quem ganhou, leva quem ganhou, governa quem ganhou e fim de papo. Não é isso? Eles não viram assim. Quer dizer, eu era um indesejado que cheguei lá. Sabe aquele cara que é convidado para uma festa, e o anfitrião nem tinha convidado direito. Fala assim: "Se você quiser, passa lá". E você passa e o cara fala: "Esse cara acreditou?". Então, nós passamos na festa, e o que é mais grave, acertamos.

E depois, tentaram usar o episódio do mensalão para acabar com o PT e, obviamente, acabar com o meu governo. Na época, tinha gente que dizia: "O PT morreu, o PT acabou". Passaram-se seis anos e quem acabou foram eles. O DEM nem sei se existe mais. O PSDB está tentando ressuscitar o jovem Fernando Henrique Cardoso porque não criou lideranças, não promoveu lideranças. Isso deve aumentar a bronca que eles têm da gente – que, aliás, não é recíproca.

O senhor não tem raiva da oposição?

Eu não tenho raiva deles e não guardo mágoas. O que eu guardo é o seguinte: eles nunca ganharam tanto dinheiro na vida como ganharam no meu governo. Nem as emissoras de televisão, que estavam quase todas quebradas; os jornais, quase todos quebrados quando assumi o governo. As empresas e os bancos também nunca ganharam tanto, mas os trabalhadores também ganharam. Agora, obviamente que eu tenho clareza que o trabalhador só pode ganhar se a empresa for bem. Eu não conheço, na história da humanidade, um momento em que a empresa vai mal e que os trabalhadores conseguem conquistar alguma coisa a não ser o desemprego.

Por que isso não se traduz num relato favorável aos governos Lula e Dilma pela mídia?

Este país está dando certo, mas não se vê isso na imprensa brasileira. É inacreditável. Uma vez o Mário Soares veio ao Brasil fazer uma entrevista comigo[13]. E ele chegou aqui com o *Le Monde*, com *Der Spiegel*, com o *Financial Times* e mais várias outras revistas e jornais internacionais e falou: "Lula, eu estou enlouquecido. Eu venho de um continente em que todas as matérias só falam bem do Brasil, enaltecem o Brasil. Quando eu chego ao Brasil, eu leio a imprensa brasileira e ela diz que o Brasil acabou, nada dá certo neste país". Até hoje é assim. Se você quiser se informar corretamente, você tem um ou outro colunista e um jornal de economia, que eu não vou citar o nome, que têm coisas razoáveis. Das revistas, sobra a *Carta Capital* para você ler alguma coisa interessante. E o restante é a apologia do fim do mundo.

[13] Entrevista exclusiva concedida por Lula ao ex-presidente de Portugal Mário Soares, para a Rádio e TV de Portugal (RTP), em 20 de fevereiro de 2008.

Existe um projeto político por trás desse comportamento da mídia?

Olha, mesmo que nós não tivéssemos competência – e temos muita, e a Dilma tem bastante – esse país só pode dar certo, porque é um país que tem 360 milhões de hectares de reserva florestal; um país que tem 12% da água doce do mundo; um país que tem oito mil quilômetros de costa marítima; um país que tem o pré-sal; um país que tem esse povo ávido por melhorar de vida não tem por que dar errado. É só o governo estimular. É só o governo dar oportunidade para essa gente e essa gente cresce.

Como nunca fizeram isso antes, eles ficam muito nervosos, muito irritados, e aí eles fazem o papel do partido político, porque os partidos nos quais eles acreditavam estão quase exauridos. Pega uma pesquisa para você ver a diferença do PT e dos outros. Eu fico imaginando o ódio que ficaram de mim depois da apuração aqui de São Paulo[14], porque todos eles estavam preparados para dizer: "Lula derrotado". E, quando o Haddad ganhou, eles não sabiam o que falar.

Uma parte da mídia passou a querer substituir os partidos políticos. Ou seja, o debate que deveria ser feito no Parlamento, entre os partidos, e pela sociedade, está sendo monopolizado pela mídia. Está sendo feito somente pelas redações e, dentro delas, por poucos colunistas, todos eles partidários que tentam fingir que não são políticos, que são imparciais. Isso é ruim, é muito ruim.

A negação da política pela imprensa é um ato político?

Tentar negar a política é um desastre, e esse é um erro que pode ser cometido tanto pela direita quanto pela esquerda. Tentar negar a política não deu certo em nenhum lugar do mundo. O que vem depois é pior. Feliz da nação que tem como interlocutores instituições fortes, sejam elas partidos, sindicatos, igrejas ou movimentos sociais. Quanto mais fortes as instituições e os movimentos sociais, mais tranquilidade de que a democracia estará garantida. E é isso que eles não compreendem.

Um governo do PT teria as mesmas características, se o senhor tivesse vencido as eleições anteriores?

Não! Quando eu agradeço a Deus por não ter ganhado em 1989 e ficar 12 anos na espera[15], não é porque eu gosto de perder. Nunca vi ninguém agradecer a Deus porque perde. É porque possivelmente esses 12 anos de espera tenham sido o tempo necessário para o aprendizado do PT, para que o partido exercesse a sua competência, adquirisse experiência na administração pública. Nós ganhamos prefeituras importantes e governos importantes. Quando cheguei ao governo, tinha uma base do PT mais calejada. Tinha aliados mais calejados.

Mas o senhor resistiu a se candidatar depois da segunda derrota...

De fato, eu relutava muito à terceira candidatura, em 1998, e à quarta candidatura, em 2002, se fosse para fazer a mesma coisa. Eu já tinha obtido três vezes 30%

---

[14] Lula se refere às eleições municipais de 2012, quando o candidato do PT à Prefeitura de São Paulo, Fernando Haddad, venceu as eleições contra o candidato do PSDB, José Serra.

[15] Lula perdeu as eleições presidenciais de 1989, 1994 e 1998. Foi vitorioso nas eleições de 2002 e na disputa pela reeleição, em 2006.

dos votos no primeiro turno, tinha ido três vezes ao segundo turno e todas as vezes eu fui o segundo colocado. Em todas as eleições presidenciais, de 1989, 1994 e 1998, eu fui candidato. Então, quando eu fui disputar a quarta eleição, eu falei: "Não posso fazer a mesma coisa. Nós temos que fazer alguma coisa. Temos que dar um sinal diferente para a sociedade".

Aí aconteceu uma coisa que foi o dedo de Deus, viu? Vocês não acreditam em Deus, mas eu acredito muito. Pois bem, tinha uma festa de cinquenta anos de vida empresarial do José Alencar em Minas Gerais. Eu tinha sido convidado e não queria ir. O José Dirceu era o presidente e eu era o presidente de honra do PT. Falei: "Eu não vou, o que eu vou fazer na festa do José Alencar? O que eu vou fazer lá? Não tenho nada a ver com o José Alencar." O José Dirceu, então, disse: "Vamos lá, porque ele é um parceirão, ele é senador, vamos lá". Acabei concordando.

Cheguei lá[16] e estavam presentes vários governadores, ministros, muitos senadores. Aí veio o assessor do José Alencar e pediu que eu falasse, mas eu não quis. "Quem tem que falar é o José Dirceu, que é o presidente do partido. Eu não vou falar." E fiquei lá. Aí discursou muita gente, e por último o Zé Alencar. Ele contou toda a história dele e, quando ele terminou de falar, eu falei: "Zé, acabei de encontrar o meu vice. É esse cara aqui".

O senhor não o conhecia até então?

Eu não o conhecia, mas pensei: "É desse cara que eu preciso". Daí, na semana seguinte, ele foi derrotado na disputa pela Presidência do Senado. Ele só teve um voto, o dele próprio. Então fui a Brasília conversar com ele. Conversei com ele e acertamos que ele seria meu vice, e para isso teria que sair do PMDB. Ele topou sair do PMDB.

Quando fizemos a festa do lançamento da candidatura no Anhembi, um grupo de pessoas tentou vaiar o José Alencar. Ele tinha um discurso por escrito, mas ele deixou o discurso de lado e falou: "Com menos idade do que vocês que estão me vaiando, eu já dormia num banco de praça para ganhar meu pão de cada dia". Aí ele calou o pessoal e passou a ganhar o PT. O Zé Alencar passou a ser chamado pelo PT para debater em tudo quanto é lugar.

Depois nós fizemos a Carta ao Povo Brasileiro[17], que foi um documento muito necessário. Eu era contra. Aliás, eu era radicalmente contra a carta porque ela dizia coisas que eu não queria falar, mas hoje eu reconheço que ela foi extremamente importante.

Então, era preciso tentar construir alianças. É importante lembrar que, no primeiro turno, nós não tivemos apoio do PMDB. Não tivemos apoio de quase nenhum partido no primeiro turno[18]. Então nós falamos sozinhos. Aquela eleição, a de 2002,

---

[16] A festa de cinquenta anos de atividade empresarial do senador José Alencar, então no PMDB, ocorreu em 11 de dezembro de 2001 no Palácio das Artes, em Belo Horizonte.

[17] A Carta ao Povo Brasileiro, assinada em 22 de junho de 2002 pelo então candidato Lula, foi um compromisso de que um futuro governo petista respeitaria os contratos, manteria a inflação sob controle e o equilíbrio fiscal. Foi uma tentativa de conter as expectativas do mercado, que mantinha a economia brasileira sob forte ataque especulativo, a pretexto de uma suposta inconfiabilidade do candidato petista, o favorito nas eleições.

[18] Em 2002, o PT se coligou apenas com os pequenos PL, PC-do-B, PMN e PCB.

eu jamais, em qualquer momento, achei que fosse perder. Eu estava seguro que a eleição era minha. Eu lembro que, quando eu cheguei para a apuração do primeiro turno, estava todo mundo nervoso: Duda Mendonça[19] e Zé Dirceu na televisão, com o computador... Não conseguimos ganhar no primeiro turno. Eu falei: "Gente, olha, a vitória apenas foi adiada por quarenta dias. Vamos ganhar essas eleições". Eu tinha mesmo essa convicção.

Então, na campanha para o segundo turno, se estabeleceram as conversas com os outros partidos políticos. Nós, obviamente, tínhamos uma preocupação com a governabilidade. Por mais puros que quiséssemos ser, tínhamos a clareza de que, para aprovar alguma coisa no Congresso, tínhamos que ter pelo menos 50% mais um dos votos, tanto na Câmara como no Senado. Era preciso construir essa maioria, senão você não governa. O PMDB não ficou conosco no primeiro momento, ficou contra. Uma parte do PMDB esteve favorável à gente. Aí tivemos outros partidos intermediários que fizeram aliança conosco.

O senhor estruturou uma estratégia de alianças que tornou possível que setores que vinham de outra origem legitimassem políticas progressistas. Mas isso não foi necessariamente compreendido e não houve um discurso para justificar a política de alianças. Qual a lógica dessa estratégia?

É engraçado: quando a direita fazia articulação, estava tudo bem. Quando o ACM[20] articulava para apoiar Fernando Henrique Cardoso, a imprensa o via como gênio, o gênio da política, o gênio que constrói. Quando éramos nós, a imprensa dizia: "Onde é que já se viu o PT conversar com essa gente?". Mas nós conversamos. Nós tínhamos aprendido a fazer política e que, quando você faz uma política de coalizão, os aliados têm que participar do governo. É assim em qualquer democracia do mundo. E vai continuar a ser assim. Enquanto não tiver uma reforma política no Brasil, vai ser assim: quem ganhar, quem quiser governar, vai ter que conversar com o Congresso, vai ter que conversar com a Câmara, vai ter que conversar com o Senado, vai ter que conversar com o movimento sindical, vai ter que conversar com os empresários. É assim que se governa.

Aí nós tivemos um momento muito importante de diálogo com todos os setores sociais. Eu tive uma relação extraordinária, do catador de papel aos bancos, aos empresários. Eu mantive uma relação civilizada com todos os segmentos da sociedade. Nunca deixei de falar em nenhum discurso: "Eu governo para todos, mas o meu olhar preferencial é para a parte mais pobre da sociedade brasileira". Portanto, todo mundo tem claro isso. Eu sei de onde eu vim e sei para onde eu vou depois de deixar a Presidência.

Isso permitiu que a gente tivesse uma relação, eu diria, sincera, com os partidos e os setores sociais. E que os partidos tivessem um papel importante no sucesso do governo. Não acho que devesse ser diferente. E é bom que a gente tenha problema para resolver, porque quanto mais problema você tem mais você exerce a democracia. E quanto mais você resolve, mais forte você fica.

---

[19] Marqueteiro da campanha.

[20] Antonio Carlos Magalhães, o ACM, senador baiano. Foi da Arena, o partido de governo da ditadura, do PDS e do DEM. Morreu em 2007.

A negociação é a pré-condição para a solidez do governo?

Tem político – essa é uma coisa que você, Emir, como cientista político, não pode esquecer –, tem político dentro do Congresso que pensa o seguinte: governo bom é aquele fraco, porque no governo fraco a gente manda, a gente impõe.

Uma vez, o ACM pediu uma conversa comigo, e eu tinha muita cisma dele. Eu falei: "Márcio [Thomaz Bastos], para conversar com ele, eu tenho que ter testemunha. Só se você estiver presente". E o Márcio marcou uma reunião.

Eu fui conversar com o ACM e ele queria que o PT o apoiasse para a Presidência do Senado. Aí ele falava: "Lula, é o seguinte: eu mando. Tem muito senador que ajudei a arrumar dinheiro para campanha. Na mesa do Fernando Henrique Cardoso, quando eu dou um murro, ele fica com medo. Então, se você me apoiar, todo projeto que você quiser, eu faço passar no Congresso Nacional". Aí eu respondi: "ACM, eu sempre achei que os presidentes das instituições devessem ser as pessoas mais fortes. Eu não tenho dúvida que você pode ser um bom presidente. Agora, eu não tenho como explicar, para minha consciência, o PT apoiando o Toninho Malvadeza". Era esse o apelido dele. "Então, não me peça o impossível, o que eu não posso fazer".

Então, o que muitos políticos desejam? Um governo fraco, um governo debilitado, porque aí a pressão aumenta, as exigências aumentam. Quando o governo está bem, fica muito mais fácil governar. Mas, mesmo assim, quando o governo está bem, não deve afrontar o Congresso Nacional. O governo tem que entender que o exercício da democracia é a convivência na diversidade. Eu dizia que democracia não é um pacto de silêncio. Democracia é uma sociedade em movimentação por várias coisas, e nós temos que saber lidar com isso.

Nós aprendemos a construir as alianças necessárias. Hoje isso está nas cidades, nos estados. Se não for assim, a gente não governa. E muitas vezes, sozinho, você tem mais dificuldade. Você lembra o que aconteceu quando o Sarney foi presidente? Em 1986, o PMDB fez a maioria da Constituinte e teve 23 governos estaduais. Pergunta para o Sarney se ele teve facilidade em governar o país com a maioria no Congresso. Não teve. Esse jogo da democracia, de você ter que conversar com forças diferentes, de elas brigarem entre si, às vezes ajuda mais o governo do que se você tiver trezentos com a mesma bandeirola.

Qual é o meu medo? O meu medo é que se passe a menosprezar o exercício da democracia e se comece a aplicar a ditadura de um partido sobre os demais. Não gosto muito da palavra hegemonia, sabe. O exercício da hegemonia na política é muito ruim. Mesmo quando você tem numericamente a maioria, é importante que, humildemente, você exerça a democracia. É isso que consolida as instituições de um país e foi isso que eu exercitei durante o meu mandato, e que a Dilma está exercitando agora com muita competência.

Além das políticas econômicas e sociais, a política externa da última década fez com que o Brasil alcançasse reconhecimento mundial. Como o senhor avalia a política externa do governo, particularmente no que diz respeito ao processo de integração latino-americana que se intensificou de forma muito significativa?

Eu às vezes ficava imaginando quando é que a grande mídia brasileira iria reconhecer que nossa política externa foi um trabalho benéfico para o Brasil. Entretanto, quanto mais a gente trabalhava, mais eles ouviam embaixadores que eram contra a nossa política. Era inacreditável, porque eles poderiam convidar o ministro para falar, poderiam convidar o secretário do Itamaraty... Não. Era sempre alguém contra a política externa que falava.

Sinceramente, eu acho que nós fizemos uma revolução na política externa brasileira. Houve uma combinação da capacidade, da competência de trabalho do Itamaraty, sobretudo do ministro Celso Amorim, com uma disposição política nossa de fazer as coisas acontecerem. Se política externa a gente pudesse fazer por fax e por e-mail, a Hillary Clinton[21] não teria viajado tanto, o [Henry] Kissinger[22] também não. Tem gente que acha que política externa se faz por telefone, mas a relação humana produz uma química entre as pessoas. Você tem que conversar, tem que pegar na mão da pessoa, tem que abraçar a pessoa. Tem que olhar no olho da pessoa. É isso que faz a coisa se diferenciar na relação humana.

Em janeiro de 2003, fui a Davos. Eu saí do Fórum Social Mundial, em Porto Alegre e fui a Davos.

Que fez dez anos agora...

Quando voltava de lá, eu falei para o Celso Amorim: "Celso, nós temos condições de mudar a geopolítica comercial e a política do mundo. Não é possível que, no mundo, com tantos países, só se ouça falar de Europa – de Europa em termos, porque Europa era Alemanha, França e Inglaterra, não era Europa –, da China, da Índia e dos Estados Unidos. Não é possível".

Bem, aí nós estabelecemos uma política externa. Primeiro: mais agressividade comercial. Nós não temos que ficar esperando as pessoas virem comprar. Nós temos que sair para vender. Vocês estão lembrados que, na campanha, eu falava: "Eu vou querer um ministro das Relações Exteriores que seja um mascate, um cara que faça como um desses vendedores aqui em São Paulo, aquele que vai de casa em casa bater palma, com a sacolinha de pano. Se em uma não querem comprar, vai a outra casa". Então o Brasil tem que ser assim. Por isso é que eu viajei tanto.

Foram quantos países?

Eu viajei pra mais de noventa países. Eu viajei toda a América do Sul, toda a América Latina e o Caribe. Eu viajei para dezenas de países africanos e asiáticos, e também para outros países. Qual é o dado concreto? O dado concreto é que eu sentia que tinha um espaço.

Eu fui convidado para a reunião do G8 em Evian, na França, em junho de 2003. Estavam lá [George W.] Bush[23], [Jacques] Chirac[24], Tony Blair[25], [Junichiro] Koizumi[26],

---

[21] Secretária de Estado dos EUA de 2009 a 2013.
[22] Secretário de Estado dos EUA de 1973 a 1977.
[23] Presidente dos EUA de 2001 a 2009.
[24] Presidente da França de 1995 a 2007.
[25] Premiê do Reino Unido de 1997 a 2007.
[26] Premiê do Japão de 2001 a 2006.

o príncipe da Arábia Saudita [Abdullah bin Abdul Aziz Al-Saud], o Silvio Berlusconi[27], o [Gerhard] Schröder[28], o [Vicente] Fox[29] e eu.

E me colocaram numa sala sem intérprete, só com aquele radinho de ouvido. E logo de cara me colocaram para falar. Quase que eu falo: "O que vou dizer aqui?"... E eu comecei a perceber... O que eu comecei a perceber? Que eu era o único diferente naquela sala, que eu era o único que tinha tido uma experiência que os outros não tinham tido. Eu era o único que já tinha morado em lugar que deu enchente, eu era o único que tinha perdido o emprego, eu era o único que tinha ficado 27 anos no chão de fábrica, eu era o único que tinha passado pelo movimento sindical. Aí eu pensei: "Tenho é que falar da minha experiência para esses caras".

E eu tive uma sorte... Todos eles me trataram dignamente. A relação do Bush comigo foi muito boa, a relação do Chirac comigo foi excelente, a relação com o Gordon Brown foi muito boa – do Tony Blair antes, depois do Gordon Brown –, a relação dos alemães comigo foi muito boa.

E eu tinha uma coisa na cabeça. Eu aprendi com a minha mãe que, se você quiser ser respeitado, você tem que se respeitar. Não espere que ninguém te trate com seriedade se você não for sério. Então, eu tinha essa coisa na cabeça: "Esses caras vão me respeitar"...

O Brasil também era visto como coisa folclórica no exterior. A gente estava numa situação em que os homens da equipe econômica iam todo ano ao Fundo Monetário Internacional pedir dinheiro para poder resolver o fundo de caixa. No tempo do nosso amigo Delfim[30]... O Delfim até hoje ironiza... Assinava contrato e depois não cumpria. Eu não gostava das duas coisas. Primeiro: palavra é palavra. Segundo: eu não vou ficar pedindo dinheiro para fechar caixa.

Essas duas coisas que eu aprendi com uma mulher que era analfabeta – a lição de que ninguém respeita quem não se respeita e não fique devendo favor a ninguém –, é que me fizeram tomar algumas atitudes. Quando nós aumentamos o superávit primário para 4,25%, muita gente do PT queria me matar. Também na reforma da Previdência – surgiu até o PSOL de um racha do PT por conta disso e, depois, com as denúncias de corrupção.

E a relação com o Fundo Monetário Internacional?

Eu tinha uma obsessão. A mesma obsessão que eu tinha de não pagar aluguel: eu tinha de acabar com o FMI, de não ter dívida com o FMI. Quando eu casei, falei para a Marisa: "Nós vamos morar um ano de aluguel, depois vamos comprar uma casa". Deu um pouco mais, um ano e seis meses, comprei uma casinha. Comprei a casinha com vidros todos quebrados – a molecada da escola quebrava tudo –, o portão todo quebrado. Quando eu comprei a casa, no dia seguinte um cara a invadiu, levou a mulher para dentro, os filhos, não queria sair da minha casa. Deu muito trabalho para

---

[27] Premiê da Itália por quatro ocasiões: 1994-1995, 2001-2005, 2005-2006 e 2008-2011.

[28] Chanceler da Alemanha de 1998 a 2005.

[29] Presidente do México de 2000 a 2006.

[30] Ex-deputado, ministro da Fazenda de 1969 a 1973, no período militar.

ele sair. Mas eu queria a minha casa. Então, quando eu casei a primeira vez, falei para a Lourdes: "Olha, nós vamos trabalhar um ano e vamos comprar nossa casinha". Comprei uma casinha numa pirambeira, no Parque Bristol. Era uma pirambeira de barro que, quando chovia, para ir trabalhar, tinha que colocar galocha. Mas era a minha casa.

E eu não queria dever ao FMI. Então, eu tomei essas atitudes. E Horst Köhler, que era presidente do FMI, foi muito respeitoso comigo. Uma coisa que eu senti foi que, quando você age com seriedade, as pessoas passam a torcer para as coisas acontecerem. Eu dizia para todo mundo: "Não peçam que a gente faça mais sacrifício do que esse povo já fez, não peçam". Mas eu garantia que o acordo que saísse eu honraria e faria o que deveria ser feito no país. O ajuste fiscal que nós fizemos em 2004, pouca gente teria coragem de fazer e nós fizemos. O que aconteceu: um ano depois, eu estava devolvendo o dinheiro do empréstimo para o FMI e um ano e meio depois nós já tínhamos quase 100 bilhões de dólares de reservas. Esta também era uma coisa que eu tinha obsessão: era preciso ter um dinheiro em caixa para ganhar mais flexibilidade. Nós fizemos uma festa quando alcançamos 100 bilhões de dólares de exportação. Colocamos até um contêiner lá na frente do Ministério.

Os tabus foram quebrados à direita e à esquerda? Como se sentia com isso?

O caminho que nós tomamos estava dando certo: apertar aquilo que você tem que apertar e flexibilizar o que é importante. Nós criamos o Programa Bolsa Família em 2003, num ano em que a gente não tinha condição de fazer nada. Em 2004, eu não tive coragem de vir a São Paulo no 1º de maio. O [Luiz] Marinho[31] estava num caminhão, na avenida Paulista, e me ligou: "Lula, vem pra cá, nós vamos fazer uma festa pra você". Eu disse: "Não vou, Marinho, não vou, sabe por quê? Porque eu não estou bem comigo mesmo". "Mas, por que você não vem?" "Marinho, eu não vou porque nós demos zero por cento de aumento para o salário-mínimo, porque nós não podemos aumentar o salário-mínimo." Aí ele disse: "Mas aqui não vai ter problema". "Marinho, não é por vocês, é por mim, eu não estou bem comigo, eu não vou participar do 1º de maio." Eu estava arrasado. Eu cheguei a pensar: não vale a pena chegar a presidente e não poder dar aumento de salário-mínimo.

E possivelmente tenha sido essa atitude que tenha permitido a gente a dar mais nos anos seguintes. Nós criamos a normatização, e as coisas começaram a funcionar. Tudo que foi plantado foi nascendo no tempo certo, na hora certa.

Tivemos problemas com os companheiros, e não foi fácil. É muito difícil tirar gente do governo. O momento mais difícil é quando você tem que chamar alguém e falar: "Companheiro, olha, lamentavelmente eu vou precisar do cargo e você vai ter que sair". É uma experiência muito complicada. Numa empresa é fácil, porque o dono da empresa não conhece o empregado. É um cara de terceiro escalão que manda embora, que contrata. Um funcionário de um ministério, tudo bem, mas um ministro? É o presidente que chama, o presidente que tira.

---

[31] Então presidente da CUT.

Foram oito anos que permitiram que a gente, ao concluir, pudesse dar de presente ao Brasil a eleição da primeira mulher presidenta. Essa foi outra coisa muito difícil de fazer. Eu sei o que eu aguentei de amigos meus, amigos mesmo, não eram adversários, dizendo: "Lula, mas não dá. Ela não tem experiência, ela não é do ramo. Lula, pelo amor de Deus". E eu: "Companheiros, é preciso surpreender a nação com uma novidade. Fazer a mesmice, todo mundo faz. Agora vamos surpreender o Brasil com a novidade".

O Brasil mudou nesses dez anos. E o senhor, também mudou?

Uma das coisas boas da velhice é você tirar proveito do que a vida te ensina, em vez de ficar lamentando que está velho. A vida me ensinou muito. Criar um partido nas condições que nós criamos foi muito difícil. Agora que o partido é grande, tudo fica fácil, mas eu viajava esse país para fazer assembleia com três pessoas, com quatro pessoas, com cinco pessoas. Saía daqui de São Paulo para o Acre pra fazer reunião com dez pessoas, para convencer o Chico Mendes a entrar no PT, para convencer o João Maia – aquele que recebeu dinheiro para votar na eleição do Fernando Henrique Cardoso e era advogado da Contag – para entrar no PT. Era muito difícil fazer caravana, viajar ao Nordeste, pegar ônibus, ficar uma semana andando, fazendo comício ao meio-dia, com um sol desgraçado, explicando o que era o PT para que as pessoas quisessem se filiar.

Eu mudei. Mudei porque eu aprendi muito, a vida me ensinou demais, mas eu continuo com os mesmos ideais. Só tem sentido governar se você conseguir fazer com que as pessoas mais necessitadas consigam evoluir de vida. As pessoas precisam somente de oportunidade. Tendo oportunidade, todo mundo pode ser igual. Pode ter um mais inteligente que o outro, mas não tem ninguém burro. As pessoas só precisam de uma chance. E nós começamos a fazer isso. Não é que o trabalho esteja terminado, não. Ou seja, você não muda gerações de equívocos em apenas uma geração. Precisa de um tempo para você fazer. O caminho está correto e está bem.

E o PT mudou?

Existem dois PTs. Um é o PT congressual, parlamentar, o PT dos dirigentes. E outra coisa é o PT da base. Eu diria que 90% da base do PT continua igualzinha ao que era em 1980. Ela continua querendo um partido que não faça aliança política, mas ao mesmo tempo sabe que, para ganhar, tem que fazer acordos políticos. É uma base muito exigente, muito solidária e ainda desconhecida de parte da elite brasileira que conhece o PT superficialmente. O PT é muito forte no movimento social. O PT é muito forte no interior deste país. E nem sempre essa fortaleza se apresenta na quantidade de votos.

E tem o PT eleitoreiro. E, hoje, ou nós fazemos uma reforma política e mudamos a lógica da política, ou a política vai virar mais pervertida do que já foi em qualquer outro momento. É preciso que as pessoas compreendam que não só a gente deveria ter financiamento público de campanha, como deveria ser crime inafiançável ter dinheiro privado nas campanhas; que você precisa fazer o voto por lista, para que a briga se dê internamente no partido. Você pode fazer um modelo misto – um voto pode ser para a lista, o outro para o candidato. O que não dá é para continuar do jeito que está. Sinceramente, não dá para continuar do jeito que está.

Por quê?

A eleição está ficando uma coisa muito complicada pro Brasil. No mundo inteiro. No Brasil, se o PT não reagir a isso, poucos partidos estarão dispostos a reagir. Então o PT precisa reagir e tentar colocar em discussão a reforma política. Eu tentei, quando presidente, falar de uma Constituinte exclusiva, que é o caminho: eleger pessoas que só vão fazer a reforma política, que vão lá [para o Congresso], mudam o jogo e depois vão embora. E daí se convocam eleições para o Congresso. O que não dá é pra continuar assim.

Às vezes tenho a impressão que partido político é um negócio, quando, na verdade, deveria ser um item extremamente importante para a sociedade. A sociedade tem que acreditar no partido, tem que participar dos partidos.

O PT não mudou necessariamente para melhor?

O PT mudou porque aprendeu a convivência democrática da diversidade; mas, em muitos momentos, o PT cometeu os mesmos desvios que criticava como coisas totalmente equivocadas nos outros partidos políticos. E esse é o jogo eleitoral que está colocado: se o político não tiver dinheiro, não pode ser candidato, não tem como se eleger. Se não tiver dinheiro para pagar a televisão, ele não faz uma campanha.

Enquanto você é pequeno, ninguém questiona isso. Você começa a ser questionado quando vira alternativa de poder. Então, o PT precisa saber disso. O PT, quanto mais forte ele for, mais sério ele tem que ser. Eu não quero ter nenhum preconceito contra ninguém, mas eu acho que o PT precisa voltar a acreditar em valores que a gente acreditava e que foram banalizados por conta da disputa eleitoral. É o tipo de legado que a gente tem que deixar para nossos filhos, nossos netos. É provar que é possível fazer política com seriedade. Você pode fazer o jogo político, pode fazer aliança política, pode fazer coalizão política, mas não precisa estabelecer uma relação promíscua para fazer política. O PT precisa voltar urgentemente a ter isso como uma tarefa dele e como exercício prático da democracia. Não tem de voltar a ser sectário como era no começo.

Eu lembro que companheiros meus perderam seu emprego numa metalúrgica, montaram um bar, mas quiseram entrar no sindicato e não puderam. "Você não pode entrar porque é patrão", diziam. O coitado do cara tinha só um bar! A coitada da minha sogra, a mãe do marido da Marisa, a mãe do primeiro marido da Marisa (eu sou o único cara que tive três sogras na vida e uma que não era minha sogra; era sogra da minha mulher, por conta do ex-marido dela, que eu adotei como sogra), a coitada tinha um fusquinha 1966 que era herança do marido. E ela ganhava acho que 600 – naquele tempo era como se fosse um salário-mínimo de hoje – de aposentadoria, mas gostava de andar bem-vestida. Ela chegava à reunião do PT e o pessoal falava: "Já veio a burguesa do Lula".

Tinha um candidato a vereador que queria dinheiro para a campanha e eu falei: "Olha, eu não vou pedir dinheiro para a campanha. Se você quiser, eu te apresento algumas pessoas". Daí ele disse: "Não, mas eu não quero conversar com empresário". Falei: "Então você quer que um favelado dê dinheiro para a tua campanha?". Eu já fiz campanha de cofrinho. Eu já fiz campanha de macacão em palanque. Na campanha de 1982, a gente ia ao palanque, antes que eu falasse, fazia propaganda das camisas, dos bótons, de tudo que a gente vendia. E a gente vendia na hora e arrecadava o dinheiro para pagar as despesas daquele comício.

Acabou o sectarismo e acabou a campanha militante?

Sim, esse tempo acabou, não existe mais. Hoje, uma campanha na televisão custa muito caro, as pessoas não querem mais trabalhar por idealismo. As pessoas querem salário. Por quê? Porque cada vereador, cada deputado tem em seu gabinete cinco, seis, dez, quinze, vinte pessoas trabalhando. O cara do bairro fala: "Por que eu vou trabalhar de graça? Eu também quero o meu". Então, vai ficando tudo cada vez mais difícil e eu diria até mais banal.

Meus três filhos mais velhos foram criados dormindo nas calçadas de Santo André, São Bernardo, São Paulo, São Caetano, Mauá, organizando esse partido. Era gente na rua fazendo um carrinho de som com uma corneta, convencendo as pessoas a assistirem ao PT, e a Marisa e outras mulheres vendendo camiseta. Elas faziam na hora as camisetas e vendiam. Era difícil, mas era uma coisa bonita. Era uma coisa muito bonita e muito honrosa de fazer. Isso diminuiu muito, sobretudo nos grandes centros urbanos. E o PT tem o compromisso de tentar restabelecer um pouco dessa coisa da política brasileira. E, diga-se de passagem, Rui Falcão[32] tem feito um trabalho excepcional.

Qual o papel da burocracia na administração? Nesse sentido, tem a história da ponte da comunidade quilombola, que o senhor tentou resolver ainda no governo Mário Covas...

Eu fui visitar em 1993 uma comunidade quilombola [em São Paulo] e vi crianças indo de barco para a escola num rio muito caudaloso. O Mário Covas era o governador e eu fui até ele pedir que construísse uma ponte, uma pinguela, qualquer coisa, para que as crianças não tivessem mais que atravessar o rio para ir à escola. Em 2003, eu assumi a Presidência e a ponte ainda não existia. E aí eu falei: "Eu quero uma ponte". Então, contratamos o exército para ficar mais barato, mas ainda assim essa ponte levou oito anos para ser construída. Agora está pronta.

A burocracia é um problema. Primeiro, nós temos que levar em conta que a burocracia é competente na defesa dos seus interesses. Ela pode não ser competente na defesa dos interesses de quem está no governo, mas na defesa dos interesses da burocracia ela é competente.

Eu fiz uma analogia que é o seguinte: o governo é um trem. A burocracia é a estação. Então, de tempos em tempos, vem um trem, vem outro, o do PT buzinando mais, soltando mais fumaça, mas a estação está lá, sempre. Os burocratas estão lá. Tem o cara que vende bilhete, o cara que assina não sei o quê, o cara que fica olhando. Eles estão lá. O trem vai embora. Aí vem outro trem, buzina menos, faz menos barulho, gasta menos energia. A máquina está lá. Quer dizer, a máquina não muda. O trem muda. Toda hora passa uma máquina nova e a estação está lá.

---

[32] Presidente do PT no momento da entrevista.

O que faz um funcionário público? O governante toma algumas decisões e o que acontece com um funcionário burocrata que está lá há 25 anos? Principalmente agora, com todo esse sistema de denúncias? O funcionário fala: "Esse cara vem dizer que eu tenho que fazer isso? Esse cara só tem quatro anos no governo e eu já tenho 25. Se eu fizer uma coisa errada, vou ser processado, vou ter que contratar advogado e meus bens ficarão indisponíveis; e, quando eu for embora, ninguém nem vai se lembrar de mim. Não vou fazer coisa nenhuma. Vou deixar aí. O tempo passa logo".

Como vencer essa barreira?

No governo, criamos uma coisa chamada toyotismo. Era um gabinete em que colocávamos todo mundo envolvido num determinado assunto. Vamos supor, nós íamos discutir a ponte do rio Madeira, então, era chamado o ministro dos Transportes, o ministro do Meio Ambiente, o Iphan, a Funai, o ministro da Fazenda, o ministro do Planejamento, a Advocacia Geral da União. Era chamado todo mundo que tinha alguma coisa a ver, direta ou indiretamente, com aquela obra, para que todo mundo dissesse, na sua área, como é que estava o andamento. Se eu chamasse só o ministro do Transporte e me colocasse de acordo com ele, quem tinha que conversar com a Fazenda era ele sozinho. E o ministro da Fazenda dava um chá de cadeira nele de três meses. Ele tinha que conversar com o Planejamento, ele tinha que conversar com o Iphan, ou seja, ele tinha que fazer uma trajetória de conversar com um por um, quando todos poderiam estar numa mesa. E a gente dava prazo: "Em quinze dias queremos uma solução, em vinte dias queremos uma solução". E ainda assim as coisas demoravam... Imagina se não fizesse isso.

Sem isso, seria uma tarefa quase impossível concluir obras?

Sim, pelo menos no mesmo mandato. Por exemplo, eu sou presidente e discuto e decido uma coisa com um ministro, que anunciamos para a imprensa. Aí o ministro sai do meu gabinete, vai ter que conversar com o Guido Mantega[33]. Aí o Guido vai marcar audiência quando puder. Ele conversa com o Guido, acerta tudo, mas vai ter que passar pelo Planejamento. Aí vai ao Planejamento. "Olha, mas tem um problema no Iphan." Vai ter que ir ao Iphan. Depois, surge um problema no Meio Ambiente. Ali está com um problema sério, não vai passar, tem que ir ao Ministério do Meio Ambiente. Aí o ministério fala: "Não é comigo, é com o Ibama". Vai ao Ibama. E quando tudo dá certo, vem a licitação, vai ao Ministério Público. Quando tudo dá certo, uma empresa perde e entra com uma ação contra a outra. E pronto. Passou o mandato e você não fez as coisas. É muito complicado. Hoje, nenhum governante faz um projeto grande, licita e conclui a obra num mandato de quatro anos. Não é possível.

Isso também coloca o desafio de formar o quadro da gestão governamental?

A máquina pública tem quadros excepcionais. Onde o Brasil estacionou? No Planejamento. Não existia uma sala de planejamento de projetos estratégicos no país.

---

[33] Ministro do Planejamento (2003-2004) e da Fazenda (desde 2006).

Isso acabou no governo Collor. Ele acabou com o Geipot[34], por exemplo, que tinha mais ou menos esse formato. Foi apenas no PAC que nós colocamos dinheiro pra fazer projeto. O Brasil tinha desmontado as empresas estatais que faziam planejamento. Fazia vinte anos que não se fazia projeto neste país.

Também é preciso mudar a lei de licitação. Se eu contar, parece piada. Pergunta para o então ministro da Saúde, [José Gomes] Temporão, quantos anos demorou para aprovar a compra de um kit dentário para crianças em leilão eletrônico. Um kit bucal! Como não se pode estabelecer num leilão referência de qualidade, aparece qualquer tipo de coisa e qualquer um que perde entra com processo, suspende, é um negócio maluco. E quantas canetas esferográficas que não funcionam são compradas num leilão? Quantas coisa é comprada? Quantas empresas ganham licitação e desistem da obra três, quatro meses depois, porque não têm fôlego para fazer? O critério não pode ser o menor preço. A gente aprende desde que nasceu: o barato sai caro.

É preciso que se coloquem os cérebros para pensar. O Paulo Bernardo[35] tentou fazer uma mudança, não sei se está no Congresso. Alguma coisa tem que ser feita para agilizar a administração pública deste país.

Então, fica mais fácil fazer concessão. A iniciativa privada faz o que bem entende, sem 90% dos empecilhos que tem o governo. Aí passa essa ideia que apenas na máquina pública tem corrupção. Vai fiscalizar a máquina da iniciativa privada para ver como é. Há equívocos que precisam ser esclarecidos.

O senhor se frustrou por não ter reformado o Estado?

Nós começamos o governo com uma coisa importante, que foi a Reforma da Previdência no setor público. Muita gente foi contra, muita gente boa até ficou contra, mas, convenhamos, mesmo na nossa casa a gente não consegue viver, se tiver que gastar o mesmo para um filho que está na ativa e para o outro que está inativo.

Na máquina pública, há situações em que você tem mais aposentados do que ativos. E, ao dar um aumento real para quem está na ativa, você é obrigado a dar o mesmo aumento real para o inativo, quando você deveria dar reposição salarial para os aposentados e aumento real para quem trabalha. Mas vai dizer isso...

Não é possível continuar assim. Nós mudamos a lei, mas não é fácil. Nós tentamos fazer a Reforma Trabalhista. Criamos uma comissão de trabalho, onde estavam a CUT, a Força Sindical e os empresários. Eles sempre chegam quase próximos a um acordo, mas não se acertam. Eu dizia para eles: "Vocês tratem de se acertar, porque não é o governo que vai fazer, não. Ninguém precisa ganhar 100%, mas se coloquem de acordo e construam alguma coisa".

Eu penso que é plenamente possível fazer mais coisas para reformar o Estado. Mas não é a reforma que a elite brasileira quer que se faça, o tal Estado mínimo. Quem quer melhorar a educação, precisa colocar mais professor, mais funcionário. Não tem como melhorar a educação sem contratar, a não ser que você queira melhorar apenas para uma pequena elite. Mas se você quiser levar a universidade para todo mundo,

---

[34] Grupo Executivo de Integração da Política de Transportes.

[35] Ministro do Planejamento (2005-2010) e das Comunicações (desde 2011).

levar escola técnica para todo mundo, tem que contratar mais professores, mais funcionários. Se você quiser melhorar a saúde, tem que ter mais médicos. Onde você vai demitir para cortar gastos, como os chamados neoliberais querem? Se você quiser ter uma Polícia Federal mais eficiente, vai ter que contratar mais gente. Se você quiser ter a Receita Federal mais eficaz, vai ter que contratar. Existem postos na fronteira do Brasil que não têm gente. Eu falava com o Guido: "Está precisando colocar gente lá". O Guido falava: "Mas não tem funcionário". Então, a máquina será mais eficiente quanto mais gente eficiente e gente para ocupar todos os postos tivermos, senão ela não vai a lugar nenhum.

Mas faço uma ressalva: eu também me surpreendi com a qualidade das pessoas que estão na administração pública. Gente muito competente e que muitas vezes vai embora, porque ganha pouco. O salário é muito pequeno. Teve um aumento agora, mas não teve aumento para o pessoal mais qualificado. E sem eles, a máquina não funciona.

O que o senhor lamenta dessa última década?

Se tem um cidadão que não pode reclamar dos últimos dez anos, sou eu.

O BRASIL E SEU "ENTORNO ESTRATÉGICO" NA PRIMEIRA DÉCADA DO SÉCULO XXI[1]

José Luís Fiori

1. Introdução

A história das relações internacionais ensina que nunca existiram países com "vocações inapeláveis" nem povos que tenham nascido com o "destino manifesto" ou "revelado" de mandar, converter ou civilizar o resto da humanidade. Ensina também que todos os países que projetaram sua influência e poder para fora de suas fronteiras nacionais e acabaram liderando suas regiões ou o próprio sistema mundial, em algum momento, também foram sociedades periféricas. Mas foram sociedades que se colocaram, como objetivo fundamental, a mudança de sua posição dentro da hierarquia de poder e da distribuição da riqueza internacional. Além disso, foram sociedades que se mobilizaram e atuaram de forma unificada, para enfrentar e superar seus momentos de dificuldade e suas situações de inferioridade, mantendo seu objetivo estratégico por longos períodos de tempo, independentemente das mudanças internas de governo.

Na primeira década do século XXI, aconteceu algo semelhante na sociedade brasileira. Depois de um longo período de alinhamento quase automático do país às "grandes potências ocidentais", o Brasil se propôs a aumentar sua autonomia internacional, elevando a capacidade de defesa de suas posições, em virtude de seu poder político, econômico e militar. Nesse período, o Brasil contou com a liderança política de um presidente que transcendeu as dimensões do seu país e projetou internacionalmente sua imagem e sua influência carismática. Como passou em outro momento, e em outra clave, com a liderança mundial de Nelson Mandela, que também

[1] Este artigo utiliza informações do Relatório da Pesquisa para o Centro de Estudos e Gestão Estratégica (CGEE), do Ministério de Ciência e Tecnologia, José Luís Fiori (coord.), Raphael Padula e Maria Claudia Vater, "Projeção do Brasil na América do Sul e África Subsaariana e o Controle da Bacia do Atlântico Sul", dez. 2012. Agradeço a leitura rigorosa e as críticas construtivas à primeira versão deste texto de M. C. Vater, professora-adjunta da UFRJ.

foi muito além do poder real da África do Sul. Esses fenômenos são passageiros, mas, no caso brasileiro, a liderança presidencial permitiu que o país desse alguns passos importantes na direção de uma nova estratégia internacional, tomando posições, estabelecendo alianças e criando expectativas dentro do jogo de poder mundial cuja mudança ou abandono – agora – custará ao país um preço muito alto, do ponto de vista de sua imagem e de seu futuro dentro desse jogo de xadrez global. Mesmo assim, nada está assegurado de antemão e, para seguir em frente, o atual governo brasileiro terá de fazer um balanço rigoroso dos passos que já foram dados e das dificuldades que se anunciam para a segunda década do século, incluindo a intensa oposição interna da imprensa e das elites conservadoras à política seguida desde 2003.

Os principais objetivos da nova estratégia internacional aparecem definidos no Plano Nacional de Defesa (PND) e na Estratégia Nacional de Defesa (END), aprovados pelo Congresso Nacional em 2005 e 2008, respectivamente, e na sua versão mais recente, de 2012, em processo de discussão e aprovação parlamentar. Nesses documentos, o governo brasileiro propõe uma nova política externa que integre plenamente suas ações diplomáticas, com suas políticas de defesa e desenvolvimento econômico e, ao mesmo tempo, propõe um conceito novo e revolucionário na história brasileira: o conceito de "entorno estratégico" do país, a região onde o Brasil quer irradiar – preferencialmente – sua influência e sua liderança diplomática, econômica e militar, o que inclui a América do Sul, a África Subsaariana, a Antártida e a Bacia do Atlântico Sul.

Na América do Sul, o objetivo brasileiro segue sendo a plena ocupação econômica da Bacia Amazônica, a integração da Bacia do Prata e a construção de um acesso múltiplo e contínuo à Bacia Econômica do Pacífico, com a construção de uma sistema integrado de transporte, comunicação e defesa do território sul-americano, além do aprofundamento da integração política e econômica do Mercosul. Na África Subsaariana, o Brasil prioriza sua aproximação diplomática, econômica e militar com África do Sul, Angola, Nigéria e Namíbia, além de alguns países da Comunidade da Língua Portuguesa, como Moçambique, Guiné-Bissau e Cabo Verde. Nisso, o Brasil dá ênfase a suas relações bilaterais com a África do Sul, dentro da Comunidade para o Desenvolvimento da África Austral (da sigla em inglês, SADC) e dentro do Diálogo Índia-Brasil-África do Sul (Ibas), criado em 2004. A Bacia do Atlântico Sul adquire uma grande importância estratégica, como principal meio de comunicação, transporte e comércio com a África. Por fim, o Brasil se propõe a ampliar suas áreas de convergência e ação comum com algumas "potências emergentes", como China, Índia e Rússia, que é – na verdade – uma "velha potência" em processo de reconstrução.

Este artigo seleciona apenas alguns aspectos e iniciativas mais importantes da política externa brasileira entre 2003 e 2012, com o objetivo fundamental de identificar seus principais desafios futuros. O artigo parte de um brevíssimo diagnóstico da conjuntura internacional, para depois discutir as relações do Brasil com a América do Sul, com o Atlântico Sul, com a África Negra e com o grupo dos Brics. Por último, o artigo inclui quatro notas sobre as condições do projeto de expansão de poder e liderança internacional do Brasil.

2. Brevíssimo diagnóstico da conjuntura internacional

Como resposta à crise da década de 1970, os Estados Unidos redefiniram sua estratégia geopolítica e econômica internacional. Isso começou com uma reaproximação diplomática com a China, que envolveu a derrota/saída do Vietnã e levou à pacificação e ao redesenho do equilíbrio de poder no Sudeste Asiático. Isso permitiu, ao mesmo tempo, o cerco e a destruição da URSS, seguidos do fim da Guerra Fria. Paralelamente, os Estados Unidos abandonaram o Sistema de Bretton Woods, que eles mesmos haviam criado, e promoveram a progressiva desregulação de seu mercado financeiro, dando início a um longo processo de "redivisão" internacional do trabalho. Depois, já nas décadas de 1980 e 1990, os grandes "milagres econômicos" da Guerra Fria perderam centralidade, e a China e o Sudeste Asiático assumiram a condição de novo dínamo da acumulação capitalista mundial, ao lado dos EUA, evidentemente.

Depois do fim da Guerra Fria e até os primeiros anos do século XXI, o mundo viveu uma situação de aparente unipolaridade. Mas a vitória de 1991 não foi apenas norte-americana, foi também uma vitória política da Alemanha unificada e da China, e representou uma perda de posição relativa da França, da Grã-Bretanha e do próprio Japão. O desaparecimento da URSS e o fortalecimento da China obrigaram a Índia a assumir uma nova postura internacional, e a própria desconstrução da URSS trouxe de volta ao jogo internacional a velha Rússia, na condição de potência derrotada que luta para reconquistar seu território e sua antiga "zona de influência". Além disso, já no início do novo século, as guerras do Iraque e do Afeganistão, além das mudanças do Norte da África, redefiniram as posições relativas dos países da Ásia Central e do Oriente Médio e colocaram sobre a mesa a necessidade incontornável de assimilar a nova liderança regional do Irã, da Turquia e do Egito, além de redefinir a posição de Israel e da Arábia Saudita dentro do tabuleiro do "Grande Oriente Médio".

Mesmo depois de sua contundente vitória na Guerra Fria, os Estados Unidos seguiram expandindo seu poder internacional e construíram uma estrutura de poder militar global, com cerca de oitocentas bases e mais de meio milhão de soldados fora de seu território, além de vários tipos de acordos de defesa mútua com cerca de 140 países, garantindo a supremacia militar dos EUA em todos os oceanos e espaços aéreos do mundo. Paralelamente, o poder da economia e dos mercados financeiros norte-americanos impôs aos "mercados globais" um novo sistema monetário internacional, baseado no dólar e sem nenhum tipo de base metálica, apoiado apenas na "credibilidade" do poder global e da dívida pública dos EUA. Como consequência, nas duas décadas depois do fim da Guerra Fria, os EUA acumularam poder e riqueza numa velocidade sem precedente na sua história e na história do próprio sistema capitalista mundial.

Mesmo depois da crise financeira de 2008, não faz sentido falar em "crise final" dos EUA nem muito menos do capitalismo. Mesmo o "declínio relativo" do poder norte-americano com relação ao crescimento da importância econômica e política da China, não deve deslocar os EUA da posição de pivô do sistema mundial durante as próximas décadas. Tudo indica, pelo contrário, que os Estados Unidos se transformaram na cabeça de um sistema de poder global que está atravessando – no início do século XXI – dificuldades e incertezas produzidas pela mudança de sua condição de "potência hegemônica", até a década de 1970, para a condição de "potência imperial", depois de 1991.

O novo estatuto imperial dos EUA, somado a sua política interna de austeridade fiscal – induzida pela crise financeira de 2008 – os levaram a adotar uma nova forma de administração do seu poder global, cada vez mais arbitral e "terceirizada", por meio da promoção ativa de divisões e "equilíbrios de poder" regionais, segundo o modelo clássico da administração imperial da Grã-Bretanha, e só fazendo intervenções diretas em última instância e de preferência através de países aliados.

De qualquer maneira, é impossível prever exatamente como será o desenvolvimento desse novo tipo de "império", porque não é colonial e terá de conviver com 195 Estados e economias nacionais, que têm assento nas Nações Unidas, e são ou se consideram soberanos. A própria expansão do poder norte-americano seguirá criando e fortalecendo novas potências emergentes que acabarão competindo entre si e com os próprios EUA, no longo prazo. Do ponto de vista norte-americano, o essencial é impedir que alguma potência regional ameace sua posição de árbitro em última instância ou se proponha a desafiar sua supremacia naval e aérea em qualquer latitude do sistema mundial.

Com certeza, esse será um jogo de xadrez extremamente complicado, mas será sem dúvida o jogo da próxima década: de um lado, os EUA se distanciando e dividindo, e só intervindo em última instância; do outro, as demais potências regionais tentando escapar do "cerco norte-americano" e lutando para impedir que os seus vizinhos conquistem posições hegemônicas dentro de sua própria região. Isso não acontecerá sem conflito e sem guerras, porque a nova doutrina estratégica dos EUA deve estimular a corrida armamentista dentro de todas as regiões arbitradas pelos EUA. Os próprios EUA deverão ser os grandes fornecedores das armas destinadas a "equilibrar" os vários "jogos geopolíticos" regionais. Não se deve excluir também a possibilidade de derrotas ou fracassos militares localizados dos EUA. E tampouco se pode excluir da nova ordem a repetição de crises financeiras, como a de 2008. Dentro do novo sistema monetário e financeiro internacional que se globalizou depois de 1991, toda crise financeira interna da economia norte-americana deverá atingir a economia mundial, em maior ou menor grau, pela corrente sanguínea do "dólar flexível" e das finanças globalizadas. Mas essas crises não deverão atingir a posição de liderança monetária e financeira dos EUA, enquanto o governo e os capitais norte-americanos puderem repassar seus custos para outros países e puderem manter o controle monopólico da inovação tecnológica, sobretudo no campo militar.

A nova engenharia da economia mundial – criada pela associação entre as economias norte-americana e chinesa – contribuiu para transformar a China numa economia nacional com enorme poder de gravitação sobre a economia mundial. A nova distribuição da riqueza e do poder econômico já aumentou a intensidade da competição interestatal e intercapitalista, atingindo a economia europeia e promovendo uma nova "corrida imperialista" na África. Apesar de tudo, não está no horizonte da próxima década uma "guerra hegemônica" entre as grandes potências.

Por fim, o Brasil já ingressou no rol dos estados e das economias nacionais que fazem parte do "caleidoscópio central" do sistema, onde todos competem com todos e todas as alianças são possíveis, em função dos objetivos estratégicos de cada país e de sua proposta de mudança do sistema internacional.

3. O Brasil e a América do Sul

3.1. A história, a geografia e as mudanças recentes

No século XIX, as guerras e as disputas políticas e territoriais entre os novos Estados sul-americanos não produziram na região as mesmas consequências sistêmicas – políticas e econômicas – das guerras de centralização do poder e de formação dos Estados e das economias nacionais europeias. E mesmo no século XX não se consolidou no continente sul-americano um sistema integrado e competitivo de Estados e economias nacionais, como ocorreu na Ásia, após sua descolonização. Por isso, nunca existiu na América do Sul uma disputa hegemônica entre os seus próprios Estados e economias nacionais e nenhum dos seus Estados jamais disputou a hegemonia continental com as grandes potências. De fato, desde sua independência, o continente sul-americano viveu sob a tutela hegemônica dos países anglo-saxões: primeiro, da Grã-Bretanha, até o fim do século XIX, e, depois, dos Estados Unidos, durante o século XX. Como consequência, os Estados sul-americanos nunca ocuparam posição importante nas grandes disputas geopolíticas do sistema mundial, até o fim da Guerra Fria.

A própria geografia sul-americana sempre conspirou contra a interiorização da sua atividade econômica e contra a integração política do continente. O território sul-americano é recortado por grandes barreiras naturais que obstaculizam sua comunicação e integração física, como é o caso da Cordilheira dos Andes, da Floresta Amazônica e da região do Pantanal brasileiro e do Chaco boliviano. Só na "região do pampa" argentino, uruguaio, paraguaio e brasileiro é que se pode falar de um território extenso e contínuo com terras extraordinariamente férteis. As terras da Bacia Amazônica e da maior parte das planícies tropicais são muito pobres e de baixa fertilidade, e por isso também a população e a atividade econômica de Venezuela, Guiana, Suriname se concentram a poucos quilômetros da costa: é muito difícil e custoso qualquer projeto de interiorização. Da mesma forma, a combinação de montanhas e florestas tropicais também limita as possibilidades de integração econômica dentro do arco de países que se estende da Guiana Francesa até a Bolívia. O Peru é um país rachado ao meio e dividido entre a sua zona costeira, onde se concentra a atividade extrativa e de exportação, e seu interior andino ou amazônico, extremamente isolado e atrasado social e economicamente. O Chile, por sua vez, possui um clima temperado e terras produtivas, mas é um dos países mais isolados do mundo, o que dificulta sua integração com os demais países do "Cone Sul", e o transforma em uma pequena economia aberta e exportadora, voltada quase obrigatoriamente para os EUA e o Pacífico. Mesmo no caso do Brasil, um terço do seu território está ocupado por florestas e a topografia do território induziu uma ocupação econômica e uma urbanização que ainda seguem concentradas próximas da costa atlântica, apesar do movimento intenso de interiorização das últimas décadas. A própria integração econômica de suas grandes metrópoles costeiras ainda é pequena e obstruída por uma cadeia montanhosa quase contínua.

Depois do fim da Guerra Fria, durante a década de 1990, quase todos os governos sul-americanos aderiram ao projeto da "globalização liberal" e a suas políticas econômicas, responsáveis pelas crises cambiais da Argentina, em 1999, e do Brasil, em 1997, 1999 e 2001. O insucesso econômico das políticas neoliberais contribuiu decisivamente para a "virada à esquerda" dos governos sul-americanos, durante a primeira década do século XXI. Em poucos anos, quase todos os países da região elegeram governos de orientação nacionalista, desenvolvimentista ou socialista, que mudaram o rumo político-ideológico do continente. Todos se opuseram às ideias e políticas neoliberais da década de 1990 e todos apoiaram ativamente o projeto de integração da América do Sul, opondo-se ao intervencionismo norte-americano no continente. Esse giro político à esquerda coincidiu com o ciclo de expansão da economia mundial, que favoreceu o crescimento generalizado das economias regionais até a crise financeira de 2008.

Hoje já é possível identificar as principais mudanças que ocorreram na América do Sul, durante a primeira década do século XXI e, ao que tudo indica, vieram para durar: i) o aumento do poder e da liderança brasileira dentro da América do Sul; ii) a mudança do posicionamento regional dos Estados Unidos; iii) a invasão econômica chinesa do continente; e, finalmente, iv) o "vaivém" do processo de integração e o "cisma do Pacífico".

3.1.1. O aumento do poder e da liderança brasileira

No fim da primeira década do século XXI, o Brasil concentrava metade da população sul-americana e era o principal *player* dentro do tabuleiro geopolítico e econômico continental, tendo alcançado, inclusive, uma presença expressiva na América Central e no Caribe. Do ponto de vista econômico, a diferença entre o Brasil e o resto do continente aumentou consideravelmente nos últimos anos: em 2001, o Produto Interno Bruto brasileiro girava em torno de 550 milhões de dólares, a preços constantes, e era inferior à soma do produto dos demais países sul-americanos, que girava em torno de 640 milhões de dólares nessa mesma época; dez anos depois, a relação mudou radicalmente: o Produto Imterno Brasileiro (PIB) brasileiro cresceu e alcançou a cifra aproximada de 2,5 bilhões de dólares em 2011, enquanto o valor do produto bruto do resto da América do Sul era de cerca de 1,6 bilhão de dólares.

Na América Central e Caribe, o Brasil aceitou o comando da "missão de paz" das Nações Unidas no Haiti, tomou uma posição decidida a favor da reintegração de Cuba na comunidade americana e defendeu em todos os foros internacionais o fim do bloqueio norte-americano a Cuba. Ao mesmo tempo, exerceu uma razoável influência ideológica sobre alguns governos da América Central e tomou uma posição rápida e dura frente ao golpe de Estado militar em Honduras, em junho de 2009, e à tensão com os Estados Unidos com respeito à coordenação da ajuda ao Haiti, no terremoto do início de 2010. Apesar de adotar um ativismo diplomático mais intenso, o Brasil não tem nenhuma possibilidade de competir ou questionar o poder norte-americano no seu "mar interior caribenho".

Na América do Sul, o Brasil demonstrou nos últimos dez anos vontade e decisão de defender seus interesses e seu próprio projeto de segurança e integração econômica do continente. Com a expansão do Mercosul, a criação da União de Nações Sul-Americanas (Unasul) e do Conselho Sul-Americano de Defesa, o Brasil contribuiu para o engavetamento do projeto da Área de Livre Comércio das Américas (Alca) e reduziu a importância do Tratado Interamericano de Assistência Recíproca e da Junta Interamericana de Defesa, criados e sustentados pelo patrocínio dos Estados Unidos. Além disso, o Brasil teve uma participação ativa e pacificadora nos conflitos de fronteira dessa primeira década, entre Equador e Colômbia e entre Colômbia e Venezuela, e fez uma intervenção discreta, mas eficiente, para impedir que os conflitos regionais da Bolívia se transformassem em uma guerra de secessão territorial. Finalmente, em 2012, o Brasil liderou a rápida reação da Unasul contra o "golpe civil" que derrubou o governo do presidente Fernando Lugo, do Paraguai, e foi favorável ao afastamento do país do Mercosul até sua completa redemocratização.

Do ponto de vista da segurança e da defesa continental, o Brasil assinou – em 2009 – um acordo estratégico militar com a França que deverá alterar, no longo prazo, o poder naval do Brasil no Atlântico Sul, pois o país vai adquirir, entre 2021 e 2045, a capacidade simultânea de construir submarinos convencionais e atômicos e de produzir seus próprios caças bombardeiros. Essa decisão não caracteriza uma corrida armamentista entre o Brasil e seus vizinhos do continente, muito menos com os EUA, mas sinaliza uma mudança da posição internacional brasileira e uma vontade clara de aumentar sua capacidade político-militar de veto dentro da América do Sul com relação às posições norte-americanas.

3.1.2. A nova posição dos Estados Unidos

Os Estados Unidos mudaram sua posição frente à América do Sul, depois do fracasso das políticas neoliberais do Consenso de Washington, do abandono do projeto da Alca e da desastrosa intervenção a favor do golpe militar na Venezuela, em 2003. Diminuíram sua intervenção política direta no continente, passaram a promover acordos comerciais bilaterais com alguns países da região, estimularam a divisão interna do continente com o estímulo à formação de um "bloco liberal" dos países do Pacífico e, sobretudo, mudaram seu foco militar no continente. Fizeram parte dessa última inflexão a decisão de reativar a 4ª Frota Naval, em 2008, responsável pelo controle marítimo das águas que cercam a América Latina e as negociações de um novo acordo militar com a Colômbia, que dará acesso aos militares norte-americanos a sete bases aéreas e navais dentro do território colombiano, na contramão do projeto de criação do Conselho de Defesa Sul-Americano, liderado pelo Brasil. A reativação da 4ª Frota Naval, em particular, explicita a nova doutrina estratégica internacional dos EUA, mais focada no plano militar; isso fica claro na advertência do almirante Gary Roughead, chefe de Operações Navais da Marinha Norte-Americana: "ninguém deve se enganar: porque esta frota estará pronta para qualquer operação, a qualquer hora e em qualquer lugar, num máximo de 24 a 48 horas".

3.1.3. A "invasão" econômica chinesa

Como em outras partes do mundo, também na América do Sul a intervenção econômica da China seguiu uma trajetória ascendente e acelerada, durante a primeira década do século XXI. Como consequência, a China se transformou rapidamente no maior parceiro comercial da maioria dos países da região. Nesse período a China mais que dobrou sua participação nas importações realizadas pelos países sul-americanos, e seu o valor bruto cresceu mais de 700%, enquanto as exportações brasileiras para a América do Sul, nesse mesmo período, cresceram menos de 40%. Mesmo durante a crise econômica de 2008, a participação brasileira no mercado argentino recuou de 42%

para 31,5%, enquanto a participação chinesa subiu de 21,5% para 30,5%. O mesmo aconteceu na Venezuela, onde a participação chinesa subiu de 4,4%, em 2008, para 11,5%, nos quatro primeiros meses de 2009. Também aumentou a parcela de investimentos que a China destina à América Latina, que, como um todo, recebe 18% dos recursos do país asiático, perdendo apenas para a Ásia, aonde vai 63% do investimento externo chinês. Em linguagem estruturalista clássica, pode-se dizer que a China se transformou no novo "centro cíclico principal" do continente, ao reforçar a "velha vocação" primário-exportadora das economias sul-americanas. Mas é importante destacar que não existe nenhum sinal ou perspectiva de que a China queira se envolver no jogo geopolítico sul-americano.

3.1.4. O "vaivém" da integração e o "cisma do Pacífico"

O projeto de integração sul-americana nunca foi uma política de Estado, indo e vindo no decorrer do tempo, na forma de um projeto ou utopia "sazonal", que se fortalece ou enfraquece dependendo das flutuações da economia mundial e das mudanças de governo dentro da própria América do Sul. Durante a primeira década do século XX, os novos governos do continente – alinhados com uma postura crítica ao neoliberalismo –, num contexto de crescimento generalizado das economias regionais entre 2001 e 2008, estimularam e fortaleceram os projetos de integração da América do Sul, em particular o Mercosul, liderados pelo Brasil e pela Argentina. Depois da crise de 2008, entretanto, esse cenário mudou: a América do Sul recuperou-se rapidamente, puxada pelo crescimento da China, mas, por mais paradoxal que isso possa parecer, o sucesso econômico de curto prazo trouxe de volta e vem aprofundando as velhas limitações objetivas do projeto de integração econômica da América do Sul, ou seja: 1) o fato de as economias sul-americanas seguirem sendo quase todas economias primário-exportadoras e pouco integradas entre si; 2) a existência de grandes assimetrias e desigualdades nacionais e sociais dentro de cada país e da região como um todo; 3) a falta de uma infraestrutura continental eficiente; e 4) a falta de objetivos regionais permanentes, capazes de unificar a visão estratégica do continente.

Foi nesse contexto de "reprimarização" da economia sul-americana que surgiu o "cisma do Pacífico", o aparecimento de um novo eixo político-diplomático e econômico dentro do continente, a "Aliança do Pacífico", com a participação do Chile, do Peru e da Colômbia, ao lado do México e do Panamá, sob a liderança dos Estados Unidos. Os três países sul-americanos são pequenas economias de exportação com escasso relacionamento comercial entre si e – talvez por isso mesmo – sempre foram favoráveis às políticas de abertura de seus mercados externos. A soma do Produto Interno Bruto dos três países é de cerca de 800 bilhões de dólares, menos de um terço do PIB brasileiro e menos de um quarto do PIB do Mercosul. É nesse sentido que se pode dizer que o "cisma do Pacífico" tem mais importância ideológica do que econômica, porque sua força política decorre inteiramente da sua aliança com os EUA. Na verdade, os três países sul-americanos associados à "Aliança do Pacífico" fazem parte do processo de criação da Trans-Pacific Economic Partnership (TPP), que se transformou na peça central da política externa comercial da administração Obama e de seu projeto de afirmação do poder econômico e militar norte-americano na região do Pacífico. Além dos cinco países latinos, fazem parte do projeto norte-americano o Canadá, a Austrália, a Nova Zelândia, a Malásia, Singapura e Brunei, além da Coreia do Sul e do Japão. Sem o Japão, o acordo terá menor relevância, mas se as resistências japonesas forem vencidas esse bloco de livre comércio e proteção dos direitos de propriedade incluirá 40% do PIB mundial e acrescentará 60 bilhões de dólares às exportações norte-americanas. Segundo a revista *Foreign Affairs*, "se as negociações da TPP prosperarem, os EUA vão se tornar muito mais fortes, econômica e politicamente, na próxima geração"[2].

3.2 Balanço e perspectivas

Depois de uma década de mudanças e forte ativismo político, é possível identificar algumas disjuntivas no horizonte da América do Sul, e algumas escolhas que seus governos deverão fazer nos próximos anos.

Do ponto de vista econômico, e em particular do ponto de vista dos mercados, a tendência "natural" é que a América do Sul siga sendo uma periferia econômica exportadora, mesmo se ampliar e diversificar seus parceiros e compradores, e que seu novo "centro cíclico" seja a China. Para mudar essa tendência é preciso que haja vontade política e poder de decisão do Estado para levar adiante, mesmo nos momentos de maior dificuldade, um projeto integracionista que fortaleça a estrutura produtiva e dos serviços regionais. Nesse caso, haveria que acelerar o projeto de construção dos grandes eixos de transporte e comunicação interna, além de tomar decisões conjuntas de política econômica que apontassem – de forma consistente e continuada – para a construção e consolidação do mercado interno, com a redução progressiva da dependência macroeconômica em relação às flutuações dos mercados internacionais de *commodities*. Nesse ponto, não existe meio-termo: os países inteiramente dependentes da exportação de produtos primários ou de recursos naturais – mesmo no caso do petróleo – serão sempre países periféricos, incapazes de comandar sua própria política econômica e incapazes de comandar sua participação soberana na economia mundial.

Do ponto de vista da defesa e segurança do continente, a tendência "natural" dos fatos, uma vez mais, é que a América do Sul se mantenha sob a proteção militar norte-americana. Mas não é impossível a construção no médio e longo prazo de uma capacidade estratégica mais autônoma e centrada na própria região. Para isso, entretanto, os governos sul-americanos teriam de sair de sua atual "zona de conforto" e tomar a decisão política de construir, mesmo que seja de forma lenta, um sistema de segurança regional coletivo, em que os países sul-americanos participariam na condição de aliados estratégicos.

De qualquer maneira, uma coisa é certa: a possibilidade de sucesso de uma alternativa sul-americana mais autônoma e soberana dependerá cada vez mais das escolhas do Brasil. No caso do Brasil também é possível identificar pelo menos duas alternativas fundamentais.

Primeiramente, do ponto de vista econômico o mais fácil é que o Brasil siga o caminho indicado pelos mercados e pelos grandes investidores financeiros internacionais.

---

2 Bernard K. Gordon, "Trading Up in Asia", *Foreign Affairs*, jul.-ago. 2012, p. 22.

Nesse caso, o Brasil poderá se transformar numa economia exportadora de petróleo, alimentos e *commodities*, uma espécie de "periferia de luxo" das grandes potências compradoras do mundo, como foram, no seu devido tempo, a Austrália e o Canadá, mesmo depois de sua industrialização. Nesse caso, entretanto, o Brasil nunca poderá se transformar em uma "locomotiva continental" e será sempre um competidor em relação aos seus vizinhos. Mas o Brasil tem capacidade e possibilidade de construir um caminho alternativo e novo dentro da América do Sul, de alguma forma similar ao da economia norte-americana, que tem autossuficiência energética, que possui excelente dotação de recursos naturais estratégicos e que soube combinar uma indústria de alto valor agregado com um setor produtor de alimentos e *commodities* de alta produtividade.

Do ponto de vista de sua política de defesa, o Brasil também tem pelo menos duas alternativas: ou se mantém na condição de sócio preferencial dos Estados Unidos e garante a administração colegiada de sua supremacia sul-americana; ou luta para aumentar sua capacidade de decisão estratégica autônoma, com uma política hábil e determinada de complementaridade e competitividade crescente com os Estados Unidos.

Tanto na disjuntiva econômica quanto na defesa, a opção mais autônoma e soberana aponta para um caminho muito mais longo e árduo do que o caminho "natural" dos mercados e da subordinação estratégica aos EUA. Por isso mesmo, a construção desse caminho alternativo supõe a existência de uma coalizão de poder com capacidade de sustentar um projeto de expansão econômica e de afirmação geopolítica até a consolidação de posições irreversíveis, incluindo a construção de uma nova hegemonia ideológica, dentro do Brasil e da América do Sul.

4. O Brasil e o Atlântico Sul

4.1. A geografia e a geopolítica atlântica

Na primeira década do século XXI, o Brasil assumiu plenamente o fato de o Atlântico Sul ser uma reserva e uma fonte importante de recursos econômicos, ser seu principal meio de transporte e intercâmbio comercial e poder ser um meio de projeção de sua influência e poder na África. Além das novas reservas de petróleo do pré-sal brasileiro, também existem reservas na plataforma continental argentina e foram comprovadas expressivas reservas de petróleo *offshore* na região do Golfo da Guiné, sobretudo na Nigéria, em Angola, no Congo, no Gabão e em São Tomé e Príncipe. Ainda na costa ocidental africana, a Namíbia possui grandes reservas de gás e a África do Sul, de carvão. Também existem na Bacia Atlântica crostas cobaltíferas, nódulos polimetálicos (contendo níquel, cobalto, cobre e manganês), sulfetos polimetálicos (contendo ferro, zinco, prata, cobre e ouro), além de depósitos de diamante, ouro e fósforo, entre outros minerais relevantes, e já foram identificadas grandes fontes energéticas e minerais na região da Antártica. Além disso, o Atlântico Sul é uma via de transporte e comunicação fundamental com a África e um espaço de suma importância para a defesa e a segurança dos países ribeirinhos, dos dois lados do Atlântico.

A Argentina tem 5 mil quilômetros de costa e sustenta uma disputa territorial com a Grã-Bretanha, em torno da soberania das ilhas Malvinas e das ilhas Geórgia e Sandwich do Sul. Além disso, a Argentina tem uma importante projeção e interesse no território da Antártida e nas passagens interoceânicas do canal de Beagle e do estreito de Drake. Do outro lado do Atlântico, a África do Sul ocupa o vértice meridional do continente africano, e é um país bioceânico, banhado simultaneamente pelo Oceano Atlântico e pelo Oceano Índico, com quase 3 mil quilômetros de costas marítimas e cerca de 1 milhão de quilômetros quadrados de águas jurisdicionais. Além disso, ocupa uma posição estratégica, como "rota do cabo" ou ponto de passagem entre o "ocidente" e o "oriente", e vice-versa, por onde circula cerca de 60% do petróleo embarcado no Oriente Médio na direção dos EUA e da Europa, e é também por onde circula um intenso comércio de *commodities*, sobretudo na direção dos países mais industrializados. A África do Sul defende uma cooperação mais estreita com os demais países ribeirinhos do Atlântico Sul, mas sua marinha se manteve sob forte influência britânica, entre o fim da Segunda Guerra Mundial e o fim do *apartheid*, e hoje é relativamente inexpressiva. Finalmente, a Nigéria e Angola têm 800 e 1,6 mil quilômetros de costa atlântica, respectivamente. As reservas de petróleo do Golfo da Guiné estão estimadas em 100 milhões de barris, o que faz da costa e da plataforma atlântica um elemento central da estratégia defensiva dos dois países. Mas nenhum dos dois dispõe de capacidade naval mínima de defesa autônoma e de participação em operações estratégicas mais amplas, que envolvam os demais países da Bacia do Atlântico Sul.

Das grandes potências, a Grã-Bretanha mantém a posse de um cinturão de ilhas no Atlântico, que lhe confere uma vantagem estratégica sem igual, como é o caso das ilhas meso-oceânicas de Tristão da Cunha, Ascensão e Santa Helena e das ilhas peri-antárticas de Shetlands, Geórgia, Gough, Sandwich do Sul, Orcadas do Sul e Malvinas. Por sua vez, os EUA realizam exercícios periódicos no Atlântico Sul e também possuem bases navais na ilha de Ascensão (arrendadas dos ingleses), além de terem dois comandos militares com responsabilidades geográficas na região – o Comando do Sul (USSOUTHCOM), estabelecido em 1963 e o Comando da África (Africom) mais recente, estabelecido em 2007). Por fim, como já vimos, os EUA reativaram em 2008, a sua 4ª Frota para o controle do Atlântico Sul, o que caracteriza uma situação de grande assimetria de recursos e de poder naval entre as duas potências anglo-saxônicas e os demais países situados dos dois lados do Atlântico Sul.

4.2. A posição e as perspectivas do Brasil

O Brasil é o país que dispõe do litoral mais extenso e da maior plataforma marítima entre os países ribeirinhos do Atlântico. O interesse estratégico declarado do Brasil no Atlântico Sul ultrapassa a defesa exclusiva das águas jurisdicionais de seu mar territorial e das 200 milhas de sua Zona Econômica Exclusiva (ZEE), onde se encontra a maior parte de suas reservas de petróleo e gás, e estende-se até a África e o território da Antártida. O comércio marítimo brasileiro se dá prioritariamente através do Atlântico, que representa 90% do comércio internacional do país; além disso, cerca de 90% das reservas totais de petróleo do Brasil e 67% de suas reservas de gás natural estão no mar; e o mesmo acontece com 82% de sua produção atual de petróleo. O Brasil também possui três ilhas atlânticas e tem uma importante projeção sobre o território da Antártida.

Entre 1952 e 1977, a Marinha brasileira esteve sob tutela material e estratégica dos EUA, e só começou a desenvolver o seu próprio planejamento autônomo a partir da denúncia do Acordo Militar com os EUA e a formulação de seu "Plano Estratégico da Marinha", em 1977. Mesmo hoje, apesar de contar com um poder naval superior ao de Nigéria, Angola, África do Sul e Argentina, o Brasil ainda tem enorme vulnerabilidade no Atlântico Sul, por causa das dimensões de sua plataforma marítima, que chega a ser metade de seu território continental e da grande concentração de seu comércio, cidades e atividade econômica no litoral atlântico. A Marinha do Brasil desenvolve há anos várias atividades de cooperação com os países banhados pelo Atlântico Sul, incluindo Argentina, Uruguai e África do Sul e tem ampliado sua cooperação com Guiné-Bissau, Namíbia, Angola e São Tomé e Príncipe. Mas nada disso poderá alterar – ainda por um bom tempo – a correlação de forças e o controle da Bacia Atlântica, que seguirá sob o domínio do poder naval anglo-americano.

Nesse ponto não há como enganar-se: o poder naval brasileiro foi inteiramente dependente da Inglaterra e dos Estados Unidos, pelo menos até a década de 1970, e o Brasil segue sendo um país vulnerável do ponto de vista da capacidade de defesa da sua costa e de sua plataforma marítima. Esse panorama só poderá ser modificado no longo prazo, com a construção da nova frota de submarinos convencionais e nucleares que deverão ser entregues à Marinha brasileira entre 2021 e 2045. Trata-se de um limite material objetivo e intransponível no curto prazo, e o cálculo estratégico do Brasil tem de assumi-lo como um dado de realidade e um elemento central de sua política de defesa e de projeção de sua influência no Atlântico Sul e na África Subsaariana. Até porque é muito pouco provável que os países ribeirinhos, dos dois lados do Atlântico Sul, possam levar à frente ações conjuntas de tipo afirmativo, por falta de interesses coincidentes e por falta de poder real de implementação de decisões que envolvam o uso de um poder naval de que não dispõem.

5. O Brasil e a África Subsaariana

5.1. A história, a geografia e as mudanças recentes

A África é o segundo maior e o mais populoso continente do mundo: tem uma área de 30.221.532 quilômetros quadrados e uma população de cerca de 1 bilhão de habitantes, aproximadamente 15% da população mundial. Encontra-se cercado pelo Mar Mediterrâneo, ao norte, pelo Canal de Suez e pelo Mar Vermelho, ao nordeste, pelo Oceano Índico, ao sudeste, e pelo Oceano Atlântico, ao oeste. O continente inclui a ilha de Madagascar, vários arquipélagos, 9 territórios e 57 estados independentes. Seu território é dividido geograficamente em cinco grandes regiões, e é comum ser separado em dois grandes blocos: a África do Norte, predominantemente arábica e islâmica, situada ao sul do Mar Mediterrâneo, e a África Subsaariana, também chamada África Negra, situada ao sul do Deserto do Saara. Cerca de metade da população africana vive na África Negra, que, apesar de ser considerada o "berço da humanidade", inclui sociedades extremamente desiguais, com indicadores socioeconômicos muito negativos. A maior parte da África vive sob clima tropical, dominante tanto na zona tropical quanto na região equatorial, com exceção de algumas pequenas áreas de clima ameno, situadas nos extremos norte e sul do continente.

Os europeus chegaram à costa africana e iniciaram seu comércio de escravos negros no século XV e XVI, mas foi só no século XIX que as grandes potências europeias ocuparam e impuseram sua dominação imperial em todo o território africano, menos a Etiópia. A Conferência de Berlim, de 1884 a 1885, consagrou a divisão colonial do território africano entre a Inglaterra, a França, a Alemanha, a Bélgica e a Itália, além da Espanha e de Portugal, que já ocupavam suas colônias desde muito antes da conferência. Entre o fim da Segunda Guerra Mundial e o final da década de 1970, quase toda as colônias africanas se separaram de suas metrópoles europeias, dando origem a um sistema de Estados recortado por fronteiras criadas (na sua maior parte) pelos próprios colonizadores. Durante a Guerra Fria, a maioria dos países africanos se colocou ao lado das potências ocidentais. A independência africana, depois da Segunda Guerra Mundial, despertou grandes expectativas com relação aos seus novos governos de "libertação nacional" e seus projetos de desenvolvimento, que tiveram sucesso em alguns casos, durante os primeiros tempos de vida independente. Esse desempenho inicial, entretanto, foi atropelado por sucessivos golpes e regimes militares, e pela crise econômica mundial da década de 1970, que atingiu todas as economias periféricas e provocou um prolongado declínio da economia africana, até o início do século XXI. Mesmo na década de 1990, depois do fim do mundo socialista e da Guerra Fria, e no auge da globalização financeira, o continente africano ficou praticamente à margem dos novos fluxos de comércio e de investimento globais.

Depois de 2001, entretanto, a economia africana ressurgiu, acompanhando o novo ciclo de expansão da economia mundial, como aconteceu na América do Sul. O crescimento médio, que era de 2,4% em 1990, passou para 4,5% entre 2000 e 2005, e alcançou as taxas de 5,3% e 5,5%, em 2007 e 2008. No caso de alguns países produtores de petróleo e outros minérios estratégicos, essas cifras alcançaram níveis ainda mais expressivos, como em Angola, Sudão e Mauritânia. A África conta com 25% das reservas de urânio e mais de 35% do potencial hidrelétrico do mundo, e é responsável pelo fornecimento de 15% da produção mineral do planeta, incluindo 70% da de diamantes e platina, 50% da de cobalto, mais de 30% da de ouro e cromo e cerca de 20% da de urânio, manganês e fosfato. Os países da África que circundam o Atlântico Sul possuem significativas reservas provadas de petróleo, totalizando quase 60 bilhões de barris e 3,5% das reservas mundiais. Destacando-se: Angola, cujas reservas aumentaram cerca de dez vezes entre 1991 e 2011 (partindo de 1,4 bilhão de barris) e que possui 13,5 bilhões de barris em reservas provadas de petróleo, com 0,8% das reservas mundiais; e Nigéria, cujas reservas quase dobraram entre 1991 e 2011 (partindo de 20 bilhões de barris) e que possui as maiores reservas da região subsaariana, com 37,2 bilhões de barris em reserva, 2,3% do total das reservas globais. A dotação de recursos explica em parte por que a África Subsaariana se transformou – depois do ano 2000 – no palco central de uma intensa competição entre os governos e os grandes capitais públicos e privados das antigas potências colonialistas, ao lado da China, da Índia, da Rússia e também do Brasil, que é o país com a segunda maior população negra do mundo.

A mudança da economia africana na primeira década do século XXI – como no resto do mundo – se deveu ao impacto do crescimento vertiginoso da China e da Índia, que consumiam 14% das exportações africanas no ano 2000 e hoje consomem 27%, assim como a Europa e os Estados Unidos, que são velhos parceiros comerciais do continente africano. Na direção inversa, as exportações asiáticas para a África vêm crescendo a uma taxa média de 18% ao ano, seguindo os investimentos diretos chineses e indianos, sobretudo em energia, mineração e infraestrutura. Nesse momento, existem mais de mil empresas e cem mil trabalhadores chineses na África, com uma estratégia conjunta de "desembarque econômico" no continente, como acontece também, em menor escala, com o governo e os capitais privados indianos. Nesse sentido, não cabe mais dúvida, devido ao volume e à velocidade dos acontecimentos: a África é hoje o grande espaço de "acumulação primitiva" asiática e uma das principais fronteiras de expansão econômica e política da China e da Índia. Mas, ao mesmo tempo, não há o menor sinal de que os Estados Unidos e a União Europeia estejam dispostos a abandonar suas posições estratégicas, conquistadas e controladas dentro do território econômico africano.

Depois da frustrada "intervenção humanitária" dos Estados Unidos, na Somália, em 1993, o presidente Bill Clinton visitou o continente e definiu uma estratégia de "baixo teor" para a África: democracia e crescimento econômico através da globalização dos seus mercados nacionais. Mas, depois de 2001 – como aconteceu também na América do Sul –, os Estados Unidos mudaram radicalmente sua política africana, em nome do combate ao terrorismo e da proteção dos seus interesses energéticos, sobretudo na região do "Chifre da África" e do Golfo da Guiné, que, até 2015, deverá fornecer 25% das importações norte-americanas de petróleo. Foi quando os Estados Unidos criaram seu novo comando estratégico regional no nordeste africano e instalaram as primeiras bases de apoio do Africom, criado em 2008, dando início a uma nova era de intenso engajamento da Marinha norte-americana na costa oeste da África. O aumento da presença militar norte-americana, entretanto, não é um fenômeno isolado, porque a União Europeia e a Grã-Bretanha também têm dedicado atenção crescente à África, e até a Rússia vem intensificando seus acordos envolvendo venda de armas e alguns projetos bilionários de suprimento de gás para a Europa, através da Itália e do deserto do Saara.

5.2. A projeção do Brasil na África

Depois da Segunda Guerra Mundial e até a década de 1960, a política externa brasileira se submeteu à estratégia norte-americana da Guerra Fria e apoiou o colonialismo europeu na África. Essa posição só mudou pela primeira vez com a "política externa independente" (PEI), dos governos de Jânio Quadros e João Goulart, entre 1961 e 1964. Logo depois do golpe militar de 1964, entretanto, o governo Castello Branco voltou a apoiar o colonialismo português e europeu, e essa posição só veio a ser modificada durante o governo Geisel, que reconheceu a independência dos governos revolucionários de Guiné-Bissau e de Angola, em 1975, mesmo contra a oposição dos EUA e de vários países europeus. Nos anos 1990, o governo brasileiro voltou a dar prioridade, na sua política externa, às relações com os EUA e com os países desenvolvidos. E, só na primeira década do século XXI, o Brasil definiu explicitamente a África Subsaariana como parte de seu "entorno estratégico", onde pretendia irradiar sua liderança e projetar sua influência política e econômica.

Entre 2003 e 2010, o presidente Lula visitou 29 países africanos – alguns mais de uma vez –, totalizando mais visitas ao continente do que a somatória das visitas de todos os presidentes anteriores. Nessas visitas, foram firmados inúmeros acordos econômicos e foram criadas diversas organizações empresariais, como no caso do lançamento da Câmara de Comércio Brasil-Gana, em 2005. O Brasil também renegociou a dívida de vários países africanos num valor que ultrapassou 1 bilhão de dólares e representou cerca de 75% do total das dívidas renegociadas pelo governo brasileiro nesse período. Além disso, o Ministério do Desenvolvimento, Indústria e Comércio (MDIC) e o Banco Nacional de Desenvolvimento Econômico e Social (BNDES) intensificaram seu apoio e financiamento às exportações brasileiras para o continente africano; em 2008, os incentivos concedidos às empresas brasileiras para exportar para a África – no âmbito do "Programa de Integração com a África" – resultaram no desembolso de R$ 477 milhões, elevando-se para R$ 649 milhões, em 2009. Nesse período, várias empresas brasileiras se instalaram em Moçambique, Angola, Guiné, Mauritânia, Argélia e Líbia, explorando o setor de serviços, extração de recursos naturais e grandes obras públicas de transporte, barragens e hidroelétricas. A Petrobras e a Vale do Rio Doce foram as grandes responsáveis pelos investimentos brasileiros em extração mineral. Os principais projetos da Vale estão em Moçambique e na Guiné, onde a Vale está construindo uma ferrovia que atravessa o Malaui, para poder escoar o seu minério. A Petrobras atua em Angola, Gabão, Líbia, Namíbia e Tanzânia, além e sobretudo na Nigéria, que é seu principal parceiro e fornecedor do petróleo importado pelo Brasil. A agricultura também tem sido um campo fértil de colaboração, e a Embrapa tem fornecido – desde seu escritório de Gana – assistência técnica à indústria de algodão em Benin, Burkina Faso, Chade e Mali, com algumas empresas brasileiras que produzem soja, cana-de-açúcar, milho e algodão no continente africano. Importante também foi a atuação brasileira na área de cooperação técnica bilateral, com o envio de missões de apoio ao desenvolvimento urbano a países como Moçambique e Namíbia, ou de cooperação na construção ou reconstrução de infraestrutura e de conjuntos habitacionais, como no caso de Angola, além de informatização de órgãos governamentais, como aconteceu com o governo de São Tomé. Além disso, o governo brasileiro intensificou significativamente suas "ações horizontais" e suas parcerias governamentais no campo da educação, do saneamento básico, da nutrição e da saúde, sobretudo através da Fundação Oswaldo Cruz e do seu Ministério de Saúde. O Brasil também aumentou suas ações e parcerias estratégicas no campo da defesa com alguns países subsaarianos, contribuindo para o levantamento da plataforma continental da Namíbia e de Angola. Depois da Oceania, o continente africano é o que menos gasta em armamentos, em todo o mundo – 1,7% do seu orçamento – e a África do Sul, que é o país que ocupa a posição geoestratégica mais importante na África Subsaariana, possui uma força militar menor do que a da Argentina. Assim mesmo, há um grande espaço para cooperação na área da defesa entre o Brasil e a África Negra, através dos organismos internacionais ou mesmo através de ações conjuntas voltadas para o ordenamento e a exploração dos recursos do Atlântico Sul. A Marinha do Brasil ajudou a criar a Marinha da Namíbia e, entre 2003 e 2010, o Brasil assinou Acordos de Cooperação no Domínio da Defesa com África do Sul, Angola, Moçambique, Namíbia, Guiné Equatorial,

Nigéria, Senegal e Cabo Verde. Empresas brasileiras da área da defesa, como a Embraer e a Emgepron, têm tido uma atuação significativa na África, tanto no campo comercial quanto na difusão de conhecimento tecnológico e na realização de projetos conjuntos, como no caso do desenvolvimento – com a África do Sul – de um novo míssil ar-ar (Projeto A-Darter), de um avião cargueiro e de veículos aéreos não tripulados. Na última década, o governo brasileiro também fortaleceu laços com os países da Comunidade de Língua Portuguesa, que se tornou um instrumento de concertação e influência diplomática do Brasil, e também avançou na consolidação do seu diálogo com a Índia e a África do Sul, dentro do Ibas, criado em 2004 para promover a cooperação e o intercâmbio Sul-Sul.

5.3. Balanço e perspectivas

A África Subsaariana apresenta níveis altos de pobreza e carência no campo da alimentação, saúde, educação etc. Em geral, são economias subdesenvolvidas com baixa capacidade endógena de dinamização econômica. Além disso, existem enormes disparidades e assimetrias sociais dentro dos países e entre os países da África Negra, como os países petroleiros que se destacaram tanto pelo crescimento acelerado do seu PIB na última década quanto da desigualdade na distribuição de renda. Nesse contexto, as "ações horizontais" da diplomacia brasileira se mantiveram quase sempre num nível de cooperação bastante elementar de solidariedade e sobrevivência, desenvolvendo-se de forma muito lenta e com resultados observáveis limitados. Ao mesmo tempo, o continente africano possui uma grande variedade de recursos naturais, tem enorme carência de infraestrutura de transportes e comunicação e apresenta escasso nível de industrialização. Nesse sentido, pode-se dizer que o futuro oferece boas oportunidades econômicas para o Brasil no campo dos investimentos em infraestrutura (transportes, energia e comunicações), mas também no desenvolvimento tecnológico da indústria local e na capacitação da mão de obra.

Agora, se o Brasil mantiver sua política africana na próxima década, enfrentará uma pesada concorrência das grandes potências tradicionais e das potências emergentes, em particular da China e da Índia, que disputam influência e controle dos recursos estratégicos da região e têm muito mais capacidade de mobilização econômica e militar do que o Brasil. Um desafio que exigirá do governo brasileiro uma enorme capacidade de mobilização de sua sociedade e elites – em geral reticentes frente a suas origens africanas – e de articulação e coordenação entre as várias agências do governo brasileiro – diplomacia, defesa e política econômica. Além disso, o Brasil deve ter plena consciência de que está entrando num jogo de xadrez extremamente complicado, porque o sistema internacional já ingressou numa nova "corrida imperialista" entre as suas "grandes potências" e seu epicentro deverá ser uma vez mais a África. Como já aconteceu com o primeiro colonialismo europeu que começou com a conquista da cidade de Ceuta, no norte da África, em 1415, estendendo-se em seguida pela costa africana e transformando sua população na principal *commodity* da economia mundial, no início da globalização capitalista. E, depois, de novo, na "era dos impérios", no fim do século XIX, quando as potências europeias conquistaram e submeteram quase todo o continente africano.

6. O Brasil e o grupo dos Brics

Fora de seu "entorno estratégico" imediato, a iniciativa diplomática mais expressiva do Brasil, na primeira década do século XXI, foi sem dúvida sua participação no grupo político e diplomático dos Brics, ao lado de Rússia, Índia, China e África do Sul.

6.1. A origem e as dimensões do grupo

O acrônimo foi usado pela primeira vez em 2001, mas só se transformou em um fenômeno diplomático e simbolizou um agrupamento político a partir da reunião dos chanceleres dos quatro primeiros "sócios" do grupo, durante a 61ª Assembleia Geral das Nações Unidas, em setembro de 2006. E foi só na 1ª Cúpula, de Ecaterimburgo, na Rússia, em 2008, que o agrupamento alcançou o nível de chefes de Estado e de governo. Depois, seguiram-se as reuniões da 2ª Cúpula, de Brasília, em abril de 2010, a 3ª Cúpula, de Sanya, na China, em abril de 2011, quando foi admitida como sócia a África do Sul, e a 4ª Cúpula, de Nova Déli, na Índia, em março de 2012. A próxima deverá ocorrer na cidade de Durban, na África do Sul, em abril de 2013. A somatória simples indica que o peso demográfico e econômico dos Brics é considerável. Juntos, os cinco países governam cerca de 3 bilhões de seres humanos, quase metade da população mundial. E, entre 2003 e 2007, o crescimento do grupo representou 65% da expansão do PIB mundial; em 2003, os Brics respondiam por 9% do PIB mundial e, em 2009, o valor havia aumentado para 14%. Em paridade de poder de compra, o PIB dos Brics já supera hoje o dos EUA e o da União Europeia. Em 2010, o PIB conjunto dos cinco países – considerado pela paridade do poder de compra – havia alcançado já 19 trilhões de dólares, ou seja, 25% do PIB mundial.

Na geopolítica das nações, entretanto, semelhanças econômicas e afinidades ideológicas só operam com eficácia quando coincidem com os interesses e as necessidades dos países, do ponto de vista de seu desenvolvimento e segurança. Desse modo, a formação de um grupo político de cooperação diplomática e de um espaço econômico com fluxos comerciais e financeiros mais ou menos significativos entre o Brasil, a Rússia, a China, a Índia e a África do Sul é um fato novo e pode vir a ser a base material de algumas parcerias setoriais e localizadas entre todos ou alguns desses países. Mas é muito pouco provável que só isso seja suficiente para justificar uma aliança estratégica de longo prazo entre os cinco países.

6.2. A heterogeneidade do grupo

São cinco países que ocupam posição de destaque, nas suas respectivas regiões, devido ao tamanho de seu território, de sua população e de sua economia. Mas, ao mesmo tempo, são cinco países completamente diferentes, do ponto de vista de sua história, de sua inserção internacional, de seus interesses geopolíticos e de sua capacidade de implementação autônoma de decisões estratégicas.

6.2.1. Rússia

Logo depois da dissolução da União Soviética e durante toda a década de 1990, muitos analistas vaticinaram o fim da grande potência, que ingressou no cenário europeu com as guerras de conquista de Pedro, o Grande, no início do século XVIII. Mas a Rússia é um império e uma civilização milenar que já foi destruída e reconstruída muitas vezes no decorrer da história. Por isso, não surpreende que, já a partir de 2000, com o primeiro governo de Vladimir Putin, a Rússia tenha iniciado um rápido processo de reconstrução do seu Estado e da sua economia, tenha retomado e reerguido seu complexo militar-industrial, tenha se reaproximado da China e tenha explicitado claramente sua disposição de refazer sua antiga "zona de influência" na Ásia Central, nos Bálcãs e em parte da Europa do Leste. A Rússia manteve o arsenal atômico da URSS e, no ano 2000, os líderes militares e civis russos alertaram os Estados Unidos sobre a possibilidade da retomada da corrida nuclear, caso os norte-americanos insistissem no seu projeto de instalação de um sistema antimísseis na fronteira russa. No início de 2007, a Rússia alcançou o nível de atividade econômica anterior à grande crise dos anos 1990 e reassumiu seu lugar como grande fornecedor de armamento e tecnologia militar para a China, a Índia e o Irã, além de vários outros países ao redor do mundo, incluindo recentemente a Argentina e a Venezuela. De tal maneira que, apenas vinte anos depois do fim da União Soviética, todos os sinais indicam uma nova onda de modernização da economia russa, associada à retomada dos objetivos estratégicos seculares do país, como aconteceu em outros momentos de "reconstrução" da história da Rússia e da própria União Soviética. Trata-se de um país que já foi a segunda maior potência mundial e que possui o maior estado territorial do mundo, dotado de uma enorme capacidade de resistência militar e econômica, como ficou comprovado nas guerras napoleônicas e na Primeira e Segunda Guerra Mundial.

6.2.2. China e Índia

A China e a Índia também possuem civilizações milenares e controlam em conjunto um terço da população mundial. Além disso, possuem entre si 3.200 quilômetros de fronteira comum, afora as fronteiras que ambas têm com Paquistão, Nepal, Butão e Myanmar. Além disso, China e Índia têm territórios em disputa, guerrearam entre si nas últimas décadas e são potências atômicas. Dentro do xadrez geopolítico asiático, os indianos consideram que as relações amistosas da China com o Paquistão, Bangladesh e Sri Lanka fazem parte de uma estratégia chinesa de "cerco" da Índia e de expansão chinesa no Sul da Ásia, a "zona de influência" imediata dos indianos. Por sua vez, os chineses consideram que a aproximação recente entre os Estados Unidos e a Índia, sua nova parceira estratégica e atômica, faz parte de uma estratégia de "cerco" da China, caracterizando uma competição territorial e bélica, em torno da supremacia no Sul e no Sudeste da Ásia, que envolve também os Estados Unidos. A China vem investindo pesadamente na modernização de suas forças armadas, sobretudo do seu poder naval, com os olhos postos na disputa da hegemonia no Sudeste Asiático e nos oceanos Índico e Pacífico.

A Índia não apresenta, à primeira vista, as características de uma potência expansiva e se comporta estrategicamente como um Estado que foi obrigado a se armar para proteger e garantir sua segurança numa região de alta instabilidade, onde sustenta uma disputa territorial e uma competição atômica também com o Paquistão, além da China. Mesmo assim vem desenvolvendo e controla uma tecnologia militar de ponta, como no caso do seu sofisticado sistema balístico e do seu próprio arsenal atômico, e possui um dos exércitos mais bem treinados de toda a Ásia. Foi depois da sua derrota militar para a China, em 1962, e da primeira explosão nuclear chinesa, em 1964, logo antes da sua guerra com o Paquistão, em 1965, que a Índia abandonou o "idealismo prático" da política externa de Nehru e adotou a *Realpolitik* do primeiro-ministro Bahadur Shastri, que autorizou o início do programa nuclear indiano, na década de 1960. Naquele momento, a Índia assumiu plenamente a condição de potência nuclear e definiu uma nova estratégia de inserção regional e internacional.

6.2.3. Brasil e África do Sul

O Brasil e a África do Sul compartem com a China e a Índia o fato de serem os Estados e as economias mais importantes de suas respectivas regiões, responsáveis por uma parte expressiva da população, da produção e do comércio interno e externo da América do Sul e da África. Mas não têm disputas territoriais com seus vizinhos, não enfrentam ameaças internas ou externas a sua segurança e não são potências militares relevantes. Desde o fim do *apartheid* e do início da sua democratização, a África do Sul se envolveu em quase todas as negociações de paz dentro do continente negro, mas sem jamais apresentar nenhum traço expansivo ou disposição para uma luta hegemônica dentro da África. Pelo contrário, tem sido um Estado que se move com enorme cautela, talvez devido ao seu próprio passado racista e belicista. Desde o primeiro governo de Mandela, a África do Sul tem se proposto a cumprir um papel de ponte entre a Ásia e a América Latina, mas o volume e o ritmo de crescimento do PIB sul-africano, o tamanho de sua população, suas limitações militares e sua falta de coesão interna impedem que a África do Sul possa aspirar a qualquer tipo de supremacia que não seja na sua região imediata, na África Austral, ou na condição de um "Estado relevante" para os assuntos da África Negra. Por outro lado, o Brasil também nunca foi um Estado com características expansivas nem disputou a hegemonia da América do Sul com a Grã-Bretanha ou com os Estados Unidos. Depois de 1850, o Brasil não enfrentou mais guerras civis ou ameaças de divisão interna e, depois da Guerra do Paraguai, na década de 1860, o Brasil teve apenas uma participação pontual em conflitos internacionais, na Itália, durante a Segunda Guerra Mundial, e algumas participações posteriores nas "forças de paz" das Nações Unidas e da Organização dos Estados Americanos (OEA). Sua relação com seus vizinhos da América do Sul, depois de 1870, foi sempre pacífica e durante todo o século XX sua posição dentro do continente foi de sócio auxiliar da hegemonia continental dos Estados Unidos.

6.3. Balanço e perspectivas

Com relação ao futuro dos Brics, o que se deve esperar para a próxima década é que a Rússia se dedique cada vez mais a reverter suas perdas da década de 1990 e a retomar suas posição dentro do núcleo central das grandes potências, enquanto a China deve se distanciar crescentemente do grupo e, aliás, de qualquer aliança que restrinja seus graus de liberdade de ação no tabuleiro internacional, uma vez que a China já vem atuando, em vários contextos, com a postura de quem comparte, e não de quem questiona, a atual "gestão" do poder mundial. O mesmo se deve dizer com relação à

Índia, que deve dedicar uma atenção cada vez maior às ameaças do seu "entorno estratégico", onde a própria China aparece como seu grande rival regional. Por último, o mais provável é que a África do Sul e o Brasil ampliem sua condição de Estados relevantes, mas ainda sem ter capacidade de projeção global de poder fora de sua zona imediata de influência.

Resumindo, o que se deve esperar, no médio prazo, é que o grupo dos Brics se transforme em uma iniciativa diplomática muito importante da primeira década do século XXI, mas que vai se exaurindo e extinguindo à medida que o século avançar.

7. Quatro notas finais

1. Depois da Segunda Guerra Mundial e mesmo depois do fim da Guerra Fria, a política externa brasileira foi inconstante e oscilou no tempo, mudando seus objetivos e estratégias, segundo o momento, o governo e a ideologia dominante. E dentro da sociedade, de suas elites e mesmo dentro de suas agências governamentais, houve mudança e divisões que impediram que se consolidasse uma posição estratégica que permanecesse através do tempo. Em particular na relação do Brasil com a América do Sul e com a África, é clara a dificuldade de definir e manter objetivos de longo prazo. Além disso, existe uma carência acentuada de uma rede de instituições ou *think tanks* fora do aparelho de Estado que cumpra o papel de reunir informações e ideias que formem a "massa crítica" indispensável para o estudo das alternativas e para a orientação inteligente da inserção internacional do Brasil. Sem informação crucial, sem mobilização da sociedade e sem coesão de seu *establishment* externo, é impossível levar à frente uma política externa consistente de projeção internacional, que não seja dependente de situações excepcionais.

2. Um país pode projetar o seu poder e a sua liderança fora de suas fronteiras nacionais, através da coerção, da cooperação, da difusão das suas ideias e de seus valores e também através da sua capacidade de transferir dinamismo econômico para sua "zona de influência". Mas, em qualquer caso, uma política de projeção de poder exige objetivos claros e uma coordenação estreita entre as agências responsáveis pela política externa do país, envolvendo a diplomacia, a defesa e as políticas econômica e cultural. Sobretudo, exige uma "vontade estratégica" consistente e permanente, ou seja, uma capacidade social e estatal de construir consensos em torno de objetivos internacionais de longo prazo, junto à capacidade de planejar e implementar ações de curto e médio prazo através das agências estatais, em conjunto com os atores sociais, políticos e econômicos relevantes.

3. O grande desafio brasileiro, na próxima década, será construir um caminho de expansão e projeção do seu poder – dentro e fora do seu "entorno estratégico" – que não siga a trilha que já foi percorrida pelas grandes potências tradicionais. Ou seja, o Brasil terá de traçar uma estratégia de expansão do seu poder e da sua influência, que não reivindique nenhum tipo de "destino ma-

nifesto", que não utilize a violência bélica dos europeus e norte-americanos e que não se proponha a conquistar povos para "convertê-los", "civilizá-los" ou simplesmente comandar o seu destino.

4. Mesmo assim, não haverá como contornar uma regra fundamental do sistema: todo país que ascende a uma nova posição de liderança regional ou global, em algum momento terá de questionar os "consensos éticos" e os arranjos geopolíticos e institucionais que foram definidos e impostos previamente pelas potências que já controlam o sistema mundial. Não está excluída a possibilidade e a necessidade de convergências e alianças táticas entre a potência ascendente e uma ou várias das antigas potências dominantes, desde que ela mantenha o objetivo permanente de crescer, expandir e galgar posições dentro do sistema internacional. Isso não é uma veleidade nacional nem se deve a nenhuma ideologia em particular; é um imperativo do próprio "sistema interestatal capitalista": nesse sistema, "quem não sobe cai".

DEZ ANOS DE POLÍTICA EXTERNA

Marco Aurélio Garcia

Recentemente, um trêfego analista da política externa brasileira – às vezes da interna também – decretou o "fracasso da Doutrina Garcia", denominação na qual englobava o conjunto das ações exteriores dos dois governos Lula e da administração da presidenta Dilma Rousseff. Tudo se passa, para esse cristão-novo do conservadorismo, como para os mais velhos e respeitáveis conservadores, de um somatório de derrotas motivadas pelo abandono de valores tradicionais da política externa em favor de preconceitos ideológicos impostos pelos partidos hegemônicos no governo, especialmente o PT, nesse período relativamente longo de nossa história republicana.

Não é hora de responder a esses argumentos, que expressam desacordo, incompreensão ou, até mesmo, inconformidade com a grande transformação em curso no país desde 2003. Trata-se apenas de tomar nota desse e de outros monólogos encontráveis em boa parte da grande imprensa, sobretudo naquela onde não há espaço para qualquer tipo de resposta, sempre em nome de um centenário liberalismo político.

A análise histórica *à chaud* tem seu interesse, pois procura dar conta de acontecimentos recentes, quando não dos que estão em curso. Tem, no entanto, o limite da excessiva proximidade com esses acontecimentos, o que impede de vê-los em um contexto mais amplo.

Em outro momento[1], pus a nu o falacioso argumento dos que defendem uma política externa "apartidária", fundada em tradições e valores imutáveis. O fato de ser *política de Estado* não exime a política externa de mudanças, motivadas não só pela alternância política, própria às democracias, como pelas transformações internacionais – vertiginosas

[1] Sobretudo em "O lugar do Brasil no Mundo: a política externa em um momento de transição", em Emir Sader e Marco Aurélio Garcia, *Brasil entre o passado e o futuro* (São Paulo, Fundação Perseu Abramo/Boitempo, 2000), p. 153-76.

nas duas últimas décadas. Estas frequentemente aconselham reorientações necessárias à proteção do interesse nacional e dos grandes valores dessa política de Estado – como a preservação da paz, a defesa dos direitos humanos, da liberdade e da soberania nacional e do princípio de não intervenção nos assuntos internos das nações.

É próprio de certo liberalismo político conservador tentar aprisionar a democracia em valores ideológicos imutáveis que impedem qualquer movimento de transformação na (e da) sociedade. Esse foi seu pecado capital, já no século XIX, quando privilegiou a noção de ordem em detrimento da de justiça social – temeroso que estava com as mudanças que a emergência da sociedade industrial provocava.

Entender a democracia também como um espaço de constituição de direitos, capaz de articular as dimensões socioeconômicas, político-jurídicas e nacionais foi o que deu força à Social Democracia no limiar do século XX, a despeito dos desdobramentos que teve sua trajetória ulterior.

1. As incertezas que marcavam o século XXI

Em seu "manifesto para uma nova ordem mundial", George Mombiot afirmava, em 2002, que "tudo já foi globalizado, exceto nosso consenso [...] [, pois] a democracia resta confinada aos limites do Estado nacional. Permanece na fronteira, carregando uma valise, mas sem um passaporte na mão". São palavras que expressam o sentimento daqueles que viviam o impacto de mais de uma década de grandes mudanças, que destruíram certezas sem repor novos valores, ao mesmo tempo que "alguns poucos homens das nações ricas [...] [assumiam] o poder global para dizer ao resto da humanidade como deve viver"[2].

Falar em (des)ordem mundial no início deste século não é um apocalíptico recurso retórico. Os Estados Unidos haviam sido atacados em seu território pelo terrorismo e, em vez de parar para pensar sobre as causas e o significado mais profundo daquele ato insano, o governo Bush enfiou-se, primeiro, em uma guerra sem fim no Afeganistão e, depois, programou um ataque massivo e letal ao Iraque, ao arrepio do direito internacional. Nem mesmo o Conselho de Segurança das Nações Unidas deu aval à demanda do governo dos Estados Unidos, o que aprofundou a crise de legitimidade da ONU.

Foi nessas circunstâncias que Luiz Inácio Lula da Silva ganhou as eleições presidenciais e, preparando-se para assumir suas responsabilidades em janeiro de 2003, visitou rapidamente, em dezembro de 2002, Buenos Aires, Santiago do Chile, Cidade do México e Washington.

Na capital norte-americana, Lula encontrou no Salão Oval um presidente obcecado em atacar o Iraque. Sem entrar em uma discussão mais profunda sobre o 11 de Setembro, o dirigente brasileiro afirmou que a única guerra que ele queria levar adiante naquele momento era contra a fome e a pobreza. Apesar da aparente troca de farpas, o encontro foi considerado muito positivo.

---

[2] George Mombiot, *A era do consenso* (trad. Renato Bitencourt, Rio de Janeiro, Record, 2004), p. 11.

Os Estados Unidos haviam dado sinais favoráveis em relação à eleição de Lula, como ficou evidente nas declarações e iniciativas de sua embaixadora em Brasília. Mas a chegada de um dirigente sindical, líder de um partido de esquerda, à presidência de um país relevante da América Latina poderia evidentemente provocar alguma inquietação em um governo republicano, de corte conservador, e que estava sem clara política para a região, salvo algumas observações disparatadas de *neocons* como Otto Reich e Roger Noriega. Expressão anedótica e divertida dessa insegurança foi a pergunta que Bush fez ao presidente chileno Ricardo Lagos, no dia seguinte ao encontro da Casa Branca com Lula, sobre o significado da estrela vermelha do PT que o novo governante brasileiro exibia com orgulho na lapela de seu paletó.

Não lembro bem quais explicações Lagos deu a Bush, mas o fato é que as relações entre Brasil e Estados Unidos nos dois mandatos republicanos foram mais do que corretas. O dirigente norte-americano esteve duas vezes no Brasil, fato inédito em muitas décadas. Lula foi mais de uma vez aos Estados Unidos, sendo recebido em Camp David, o que fez ranger os dentes dos que apostavam em uma degradação das relações entre os dois países.

Mas o que interessa no diálogo dos dois presidentes na Casa Branca é a fala do brasileiro. Ela demonstrava algo que poderia estar distante de uma visão tradicional de política externa, mas que, na verdade, era um elemento consubstancial da nova presença do Brasil no mundo.

Presidente recém-eleito de um país rico, mas profundamente desigual, o novo governante expressava claramente que o Brasil necessitava atacar a chaga da exclusão econômica e social que o marcava secularmente. Ela minava a democracia política, pois fazia da igualdade entre os cidadãos um engodo, um princípio constitucional que não encontrava amparo no cotidiano da sociedade real.

Esse não tão pequeno episódio revela como a nova articulação interno/externo se transformaria em elemento central do governo Lula, o que explica o enorme ativismo internacional do presidente (a decantada "diplomacia presidencial") que se fez não em detrimento do Itamaraty, mas, ao contrário, com sua intensa e fortalecida participação.

2. Uma mudança de rumo

A eleição de Lula – e, antes dela, a de Hugo Chávez na Venezuela – dava corpo a um processo de revisão drástica dos modelos econômicos até então hegemônicos na América Latina, inspirados no denominado *Consenso de Washington*.

Não tendo logrado – muito pelo contrário – o pretendido equilíbrio fiscal, que se sobrepunha a qualquer outro objetivo, as políticas inspiradas no Consenso haviam provocado também aguda crise econômica, social e política em muitos países.

O exemplo mais flagrante era o da Argentina, que mergulhara em um abismo econômico e no caos social na virada de 2001-2002. O fim da chamada "convertibilidade" do peso destruiu a moeda nacional e instabilizou politicamente o país. A sucessão de cinco presidentes no período de dez dias expressou dramaticamente a profundidade e intensidade da crise no país vizinho. "*Que se vayan todos*", proclamavam nas ruas os coléricos argentinos.

A crise uruguaia, no mesmo período, teve dimensões econômicas semelhantes às da Argentina – mais graves, dizem alguns –, só não tendo um desdobramento institucional da mesma intensidade em função do pacto político que se estabelecera naquele país, e que expressava também o amadurecimento de sua esquerda e as perspectivas de uma vitória da Frente Ampla nas eleições presidenciais, como acabou ocorrendo posteriormente.

Uma vez mais aparece aqui a correlação interno/externo.

O fato de o governo Lula ter podido enfrentar positivamente os temas do crescimento com forte inclusão social, ao mesmo tempo que estabilizava macroeconomicamente o país, reduzia sua vulnerabilidade externa e fortalecia a democracia, teve forte efeito de demonstração sobre a região, em especial na América do Sul.

É claro que a vitória de forças progressistas nas eleições que se seguiram na Argentina, Uruguai, Bolívia, Equador e Paraguai não foram consequência de qualquer "intervenção brasileira". Mas também é certo que o Brasil de Lula não pôde ser usado pela direita como espantalho, capaz de impedir a vitória eleitoral das esquerdas na região.

O declínio do projeto conservador não havia cedido lugar a um novo "modelo de desenvolvimento", no sentido abrangente que essa expressão teve no passado. Mas começavam a caducar alguns dogmas que contaminaram o pensamento econômico daquele período e produziram um efeito muitas vezes paralisante sobre o pensamento progressista. Não mais se poderia dizer, por exemplo, que "é impossível crescer e distribuir renda ao mesmo tempo", ou que "há que escolher entre o fortalecimento do mercado interno ou expandir as exportações", ou, finalmente, que "não se pode crescer e controlar a inflação simultaneamente, pois o crescimento só virá após anos de políticas fiscais e monetárias austeras".

Pairava sobre o conjunto do continente a proposta de formação de uma Área de Livre Comércio das Américas (Alca), prato de resistência da Cúpula das Américas, lançada em Miami, em 2004, no limiar do governo Fernando Henrique Cardoso, que lá compareceu como presidente eleito. Apesar do atrativo ideológico que esse projeto apresentava para setores do governo brasileiro e para parte do empresariado, eram muitos os segmentos da indústria, da agricultura e dos serviços locais que se davam conta dos enormes riscos que essa "solução de mercado" representava para o desenvolvimento econômico e social do Brasil. É óbvio que à frente do rechaço à Alca se encontravam os sindicatos que, a partir da experiência do Tratado Norte-Americano de Livre-Comércio (Nafta), se davam conta dos enormes riscos que tal iniciativa traria ao mundo do trabalho.

O destino da Alca é conhecido. Na Cúpula das Américas de Mar Del Plata (2005), a posição unitária dos quatro países do Mercosul, com o apoio da Venezuela, impediu que o projeto prosperasse. A recusa pelo governo Lula da proposta de formação da Alca era também consequência do aprofundamento de uma visão de desenvolvimento nacional. Não se tratava de pensar o futuro da economia e da sociedade brasileira de forma autárquica ou subordinada, mas em estreita relação com os países sul-americanos, que constituem sua circunstância geoeconômica e geopolítica.

3. O sentido da integração sul-americana para o Brasil

Como Lula havia dito e Dilma reiterou em seu discurso de posse, o Brasil queria associar seu destino ao da América do Sul.

A despeito de muitas narrativas que buscavam filiar o projeto de uma integração sul-americana à gesta dos Libertadores, quase dois séculos antes, havia razões mais atuais para sustentar essa iniciativa. Independentemente dessa retórica de conotações histórico-ideológicas que esteve (e está) presente no discurso integracionista, predominavam considerações de ordem econômica e política que refletiam uma aguda percepção da evolução da situação internacional e do papel que a América do Sul poderia desempenhar em um mundo multipolar em formação. A disjuntiva era: o Brasil podia (ou queria) ser, isoladamente, um *polo* na nova ordem global em construção, ou buscaria ocupar um lugar de destaque nela, junto a todos os países da América do Sul?

A opção por essa segunda hipótese decorreu de duas considerações. A primeira delas está ligada à avaliação do novo quadro mundial – a demanda crescente por alimentos, energia e matérias-primas – e o potencial da região para supri-la além de outros fatores que serão a seguir mencionados. A outra consideração reflete a nova abordagem do que é o interesse brasileiro.

No documento em que foi desenvolvida a primeira proposta de formação de uma Comunidade Sul-Americana de Nações (Casa), posteriormente denominada União das Nações Sul-Americanas (Unasul), destacou-se a importância de fatores materiais e imateriais que aconselhavam a formalização de mais esse processo de integração sub-regional.

A América do Sul é apresentada como uma região de enorme potencial energético, em um mundo carente de energia. Destaca-se por suas grandes reservas de petróleo e gás, antes mesmo que se houvessem anunciado as descobertas do pré-sal brasileiro e, mais recentemente, das novas regiões de hidrocarbonetos na Argentina.

O continente também é rico em recursos hídricos, o que incide na constituição de seu enorme potencial hidroelétrico. Essas reservas aquíferas, somadas à qualidade e à diversidade dos solos e à abundância de sol, são determinantes para a produção agrícola. É importante destacar, entretanto, que essa vocação para celeiro do mundo da região não depende exclusivamente de fatores naturais ou mesmo de uma força de trabalho barata, como no velho modelo agroexportador. A agricultura da região – em particular a brasileira – ganhou altos níveis de produtividade em função da pesquisa científica e tecnológica, da qual uma entidade como a Empresa Brasileira de Pesquisa Agropecuária (Embrapa) é paradigmática. A América do Sul possui grandes florestas e uma opulenta (e inexplorada) biodiversidade, além de um rico e diversificado acervo mineral.

Nos últimos anos, conflitos em torno de impactos ambientais e/ou sociais de grandes projetos energéticos, de logística ou mineiros, ganharam visibilidade e testemunharam o avanço da democracia. Reduziu-se o espaço para ações predatórias contra a natureza ou em detrimento de povos originários.

O parque industrial da região é relevante, a despeito de problemas conjunturais. Materializando-se a preocupação de muitos governos da América do Sul de levar adiante amplos programas de formação de mão de obra e de inovação tecnológica, a indústria poderá atingir um novo patamar, comparável ao das economias emergentes mais competitivas.

Um dado demográfico é essencial: 400 milhões de sul-americanos formam parte do mercado de consumo, beneficiados em grande medida por políticas de inclusão social. A relevância desse mercado de bens de consumo de massa pôde ser constatada quando da irrupção da crise econômica mundial a partir de 2008. O retraimento dos fluxos comerciais internacionais foi compensado pelo vigor do mercado interno. Essa crise teve consequências muito distintas daquela que abalou o mundo em 1929, quando o continente enfrentou grave depressão econômica e social e aguda instabilidade política.

A última década tem mostrado a América do Sul como uma região estável, onde se fortalece a democracia. Com exceção do episódio da destituição arbitrária de Fernando Lugo no Paraguai – pronta e unanimemente condenada pelo Mercosul e pela Unasul –, os presidentes de todos os demais países da região foram eleitos em pleitos limpos e com forte participação popular. Por certo, a intensidade dessa participação nem sempre é bem-vista por alguns observadores locais, que tentam qualificá-la como renascimento do "nacionalismo populista". Essas opiniões revelam, no mais das vezes, um viés conservador e a dificuldade de entender processos que, a partir do ingresso de novos segmentos sociais na política, colocam na ordem do dia a refundação de instituições que excluíam a presença dos "de baixo" nas grandes decisões nacionais.

A esse fator "imaterial" – a democracia –, nem sempre encontrável em outras partes do mundo emergente, somam-se outras características que a região pode apresentar: a de ser uma zona de paz, livre de armas de destruição em massa, onde os poucos contenciosos de fronteira estão sendo resolvidos (ou poderão sê-lo) por arbitragem. A América do Sul é também uma região onde não há espaço para conflitos religiosos e as tensões étnicas persistentes têm encontrado soluções crescentes no marco de instituições que mostram capacidade de renovação.

Para preservar a América do Sul de conflitos potenciais ou reais, a política externa brasileira tem buscado, nos âmbitos bilateral ou multilateral, soluções criativas e duradouras.

A criação do Conselho Sul-Americano de Defesa, proposta por Lula, sob o impacto do conflito entre Colômbia e Equador em 2008 e da ameaça de um enfrentamento de maiores proporções entre Colômbia e Venezuela, decorreu de um novo consenso, facilitado por mudanças nas doutrinas nacionais de defesa, inclusive a brasileira. Abandonou-se a hipótese de guerra entre os países do continente. Enfatizaram-se estratégias dissuasivas centradas na cooperação, e não no conflito, e na criação de mecanismos capazes de inibir a cobiça extracontinental em relação às reservas naturais da região, especialmente suas abundantes fontes de energia.

Outro tema de importância é o da violência e da criminalidade internacional organizada. Sem atingir as dimensões que têm hoje na América Central, ele representa séria ameaça à cidadania e ao funcionamento do Estado democrático de direito. Para enfrentar essa ameaça, a Unasul criou o Conselho de Combate ao Problema Mundial das Drogas. Ao lado de ações bi ou multilaterais que o Brasil desenvolve com seus vizinhos, esse organismo articulará uma estratégia comum – eficaz e respeitosa da soberania nacional – de enfrentamento desse grande desafio.

4. Superar a desigualdade

A despeito dos enormes avanços econômicos e sociais da última década, a América do Sul continua a ser a região mais desigual do planeta. Esse grave problema tem sido enfrentado nacionalmente por meio de políticas econômicas e sociais inovadoras. Mas encontrará soluções mais efetivas quando se materializarem projetos de integração no plano energético, logístico e produtivo. Estes permitirão aproveitar plenamente nosso potencial natural e, ao mesmo tempo, estabelecer cadeias de valor capazes de articular processos industriais em toda região.

A integração logística garantirá, como vem ocorrendo em escala ainda insuficiente, uma efetiva aproximação das economias e o pleno aproveitamento da grande vantagem que possui o continente de ser banhado tanto pelo Atlântico como pelo Pacífico.

A integração energética resolverá a situação de países que padecem de grandes déficits nesse terreno, como é o caso do Chile, ou situações paradoxais, como a do Paraguai que, tendo a maior produção *per capita* de eletricidade no mundo, ainda enfrenta apagões em sua capital. A construção da linha de transmissão entre a Usina Binacional Itaipu, financiada com recursos do Mercosul (Focem), essencialmente originários do Brasil, terá em breve enorme impacto sobre a vida da cidadania, mas também sobre a industrialização do país.

Na mesma direção, a agregação de valor ao gás, ao petróleo e a outros recursos naturais – essencial para romper com um modelo primário exportador – depende da capacidade de articulação energética do continente.

Os avanços na integração produtiva são condicionados pelo peso da economia brasileira na região. Algumas de nossas grandes indústrias nacionais – aeronáutica, defesa, automobilística e autopeças ou de fármacos, para citar exemplos relevantes – podem substituir importações provenientes de fora do continente por produção regional.

A ampliação do conceito de *conteúdo nacional*, exigido em diretrizes da política industrial brasileira, para o de *conteúdo regional* será de vital importância para que grandes projetos do pré-sal e outros relacionados às compras governamentais beneficiem toda a região.

Finalmente, estão colocados os problemas da integração financeira. O Banco do Sul (BS), cuja criação foi decidida há alguns anos, ainda está no papel, e o Brasil tem responsabilidades no atraso de sua efetiva implementação. A inexistência do BS é, em parte, compensada pela ação da Corporação Andina de Fomento (CAF) e do Banco Interamericano de Desenvolvimento (BID), instituições importantes para muitos projetos nacionais e de integração regional.

O Banco Nacional de Desenvolvimento Econômico e Social (BNDES) tem sido relevante em muitos países da América do Sul[3]. O Banco financia a exportação de serviços de empresas brasileiras, que são obrigadas a desenvolver suas ações no marco das leis de cada país e no respeito estrito de normas de preservação ambiental e de proteção social. A existência de conflitos aqui e acolá não desfigura a importância que o BNDES tem tido na política de integração sul-americana.

---

3 Entre 2003 e 2012 o BNDES financiou para a América Latina e África projetos no montante de 7.376 bilhões de dólares.

Mas o Banco tem seus limites, razão pela qual há tempos, ainda no governo Lula, colocou-se a necessidade de criação de um *Ex-Im bank** que realizasse, em escala ampliada, as tarefas que o BNDES não pode cumprir, em função dos entraves legais a que está submetida a instituição. Parte importante de seus recursos são originários do Fundo de Amparo ao Trabalhador (FAT), obrigando que eles sejam aplicados apenas no território nacional.

O papel que o Brasil tem, como maior economia da América Latina, impõe drástica revisão de seus instrumentos de cooperação externa. Apesar de boas iniciativas, os recursos e o formato institucional da Agência Brasileira de Cooperação (ABC) estão muito aquém da importância que o país passou a ter no contexto internacional.

5. Mercosul, o Brasil e seus vizinhos

Embora alguns analistas afirmem que está paralisado, o Mercosul tem demonstrado vigor, na última década, não só em função da extraordinária expansão quantitativa e qualitativa de suas trocas comerciais, mas também por sua capacidade mais recente de expandir-se, como atestam o ingresso da Venezuela como membro pleno, o início de negociações para a incorporação da Bolívia e as primeiras tratativas a fim de permitir ao Equador também juntar-se ao Bloco. O Mercosul não abandona seu objetivo de ser uma união aduaneira perfeita, o que não é fácil tendo em vista a assimetria das economias dos países que o integram.

Essas assimetrias, que muitas vezes provocam tensões entre seus integrantes, fazem parte de todos os processos de integração. Elas refletem, ao mesmo tempo, os limites de uma associação regional fundada apenas, ou centralmente, no livre-comércio. O peso desmesurado da economia brasileira e, em certa medida, da própria economia argentina, tende no mais das vezes a perpetuar as assimetrias ou até mesmo agravá-las. Ao lado de uma oferta competitiva de milhares de produtos, o Brasil se depara não raro com países que tem uma pequeníssima (e não necessariamente competitiva) capacidade de exportação. Para piorar as coisas, muitos desses produtos encontram resistências em setores empresariais brasileiros que se sentem ameaçados por essas importações.

A percepção dessas realidades provocou inflexões na política externa brasileira que, em mais de uma ocasião, encontraram resistências no próprio país. Para uns, esse modelo de integração feria interesses econômicos de grupos nativos; para outros, afetava convicções ideológicas; para terceiros, as duas coisas ao mesmo tempo.

Episódicos emblemáticos ilustram essas dificuldades.

A nacionalização dos ativos da Petrobras pelo governo Evo Morales provocou uma onda de protestos no Brasil, onde não estavam ausentes manifestações racistas ("até quando vamos aguentar este índio") ou propósitos belicistas, como a sugestão de que o governo concentrasse tropas na fronteira e pudesse, até mesmo, invadir a Bolívia. Esses protestos não levavam em conta o fato de que o governo boliviano havia utilizado critérios legais semelhantes aos da legislação brasileira. Omitia-se também que a Petrobras tenha sido devidamente indenizada e lá continue operando.

---

* Da sigla em inglês, banco de exportações e importações. Refere-se a uma agência governamental de créditos. (N. E.)

A renegociação das tarifas de Itaipu foi outra batalha difícil e a aprovação do acordo firmado entre os presidentes Lula e Lugo só foi obtida após intensa batalha parlamentar, na qual opositores não economizaram considerações chauvinistas.

As dificuldades nas relações comerciais com a Argentina, ainda que em certas oportunidades os processos administrativos utilizados por autoridades de Buenos Aires sejam objetáveis, não podem esconder um elemento central: a enorme importância do mercado daquele país para o sistema produtivo brasileiro. Não deve ser desconsiderado, tampouco, o considerável superávit brasileiro que tem marcado as relações entre os dois países nos últimos anos.

Os exemplos se multiplicam e poderiam ocupar muitas páginas de qualquer análise sobre estes dez últimos anos da política externa brasileira. O rigor exigido por alguns em relação aos países vizinhos contrasta, no entanto, com a mansuetude que demonstram esses mesmos críticos em relação às duras restrições que os países desenvolvidos tentam impor em matéria econômica e comercial. Essa atitude contraditória não passou despercebida à sociedade brasileira. Chico Buarque de Holanda resumiu bem: a política externa atual "não fala fino com Washington nem fala grosso com Bolívia e Paraguai".

As diferenças de tratamento em relação aos países vizinhos não decorrem de "simpatias ideológicas", como querem uns, ou de uma ingênua "generosidade" paga pelo povo brasileiro, como explicam outros.

Trata-se, antes de tudo, da assunção pela política externa brasileira, da importância que tem para o país uma América do Sul desenvolvida econômica e socialmente e estável politicamente. Sem imiscuir-se na situação interna dos distintos países da região, a política externa praticada nesta década contribuiu para a estabilidade alcançada em países como Bolívia, Equador e Venezuela, que sofriam graves e prolongados processos de perturbação de sua ordem social e política.

O Brasil não aspira a "liderança" do continente como, no passado, pediam lideranças de países desenvolvidos. (Basta lembrar que na administração estadunidense de Richard Nixon foi dito que a América Latina iria para onde fosse o Brasil.) O Brasil não aceita essa tentativa de "terceirização de responsabilidades" e quer construir um movimento de solidariedade continental que instaure um novo tipo de relacionamento no qual não exista espaço para qualquer tentação de um "imperialismo brasileiro".

Um dos resultados positivos dessa postura no resto do continente foi a formação da Comunidade de Estados Latino-Americanos e Caribenhos (Celac), primeira tentativa de articular somente nações dessas duas regiões sem a presença de países estranhos a elas. Uma nova concepção de integração continental está em curso.

A Celac não se opõe à Organização dos Estados Americanos (OEA). Ela vem colocando novos desafios para o que anos atrás era celebrado como *política hemisférica*. Sinais dessa nova realidade apareceram na IV Cúpula das Américas em Cartagena (2012), quando os Estados Unidos ficaram isolados em sua oposição à presença do governo de Cuba na reunião e a uma moção que pedia a abertura de negociações entre o Reino Unido e a Argentina, a fim de encontrar uma solução ao contencioso sobre as Malvinas. Mas, ao invés de boicotar a reunião de 2012 na Colômbia, a imensa maioria dos países compareceu, deixando claro que aquela seria a última cúpula sem a presença de Cuba.

O tema cubano tem sofrido uma importante evolução na América Latina e no Caribe. Toda a região mantém relações com a ilha. Seu governo desenvolve programas de cooperação relevantes, sobretudo na área social, no continente e sua ativa diplomacia tem contribuído para encontrar soluções de consenso para as complexas questões internas de alguns países, como evidencia o fato de Havana sediar hoje as negociações entre o governo colombiano e as Farc e de ocupar a presidência *pro tempore* da Celac.

Sem interferir, o Brasil acompanha de perto as mudanças econômicas e políticas em curso nos últimos anos em Cuba, ao mesmo tempo que lá desenvolve a mais importante iniciativa em matéria de infraestrutura (o porto de Mariel), apoia a renovação de sua agricultura e amplia a articulação entre a indústria farmacêutica de Cuba com laboratórios nacionais, entre outras ações que intensificam o relacionamento entre esses países.

No diálogo franco e positivo que manteve e mantém com sucessivos governos norte-americanos, a diplomacia brasileira tem insistido no fim do embargo econômico de décadas imposto à ilha, sobrevivência de uma Guerra Fria que já acabou. O Brasil espera que, em seu segundo mandato, o presidente Barack Obama possa dar um novo curso ao relacionamento Estados Unidos-Cuba.

6. Uma política externa de vocação universalista

Ao leitor que chegou até aqui pode parecer estranho, ou até mesmo desmesurado, que esta análise tenha se centrado quase que exclusivamente na América do Sul e na América Latina. Como se a política externa dos governos Lula e Dilma se esgotasse no plano regional.

Ledo engano.

A ação externa do Brasil teve e tem um caráter abrangente, mas sempre levando em conta que nossa presença internacional no conturbado mundo atual ganhará mais consistência e eficácia quando associada às posições de toda a América do Sul.

Desde os primeiros dias do governo Lula, em 2003, a vocação universalista da política externa foi enfatizada. Bastaria lembrar o ativismo do novo presidente em costurar alianças com França, Alemanha, Rússia e países da América Latina para impedir que se consumasse a letal aventura da invasão do Iraque. Em seguida, vieram as iniciativas – com França, Chile, Espanha e outros países – contra a fome e a pobreza no mundo.

Essa perspectiva abrangente da política externa se manifestou igualmente na busca de interlocução com países e regiões com os quais nosso relacionamento havia sido até então bastante pequeno. Exemplo disso foi o diálogo que se estabeleceu, em Brasília (2005), entre a América do Sul e os países árabes, e se desdobrou posteriormente em outros dois encontros – em Doha (2009) e em Lima (2012).

País com mais de 10 milhões de imigrantes de origem árabe, mas não só por essa razão, o Brasil passou a dar enorme importância ao Oriente Médio, região que, por sua relevância econômica, política e cultural, tem significação estratégica para os destinos da humanidade e da paz mundial.

No topo das prioridades está a busca de uma solução para a questão palestina. Ela passa pela coexistência entre um Israel seguro e um Estado palestino viável economicamente – e igualmente seguro – nas fronteiras anteriores à guerra de 1967, com sua capital em Jerusalém Oriental.

Outra sobrevivência da Guerra Fria, a irresolução da questão palestina se transformou em um dos maiores fatores de instabilidade internacional. O Brasil defende que o tema seja efetiva e urgentemente assumido pelo Conselho de Segurança das Nações Unidas. O chamado Quarteto – Estados Unidos, União Europeia, ONU e Rússia – revelou-se incapaz de oferecer uma solução, e sua inação tem estimulado as políticas de "fato consumado", como a expansão ilegal de assentamentos de colonos judeus em territórios ocupados, que dificultam mais uma solução negociada.

Ainda que não exclusivamente ligado à questão palestina, mas sentindo sua influência, o Oriente Médio e Próximo tem sido abalado por uma série de movimentos e conflitos para os quais não são oferecidas soluções diplomáticas.

A intervenção da Organização do Tratado do Atlântico Norte (Otan) na Líbia é perigoso precedente e suas consequências começam a se refletir nas ações de desestabilização em curso no norte da África. Sua repetição na Síria – onde governo e oposição são responsáveis por gravíssimas violações dos direitos humanos – teria efeitos mais desastrosos ainda que no caso líbio.

A "política de canhoneira", com a qual um século atrás as grandes potências desenharam politicamente a região, fracassou. Ela é incapaz de captar os múltiplos e desencontrados sinais emitidos por este movimento que se convencionou chamar de Primavera Árabe.

Além do intrincado xadrez político e cultural dessa vasta região do mundo, há temas para os quais países emergentes como o Brasil podem dar sua contribuição a partir das experiências de suas políticas econômicas e sociais, capazes de enfrentar os problemas do desemprego, da exclusão e da desigualdade sociais e da desesperança que golpeia vastos setores da população, sobretudo os jovens. Esses problemas estão em boa medida na origem dos movimentos sociais que agitam a região.

A incapacidade de dar respostas a essas questões e a ilusão de que elas possam ser resolvidas por meio da exportação da "democracia ocidental" para a região, como se acreditou ser o caso durante as Revoluções de Veludo na Europa do Leste nos anos 1990, explica a persistência, quando não a intensificação, de fundamentalismos e até mesmo do terrorismo.

Outro tema que ganhou reverberação internacional foi o acordo que Brasil, Turquia e Irã assinaram em 2010 para encontrar uma solução negociada ao impasse criado pelo programa nuclear iraniano. Turquia e Brasil eram contrários às sanções aplicadas àquele país e às ameaças – algumas não tão veladas – de intervenção militar. O presidente Lula e o primeiro ministro turco Recep Tayyip Erdogan deslocaram-se à Teerã e chegaram a um acordo com o governo iraniano para permitir a transferência de uma parte importante do urânio daquele país a fim de ser enriquecido no exterior. Obteve-se, ainda, igualmente a liberdade imediata de uma professora francesa e, um pouco mais adiante, de cidadãos norte-americanos detidos no Irã. A proposta turco-brasileira aceita por Teerã foi objeto de consultas e negociações prévias nos meses que antecederam o acordo e coincidiu com a posição do presidente Obama, expressa a Lula em carta reservada, só mais tarde tornada pública.

Pouco depois, a recusa do acordo e a adoção de novas sanções pelo Conselho de Segurança da ONU (contra os votos da Turquia e do Brasil) mostravam mais do que uma rigidez das grandes potências. Revelavam a inconformidade delas com o fato de que países "periféricos" tivessem obtido diplomaticamente do Irã o que elas não haviam conseguido com suas ameaças. O desfecho do episódio revelou a precariedade do sistema multilateral e uma visão distorcida dos instrumentos de resolução de contenciosos. Três anos após a recusa do Acordo de Teerã, o mundo encontra-se mais longe de uma solução do problema nuclear iraniano.

O distanciamento em relação à África era incompreensível, levando em conta as origens históricas do Brasil e a contribuição decisiva daquele continente para a formação da nação brasileira. Um país em que mais da metade de sua população se declara negra ou parda não pode ficar indiferente a esse gigantesco e complexo continente que passa nos últimos anos por transformações econômicas e políticas decisivas.

Os governos Lula e Dilma multiplicaram viagens ao continente africano. Lula deslocou-se 13 vezes à África e visitou 39 países – alguns mais de uma vez – em seus oito anos de governo. Até metade de seu mandato, Dilma já esteve em cinco países e tem programadas mais duas novas viagens em 2013. O Itamaraty abriu dezenove novas embaixadas no período, totalizando hoje 37 países nos quais o Brasil tem embaixadores residentes. Em contrapartida, o número de embaixadas de países africanos em Brasília passou de 16 para 33.

O BNDES apoia na África projetos de infraestrutura física e energética, em moldes semelhantes àqueles desenvolvidos na América Latina. Criaram-se mecanismos de cooperação entre entidades, como a Embrapa e a Fundação Oswaldo Cruz (Fiocruz), e governos africanos. Recentemente, a presidenta Dilma viajou para Malabo (Guiné Equatorial), onde participou da III Cúpula de Chefes de Estado e de Governo América do Sul-África (ASA), e, posteriormente, para Abuja, na Nigéria, durante a Rio+20, em junho de 2012. A chefe do governo brasileiro recebeu mais de uma dezena de governantes africanos, com os quais manteve produtivas conversações. O interesse brasileiro em ampliar suas relações com o Sul do mundo fez com que alguns objetassem seu caráter "terceiro-mundista".

É certo que, além das iniciativas em relação à América Latina e à África, o Brasil abriu-se de forma intensa para países como a China e a Índia, como Lula já antecipara em seu discurso de posse, em janeiro de 2003.

Essa abertura traduziu-se, entre outras iniciativas, na constituição de um mecanismo de cooperação com a África do Sul e com a Índia (Ibas) que desenvolve um original diálogo político e implementa projetos comuns em vários países pobres. Também contribuiu para que o Brics – Brasil, Rússia, Índia, China e África do Sul –, inicialmente um acrônimo midiático que apontava para o novo papel econômico e político global ocupado por países emergentes, se transformasse em uma real e consistente articulação portadora de propostas inovadoras para enfrentar os problemas econômicos globais seriamente agravados a partir da eclosão da crise de 2008.

Merece especial destaque nesse *tournant* da política externa brasileira a aproximação com a China, hoje o principal parceiro comercial do Brasil, com quem mantemos expressivo superávit em nossas trocas. O Brasil tem buscado diversificar – quantitativa e qualitativamente – o fluxo comercial bilateral para não ser apenas um mero exportador de produtos primários e importador de manufaturas. Da mesma forma, deixou claro na visita da presidenta Dilma à China em 2011 que os investimentos daquele país no Brasil devem produzir uma efetiva transferência de tecnologia, que propicie forte inovação produtiva.

A maior abrangência da política externa foi qualificada por opositores como uma arcaica virada terceiro-mundista, argumento que não tem consistência histórica, menos ainda teórica.

A expressão "terceiro mundo" prosperou quando havia outros "dois mundos": o capitalista (primeiro) e o socialista (segundo). A partir do encontro dos não alinhados (1955), em Bandung, ela apontava para uma alternativa a dois modelos econômicos, sociais e políticos hegemônicos que não davam conta dos problemas da maior parte da humanidade. Estruturado a partir de importantes experiências pós-coloniais (Índia, China, Indonésia, Egito, Gana e Argélia, entre outros países), o terceiro-mundismo contava com a presença de grandes líderes políticos (Nehru, Zhou Enlai, Nasser, Tito e Nkrumah, entre outros). Hoje, os países emergentes, muitos dos quais estavam décadas atrás no terceiro mundo, sentam à mesa com as grandes potências para enfrentar os grandes desafios do presente, além de constituírem-se em principais motores do desenvolvimento econômico global.

7. O Brasil na ordem global

Nos últimos dez anos fortaleceu-se a vocação multilateral da política externa brasileira. O Brasil tem enfatizado a necessidade de uma profunda reforma das instituições multilaterais, a começar pelas Nações Unidas e seu Conselho de Segurança. O pleito brasileiro de integrar esse conselho na condição de membro-permanente não é uma demanda tacanha de um país que busca maior projeção no mundo. Trata-se, antes, de dar eficácia à ONU e legitimidade a seu Conselho de Segurança, que reflete hoje, em sua composição, uma correlação de forças internacionais ultrapassada, de mais de sessenta anos.

A reforma das instituições globais supõe igualmente uma afirmação e/ou a rediscussão de princípios fundamentais para a constituição de uma ordem internacional justa e democrática, como: reafirmar o primado do direito internacional; proteger os direitos humanos sem recorrer a sua politização, que discrimina países pobres ou em desenvolvimento, e ser condescendente para com as graves violações cometidas por grandes potências; enfatizar o princípio de não intervenção nos assuntos internos dos Estados; construir um mundo de paz, buscando a não proliferação de armas de destruição em massa, mas, também o desarmamento global; e enfatizar que a paz e a democracia no mundo estão indissoluvelmente ligadas ao crescimento econômico, à inclusão social e à proteção dos mais vulneráveis.

O novo mundo, para cuja construção o Brasil quer contribuir cada vez mais, tem de enfrentar os problemas relacionados com a mudança do clima e a preservação do planeta.

Em Copenhague, na Conferência das Partes (COP-15) de novembro de 2009, o Brasil apresentou, unilateralmente, a mais avançada proposta de controle da emissão de gases de efeito estufa. A ausência de um compromisso coletivo global impediu que se chegasse a um acordo a respeito, fazendo dessa reunião um fracasso cheio de advertências.

Três anos após, apesar do ceticismo de muitos, foi possível reverter em parte, o sentimento negativo que dominava as últimas reuniões internacionais sobre o tema.

Na Rio+20, o maior evento da história das Nações Unidas organizado pelo Brasil, com a participação de mais de cem chefes de Estado e de governo e de cerca 50 mil pessoas – funcionários governamentais, cientistas e representantes da sociedade civil – foi possível relançar iniciativas nesse crucial terreno. O documento aprovado pela Conferência reconfigura o debate, estabelecendo uma estreita vinculação entre a preservação ambiental, o crescimento econômico e a inclusão social. Esses pressupostos serão fundamentais para a elaboração, até 2015, dos Objetivos de Desenvolvimento Sustentável, para a implementação do Plano Decenal de Programas de Consumo e Produção Sustentáveis e para o desenvolvimento de Mecanismo de Facilitação capaz de promover a transferência e disseminação de tecnologias limpas e ambientalmente responsáveis.

Construir um novo cenário internacional implica atuar em múltiplas frentes.

Quando o Brasil integra e comanda a Minustah, no Haiti, ao abrigo das Nações Unidas e do Direito Internacional, ele está não apenas participando de uma iniciativa multilateral, mas dando sentido próprio a esse tipo de missão, distinto das intervenções internacionais passadas em países demandantes de estabilização.

Em terrenos muito diversificados, o governo brasileiro tem tido participação intensa na reforma de instituições como o FMI, o Banco Mundial, a FAO ou a Organização Mundial do Comércio. Muitas dessas organizações – especialmente o FMI e o Banco Mundial – ainda refletem um mundo que não existe mais, em função das grandes transformações dos últimos anos.

Sentindo a crise de grande parte do sistema multilateral, as grandes potências, construíram soluções *ad hoc*, como o G7, mais tarde transformado em G8. Esses diretórios, ainda quando ampliados em parte para os países emergentes, como ocorreu em Evian (2003), não foram capazes de criar bases eficazes e, sobretudo, legítimas para fazer face aos complexos problemas colocados pela realidade.

A persistente crise econômica, desencadeada a partir da falência da Lehman Brothers em 2008, obrigou uma abordagem coletiva distinta. A transformação de um até então anódino G20 financeiro em uma instância de maior peso, revelou que as grandes potências passavam a reconhecer – ainda que sem tirar todas as consequências – não ser mais possível enfrentar o grave momento que vivia a humanidade com o mesmo grupo de países, sobretudo, porque eles tinham responsabilidade central na catástrofe que se desenhava.

Como é natural, os temas relacionados com a economia global passaram a ocupar um lugar crescentemente importante no discurso e na ação externa do governo brasileiro. Nas sucessivas cúpulas do G20, desde a primeira de Washington em 2008 até a de Seul em 2010, quando Lula compareceu pela última vez, acompanhado da presidenta eleita, a voz do Brasil se fez ouvir.

Nas reuniões de Nice e de Los Cabos, Dilma deu continuidade e profundidade a um discurso em que mostrava didaticamente que as estratégias das grandes potências – sobretudo na União Europeia – de sacrificar o crescimento em nome do ajuste fiscal era a velha (e ampliada) receita que fracassara na América Latina nos anos 1980--1990. Insurgiu-se, igualmente, contra as políticas monetárias anunciadas ou já praticadas por países desenvolvidos, que provocavam, por meio de grandes emissões, uma valorização artificial das moedas dos emergentes, criando novas formas de protecionismo.

Nesses discursos, a presidenta brasileira reiterou que a superação da crise global, especialmente na Europa, onde apresentava maior gravidade, era essencial ao Brasil e aos emergentes que começavam a sofrer os efeitos de uma recessão global persistente. Não ficou só na retórica, pois o Brasil e os demais países Brics decidiram aportar recursos ao FMI para que essa instituição acelerasse o socorro a países da União Europeia golpeados pela retração econômica.

A incerteza global permanece nos planos econômico e político. No discurso de abertura do debate geral da Assembleia Geral das Nações Unidas, em 21 de setembro de 2011, a presidenta do Brasil foi ao ponto quando disse que "não é por falta de recursos financeiros que os líderes dos países desenvolvidos ainda não encontraram uma solução para a crise [...], [mas sim] por falta de recursos políticos e, algumas vezes, de clareza de ideias".

A voz altiva da política externa brasileira fazia-se uma vez mais ouvir na maior caixa de ressonância mundial. Poucos anos antes, naquele mesmo cenário, diante dos primeiros sinais da crise econômica, Lula havia proclamado ter chegada da *hora da política*. Era necessário, dizia ele, valer-se de todos os instrumentos políticos, dentre eles os do Estado democrático, para corrigir distorções – de consequências sociais catastróficas – que a irracionalidade dos mercados acarretara.

Lula e Dilma não falavam em teoria. Eles refletiam a experiência brasileira de uma década, faziam a leitura da grande transformação em curso no país e restabeleciam a correlação interno/externo que toda uma diplomacia nunca deve esconder.

DEZ ANOS DE POLÍTICA ECONÔMICA

Nelson Barbosa

O Brasil sofreu um ataque especulativo durante a campanha presidencial de 2002. Houve forte depreciação do real, elevação substancial do prêmio de risco pago pelos títulos públicos do país e redução da entrada líquida de capitais externos na economia. Esse ataque ocorreu num quadro de alta fragilidade macroeconômica, pois em 2002 a dívida líquida do setor público era elevada e fortemente indexada ou à taxa básica de juros (Selic) ou à taxa de câmbio, e o país praticamente não possuía reservas internacionais, pois do total de 38 bilhões de dólares disponíveis no Banco Central do Brasil (BCB) 21 bilhões de dólares correspondiam a um empréstimo do governo junto ao Fundo Monetário Internacional (FMI). Para piorar a situação, a depreciação do real resultou em um aumento da inflação brasileira, que passou de 7,7%, em 2001, para 12,5%, em 2002, e em uma rápida deterioração das finanças públicas do país, com um aumento da dívida líquida do setor público, de 52% do PIB, no final de 2001, para 60% do PIB, no fim do ano seguinte. Assim, longe de uma "herança bendita", o quadro geral do Brasil no final de 2002 era de descontrole macroeconômico.

Dez anos depois o Brasil é outro país. O crescimento da economia acelerou, a inflação foi controlada, a dívida líquida do setor público caiu em relação ao PIB, o país acumulou um volume considerável de reservas internacionais e ganhou autonomia na condução de sua política econômica. Mais importante, nos últimos dez anos o Brasil conseguiu gerar um volume expressivo de empregos, com aumento sustentável dos salários reais e inclusão de milhões de pessoas no mercado de trabalho formal e na sociedade de consumo de massa, formando o que vários analistas hoje chamam de "nova classe média" brasileira. Como foi possível combinar todos esses avanços? O desempenho de qualquer economia é resultado de vários fatores, nem todos necessariamente ligados à política econômica do governo. Apesar disso, as decisões das autoridades governamentais têm importância fundamental na evolução de qualquer país, pois elas influenciam como tendências de longo prazo e choques de curto prazo têm impacto no dia a dia das empresas e das pessoas. A política econômica também pode criar tendências de longo prazo e alterar o curso de desenvolvimento de uma economia, promovendo avanços mais rápidos a favor de alguns setores ou grupos sociais.

Com base nesse ponto de vista, é possível afirmar que a política econômica dos últimos dez anos transformou o Brasil em um país mais estável e menos desigual por três motivos. Em primeiro lugar, foram as decisões do governo Lula que recuperaram a estabilidade macroeconômica, após o ataque especulativo de 2002, bem como possibilitaram que os ganhos de renda decorrentes do cenário internacional favorável fossem transmitidos para a maioria da população brasileira e iniciassem um círculo virtuoso de crescimento baseado na expansão do mercado interno, até 2008. Em segundo lugar, quando eclodiu a crise internacional de 2008 e o cenário mundial se tornou desfavorável, novamente foram as decisões do governo Lula que possibilitaram a rápida recuperação da economia brasileira, no segundo semestre de 2009 e ao longo de 2010, sem perder as conquistas sociais do período anterior. Por fim, diante de um quadro internacional desfavorável, desde 2011 as ações do governo Dilma têm procurado construir uma estrutura produtiva mais eficiente e competitiva e, ao mesmo tempo, continuar ampliando as oportunidades de ascensão social para a maioria da população brasileira.

Este texto tem por objetivo apresentar um resumo das principais ações e resultados da política econômica brasileira de 2003 a 2012. Para facilitar a análise, o período será dividido em quatro fases, de acordo com a evolução das prioridades do governo e dos choques econômicos que afetaram o Brasil[1]. O primeiro período vai de 2003 a 2005, quando o governo Lula adotou uma política macroeconômica focada na redução da inflação e na diminuição do endividamento do setor público. O segundo período vai de 2006 a 2008, quando o governo Lula adotou uma política macroeconômica mais expansionista, com foco na aceleração do crescimento e no aumento do emprego e do investimento. O terceiro período corresponde aos anos de 2009 e 2010, quando o governo Lula adotou uma série de medidas para combater os impactos negativos da crise financeira internacional iniciada no final de 2008. Por fim, o quarto período engloba os dois primeiros anos do governo Dilma, que tem adotado várias medidas para adaptar o Brasil ao novo cenário internacional e, ao mesmo tempo, prosseguir com o modelo de desenvolvimento econômico com inclusão social iniciado em 2003.

1. Ajuste macroeconômico: 2003-2005

A prioridade inicial do governo Lula foi recuperar a estabilidade monetária e fiscal e, nesse sentido, 2003 começou com a adoção de uma série de medidas restritivas. Do lado monetário, o BCB elevou a taxa Selic para combater o aumento da inflação e a depreciação da taxa de câmbio. Do lado fiscal, o governo elevou sua meta de resultado primário para conter o crescimento da dívida pública e diminuir o risco de insolvência do país[2].

---

[1] Este texto utiliza parte da análise do governo Lula contida em Nelson Barbosa e José Antonio Pereira de Souza, "A inflexão do governo Lula: política econômica, crescimento e distribuição de renda", em Emir Sader e Marco Aurélio Garcia (orgs.), *Brasil, entre o passado e o futuro* (São Paulo, Boitempo, 2010), p. 57-110.

[2] O resultado primário é a diferença entre receitas e despesas do governo, sem considerar juros pagos ou recebidos.

Consideradas em conjunto, essas duas iniciativas tiveram um impacto positivo nas expectativas de mercado sobre a evolução da economia e possibilitaram uma redução da taxa de câmbio e do prêmio de risco do Brasil já em meados de 2003. Não obstante esses ganhos, as ações restritivas do governo também tiveram um forte impacto negativo sobre o nível de atividade econômica e contribuíram para que o crescimento do Produto Interno Bruto (PIB) do Brasil desacelerasse de 2,7%, em 2002, para 1,1%, em 2003.

A desaceleração do crescimento da economia e a apreciação da taxa de câmbio fizeram com que a taxa de inflação mudasse de tendência e começasse a cair ao longo de 2003. Em números, a taxa de câmbio do real para o dólar norte-americano caiu de 3,53, no final de 2002, para 2,89, no final de 2003. A inflação caiu de 12,5% para 9,5% no mesmo período e, diante desse quadro, o BCB começou a reduzir gradualmente a taxa Selic já em meados de 2003. A apreciação cambial também contribuiu para uma queda na dívida líquida do setor público, que fechou 2003 em 55% do PIB e anulou parte do desastre fiscal verificado em 2002.

O quadro macroeconômico começou a melhorar em 2004, quando o crescimento do PIB acelerou para 5,7%, puxado tanto pelo aumento no saldo comercial do Brasil com o resto do mundo quanto pelo aumento do consumo e do investimento domésticos. Mais especificamente, do lado externo, apesar da continuação da apreciação cambial iniciada em 2003 a taxa de câmbio real do Brasil ainda permaneceu em nível favorável à indústria ao longo de 2004 e isso contribuiu para uma expansão das exportações e moderação do crescimento das importações naquele ano[3]. O cenário internacional também ajudou devido à aceleração do crescimento da economia mundial, motivado pela China. Internamente, os efeitos defasados da queda da inflação e da apreciação cambial sobre o poder de compra das famílias e das empresas geraram um aumento do consumo privado e uma forte recuperação do investimento em 2004. A taxa de desemprego caiu e, mesmo com elevação no nível de atividade econômica, a taxa de inflação também caiu, chegando a 7,6% no final de 2004 devida basicamente à apreciação da taxa de câmbio, que caiu para 2,65 reais por dólar no final daquele ano.

A expansão da economia em 2004 também foi ajudada pela redução da taxa básica de juros iniciada em 2003 e pela expansão do volume de crédito, iniciando o que se tornaria uma marca da política econômica dos últimos dez anos. Do lado fiscal, o resultado primário do setor público continuou elevado e, com a apreciação cambial, contribuiu para uma nova queda na dívida líquida do setor público em relação ao PIB. Assim, depois da instabilidade macroeconômica de 2002 e do ajuste monetário e fiscal de 2003, a economia brasileira parecia ter finalmente decolado em 2004, com um crescimento provocado pelo investimento e pelas exportações e uma substancial melhora nos indicadores fiscais do país.

Não obstante o quadro econômico positivo no final de 2004, os impactos inflacionários decorrentes de uma mudança na política tributária do governo federal naquele ano e a própria aceleração do crescimento do PIB levaram o mercado a esperar

[3] A taxa de câmbio real corresponde a um índice que multiplica a taxa de câmbio nominal pela razão dos preços externos e internos, de modo a verificar o quanto uma moeda apreciou ou depreciou quando se considera a inflação no país e no resto do mundo.

um aumento da taxa de inflação em 2005. Mais especificamente em 2004, o governo modificou seu principal tributo indireto, a Contribuição para o Financiamento da Seguridade Social (Cofins), que passou a ter uma incidência não cumulativa sobre a maior parte dos setores da economia. Como a mudança de regime do Cofins foi acompanhada por um aumento da sua alíquota tributária e pela ampliação de sua incidência para incluir as importações, o impacto final da medida foi uma pressão inflacionária temporária em 2004. Do outro lado, no início do governo Lula a expectativa do mercado e das autoridades econômicas era que o crescimento potencial da economia brasileira fosse de 3,5% ao ano, de modo que aceleração do crescimento para mais de 5% em 2004 gerou um aumento nas expectativas de inflação para 2005.

O BCB respondeu ao aumento das expectativas de inflação com um aumento da Selic, no final de 2004, e continuou nesse movimento no início de 2005. A lógica da ação do BCB era promover uma rápida "desinflação" da economia[4], baseada principalmente na apreciação da taxa de câmbio, que ainda estava elevada em termos históricos, e na desaceleração do crescimento do PIB. No campo fiscal, o governo respondeu à ação do BCB com uma nova elevação do seu resultado primário, de modo a continuar a redução do endividamento público num cenário de crescimento mais lento da economia e de taxa de juro real mais elevada. O resultado desses dois movimentos restritivos foi a queda do crescimento do PIB, dos 5,7%, de 2004, para 3,2%, em 2005, e a geração de um quadro de incerteza sobre a capacidade do Brasil em manter uma taxa de crescimento elevada sem gerar pressões inflacionárias.

Apesar das preocupações do governo, a inflação terminou 2005 em 5,7%, registrando uma queda de quase dois pontos percentuais em relação ao ano anterior. No mesmo sentido, apesar do impacto negativo da elevação da taxa de juro sobre as finanças públicas, o alto resultado primário de 2005 possibilitou uma nova redução da dívida líquida do setor público, que atingiu 48% do PIB da economia no final daquele ano. Diante desse quadro e da redução nas expectativas de inflação, o BCB voltou a reduzir a Selic no final de 2005.

Considerando o período de 2003 a 2005 como um todo, o crescimento da economia acelerou moderadamente e a inflação caiu. Em números: o crescimento médio do PIB passou de 2,1% ao ano, entre 1999 e 2002, para 3,3% ao ano, entre 2003 e 2005, enquanto a inflação média caiu de 8,7% para 7,5% ao ano no mesmo período. Essa combinação não usual de aceleração do crescimento com desaceleração da inflação foi possível graças basicamente à apreciação da taxa de câmbio que, como já mencionamos, estava muito depreciada no final de 2002. Em outras palavras, no início do governo Lula havia espaço para a taxa de câmbio cair sem prejudicar consideravelmente a competitividade internacional da economia brasileira. Mais importante, a apreciação cambial e a decorrente queda da inflação tiveram um impacto positivo sobre o poder de compra das famílias e das empresas, o que, por sua vez, elevou o investimento e consumo domésticos a partir de 2004[5]. Como as exportações brasilei-

---

[4] No jargão dos economistas "desinflação" significa redução na inflação enquanto "deflação" significa queda nos preços.

[5] A história econômica recente do Brasil indica que a apreciação cambial tem um forte impacto expansionista sobre a economia no curto prazo, mas pode comprometer o crescimento no médio prazo, à medida que ela compromete a competitividade internacional do país.

ras continuaram competitivas apesar da apreciação cambial, a elevação no saldo comercial também contribuiu para o maior crescimento da economia de 2003 a 2005.

Do lado fiscal, a média anual do resultado primário do governo federal passou de 1,9% do PIB, entre 1999 e 2002, para 2,5%, entre 2003 e 2005, ou seja, um ajuste fiscal de 0,6% do PIB. Essa elevação substancial do superávit primário, somado à redução da taxa de câmbio e à aceleração do crescimento da economia, fez com que a dívida líquida do setor público caísse substancialmente em apenas três anos, isto é: de 60% do PIB, em 2002, para 48% do PIB, em 2005. No sentido contrário, a taxa de juro real continuou elevada apesar da queda da inflação e da melhora no quadro fiscal. Considerando as médias anuais, a Selic real passou de 10,2% ao ano, entre 1999 e 2002, para 11,2%, de 2003 a 2005, o que revela a prioridade dada à rápida redução da inflação no início do governo Lula. Essa desinflação ocorreu em conjunto com uma pequena redução na taxa de desemprego, que caiu de 10,5% no final de 2002 para 8,3% no final de 2005.

A melhora do desempenho interno da economia brasileira foi beneficiada pelo contexto internacional favorável, que reduziu a fragilidade das finanças internacionais do país. Por exemplo, considerando o balanço comercial, as exportações brasileiras quase dobraram em apenas três anos, saltando de 60 bilhões de dólares, em 2002, para 118 bilhões, em 2005. No mesmo período as importações aumentaram de 47 bilhões de dólares para 74 bilhões, fazendo com que o saldo comercial do Brasil quase dobrasse em três anos. Como mencionado anteriormente, esse desempenho comercial espetacular decorreu da aceleração no crescimento da economia mundial e dos efeitos defasados da depreciação cambial de 2002. Os termos de troca do Brasil permaneceram relativamente estáveis, pois a elevação dos preços internacionais das *commodities* minerais e agrícolas que marcaria o governo Lula só começaria a ganhar força mais à frente.

Retrospectivamente, nós podemos dizer que no triênio 2003-2005 a taxa de câmbio real do Brasil ainda era competitiva, dado o contexto internacional que se tornava cada vez mais favorável. O resultado dessa combinação foi o aumento do saldo comercial do país, que conseguiu voltar a acumular reservas internacionais e reduzir a fragilidade do seu balanço de pagamentos com o resto do mundo. Um ponto simbólico da melhora nas contas externas ocorreu no final de 2005, quando o governo Lula decidiu encerrar sua dívida junto ao FMI, mediante pagamento único de 23 bilhões de dólares. O fim da dívida brasileira junto ao FMI teve grande importância política e econômica, pois marcou o início de uma nova fase do governo Lula, durante a qual o Brasil teria mais autonomia na condução de sua política econômica.

Em paralelo à estabilização da economia, o governo Lula também realizou duas importantes reformas entre 2003 e 2005: uma minirreforma tributária, que elevaria a receita da União nos anos seguintes, e uma reforma da previdência, que estabilizaria o peso da aposentadoria dos servidores públicos no orçamento da União. Vejamos cada ponto separadamente.

Começando pela questão tributária, em 2003 a equipe econômica elevou a alíquota da Cofins sobre instituições financeiras, de 3% para 4%, e ampliou a base de cálculo da Contribuição Social sobre o Lucro Líquido (CSLL) sobre empresas prestadoras de serviço, de 12% para 32% do faturamento para quem optasse pelo regime de lucro presumido[6]. No ano seguinte, o Congresso Nacional aprovou a proposta da pequena reforma tributária do governo federal, cujos principais pontos foram: a introdução de dois regimes de arrecadação do Programa de Integração Social (PIS) e da Cofins, com incidência cumulativa ou não cumulativa de alíquotas tributárias diferenciadas; a extensão do PIS e da Cofins às importações; e a prorrogação da Contribuição Provisória sobre Movimentação Financeira (CPMF) por mais quatro anos[7]. O principal efeito dessa minirreforma tributária foi elevar a arrecadação do governo federal nos anos seguintes, tanto em termos reais quanto em relação ao PIB.

Do lado da previdência, a reforma realizada pelo governo Lula consistiu de três pontos principais: a elevação do valor teto para contribuição ao Instituto Nacional de Seguridade Social (INSS); a introdução de idade mínima para todos os funcionários públicos federais (55 anos para mulheres e 60 para homens); e a contribuição previdenciária compulsória de 11% por parte dos servidores inativos, sendo essa alíquota incidente sobre a parcela do rendimento que excedesse o teto de contribuição para o INSS. O principal resultado dessas medidas foi estabilizar o déficit do regime de previdência dos servidores públicos em relação ao PIB da economia nos anos seguintes.

O período de 2004 a 2005 também foi marcado por duas pequenas reformas financeiras, que contribuíram para a expansão do crédito nos anos seguintes. Do lado das empresas, a reforma da Lei de Falências, em 2004, ajudou na expansão do crédito, uma vez que simplificou e agilizou a recuperação de empréstimos em caso de dificuldades financeiras por parte do devedor. Do lado das famílias, a principal inovação financeira foi a introdução e difusão do crédito pessoal a ser pago com base na retenção de parte do salário do devedor. Chamada de "crédito consignado", essa iniciativa foi fruto de uma sugestão da Central Única dos Trabalhadores (CUT) e começou com um acordo entre os sindicatos e as instituições financeiras, no final de 2003. Nos anos seguintes o mesmo produto foi estendido aos servidores públicos e aos aposentados pelo INSS, ampliando substancialmente a oferta de crédito às famílias brasileiras.

Por fim, mesmo num período de ajuste macroeconômico, o governo Lula iniciou um programa de combate à pobreza baseado no aumento das transferências de renda às famílias menos favorecidas. Essa iniciativa começou já em 2003, quando o governo lançou o programa Fome Zero para combater a pobreza extrema. Nos dois anos seguintes a estratégia foi aperfeiçoada por intermédio da integração das diversas ações de combate à pobreza num único programa, o Bolsa Família. Baseado em experiências similares na esfera municipal, tal programa consiste na transferência de renda para famílias em extrema pobreza e tem como principais condições de acesso ao benefício o acompanhamento da nutrição, da saúde e da frequência escolar das crianças das famílias atendidas. No final de 2005, o valor total do Bolsa Família atingiu 0,3% do PIB, beneficiando 8,7 milhões de famílias.

---

[6] No regime de lucro presumido a empresa paga sua tributação direta mediante a aplicação de uma alíquota sobre seu faturamento. A lógica desse regime é presumir que o lucro corresponde a uma parcela fixa do faturamento.

[7] A CPMF estabelecia uma alíquota de 0,38% sobre movimentações financeiras e arrecadava aproximadamente 1,4% do PIB para o governo federal.

2. Aceleração do crescimento: 2006-2008

O governo iniciou 2006 com uma política macroeconômica expansionista tanto do ponto de vista fiscal quanto monetário. O governo promoveu um aumento recorde do valor real do salário-mínimo (14%) e continuou na mesma direção nos anos seguintes, com a adoção de uma política de longo prazo de valorização do salário-mínimo[8]. O governo também ampliou seu investimento em infraestrutura, primeiramente mediante o aumento emergencial do gasto com reparação de rodovias, na chamada Operação Tapa-buracos de 2006 e posteriormente com o lançamento do Programa de Aceleração do Crescimento (PAC), a partir de 2007.

O PAC consiste em uma série de investimentos prioritários em infraestrutura econômica e social que procura elevar a taxa de investimento da economia e começar a eliminar os principais gargalos logísticos do país. O PAC também contém um amplo programa de investimentos em energia, com destaque para o aumento dos investimentos da Petrobras na exploração e produção de petróleo na plataforma continental brasileira, na denominada camada do pré-sal. Ainda do ponto de vista fiscal, o governo também iniciou um extenso programa de reestruturação de carreiras e valorização do funcionalismo público a partir de 2006, com contratação de novos funcionários e elevação real nos salários. As ações de combate à pobreza também foram ampliadas, com aumento do número de famílias atendidas pelo Bolsa Família e reajuste do valor dos benefícios.

No campo monetário, como mencionado na seção anterior, o BCB começou a reduzir sua taxa básica de juro em setembro de 2005 e prosseguiu nesse movimento por dois anos, fazendo com que a Selic caísse para 11,5% em setembro de 2007. A redução da Selic marcou o início de uma nova postura por parte do BCB, resultante de três fatores exógenos à política monetária. Em primeiro lugar, em 2006 houve uma forte expansão na produção agrícola brasileira e um comportamento favorável nos preços internacionais dos alimentos durante todo o ano. Esse fenômeno gerou uma "âncora verde" para a inflação, que caiu de 5,7%, em 2005, para apenas 3,1%, em 2006. Em segundo lugar, mesmo diante da queda da inflação ocorrida em 2005, o governo decidiu manter a meta de inflação da economia brasileira em 4,5% nos anos subsequentes, com intervalo de tolerância de mais ou menos dois pontos percentuais. A adoção de uma meta de inflação realista daria margem de manobra para o BCB responder aos choques que afetariam a economia brasileira nos anos seguintes sem elevar demasiadamente a Selic. Por fim, em terceiro lugar, os preços das *commodities* começaram a subir fortemente a partir de 2007 e geraram uma grande apreciação da taxa de câmbio brasileira. Do ponto de vista da política monetária, a apreciação cambial neutralizou parte do impacto inflacionário da elevação nos preços das *commodities* em 2006 e 2007, ao mesmo tempo em que evitou o aumento da inflação nos preços dos bens industriais, que estavam sujeitos à concorrência internacional.

A economia brasileira respondeu rapidamente à nova estratégia da política macroeconômica. O crescimento do PIB acelerou para 4%, em 2006, e 6,1%, em 2007.

---

[8] Como veremos mais à frente, essa política estabeleceu uma regra anual de reajuste do salário-mínimo, atrelando o aumento do seu valor real ao desempenho da economia.

Em 2008 o crescimento caiu para 5,1%, basicamente por causa do impacto negativo da crise financeira internacional sobre o Brasil no final daquele ano. Considerando o período como um todo, a taxa média de crescimento do PIB aumentou de 3,3% ao ano, entre 2003 e 2005, para 5,1% ao ano, de 2006 a 2008. A aceleração do crescimento foi motivada pelo investimento, que cresceu a uma taxa média de 12,4% no período de 2006 a 2008. Em segundo lugar, o crescimento do PIB também foi puxado pelo consumo das famílias, que aumentou ao ritmo de 6,1% ao ano no mesmo período. Essa expansão devida à demanda doméstica refletiu o impacto de três fatores sobre a economia brasileira. Em primeiro lugar, como será detalhado adiante, a taxa de câmbio continuou a cair de 2006 a 2008, o que, por sua vez, ampliou o poder de compra das famílias e barateou os bens de capital, gerando aumento do consumo e do investimento privados. Em segundo lugar, o aumento do investimento público e do investimento por parte da Petrobras teve forte efeito de "arrasto" sobre toda a economia. Em terceiro lugar, a aceleração do crescimento aumentou os lucros e salários num contexto de redução na taxa de juro e gerou uma expansão no crédito, que aumentou de 28%, em 2005, para 40% do PIB, em 2008.

A aceleração do crescimento da economia só começou a enfrentar problemas em 2008, quando a elevação dos preços internacionais das *commodities* ganhou caráter de bolha especulativa e passou a pressionar a inflação para cima, no Brasil e no mundo. Devido à redução das taxas de juro por parte dos EUA e à pressão de demanda decorrente do acelerado crescimento da China, o aumento nos preços das *commodities* foi tão alto no primeiro semestre de 2008 que superou a apreciação do real e, dessa forma, aumentou a "inflação importada" pelo Brasil do resto do mundo. No campo doméstico também houve aumento nas pressões inflacionárias no setor de serviços, que, por não estar sujeito à concorrência internacional, sentia mais o impacto da aceleração do crescimento e das políticas do governo de combate à pobreza e valorização do salário-mínimo.

O aumento da inflação no início de 2008 levou o BCB a elevar a Selic a partir de abril do mesmo ano. Em números, a taxa básica de juro subiu de 11,5% para 13,75% ao ano. A última elevação da taxa Selic ocorreu em setembro de 2008, exatamente quatro dias antes da quebra do banco norte-americano Lehman Brothers, que mudaria totalmente o quadro macroeconômico no Brasil e no mundo. Os efeitos da crise internacional e a resposta da política econômica brasileira a esse evento serão apresentados na próxima seção. No momento cabe destacar que a quebra do Lehman Brothers e a crise decorrente acabaram por reduzir o ritmo da elevação dos preços no Brasil, o que por sua vez era a principal preocupação do BCB até setembro de 2008. Considerando o período como um todo, a inflação média de 2006 a 2008 foi de 4,5% ao ano, ou seja, exatamente a meta estabelecida pelo governo e bem abaixo dos 7,5% ao ano verificado no triênio anterior.

A postura mais pragmática do BCB na condução da política monetária fez com que a taxa básica de juro real caísse de 11,2% ao ano, entre 2003 e 2005, para 8,3% ao ano, em 2006 e 2008. Essa redução da taxa de juro real aconteceu com diminuição da inflação, mas ainda assim foi acompanhada da apreciação da moeda brasileira devida à evolução do cenário internacional. De um lado, a elevação dos preços internacionais das *commodities* gerou uma onda mundial de apreciação das moedas de países exportadores de *commodities*, como o Brasil. Do outro lado, o fato de a taxa básica de juro brasileira ser muito superior às taxas de juro internacionais gerou um movimento especulativo de apreciação do real no período, mediante operações de arbitragem em mercados de derivativos de taxas de juro. Considerando o período anterior à quebra do Lehman Brothers, a taxa de câmbio real por dólar caiu de 2,34 no final de 2005 para 1,59 em julho de 2008. Essa apreciação substancial do real levou o governo brasileiro a adotar uma política mais ativa de regulação de fluxos de capitais a partir de 2008, com a elevação do Imposto sobre Operações Financeiras (IOF) sobre a entrada de capitais externos de curto prazo. Porém, antes que as medidas do governo tivessem efeito, a quebra do Lehman Brothers acabou corrigindo os excessos especulativos do início de 2008 e fez com que a taxa de câmbio fechasse aquele ano em 2,34.

Mesmo diante da depreciação do real verificada no final de 2008, o triênio de 2006 a 2008 foi caracterizado por uma redução significativa da taxa de câmbio real brasileira, que caiu 20% no período[9]. O impacto dessa apreciação cambial apareceu claramente no balanço de pagamentos brasileiros de duas formas. Em primeiro lugar, as exportações brasileiras continuaram a crescer, motivadas agora pela expansão nas vendas de *commodities*, mas as importações apresentaram um crescimento explosivo. Mais especificamente, as exportações subiram de 138 bilhões de dólares, em 2005, para 198 bilhões, em 2008, enquanto as importações aumentaram de 91 bilhões de dólares para 173 bilhões no mesmo período. A redução do saldo comercial foi acompanhada de um aumento do déficit brasileiro no balanço de serviços e provocou uma redução do saldo em conta-corrente da economia, de um superávit de 14 bilhões de dólares, em 2005, para um déficit de 28 bilhões, em 2008. Em segundo lugar, também houve expressiva entrada de capital externo no Brasil entre 2006 e 2008, fazendo com que o país acumulasse um volume significativo de reservas internacionais. A entrada de recursos externos ocorreu tanto via investimento direto quanto via investimento em carteira e atingiu o nível recorde de 89 bilhões de dólares em 2007. No mesmo ano as reservas internacionais do Brasil aumentaram em 95 bilhões de dólares. Considerando o período como um todo, o estoque de reservas internacionais subiu de 54 bilhões de dólares, no final de 2005, para 207 bilhões, no final de 2008. Como veremos na próxima seção, esse colchão de liquidez externa seria crucial para que o país enfrentasse os efeitos da crise financeira internacional em 2009.

A política mais expansionista adotada pelo governo Lula a partir de 2006 não implicou uma redução substancial no resultado primário do governo federal, pois houve elevação da receita tributária do governo devido à própria aceleração do crescimento da economia. Em números, o resultado primário recorrente do governo federal caiu ligeiramente, passando de uma média de 2,5%, entre 2003 e 2005, para 2,4% do PIB, entre 2006 e 2008. Cabe destacar que o desempenho fiscal da economia foi tão favorável que, em 2008, o governo federal optou por reduzir contabilmente seu resul-

[9] Tal queda considera as médias anuais da taxa de câmbio real efetiva, segundo os preços ao consumidor, estimada pelo BCB.

tado primário, mediante o depósito de 0,4% do PIB num fundo de estabilização fiscal, a ser utilizado de modo anticíclico[10].

O bom desempenho fiscal do período de 2006 a 2008, somado aos efeitos benéficos da redução na taxa de juro e do crescimento maior do PIB, resultou em uma nova redução da dívida líquida do setor público, que atingiu 39% do PIB no final de 2008. Parte dessa queda do endividamento público também decorreu da depreciação da taxa de câmbio no final de 2008. Mais especificamente, como o Brasil passou a ser credor em moeda estrangeira no período, uma depreciação da taxa de câmbio gerava um ganho de capital para o governo e, dessa forma, reduzia a dívida pública em relação ao PIB. Assim, diferentemente dos episódios de turbulência externa que marcaram o Brasil nos anos 1990 e início dos 2000, em 2008 o governo brasileiro tinha menor vulnerabilidade financeira a choques externos e podia, portanto, adotar uma política de combate aos efeitos da crise internacional iniciada no mesmo ano.

Passando ao campo das medidas institucionais, como já mencionado, as principais ações adotadas entre 2006 e 2008 foram o PAC e a política de valorização do salário-mínimo. Vejamos essas duas ações mais detalhadamente. Começando pelo PAC, do ponto de vista institucional, tal ação recuperou a capacidade de o Brasil induzir, por meio da iniciativa governamental, o desenvolvimento de amplo espectro de setores fundamentais para a modernização da economia. A estratégia do governo federal, pela primeira vez em muitas décadas, foi apoiar a formação de capital por parte do setor privado e, simultaneamente, aumentar o investimento público em infraestrutura. Além do aumento do investimento propriamente dito, o PAC também incluiu uma série de desonerações tributárias para incentivar o investimento privado e o desenvolvimento do mercado de consumo de massa no Brasil.

Uma das principais desonerações do PAC foi a criação de um regime tributário especial para micro e pequenas empresas, o Simples Nacional, que consistiu na combinação de tributos federais, estaduais e municipais numa alíquota única sobre o faturamento. O Simples Nacional representou uma simplificação e desoneração tributária para pequenos negócios, que respondem pela maior parte dos empregos da economia brasileira. Assim, além de racionalizar e reduzir a tributação, o Simples Nacional estimulou a formalização de micro e pequenas empresas, aumentando a formalização do mercado de trabalho brasileiro.

As desonerações do PAC foram ampliadas em 2008, por ocasião do lançamento da Política de Desenvolvimento Produtivo (PDP). Considerando o conjunto do PAC e da PDP, as desonerações para o setor produtivo foram efetivadas mediante aproveitamento mais rápido de créditos tributários por investimentos, depreciação acelerada de investimentos, e redução do Imposto sobre Produtos Industriais (IPI) sobre bens de capital. O conjunto PAC-PDP também incluiu incentivos tributários setoriais, especial-

---

[10] Em 2008 o governo Lula criou o Fundo Soberano do Brasil (FSB), com o duplo objetivo de atuar no mercado de câmbio e construir uma poupança fiscal anticíclica. O resultado primário recorrente de 2,4% do PIB entre 2006 e 2008 não considera o depósito realizado no FSB em 2008. Ao longo deste texto vamos sempre nos referir ao resultado primário recorrente, de modo a ter um conceito economicamente comparável ao longo dos anos.

mente para setores de construção pesada associada à infraestrutura, bem como para setores de maior intensidade tecnológica, como a produção de computadores, semicondutores e equipamentos para TV digital. Houve igualmente uma correção da tabela de imposto de renda sobre pessoas físicas, o que, na prática, funcionou como uma desoneração para a classe média.

Os planos tributários do governo federal para 2007 e 2008 também abarcavam a desoneração da folha de pagamentos, de modo a tornar as empresas brasileiras mais competitivas, especialmente em setores mais intensivos em trabalho. Esta última iniciativa acabou não se materializando, em consequência da redução do espaço fiscal para novas desonerações tributárias após a extinção da CPMF. Como vimos na seção anterior, em 2003 a CPMF havia sido prorrogada por quatro anos. No início de 2007, por ocasião do lançamento do PAC, o governo federal optou por não enviar imediatamente uma proposta de renovação da CPMF ao Congresso Nacional, preferindo incluir tal questão no bojo de uma proposta mais geral de reforma tributária, a ser enviada ao poder legislativo no meio do mesmo ano. O resultado de tal opção acabou sendo problemático para os objetivos do governo federal. De um lado, a proposta de reforma tributária acabou se revelando mais complexa do que o esperado, e não foi enviada ao Congresso Nacional em 2007, como se planejara. Do outro lado, a demora no posicionamento do governo federal e a indefinição sobre a possibilidade de redução da alíquota da CPMF fortaleceu a oposição da opinião pública à prorrogação de tal imposto. O resultado foi uma derrota da proposta do governo federal no Senado, inviabilizando, assim, a desoneração da folha de pagamentos do setor privado no curto prazo.

Do ponto de vista macroeconômico, o fim da CPMF injetou 1,4% do PIB na renda disponível do setor privado em um contexto de alto nível de atividade econômica. Em outras palavras: o fim da CPMF promoveu forte estímulo ao crescimento da demanda agregada em um contexto no qual a economia não precisava de incentivos adicionais. O governo Lula respondeu a esse choque expansionista com um aumento das alíquotas do IOF e da CSLL, de modo a recompor parcialmente sua receita fiscal e, sobretudo, evitar um aumento explosivo da demanda agregada. Não obstante esta ação restritiva, do ponto de vista da inflação, o impulso fiscal ao crescimento da economia dado pelo fim da CPMF também foi um dos motivos que acabou levando o BCB a aumentar a Selic em 2008.

Por fim, no período entre 2006 e 2008 o governo iniciou sua política de longo prazo do salário-mínimo, que estabelecia reajustes anuais de acordo com a inflação, com defasagem de um ano, e o crescimento do PIB da economia, com defasagem de dois anos. Essa política foi resultado de uma negociação entre governo e centrais sindicais e teve como objetivo principal promover o crescimento real mais rápido do salário-mínimo caso a economia tivesse um bom desempenho. Como a economia de fato teve um bom desempenho no período, o salário-mínimo cresceu 25% em termos reais[11].

---

[11] Com base na comparação entre as médias anuais.

3. Resposta à crise internacional: 2009-2010

A quebra do banco Lehman Brothers gerou uma grande restrição de crédito na economia mundial. De uma hora para outra a incerteza sobre a solvência de instituições bancárias nos EUA e na Europa levou o sistema bancário mundial a um comportamento defensivo de contenção do crédito e fuga para ativos de menor risco, como títulos públicos emitidos pelos países mais ricos. Houve uma desvalorização de títulos privados e de *commodities*, que aumentou ainda mais o movimento de venda de ativos em uma busca desenfreada das instituições financeiras por liquidez. Os bancos centrais dos países avançados responderam a esse movimento com uma expansão recorde da liquidez mundial, mas ainda assim os países mais ricos entraram em recessão, puxados pela queda substancial do nível de atividade da economia norte-americana.

O primeiro impacto da crise internacional sobre o Brasil ocorreu de duas formas: uma contração abrupta e substancial da oferta de crédito e uma grande incerteza sobre a solvência de alguns grupos empresariais exportadores. Em primeiro lugar, no final de 2008, aproximadamente 20% da oferta de crédito interno no Brasil tinha como fonte de financiamento (*funding*) a captação de recursos fora do país. Assim, quando a crise se acirrou e a oferta mundial de crédito caiu, os bancos brasileiros responderam com uma contração da sua oferta interna de crédito. Em segundo lugar, durante o período de forte apreciação do real, em 2007 e na primeira metade de 2008, várias empresas exportadoras brasileiras aproveitaram seu acesso a receitas em moeda estrangeira para montar operações especulativas de aposta na apreciação do real[12]. Quando o Lehman Brothers quebrou e a taxa de câmbio subiu, algumas dessas empresas brasileiras tiveram grandes perdas patrimoniais e se viram à beira da insolvência. Juntando os dois movimentos, a quebra do Lehman Brothers gerou um quadro de incerteza sobre a situação de solvência da grande empresa exportadora no Brasil, num momento de queda na captação internacional por parte de bancos brasileiros, e resultou numa aguda contração creditícia no país ao final de 2008.

O segundo impacto da crise internacional sobre o Brasil ocorreu pelo canal de comércio exterior, devido à queda no volume de comércio internacional e à redução abrupta dos preços das *commodities* geradas pela recessão nos países avançados. Como os valores do real e do mercado acionário brasileiro estavam intensamente associados aos preços internacionais das *commodities*, a quebra do Lehman Brothers foi seguida de uma forte redução do valor das ações brasileiras e uma depreciação rápida e substancial da taxa de câmbio. Esses dois movimentos geraram perdas patrimoniais para o setor privado brasileiro, que, por sua vez, respondeu à crise com o adiamento ou mesmo cancelamento de investimentos no final de 2008 e início de 2009. Para completar o quadro, o clima generalizado de incerteza econômica e o impacto recessivo da depreciação cambial sobre o poder de compra das famílias brasileiras também resultou numa desaceleração do crescimento do consumo privado.

---

[12] Essas operações consistiam de um complexo arranjo de contratos de derivativos (denominados *target forward*) e não possuíam uma proteção (*hedge*) adequada para a parte vendedora em USD no caso de uma elevação na taxa de câmbio do real por dólar.

A crise financeira internacional do final de 2008 causou uma "recessão técnica" no Brasil, isto é, dois trimestres consecutivos de queda do PIB, no último trimestre de 2008 e primeiro trimestre de 2009. Considerando os números com ajuste sazonal, o PIB caiu 5% em apenas seis meses e isso lançou grandes dúvidas sobre a capacidade brasileira de retomar uma trajetória de expansão econômica no médio prazo, sobretudo por parte de analistas do mercado financeiro que tinham os anos 1990 como referência sobre como o governo brasileiro respondia a turbulências no resto do mundo.

Contrariando as expectativas do mercado, o governo Lula adotou uma postura sem precedentes na história recente do país: uma política de combate aos efeitos da crise internacional mediante medidas expansionistas nas áreas fiscal, monetária e creditícia. Em linhas gerais as principais ações do governo podem ser agrupadas em cinco grupos de medidas: (1) o aumento da liquidez e redução da taxa Selic; (2) a manutenção da rede de proteção social e dos programas de investimentos públicos mesmo em um contexto de queda da receita do governo; (3) as desonerações tributárias temporárias e permanentes; (4) o aumento da oferta de crédito por parte dos bancos públicos; e (5) o aumento do investimento público em habitação. Para facilitar nossa análise nós veremos cada um desses grupos de medidas separadamente.

Começando pelo lado financeiro, o governo brasileiro combateu a restrição de crédito mediante uma expansão da liquidez, tanto em moeda doméstica quanto em moeda estrangeira, para os bancos e empresas brasileiras. No campo doméstico, o BCB reduziu os recolhimentos compulsórios sobre os depósitos nas instituições financeiras, bem como incentivou os bancos de grande porte a financiar bancos de menor porte no mercado interbancário. No campo externo, o BCB utilizou parte das reservas internacionais do país para financiar as exportações e as necessidades de liquidez externa por parte dos bancos brasileiros. Essas iniciativas consistiram em operações de venda a termo de dólares para bancos e exportadores, vendas de contratos derivativos nos quais o BCB assumia uma posição vendedora em dólar (*swaps* cambiais) e oferta de recursos para que os bancos financiassem exportações (via os chamados contratos de Adiantamento sobre Contrato de Câmbio e Adiantamento sobre Cambiais Entregues). Passando ao lado monetário, como a inflação ainda estava alta no final de 2008, o BCB inicialmente interrompeu a elevação da Selic após a quebra do Lehman Brothers. A taxa básica de juros permaneceu em 13,75% ao ano até janeiro de 2009, quando a inflação deu sinais consistentes de queda e o BCB iniciou um novo ciclo de redução da sua taxa básica de juros. A redução total da Selic continuou até setembro de 2009, quando a taxa atingiu 8,75% ao ano.

Em segundo lugar, mesmo num contexto de diminuição do crescimento da receita primária, o governo Lula optou por manter inalterado seu programa de despesa primária em 2009 e 2010. A variável de ajuste da política fiscal foi o resultado primário recorrente do governo federal, que caiu de uma média de 2,4% do PIB, no período 2006 a 2008, para 1,3% do PIB, entre 2009 e 2010[13]. Os principais fatores que levaram

[13] Em 2010, o governo realizou uma operação casada de cessão de direitos de exploração de petróleo à Petrobras e capitalização da mesma empresa. O saldo final do recebimento pela cessão onerosa e gasto com a capitalização da Petrobras foi uma receita primária líquida não recorrente de 0,8% do PIB para o governo federal nesse ano.

a uma despesa crescente foram o aumento das transferências de renda, o dos investimentos públicos e o dos gastos com o funcionalismo. O aumento previsto para o salário-mínimo foi mantido e isso elevou as despesas com a previdência social, o abono salarial e o seguro-desemprego entre 2009 e 2010. No mesmo sentido, o governo continuou ampliando seu programa de combate à pobreza, com o aumento do número de famílias atendidas pelo programa Bolsa Família. No lado do investimento, seguindo a programação do PAC, o governo ampliou seus gastos com infraestrutura, sobretudo na área de transportes e logística, e a Petrobras aumentou seu investimento na exploração e produção de petróleo. Por fim, no lado do funcionalismo, o governo manteve a programação de aumento dos concursos públicos e o reajuste gradual dos salários das principais carreiras de Estado ao longo do período 2009 a 2010.

A terceira frente de ação do governo ocorreu no campo tributário, com a adoção de uma série de desonerações para evitar uma queda maior do nível de atividade econômica, no final de 2008 e início de 2009, e promover uma retomada mais rápida do consumo e investimento a partir de então. As principais desonerações começaram já no final de 2008, quando o governo reduziu as alíquotas do IPI sobre os automóveis. Naquele momento a redução da oferta de crédito tinha ocasionado um grande acúmulo de estoques no setor automotivo e, portanto, era necessário adotar uma medida de estímulo às vendas para que a produção fosse retomada. A redução do IPI foi posteriormente ampliada para outros bens de consumo duráveis e, quando a economia retomou o crescimento em base sustentável, as alíquotas do IPI retornaram gradualmente à situação pré-crise de 2008. As desonerações prosseguiram com a redução da tributação sobre os investimentos, na forma de depreciação acelerada para os investimentos realizados em 2009 e de devolução mais rápida dos tributos indiretos federais (PIS/Cofins) pagos na compra de bens de capital. O pacote de desonerações também envolveu uma mudança permanente no Imposto sobre a Renda da Pessoa Física (IRPF), com a criação de duas novas faixas intermediárias de tributação, de modo a desonerar principalmente a classe média brasileira.

A quarta linha de ação de combate à crise internacional ocorreu no mercado de crédito, via a expansão da oferta de empréstimos por parte do Banco do Brasil, da Caixa Econômica Federal e, principalmente, do BNDES. Começando pelos bancos públicos comerciais, a "fuga para a qualidade" decorrente da quebra do Lehman Brothers gerou um aumento expressivo nos depósitos realizados em instituições financeiras federais. O Banco do Brasil e a Caixa Econômica Federal foram os principais beneficiados por esse movimento e, portanto, estiveram em condições favoráveis para atender a demanda por crédito da economia entre 2009 e 2010. Do ponto de vista macroeconômico, a ação empresarial do Banco do Brasil e da Caixa Econômica Federal compensou parcialmente a desaceleração no crescimento da oferta de crédito por parte do setor privado. Passando ao BNDES, a queda do financiamento privado de longo prazo com base em fontes externas de captação levou o governo a assumir um papel mais ativo no financiamento do investimento. Nesse campo a principal iniciativa foram os empréstimos do governo federal ao BNDES, que por sua vez utilizou os recursos assim captados para expandir suas operações de crédito no período 2009 a 2010. Os focos principais dessas operações foram o investimento de longo prazo, sobretudo em infraestrutura, e o financiamento de capital de giro para micro e pequenas empresas. Os financiamentos foram realizados com taxa de juro subsidiadas, pois além de fornecer os recursos ao BNDES, o governo federal também assumiu parte dos custos operacionais de algumas operações, mediante a equalização de taxa de juros em algumas linhas de crédito ofertadas por aquele banco.

Por fim, o governo federal lançou um amplo programa de investimento habitacional em 2009, o programa Minha Casa Minha Vida (MCMV), destinado a ampliar o acesso da população de baixa renda à moradia. Em retrospectiva, o MCMV iniciou a construção de um milhão de unidades habitacionais em 2009 e 2010 e, dessa forma, incentivou fortemente o crescimento da construção civil no período. Do ponto de vista macroeconômico, a lógica do MCMV foi estimular o crescimento de um setor muito intensivo em trabalho e pouco intensivo em importações como instrumento de geração de emprego e renda. Do ponto de vista social, a lógica do MCMV foi ampliar a rede proteção e inclusão social construída pelo governo federal com o acesso subsidiado à moradia para a população mais pobre. O MCMV foi realizado de duas formas, uma direta e outra indireta. Na via direta, o governo federal contratou a construção de moradias junto ao setor privado e, em cooperação com os governos estaduais e municipais, alocou essas moradias para a população de baixa renda mediante um pagamento simbólico de prestações por parte dos mutuários. Na via indireta, o governo utilizou recursos próprios e recursos excedentes do Fundo de Garantia do Tempo de Serviço (FGTS) para subsidiar o financiamento de imóveis populares para a população de baixa renda. Nesse caso a iniciativa partiu do mutuário e das construtoras, com o governo oferecendo subsídio na entrada e na taxa de juro do financiamento imobiliário.

O conjunto de ações do governo Lula resultou em uma rápida recuperação da economia brasileira. O crescimento começou a se recuperar na segunda metade de 2009, mas devido à forte queda do PIB no final de 2008 e início de 2009, a economia brasileira registrou uma queda de 0,6%, em 2009. A recuperação continuou no início de 2010 e o Brasil alcançou um crescimento de 7,5% naquele ano. Assim, considerando o período 2009 a 2010 como um todo, o crescimento médio da economia foi de 3,3% ao ano. A queda e a posterior retomada do crescimento da economia foram puxadas principalmente pela forte flutuação do investimento, que caiu 10,3%, em 2009, e subiu 21,8%, em 2010. Na média, o crescimento do investimento foi de 4,6% ao ano no período 2009 a 2010, ou seja, acima do crescimento do PIB. O consumo das famílias também cresceu acima do PIB, registrando uma expansão média de 5,6% ao ano no mesmo período.

A variável de ajuste entre o forte crescimento da demanda doméstica e o lento crescimento do PIB foi uma queda no saldo comercial do Brasil nos anos 2009 e 2010. Considerando os números das contas nacionais, as exportações de bens e serviços permaneceram praticamente estagnadas nesse biênio. No mesmo período, as importações aumentaram explosivamente, registrando um crescimento real médio de 9,8% ao ano. Considerando os números do balanço de pagamentos, o valor das exportações brasileiras de bens também ficou praticamente estável, passando de 198 bilhões de dólares, em 2008, para 202 bilhões de dólares, em 2010. Do outro lado, o crescimento do valor das importações de bens foi maior, de 173 bilhões de dólares, em 2008, para 182 bilhões de dólares, em 2009. O resultado desse movimento foi uma nova queda no saldo em conta corrente do Brasil, mas ainda assim o país conseguiu acumular reservas internacionais devido à entrada líquida de capitais externos na economia.

Mais especificamente, uma vez passado o choque inicial da quebra do Lehman Brothers e iniciada a forte expansão de liquidez por parte dos países centrais, o capital externo voltou a fluir para o Brasil, atraído tanto pela recuperação da economia quanto pela taxa básica de juro do país, ainda alta. Apesar do esforço do governo Lula em reduzir a Selic, a taxa básica de juro continuou muito alta em 2009 e 2010, sobretudo num contexto de taxas básicas de juro próximas a zero no resto do mundo. Assim, considerando esse biênio como um todo, houve uma entrada líquida de 171 bilhões de dólares na economia brasileira, sendo 73 bilhões de dólares via investimento direto e 113 bilhões de dólares em investimento em carteira. Nas outras modalidades de investimento externo houve uma saída líquida de 15 bilhões de dólares.

A forte entrada de capitais externos aconteceu num contexto de elevação dos preços das *commodities* e apreciação do real ao longo de 2010. Após a absorção inicial das perdas patrimoniais geradas pela crise de 2008, a alta liquidez injetada pelos bancos centrais dos EUA, Europa e Japão na economia mundial criou um ambiente propício à elevação no preço das *commodities*, sobretudo devido à recuperação da demanda chinesa por insumos básicos. A boa *performance* macroeconômica do Brasil no combate aos efeitos da crise internacional também reduziu o prêmio de risco do país num contexto no qual a Selic era bem elevada em comparação com as taxas de juro internacionais. O resultado inevitável dessa combinação foi uma forte apreciação da taxa de câmbio brasileira, que caiu de 2,34 reais por dólar, no final de 2008, para 1,66 real por dólar, no final de 2010.

Por fim, passando à política monetária, a desaceleração do crescimento da economia no final de 2008 e início de 2009 teve um efeito inicial negativo sobre a inflação brasileira. Porém, à medida que a economia brasileira se recuperou e os preços das *commodities* internacionais voltaram a subir fortemente, a inflação voltou a acelerar e fechou o biênio 2009 e 2010 com tendência de alta. Em números, a inflação anual caiu de 5,9%, em 2008, para 4,3%, em 2009, e depois voltou para 5,9%, em 2010. A elevação da inflação ao longo de 2010 levou o BCB a aumentar a Selic em abril daquele ano. O ciclo total de elevação foi moderado e durou apenas três meses, fazendo com que a taxa básica de juro subisse de 8,75%, em abril, para 10,75%, em julho de 2010.

Do ponto de vista da estratégia da política econômica, o movimento do BCB marcou o início da reversão das medidas de estímulo adotadas para combater os efeitos da crise financeira internacional. No final de 2010, esse movimento foi complementado por uma elevação dos depósitos compulsórios dos bancos e por uma redução do crescimento das despesas primárias do governo federal. Assim, antes do fim do governo Lula, o Brasil começou a adotar uma política macroeconômica mais restritiva com base na expectativa de que o pior da crise internacional já havia passado e que a economia brasileira poderia continuar a crescer sem estímulos adicionais por parte do governo.

4. Novo cenário: 2011-2012

O governo Dilma começou 2011 dando continuidade às ações restritivas iniciadas no final do governo Lula. Do lado monetário, o BCB retomou a elevação da taxa Selic em janeiro de 2011 e prosseguiu nessa trajetória até julho daquele ano, quando a taxa básica de juros atingiu 12,5% ao ano. Do lado fiscal, o governo empreendeu um forte contingenciamento de seus gastos e elevou substancialmente seu resultado primário ao longo de 2011. A estratégia dessas duas medidas foi combater a inflação e promover um "pouso suave" (*soft landing*) da economia brasileira para um ritmo de crescimento entre 4% e 5% ao ano. Após os estímulos adotados em 2009 e 2010, foi necessário retomar uma política macroeconômica menos expansionista sem, contudo, abandonar as conquistas sociais do passado. Nesse sentido, o esforço de elevação no resultado primário foi acompanhado da manutenção da política de elevação do salário-mínimo e de expansão da rede de proteção social e combate à pobreza. A contenção do crescimento dos gastos públicos se concentrou no custeio e no funcionalismo e, em 2011, o governo também empreendeu uma reestruturação no planejamento e execução de seus investimentos em infraestrutura, o que provocou uma redução temporária nos desembolsos desses programas.

O governo Dilma também começou com uma preocupação especial em reduzir a taxa real de juro do país e evitar uma apreciação excessiva da moeda. De um lado, mesmo depois da redução verificada ao longo do governo Lula, a taxa básica de juro do Brasil continuava elevada em comparação ao resto do mundo no início de 2011, bem como ocasionava um gasto considerável do governo com o pagamento de juros sobre a dívida pública. Do outro lado, a apreciação do real em 2010 havia colocado a taxa de câmbio real brasileira num patamar muito baixo no início de 2011, o que por sua vez comprometia a competitividade internacional da economia e não deixava muito espaço para uma nova apreciação cambial como instrumento de combate à inflação. Assim, para evitar um aumento excessivo na Selic, que por sua vez pressionaria a taxa de câmbio real para baixo, o governo complementou suas ações restritivas de política macroeconômica com medidas destinadas a desacelerar a velocidade de expansão do crédito em 2011.

Mais especificamente, no início de 2011 o governo Dilma adotou uma série de medidas "macroprudenciais" de elevação dos depósitos compulsórios e dos requerimentos de capital dos bancos para reduzir a velocidade de expansão do crédito no país. A estratégia dessas medidas foi desestimular a expansão de operações de crédito de risco elevado para fortalecer a situação patrimonial dos bancos brasileiros e, ao mesmo tempo, evitar um aumento excessivo da Selic. As medidas macroprudenciais também foram acompanhadas por uma elevação do IOF incidente sobre as operações de crédito pessoal, de modo a elevar as taxas de juro de mercado e desacelerar o crescimento dos financiamentos ao consumo.

Do ponto de vista macroeconômico as medidas macroprudenciais tiveram sucesso em desacelerar o crescimento do crédito do Brasil e reduzir o aumento na Selic necessário para combater a inflação. Porém, o efeito dessas medidas sobre o nível de atividade econômica também acabou sendo maior do que o esperado inicialmente pelo governo devido a um fator exógeno à política econômica brasileira: a rápida deterioração do cenário econômico internacional ao longo de 2011.

Em primeiro lugar, após uma recuperação inicial em 2010, a ausência de políticas efetivas de estímulo ao crescimento nos EUA e na União Europeia acabou por comprometer o crescimento dessas economias em 2011. Em segundo lugar, a China também experimentou uma desaceleração do seu crescimento em 2011, uma vez que, assim como o Brasil, o governo chinês decidiu adotar uma política macroeconômica mais restritiva de combate à inflação. Por fim, também houve um aumento da incerteza econômica mundial em meados 2011, quando ocorreu um impasse sobre a elevação no teto de endividamento público nos EUA e aumentou o risco de *default* da dívida pública por parte das economias mais fragilizadas da União Europeia. Como o Brasil já havia adotado medidas restritivas no início 2011, a deterioração no cenário internacional acabou por multiplicar o impacto negativo das ações iniciais do governo e resultou numa forte desaceleração do PIB brasileiro em 2011e 2012.

O governo Dilma reagiu rapidamente à deterioração no cenário internacional e à redução do crescimento da economia. No campo monetário, o BCB começou a reduzir a Selic já em agosto de 2011 e prosseguiu nesse movimento até outubro de 2012, quando o Brasil atingiu uma taxa básica de juro de 7,25%. Em termos históricos, esse movimento representou uma rápida convergência do Brasil para um patamar de taxa básica de juro real mais próximo ao verificado no resto do mundo. No campo fiscal, o governo federal retomou uma política mais expansionista ao longo de 2012, promovendo um reajuste substancial do salário-mínimo e aumentando o investimento público, sobretudo via subsídios à construção habitacional dentro do programa MCMV. A expansão desses gastos foi complementada por uma série de desonerações tributárias, bem como por um reajuste nos benefícios do programa Bolsa Família e pelo aumento no gasto federal com educação. Por fim, o governo também reduziu o IOF sobre o crédito pessoal e aumentou a liquidez do sistema financeiro, via redução de depósitos compulsórios dos bancos.

Apesar das ações expansionistas mencionadas acima, o ritmo de crescimento do PIB brasileiro desacelerou para 1,8% ao ano no período 2011 a 2012. Do ponto de vista da demanda interna, essa desaceleração foi resultado da retração do investimento e da queda no crescimento do consumo, que por sua vez refletiram tanto os impactos defasados das ações restritivas adotadas pelo governo brasileiro, no final de 2010 e início de 2011, quanto o aumento na incerteza econômica mundial, no final de 2011 e início de 2012. Do ponto de vista da demanda externa, a desaceleração do crescimento do PIB também foi resultado da menor expansão do volume de exportações do Brasil, sobretudo para a Argentina, que enfrentou problemas cambiais e adotou uma série de medidas comerciais restritivas em 2011 e 2012. Devido à defasagem entre as decisões e os efeitos da política macroeconômica, os impactos das medidas expansionistas adotadas pelo governo Dilma a partir do final de 2011 só terão seu impacto pleno sobre o crescimento do PIB brasileiro ao longo de 2013.

Mesmo num cenário de desaceleração do crescimento a inflação brasileira permaneceu elevada em 2011 e 2012 devido à combinação de choques desfavoráveis em alguns preços agrícolas com aceleração da inflação de serviços. Mais especificamente, como mencionado na seção anterior, houve forte aumento dos preços das commodities no fim de 2010. Esse movimento prosseguiu no início de 2011 e foi agravado por uma grande quebra na safra de cana-de-açúcar do Brasil, o que por sua vez elevou substancialmente o preço do etanol. A elevação do preço do etanol também pressionou o preço da gasolina para cima em 2011[14], funcionando como uma espécie de minichoque

[14] A gasolina contém de 20% a 25% de etanol no Brasil.

do petróleo, restrito ao Brasil. Para piorar a situação, no final de 2012 houve outro choque desfavorável nos preços das *commodities* agrícolas, devido a problemas climáticos nos EUA, que pressionaram para cima os preços internacionais dos grãos. Como o aumento dos preços dos grãos também elevou os preços das carnes, houve uma aceleração da inflação dos preços dos alimentos no Brasil ao final de 2012.

Passando à inflação de serviços, desde 2006 a aceleração no crescimento da economia num contexto de desaceleração no crescimento da população em idade ativa tem gerado uma tendência de queda na taxa desemprego no Brasil, o que por sua vez tem ampliado o poder de barganha dos trabalhadores nas negociações salariais. Em 2011 e 2012 esse movimento de longo prazo aumentou a inflação dos preços de serviços num contexto de choques adversos nos preços dos alimentos e combustíveis. O resultado final dessa combinação foi uma elevação na taxa de inflação, de 5,1%, entre 2009 e 2010, para 6,2%, no biênio seguinte.

Por fim, o aumento da inflação em 2011 e 2012 também foi causado pela depreciação da taxa de câmbio no final do período. Com base no que aconteceu em 2009 e 2010, quando houve uma substancial apreciação do real e o "vazamento" de uma grande parcela do crescimento da demanda doméstica para o resto do mundo, o governo Dilma adotou uma postura mais ativa no mercado de câmbio em 2011 e 2012, fazendo intervenções pontuais para evitar uma apreciação excessiva do real. O resultado dessas intervenções, juntamente com a evolução da economia mundial e da política monetária brasileira, acabou por eliminar parte da apreciação cambial verificada em 2009 e 2010. Em números, a taxa de câmbio do real por dólar passou de 1,67, no final de 2010, para 1,84, no final de 2011, e 2,05 no final de 2012. Considerando as médias anuais, houve uma depreciação de 17% na taxa de câmbio nominal do real por dólar em 2012, o que por sua vez gerou uma pressão inflacionária de 0,7 a um ponto percentual naquele ano[15].

Apesar da depreciação cambial, o saldo comercial brasileiro caiu em 2011 e 2012, em virtude da desaceleração do crescimento da economia mundial e da evolução dos preços internacionais das *commodities*, sobretudo das metálicas em 2012. O minério de ferro era um dos principais itens de exportação do Brasil no período. A redução do saldo comercial ocorreu num contexto de crescimento das exportações e das importações, isto é: o valor das exportações brasileiras aumentou de 202 bilhões de dólares, em 2010, para 245 bilhões de dólares, em 2012, enquanto o valor das importações passou de 182 bilhões de dólares para 226 bilhões de dólares no mesmo período. Como nós veremos na última seção, a elevação da competitividade internacional da economia brasileira é um dos principais desafios à política econômica do governo federal nos próximos anos. No lado financeiro, apesar da piora no cenário externo e da desaceleração no crescimento da economia brasileira, o biênio 2011 e 2012 foi marcado por um pequeno aumento da entrada líquida de capitais externos no país, isto é, o saldo das contas de capital e finanças do balanço de pagamentos do Brasil com o resto do mundo aumentou de 171 bilhões de dólares, em 2009 e 2010, para 187 bilhões de dólares, em 2011 e 2012.

[15] As estimativas mais recentes de *pass-through* do câmbio para os preços no Brasil variam de 4% a 6% em doze meses, isto é, uma elevação de 10% na taxa de câmbio tende a elevar a inflação brasileira em algo entre 0,4 e 0,6 ponto percentual num horizonte de um ano.

Por fim, considerando o período entre 2011 e 2012 como um todo, o resultado primário aumentou mesmo após a expansão fiscal de 2012. Em números, a média de resultado primário recorrente do governo federal passou de 1,3% do PIB, entre 2009 e 2010, para 2% do PIB, em 2011 e 2012[16]. Em termos econômicos, essa elevação do resultado primário representou tanto o início da eliminação gradual da política fiscal adotada para combater a crise de 2008 como a adaptação das receitas e despesas do governo federal ao novo contexto doméstico e internacional, no qual a taxa de juro real mais baixa não requer o mesmo nível de resultado primário verificado antes da crise internacional de 2008 para promover a redução no endividamento público em relação ao PIB. A prova dessa mudança está no fato de que, mesmo num cenário econômico adverso, a dívida líquida do setor público brasileiro continuou a cair em 2011 e 2012, fechando em 35% do PIB da economia nesse período.

Passando ao desenvolvimento institucional, os dois primeiros anos do governo Dilma foram marcados por uma série de reformas importantes na atuação do Estado e no funcionamento da economia. Vejamos as principais ações separadamente.

No campo da política social, o governo federal ampliou sua ação de combate à pobreza com o aumento do valor das transferências de renda para famílias com crianças e adolescentes. O governo federal também iniciou um amplo programa de incentivo ao ensino técnico e à qualificação da mão de obra, o Pronatec, mediante a ampliação da concessão de bolsas de estudo e auxílio financeiro aos estudantes.

Na questão do funcionalismo, o governo Dilma completou a reforma da previdência do setor público iniciada pelo governo Lula, com a criação do Fundo de Previdência Complementar para os Servidores Públicos Federais, o Funpresp. Do ponto de vista econômico o Funpresp tende a equalizar a situação dos funcionários públicos com os trabalhadores da iniciativa privada[17], bem como criar um veículo importante de financiamento de longo prazo para a economia brasileira.

No campo das "minirreformas" institucionais, o governo Dilma completou três medidas importantes iniciadas pelo governo Lula: a reforma do sistema brasileiro da defesa da concorrência, a autorização para a criação do cadastro positivo de pessoas físicas junto ao sistema financeiro e a regulamentação da margem de preferência para produtos nacionais nas compras do governo federal. No mesmo sentido, o governo Dilma também eliminou o piso para a redução da taxa básica de juro, mediante a vinculação da taxa de remuneração da poupança à Selic. Essa mudança foi realizada somente para novos depósitos na caderneta de poupança, de modo a preservar os direitos adquiridos pelos poupadores.

Do lado tributário, o governo Dilma iniciou a desoneração da folha de pagamento das empresas, mediante a mudança da base de contribuição patronal para o INSS nos setores mais intensivos em trabalho. Mais especificamente, o governo eliminou a contribuição patronal sobre os salários em troca de uma contribuição patronal reduzida sobre o faturamento. Essa mudança gerou uma desoneração líquida para o conjunto

---

[16] Este número não inclui a retirada de 0,3% do PIB do FSB em 2012.

[17] As regras de previdência via Funpresp só valem para novos funcionários públicos e entraram em vigor no início de 2013.

das empresas atendidas e contribuiu para moderar o crescimento dos custos trabalhistas, sobretudo na indústria.

Na área do investimento, o governo Dilma também iniciou um amplo programa de concessões de infraestrutura, de modo a reduzir custos e aumentar a competitividade internacional do Brasil. Essa iniciativa ampliou as concessões de rodovias e ferrovias previstas pelo PAC, bem como incluiu portos e aeroportos no programa brasileiro de concessões.

No final de 2012, o Congresso Nacional aprovou a proposta do governo Dilma para a redução das tarifas de energia elétrica. A redução entrou em vigor no início de 2013 e consistiu em dois movimentos: (1) a diminuição de encargos federais incidentes sobre energia elétrica e (2) a diminuição dos custos de geração, transmissão e distribuição de concessões que retornariam ao Estado brasileiro nos próximos anos.

5. Balanço geral

Os últimos dez anos de política econômica foram marcados pela criação de um novo modelo de desenvolvimento da economia brasileira, baseado na expansão do mercado interno e com uma forte atuação do Estado para reduzir a desigualdade na distribuição de renda. Em linhas gerais essa mudança pode ser descrita por cinco eventos ou decisões econômicas: (1) o cenário externo favorável resultou numa elevação substancial nos termos de troca da economia brasileira com o resto do mundo[18]; (2) os ganhos decorrentes do cenário internacional favorável foram canalizados para a redução das vulnerabilidades financeiras do país e para a aceleração do crescimento, puxado pelo investimento e consumo domésticos; (3) a política de estímulo ao crescimento foi acompanhada de uma série de ações para melhorar a distribuição de renda, o que criou um círculo virtuoso entre a expansão do emprego e do consumo, de um lado, e da produtividade e do investimento, do outro lado; (4) a melhora no desempenho macroeconômico gerou um forte processo de inclusão social, com a redução da taxa de desemprego, o aumento dos salários reais e a ampliação do acesso da população brasileira ao crédito; e (5) a melhora nos termos de troca do Brasil e a evolução do cenário internacional acabaram gerando uma forte apreciação cambial, o que por sua vez comprometeu a competitividade da indústria brasileira, sobretudo nos últimos quatro anos. Para completar nossa análise, vejamos cada um desses pontos separadamente.

Começando pelo cenário internacional, a Figura 1 apresenta a evolução dos termos de troca internacionais do Brasil. Como mencionado nas seções anteriores, é possível identificar um claro movimento de alta a partir de 2006, quando a aceleração do crescimento mundial puxado pela China começou a ter um efeito mais pronunciado sobre os preços das *commodities* agrícolas e minerais exportadas pelo Brasil. Esse primeiro impulso favorável foi interrompido pela crise internacional de setembro de 2008, mas, à medida que a economia mundial se recuperou e os países avançados aumentaram consideravelmente a liquidez mundial para combater a crise financeira, os preços das *commodities* subiram fortemente e puxaram os termos de

[18] Os termos de troca correspondem à divisão do índice de preços das exportações pelo índice de preços das importações, o que mede o poder de compra internacional dos bens exportados por um país.

troca do Brasil novamente para cima a partir de 2010. Comparando as médias anuais, os termos de troca do Brasil aumentaram 36%, de 2006 a 2011. Em 2012 a deterioração do cenário internacional gerou uma pequena queda nos termos de troca brasileiros, que ainda assim fecharam esse ano num patamar 28% acima do verificado dez anos antes.

Figura 1: Índice de termos de troca no Brasil
(média móvel de 12 meses, 2006=100)

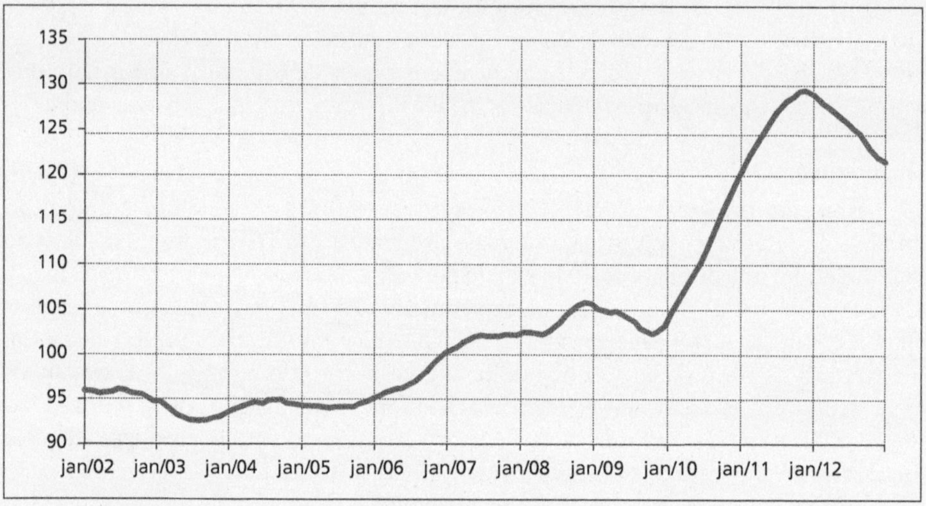

Fonte: Ipeadata/Funcex.

A melhora nos termos de troca teve um forte efeito expansivo sobre a economia brasileira. De um lado, o aumento da receita com exportações aumentou os lucros das empresas e a arrecadação tributária do governo, o que por sua vez estimulou o investimento privado e atenuou a restrição fiscal sobre a política econômica. Do outro lado e mais importante, a melhora nos termos de troca num regime de câmbio flutuante gerou uma apreciação substancial do real, que por sua vez teve grande impacto positivo sobre o consumo e os investimentos privados no curto prazo. Mais especificamente, como mencionamos anteriormente, a história econômica brasileira indica que períodos de forte apreciação cambial são geralmente acompanhados de forte expansão da demanda doméstica, uma vez que a queda da taxa de câmbio tende a aumentar os salários reais dos trabalhadores e proporcionar ganhos de capital para as empresas no curto prazo. No período de 2003 a 2012 o cenário internacional permaneceu favorável durante a maior parte do tempo, o que deu um forte impulso inicial à expansão da economia.

Períodos de bonança internacional não são novidade na história brasileira. Nos anos 1970 os ganhos da elevação dos termos de troca do Brasil foram utilizados para financiar um programa de crescimento baseado no endividamento externo, que por sua vez acabou numa crise econômica quando a situação mundial mudou no início dos anos 1980. Mais recentemente, nos anos 1990, uma nova elevação nos termos de troca do Brasil foi utilizada para financiar um programa de combate à inflação, o Plano Real, baseado numa taxa de câmbio fixa e novamente no endividamento externo, que por sua vez acabou em uma nova crise cambial quando as condições internacionais se tornaram desfavoráveis em 1999. Nesse ponto entra em cena um dos ganhos fundamentais trazidos pela política econômica dos governos Lula e Dilma: os ganhos proporcionados pelo cenário internacional favorável foram utilizados para reduzir a fragilidade financeira do Brasil, de modo que, quando a situação internacional mudou, em 2009 e depois novamente em 2012, o Brasil enfrentou a turbulência internacional sem sofrer uma crise econômica.

A redução da fragilidade financeira da economia brasileira ocorreu basicamente de duas formas: uma cambial e outra fiscal. Na frente cambial, a política econômica dos últimos dez anos manteve o regime de câmbio flutuante iniciado em 1999 com uma inovação fundamental: a acumulação de reservas internacionais. Como apresentado na Figura 2, as reservas internacionais do Brasil começaram a crescer mais fortemente a partir de 2006, após o pagamento da dívida do governo junto ao FMI e em paralelo com a melhora nos termos de troca internacionais mencionada anteriormente. A acumulação de reservas foi realizada sob um pesado custo financeiro, uma vez que durante todo o período analisado a taxa de juro paga pelo governo federal internamente permaneceu bem acima da taxa de remuneração de suas reservas internacionais. Não obstante essa diferença, a opção por acumular um grande estoque de reservas internacionais foi uma opção estratégica dos governos Lula e Dilma para construir um seguro contra flutuações na economia mundial. A escolha se provou acertada em 2009 e novamente em 2012, quando o governo federal adotou uma resposta anticíclica à deterioração do cenário internacional.

Figura 2: Reservas internacionais no Brasil – conceito liquidez (em bilhões de dólares)

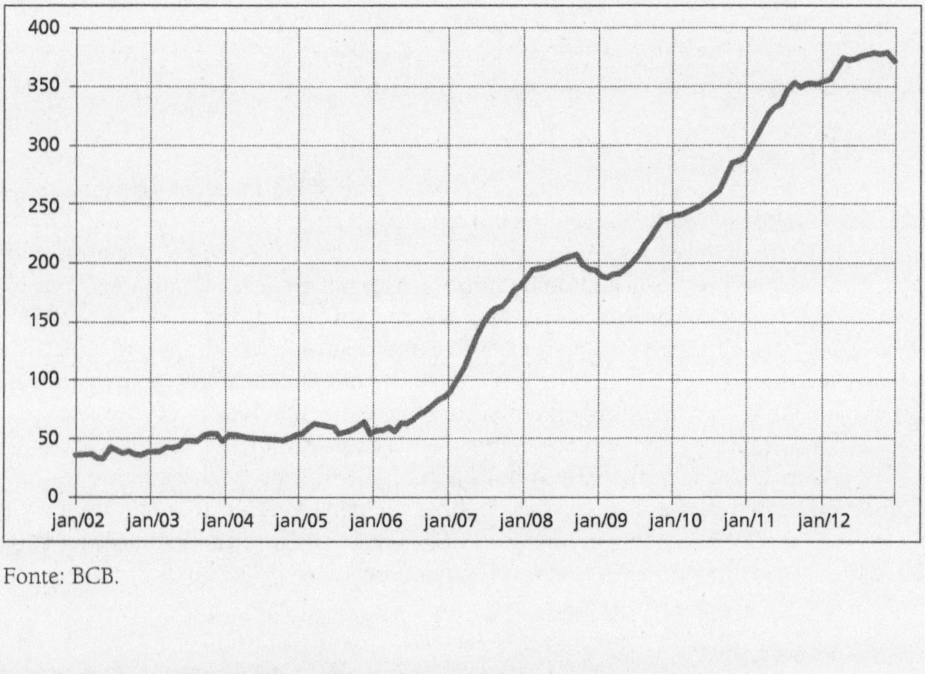

Fonte: BCB.

Na frente fiscal, a política econômica dos últimos dez anos também procurou reduzir a fragilidade das finanças públicas a choques internos ou externos mediante a diminuição da dívida líquida do setor público em relação ao PIB. Como mencionado nas seções anteriores, esse movimento foi inicialmente obtido pela elevação do resultado primário do governo federal, entre 2003 e 2005. Porém, mesmo quando a política fiscal se tornou mais expansionista, a partir de 2006, o governo federal manteve seu resultado primário bem acima do nível requerido para estabilizar sua dívida pública em relação ao PIB. Como apresentado na Figura 3, o resultado final dessa opção foi uma redução substancial da dívida líquida do setor público brasileiro: de 60% do PIB, no final de 2002, para 35% do PIB, no final de 2012.

Figura 3: Dívida líquida do setor público no Brasil (em % do PIB)

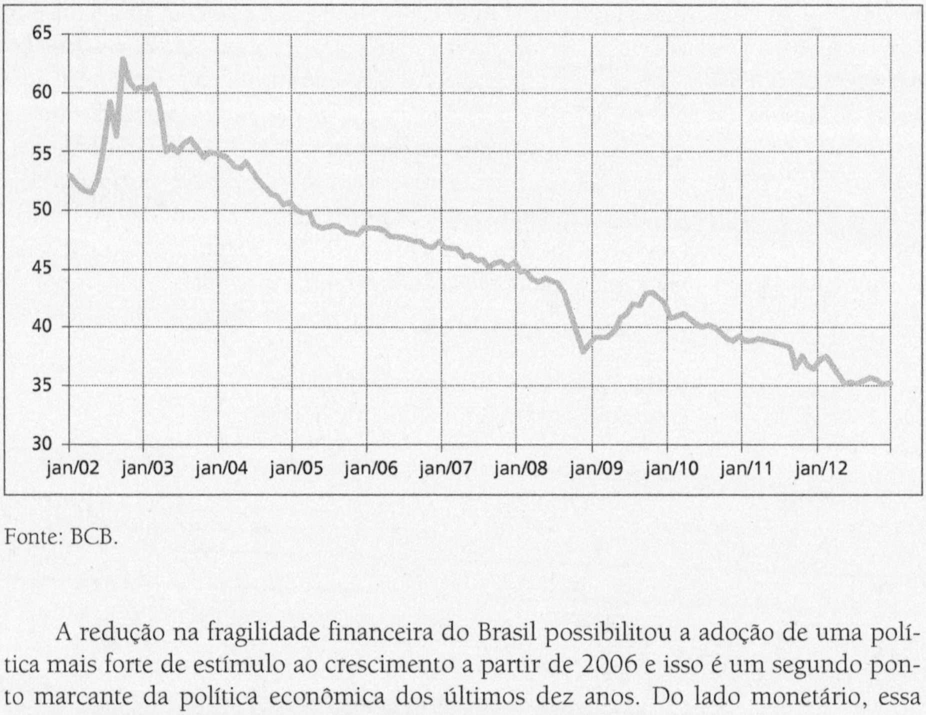

Fonte: BCB.

A redução na fragilidade financeira do Brasil possibilitou a adoção de uma política mais forte de estímulo ao crescimento a partir de 2006 e isso é um segundo ponto marcante da política econômica dos últimos dez anos. Do lado monetário, essa política se materializou pela adoção de uma meta de inflação estável em 4,5% ao ano, com um intervalo de flutuação de dois pontos percentuais para absorver os choques de preço que usualmente ocorrem no Brasil. Contrariamente às opiniões do mercado, o pragmatismo do governo na fixação da meta de inflação acabou se demonstrando compatível tanto com o controle da inflação e quanto com a redução da taxa real de juro do país, como apresentado nas Figuras 4 e 5, respectivamente.

Do lado fiscal, o principal estímulo ao crescimento ocorreu via aumento das transferências de renda às famílias mais pobres, como a elevação do salário-mínimo e a expansão do Bolsa Família, e do gasto público com investimento e educação. Para ilustrar esse movimento, a Tabela 1 apresenta a evolução do resultado primário do

Figura 4: Taxa Selic nominal e real, segundo o IPCA, acumuladas em 12 meses (em % ao ano)

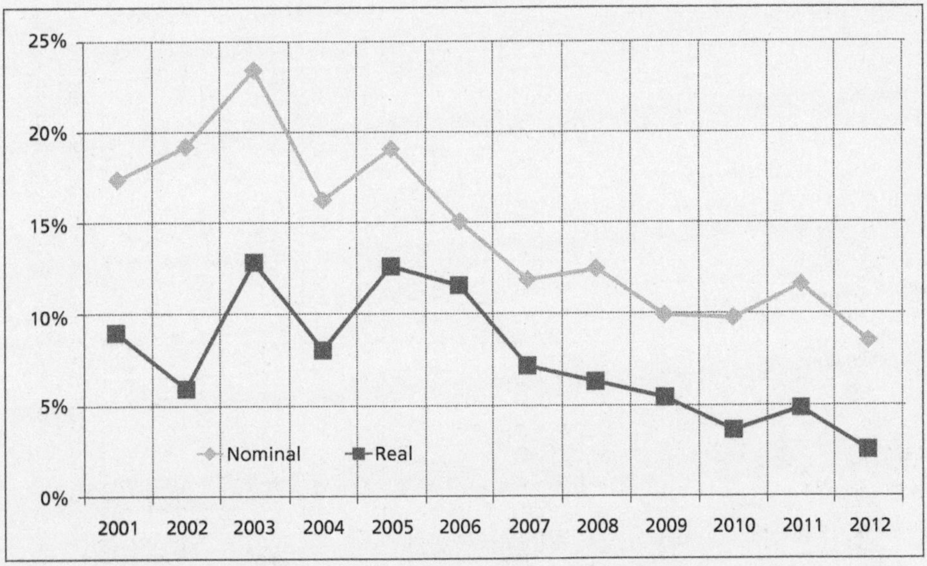

Fonte: Ipeadata/BCB e IBGE.

Figura 5: Taxa de inflação dos preços ao consumidor no Brasil, segundo o IPCA (em % ao ano)

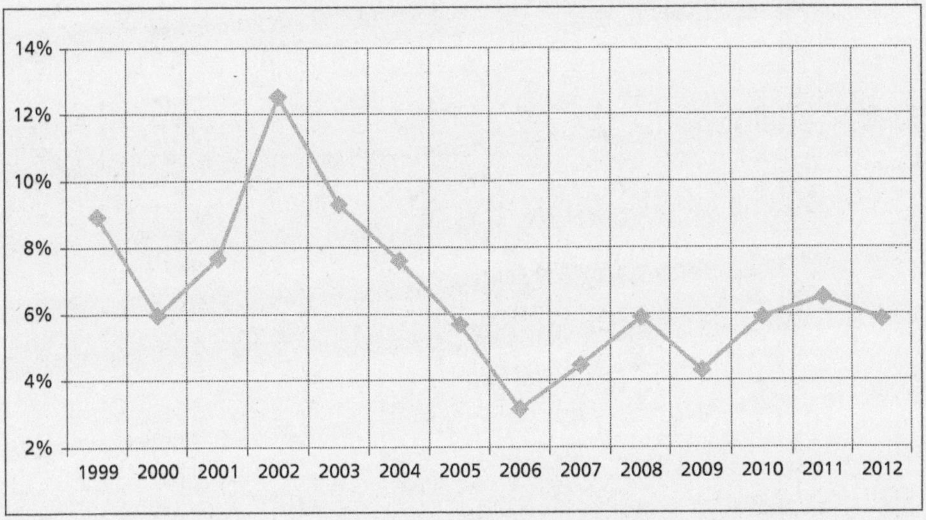

Fonte: Ipeadata/IBGE.

Tabela 1: Resultado primário do governo federal (em % do PIB)

	2002	2003	2004	2005	2006	2007	2008	2009	2010	2011	2012	Variação 2012-02
1 - Receita primária bruta*	21,66	20,98	21,61	22,74	22,94	23,25	23,63	22,82	22,41	23,91	24,07	2,42
2 - Transferências para Estados e municípios	3,80	3,54	3,48	3,91	3,92	3,97	4,39	3,94	3,73	4,16	4,11	0,31
3 - Receita primária líquida (1-2)	17,86	17,44	18,13	18,84	19,02	19,29	19,25	18,88	18,68	19,74	19,96	2,10
4 - Despesa primária total*	15,72	15,14	15,59	16,38	16,96	17,12	16,42	17,66	17,44	17,48	18,24	2,52
4.1 - Pessoal e encargos sociais	4,81	4,46	4,31	4,30	4,45	4,37	4,31	4,68	4,42	4,33	4,22	-0,59
4.2 - Transferência de renda às famílias**	6,80	7,18	7,64	8,06	8,42	8,50	8,13	8,72	8,50	8,62	9,20	2,39
4.3 - Investimento	0,83	0,31	0,47	0,48	0,64	0,72	0,86	1,02	1,21	1,18	1,30	0,47
4.3.1 - Formação Bruta de Capital Fixo	0,83	0,31	0,47	0,48	0,64	0,72	0,86	0,99	1,18	1,01	1,06	0,23
4.3.2 - Minha Casa Minha Vida								0,03	0,02	0,17	0,24	0,24
4.4 - Subsídios e subvenções	0,16	0,36	0,29	0,48	0,40	0,38	0,20	0,16	0,21	0,25	0,25	0,09
4.5 - Demais despesas	3,12	2,84	2,89	3,06	3,04	3,15	2,92	3,08	3,10	3,10	3,28	0,16
4.5.1 - Educação	0,33	0,28	0,32	0,33	0,33	0,37	0,40	0,49	0,57	0,62	0,71	0,38
4.5.2 - Demais ministérios	2,79	2,55	2,56	2,73	2,72	2,78	2,52	2,60	2,53	2,48	2,57	-0,22
5 - Resultado primário* (3-4)	2,14	2,30	2,54	2,45	2,06	2,17	2,83	1,22	1,24	2,26	1,73	-0,41
6 - Operações não recorrentes***							-0,47		0,85		0,28	
7 - Resultado primário acima da linha (5+6)	2,14	2,30	2,54	2,45	2,06	2,17	2,36	1,22	2,09	2,26	2,01	-0,13
8 - Ajustes e discrepância estatística	0,02	-0,02	0,16	0,14	0,11	0,07	0,00	0,09	0,00	-0,01	-0,06	-0,08
9 - Resultado primário abaixo da linha (7+8)	2,16	2,28	2,70	2,60	2,17	2,23	2,35	1,31	2,09	2,25	1,95	-0,21

Fonte: Ministério da Fazenda e cálculos do autor. * Exclui operações não recorrentes. ** Benefícios previdenciários, benefícios assistenciais, seguro-desemprego e abono salarial. *** Corresponde ao depósito e saque de recursos no Fundo Soberano do Brasil, em 2008 e 2012, respectivamente, e ao impacto fiscal da cessão onerosa de petróleo e aumento de capital da Petrobras, em 2010.

governo federal nos últimos dez anos em relação ao PIB. Os números indicam que o aumento da receita primária do governo federal foi totalmente canalizado para elevar as transferências de renda às famílias em relação ao PIB. Os números também indicam um aumento no investimento federal, puxado pelo PAC e pelo programa MCMV, bem como um aumento do gasto com educação. No sentido contrário, nos últimos dez anos houve uma redução dos gastos federais com funcionalismo e custeio exclusive educação, quando medidos em relação ao PIB.

Do ponto de vista do desenvolvimento de longo prazo, o aumento das transferências de renda do governo federal às famílias constituiu um elemento fundamental da política econômica dos governos Lula e Dilma, pois ele ao mesmo estimulou o crescimento e fez com que uma parcela maior desse crescimento fosse apropriada pelos trabalhadores. Mais especificamente, do lado da demanda, a canalização do aumento de arrecadação para as transferências de renda aos mais pobres teve um impacto expansionista sobre a produção, uma vez que os mais pobres têm uma propensão maior a consumir do que os mais ricos. Do lado da distribuição, como mencionado anteriormente, o aumento das transferências de renda via aumento do salário-mínimo e programas de combate à pobreza elevou o piso das negociações salariais e aumentou o poder de barganha dos trabalhadores, sobretudo no setor de serviços.

A economia brasileira respondeu rapidamente ao choque de demanda e de distribuição resultante do aumento das transferências de renda do governo aos mais pobres. O crescimento do consumo acelerou e isso levou ao aumento do investimento, gerando um círculo virtuoso de desenvolvimento baseado na expansão do mercado interno. Para ilustrar esse movimento, a Tabela 2 apresenta as taxas de crescimento do PIB pela perspectiva da demanda, desde 2003. Considerando o período entre 2003 e 2010 como um todo, o investimento cresceu acima do PIB durante a maior parte do tempo. Somente nos anos de ajuste macroeconômico (2003) ou de deterioração no cenário internacional (2009 e 2012) o investimento cresceu abaixo do PIB. Mais importante, o investimento cresceu 77% nos últimos dez anos, enquanto o consumo das famílias cresceu 51% e o PIB, 42%, ou seja, o crescimento induzido pelo aumento nas transferências de renda foi puxado principalmente pelo investimento. O crescimento dos últimos dez anos também foi caracterizado por um forte crescimento das importações, o que por sua vez refletiu tanto a maior abertura da economia brasileira quanto a perda de competitividade da indústria nacional devido à apreciação cambial, como será analisado mais adiante.

O terceiro ponto marcante da política econômica dos últimos dez anos foi a forte expansão dos salários reais e a redução da taxa de desemprego, sobretudo a partir de 2006. Mais especificamente, como apresentado na Figura 6, no primeiro ano do governo Lula o rendimento médio real do trabalho caiu, devido à alta inflação e ao lento crescimento da economia em 2003. Nos dois anos seguintes, à medida que o governo federal recuperou a estabilidade macroeconômica do país, o rendimento médio real do trabalho ficou estável. Por fim, a partir de 2006, quando o governo federal adotou uma política macroeconômica mais expansionista, o rendimento médio real do trabalho cresceu rapidamente, apresentando uma taxa média de crescimento de 3,5% ao ano, de 2006 a 2012.

Tabela 2: Crescimento do PIB pela perspectiva da demanda
(em % ao ano)

Ano	PIB	Consumo das famílias	Consumo da administração pública	Formação bruta de capital fixo	Exportação de bens e serviços	Importação de bens e serviços
2003	1,1	-0,8	1,2	-4,6	10,4	-1,6
2004	5,7	3,8	4,1	9,1	15,3	13,3
2005	3,2	4,5	2,3	3,6	9,3	8,5
2006	4,0	5,2	2,6	9,8	5,0	18,4
2007	6,1	6,1	5,1	13,9	6,2	19,9
2008	5,2	5,7	3,2	13,6	0,5	15,4
2009	-0,3	4,4	3,1	-6,7	-9,1	-7,6
2010	7,5	6,9	4,2	21,3	11,5	35,8
2011	2,7	4,1	1,9	4,7	4,5	9,7
2012*	0,9	2,6	2,7	-2,4	0,9	1,7
Variação acumulada 2003-2012	42,1	51,4	34,8	77,1	66,7	177,5

Fonte: Ipeadata/IBGE. * O valor de 2012 corresponde ao crescimento acumulado em 12 meses até setembro daquele ano.

Figura 6: Índice de rendimento médio real do trabalho habitual no Brasil, média móvel de 12 meses (jul/2002=100)

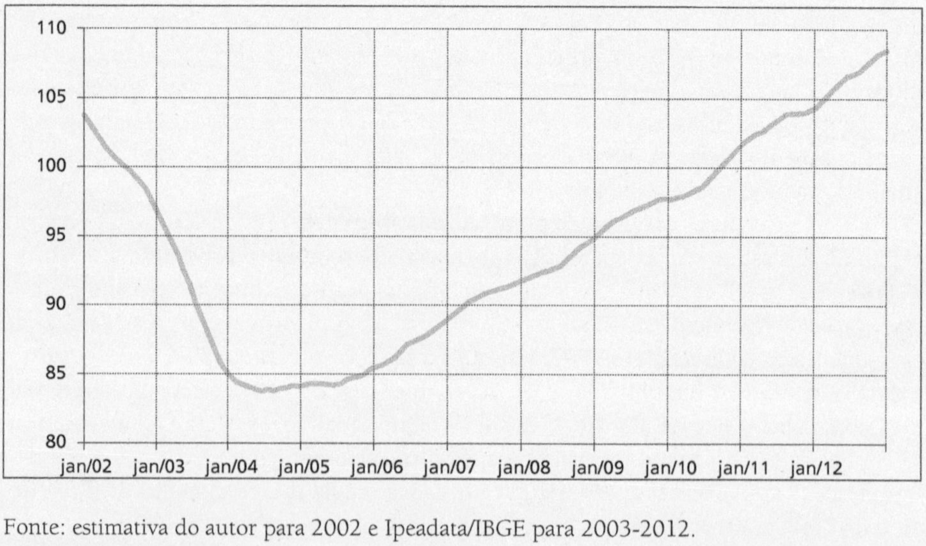

Fonte: estimativa do autor para 2002 e Ipeadata/IBGE para 2003-2012.

O aumento real nos salário foi acompanhado de uma queda gradual na taxa de desemprego. De um lado, o crescimento da economia aumentou a geração de empregos, sobretudo no setor de serviços. Do outro lado, como mencionado anteriormente, nos últimos dez anos também houve uma desaceleração no crescimento da população em idade ativa do Brasil. Esses dois movimentos, em conjunto com as políticas públicas de combate à pobreza, acabaram por empurrar a taxa de desemprego para baixo a partir de 2004, como apresentado na Figura 7. Considerando o período como um todo, à taxa de desemprego caiu de 11,6%, em 2002, para 5,5%, em 2012, fazendo a economia brasileira se aproximar do pleno emprego no segundo ano do governo Dilma.

Figura 7: Taxa de desocupação no Brasil,
média móvel de 10 meses (em % da PEA)

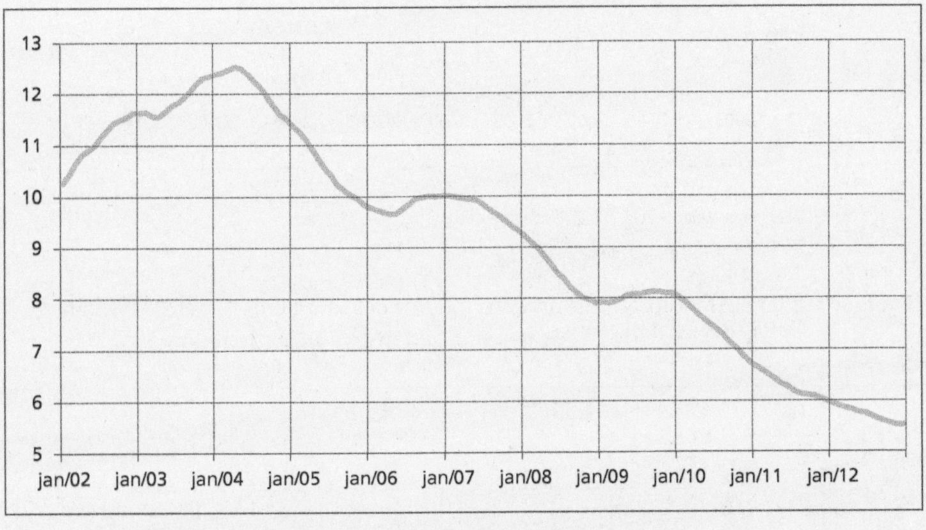

Fonte: estimativa do autor para 2002 e Ipeadata/IBGE para 2003-2012.

O quarto ponto marcante da política econômica dos últimos dez anos é a inclusão social. A melhora no mercado de trabalho mencionada anteriormente proporcionou uma combinação única de crescimento do PIB *per capita* com redução da desigualdade da distribuição de renda do país. Em números, o PIB per capita brasileiro aumentou 28% nos últimos 10 anos, como apresentado na Figura 8. O crescimento médio anual do PIB per capita foi de 2,5% ao ano, entre 2003 e 2012, o que por sua vez representou um progresso considerável quando comparado ao crescimento médio de 1,3% verificado entre 1993 e 2002. Mais importante, do lado da distribuição, nos últimos dez anos o crescimento da renda do trabalho foi maior nas faixas mais pobres da população e a taxa de pobreza caiu pela metade, como apresentado nas Figuras 9 e 10, respectivamente.

Figura 8: Índice do PIB *per capita* real no Brasil (2002=100)

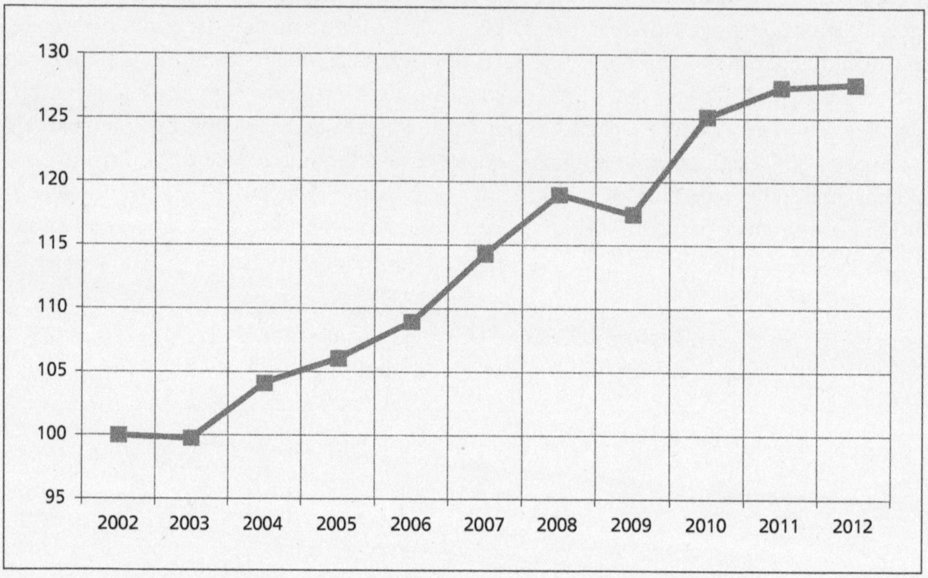

Fonte: Ipeadata para 2002-2011 e estimativa do autor para 2012.

Figura 9: Crescimento do rendimento médio mensal real de todos os trabalhos de 2004 a 2011 (por percentil da distribuição de renda)

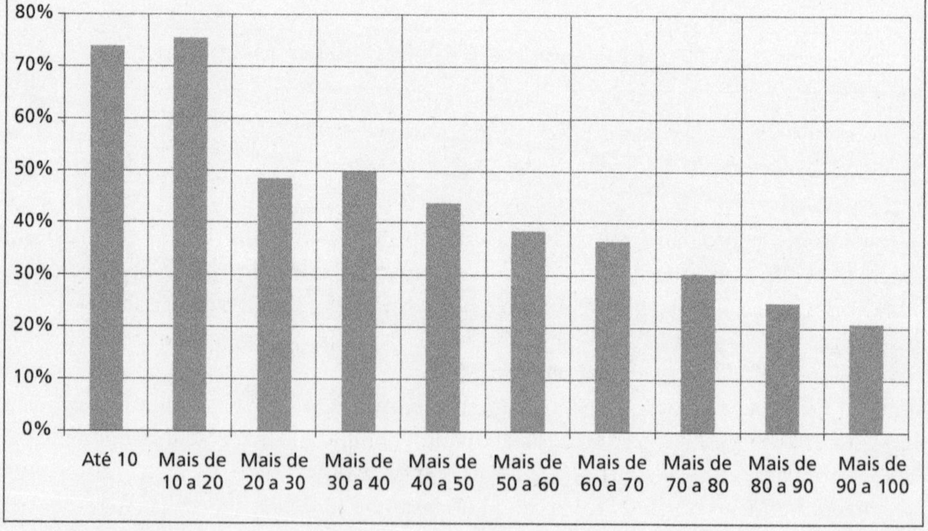

Fonte: Ministério da Fazenda/IBGE.

Figura 10: Percentual de indivíduos na pobreza no Brasil

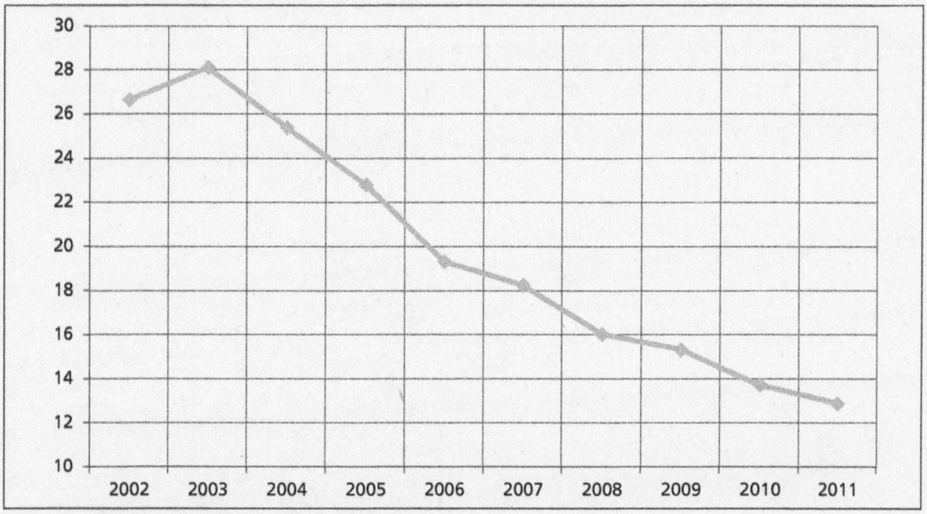

Fonte: Ministério da Fazenda/FGV.

A melhora na distribuição de renda também foi acompanhada pela elevação do grau de formalização do mercado de trabalho e pelo aumento do volume de crédito para pessoas físicas, como apresentado nas Figuras 11 e 12, respectivamente. Assim, após dez anos de política econômica dos governos Lula e Dilma, é possível afirmar sem sombra de dúvida que o crescimento da economia beneficiou a maior parte da população brasileira. Esse resultado representa uma importante conquista do Brasil tanto em relação a nossa história recente, pois no passado períodos de aceleração do crescimento tendiam a ocorrer com concentração na distribuição de renda, quanto em relação ao ocorrido no resto do mundo, uma vez que a desigualdade aumentou nos principais blocos econômicos do mundo nos últimos dez anos.

Por fim, como vimos nas seções anteriores, os últimos dez anos foram caracterizados por uma apreciação gradual da taxa de câmbio real do Brasil. Inicialmente esse movimento teve um impacto benéfico sobre o crescimento e a distribuição de renda do país. Porém, à medida que a apreciação do real se acentuou, a partir de 2007, a taxa de câmbio começou a comprometer o crescimento da indústria brasileira. Mais especificamente, a evolução da taxa de câmbio real do Brasil nos últimos dez anos pode ser dividida em duas grandes fases: uma fase de "correção", de 2003 a 2006, quando a apreciação cambial basicamente eliminou a depreciação excessiva do real, ocorrida no final do governo Fernando Henrique Cardoso, e um período de "apreciação", de 2007 a 2011, quando a taxa de câmbio real do Brasil flutuou de acordo com a evolução do cenário internacional, mas em torno de uma tendência decrescente. Esse comportamento é apresentado na Figura 13 e, como mencionado na última seção, em 2012 a taxa de câmbio real voltou a subir devido à deterioração do cenário internacional. Não obstante essa elevação, considerando a fase de apreciação cambial com um todo, a taxa de câmbio real do Brasil caiu 15% entre 2006 e 2012.

Figura 11: Taxa de formalização do mercado de trabalho no Brasil
(população com carteira assinada/população ocupada)

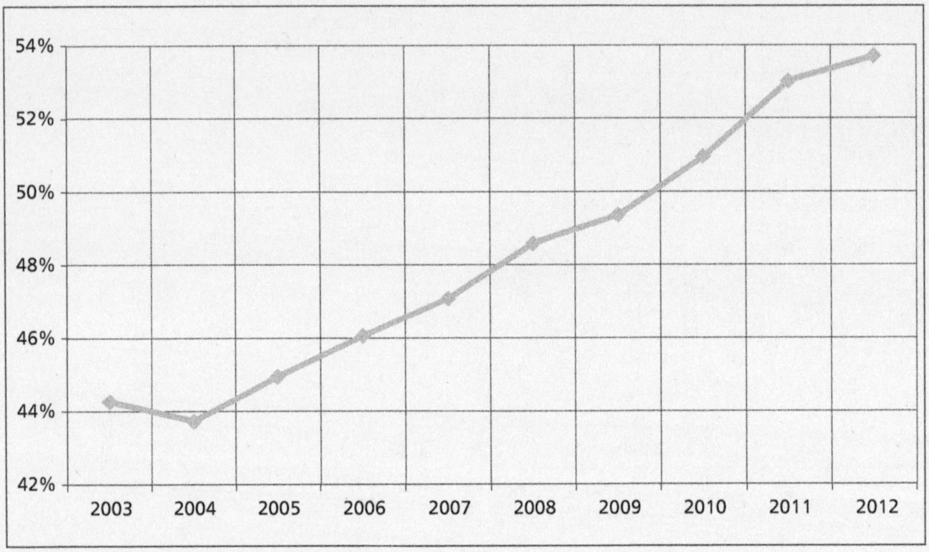

Fonte: Ministério da Fazenda/IBGE.

Figura 12: Volume de crédito livre para pessoas físicas no Brasil
(em % do PIB)

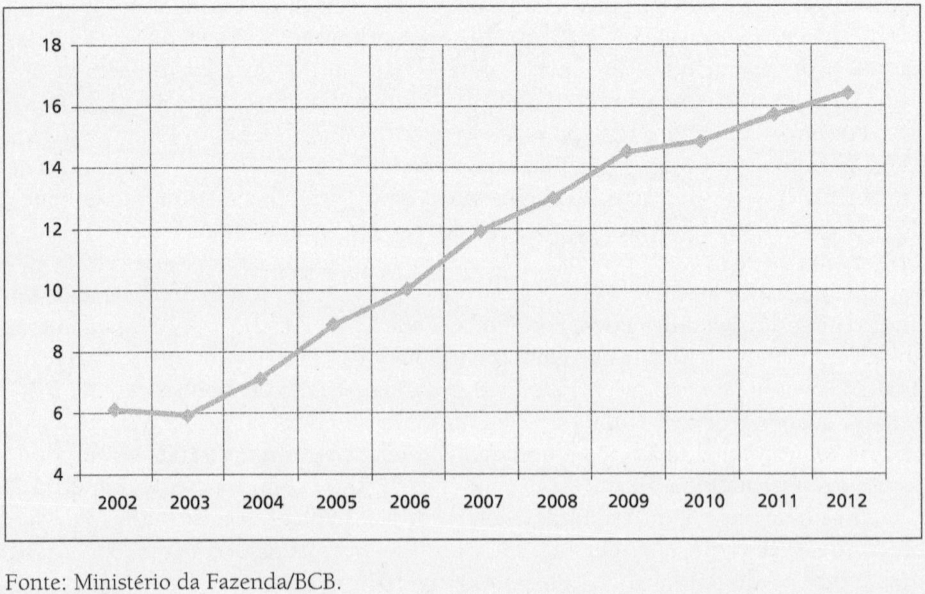

Fonte: Ministério da Fazenda/BCB.

Figura 13: Índice de taxa de câmbio real efetiva com base nos preços ao consumidor, segundo o IPCA (jun/1994=100)

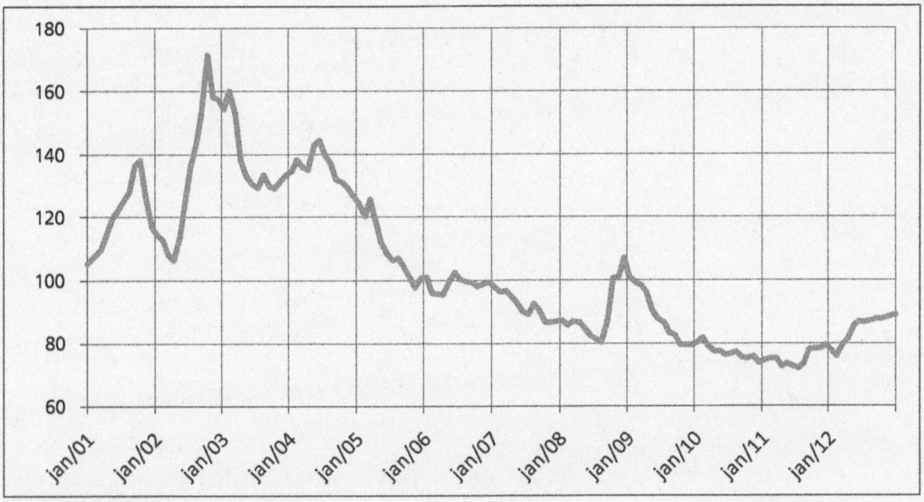

Fonte: BCB.

A apreciação cambial teve um impacto negativo sobre o crescimento da indústria brasileira, sobretudo após a crise internacional de 2008, quando a concorrência internacional no mercado mundial de produtos manufaturados se tornou mais acirrada. Em números, a indústria de transformação registrou um crescimento de 23%, entre 2003 e 2008, e uma queda de 3%, entre 2009 e 2012. De um lado, esse desempenho reflete o êxito da política econômica do governo federal em estimular o crescimento da economia até 2008, bem como em combater os efeitos da crise internacional desde então. De outro lado, esse desempenho também reflete a perda de competitividade da indústria brasileira nos últimos quatro anos, uma vez que após a recuperação inicial de 2010, o nível da produção industrial não se manteve acima do verificado antes da crise de 2008, como apresentado na Figura 14.

A perda de dinamismo da indústria brasileira representa um dos principais desafios à política econômica do governo federal nos próximos anos. Do ponto de vista produtivo, a continuação do desenvolvimento do Brasil depende da expansão da indústria, pois este é tradicionalmente o setor com crescimento mais rápido da produtividade do trabalho e no qual ocorre a maior parte das inovações tecnológicas. Do ponto de vista social, o desenvolvimento da economia brasileira também depende da manutenção do crescimento dos salários reais e do mercado interno, o que por sua vez significa que a competitividade industrial não deve ser obtida com compressão salarial. Como compatibilizar as duas coisas? Os ganhos de produtividade da economia brasileira devem ser construídos do lado real da economia, com redução dos custos financeiros, tributários e de infraestrutura do país. Ciente desse desafio, não é por acaso que, nos últimos dois anos, o governo Dilma tem atuado fortemente para desonerar tributos, reduzir taxas de juro e aumentar o investimento em infraestrutura no Brasil.

Figura 14: Índice de produção física da indústria de transformação, média móvel de 12 meses (2002=100)

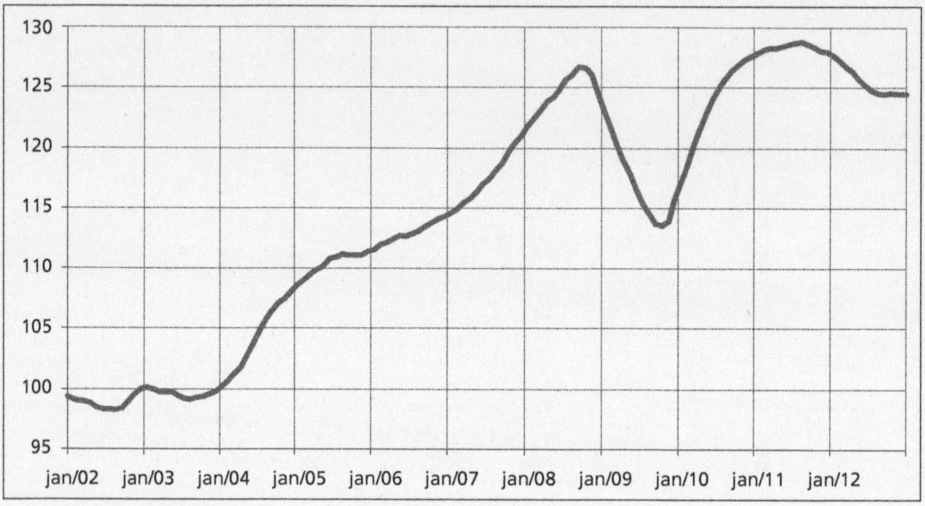

Fonte: Ipeadata/IBGE.

A continuação do modelo de desenvolvimento pró-trabalhador que caracterizou o Brasil nos últimos dez anos depende fundamentalmente da elevação sustentável dos salários reais da economia. Nesse sentido, as ações mais recentes do governo Dilma tem procurado aumentar a produtividade sistêmica do país e, ao mesmo tempo, garantir que parte desses ganhos de produtividade seja direcionada aos trabalhadores, seja diretamente, via salário, seja indiretamente, via transferência de renda e oferta de serviços públicos universais por parte do Estado brasileiro. Como nós vimos na última seção, a maior parte das iniciativas econômica do governo Dilma nesse sentido já estava em curso no final de 2012, mas seus resultados só devem se materializar integralmente nos anos seguintes.

OS ANOS DO POVO

Luiz Gonzaga Belluzzo

"Não farei mágicas na economia", soava o realejo do presidente Lula em 2002, às vésperas da posse. Em tais arengas, o presidente, ao mesmo tempo, prometia taxas de crescimento formidáveis ao longo do próximo mandato.

O presidente Lula tem lá suas categorias de entendimento da economia (não sei se melhores ou piores do que as mais utilizadas por profissionais da matéria). Uma delas desfia interpretações peculiares sobre as frustrações e fracassos dos anos 1980. Tenho razões para suspeitar: o presidente via aquele período como uma temporada de espetáculos de prestidigitação, inspirados nas proezas de Houdini ou David Copperfield, o entortador de colheres.

É um ponto de vista muito difundido. Mas, na década de 1980, os planos de estabilização nada mais foram do que providências precárias e desesperadas para evitar que o país – devastado pela crise da dívida externa, origem do terremoto fiscal e monetário do início da década – fosse tragado pelo redemoinho da hiperinflação.

Os sucessivos planos de estabilização tentaram, em vão, bloquear a escalada de preços, numa situação de absoluto estrangulamento externo, berço da desordem fiscal e monetária.

Há de ficar registrado que, nos anos 1970 – tempos da grana fácil –, a opinião dita bem informada, ilustrada, mas também a deslustrada, não se cansava de desqualificar os críticos da imprudente aventura empenhada em edificar projetos de infraestrutura (produtores de serviços não comercializáveis) sobre uma montanha de débitos em moeda estrangeira. Em miúdos: financiaram a construção de estradas, hidrelétricas, metrôs e sistemas de telecomunicações em dólares, mesmo sabendo que as tarifas e os pedágios seriam pagos em moeda nacional. Paul Volker, no crepúsculo de 1979, subiu as taxas de juros nos Estados Unidos. O Brasil quebrou. Sobrou para a viúva. Os sábios correram para debaixo da cama.

No início dos anos 1990, quando se anunciava um novo ciclo de liquidez internacional, os sabichões saíram da toca. As classes conservadoras e conversadoras não aprendem e – ao contrário dos Bourbon – tampouco se lembram de coisa alguma. Diante da pletora de dólares, passaram a salivar com intensidade e patrocinar as visões mais grotescas a respeito das relações entre desenvolvimento econômico, abertura da economia e relações entre política fiscal e monetária. Aproveitaram a abundância de dólares para matar a inflação, mas permitiram a valorização do câmbio, sob o pretexto de que a liberalização do comércio e dos fluxos financeiros promoveria a alocação eficiente dos recursos, tanto do ponto de vista estático quanto da perspectiva da acumulação de capital.

Nessa visão, os ganhos de produtividade decorrentes de tais mudanças no comportamento empresarial seriam suficientes para dinamizar as exportações, atrair investidores externos e deslanchar um forte ciclo de acumulação. Mas, na vida real, a *abertura comercial com câmbio valorizado e juros altos* suscitou o desaparecimento de elos das cadeias produtivas na indústria de transformação, com perda de valor agregado gerado no país, decorrente da elevação dos coeficientes de importação em cada uma das cadeias de produção.

Com essa estratégia, o crescimento foi pífio. Ainda assim, os "renovados" cavaram um buraco de mais de 30 bilhões de dólares em conta corrente e erigiram uma dívida interna de 56% do Produto Interno Bruto (PIB) – ao esterilizar a acumulação de reservas com taxas de juros estratosféricas. *Last but not least* afugentaram para a China o investimento estrangeiro em nova capacidade, ou seja, desdenharam as exportações futuras.

Em 2002, as eleições presidenciais foram realizadas sob um clima de terror especulativo. Os mercados e seus porta-vozes projetaram cenários apavorantes para os quatro anos de governo Lula. O risco Brasil foi a 2.400 pontos base, descolou da pontuação dos outros emergentes. A transição, para surpresa de muitos e decepção de outros, foi feita com habilidade e prudência. Em 2003 todos auguravam um desastre para a economia, mas o que se observou foi a progressiva aceleração do crescimento da economia brasileira num ambiente de baixa inflação. À sombra de uma política monetária ainda excessivamente conservadora, o país executou uma política fiscal prudente e de acumulação de reservas, construindo defesas sólidas para prevenir os efeitos da crise. Isso foi proporcionado por uma conjuntura internacional excepcionalmente favorável.

Nesse ambiente benfazejo, a política monetária do governo Lula repetiu os enganos dos anos 1990, mantendo a taxa de juros e o câmbio fora do lugar. Criou-se uma situação do tipo "há bens que vêm para o mal", ou seja, o câmbio valorizado era compensado pelos preços generosos formados num mercado mundial superaquecido e especulado.

A política monetária se constituiu na principal anomalia da gestão econômica do governo Lula. Nas condições aqui descritas, seria não só desejável, mas obrigatório buscar uma combinação câmbio-juro real mais estimulante para a substituição de importações, o avanço das exportações nos segmentos de maior intensidade tecnológica e para o investimento em novos setores, mais dinâmicos.

Uma economia urbano-industrial formada há anos não pode apoiar o crescimento e a estabilidade na exportação de *commodities*, cujos efeitos sobre o emprego e sobre a renda são limitados. O crescimento da indústria é almejado porque impõe a diversificação produtiva e torna mais densas as relações intrassetoriais e intersetoriais, proporcionando, ao mesmo tempo, ganhos no comércio exterior e na economia doméstica. Essa façanha exige a elevação da taxa de investimento da economia dos atuais 20 para 25% do PIB.

O Brasil encerrou a década de 1990 com uma regressão da estrutura industrial, ou seja, não acompanhou o avanço e a diferenciação setorial da indústria manufatureira global e, ademais, perdeu competitividade e elos nas cadeias que conservou. Contrariamente ao afirmado pela vulgata neoliberal a respeito da globalização, o movimento de relocalização manufatureira foi determinado por duas forças complementares e, não raro, conflitantes: o movimento competitivo da grande empresa transnacional para ocupar espaços demográficos de mão de obra abundante e as políticas nacionais dos Estados Soberanos nas áreas receptoras.

O país incorporou 16 milhões de famílias ao mercado de consumo moderno por conta das políticas sociais e de elevação do salário-mínimo que habilitam esses novos cidadãos ao crédito. Essa incorporação será limitada se não estiver apoiada na ampliação do espaço de criação da renda. Nas economias emergentes bem-sucedidas, a ampliação do espaço de criação da renda é fruto da articulação entre as políticas de desenvolvimento da indústria (incluídas a administração do comércio exterior e do movimento de capitais) e o investimento público em infraestrutura. Esse arranjo, ao promover o crescimento dos salários e dos empregos gera, em sua mútua fecundação, estímulos às atividades complementares e efeitos de encadeamento para trás e para frente.

No Brasil dos anos 1950, 1960 e 1970 havia sinergia – como em qualquer outro país – entre o investimento público, comandado pelas empresas estatais, e o investimento privado. A privatização desmontou essa relação virtuosa. O volume elevado de investimento público em infraestrutura é crucial para formação da taxa de crescimento na China. O investimento das multinacionais tem importância para a geração de divisas e para a graduação tecnológica das exportações, mas não para o volume do investimento agregado. O debate brasileiro dá a impressão de que os tupiniquins, de um lado e de outro, não fizeram um esforço para compreender a natureza das transformações ocorridas nos últimos trinta anos. A esquerda continua prisioneira das formas de intervenção do passado e condena as parcerias público-privadas, enquanto a direita aposta num liberalismo mítico, que nunca existiu.

Nos anos 2000, particularmente a partir de 2004, a estrutura e a dinâmica da produção e do comércio globais, originadas pela concomitância entre os movimentos da grande empresa e as políticas nacionais (particularmente as da China), colocou o Brasil, por conta de sua dotação de recursos naturais – água, energia, terras agriculturáveis, base mineral – em posição simultaneamente promissora e perigosa. Bafejado pela liquidez internacional – antes e depois do estouro da bolha imobiliária – e abalroado pela demanda chinesa de *commodities*, o Brasil foi condescendente com a ampliação e generalização do déficit comercial, que afetou a maioria dos setores industriais, ao mesmo tempo em que o agronegócio e a mineração sustentavam um superávit global no comércio exterior.

A abundância de divisas teve a larga contribuição do fluxo de capitais – antes e depois da crise financeira. A situação benigna provocou o descuido com a persistência dos fatores que determinaram o encolhimento e a perda de dinamismo da indústria: câmbio valorizado, tarifas caras em termos internacionais dos insumos de uso geral e carga tributária onerosa.

Alguém me perguntou outro dia o que o Brasil pretende do seu desenvolvimento. Respondi com as promessas estratégicas do governo Dilma: o Brasil está em condições de estabelecer uma macroeconomia da reindustrialização usando de forma inteligente as vantagens que se revelaram recentemente. Não se trata de restringir os esforços na manutenção de um câmbio subvalorizado ou de esperar que a queda dos juros produza automaticamente a recuperação do investimento industrial, mas de desenvolver um conjunto de políticas voltado para o objetivo de expansão do mercado interno sem incorrer nas restrições de balanço de pagamentos. Nessa estratégia não cabe a determinação da taxa de câmbio como um ativo cujo "preço" é formado pelo movimento de capitais. A taxa de câmbio tem de ser administrada de modo a evitar valorizações e desvalorizações bruscas. No âmago das queixas contra o "intervencionismo" do governo estão os gritos e gemidos dos *arbitageurs* e especuladores em prol da flutuação livre e das taxas de juros elevadas. Os megafones da mídia conservadora se incumbem de proclamar, dia sim, dia não, que os investidores internacionais e os fundos globais encolhem suas operações no Brasil. Por isso o governo deve buscar uma ampla negociação com o empresariado brasileiro, aquele interessado no crescimento de seus negócios e de suas empresas.

A estratégia apoiada no mercado interno envolve ademais o equilíbrio do orçamento corrente e a rápida ampliação do orçamento de investimento, o prosseguimento do processo de inclusão e de distribuição de renda. Mas isso será mais viável se os recursos oriundos do pré-sal forem destinados à correção das distorções da estrutura tributária e para reverter o encarecimento dos insumos fundamentais, além de gerar espaço e demanda para a reindustrialização.

Mais do que uma política industrial, concebida em termos restritos, o Brasil reclama um arranjo que promova a reindustrialização. Esse arranjo deve estar apoiado, como já foi dito, no potencial de seu mercado interno, nas vantagens competitivas do agronegócio e da mineração – agora acrescidas das perspectivas do pré-sal – e no seu sistema público de financiamento.

Vou falar da infraestrutura. Estamos diante de um o binômio transporte/energia que não utiliza racionalmente nossa constelação de recursos e a distribuição espacial das atividades, cada vez mais descentralizada.

Tão ou mais importante do que a modernização da infraestrutura é definir o destino que pretendemos dar ao sistema educacional brasileiro, ao caminho que oferecemos aos cidadãos do ensino básico aos bancos do ensino superior. Não se trata apenas de abastecer adequadamente o mercado de trabalho. É importante, sim, formar mais técnicos e engenheiros, carreiras desestimuladas pelo baixo crescimento das últimas décadas. Mas, antes de tudo, trata-se de conter a degradação que está ocorrendo em todos os níveis da educação no Brasil: a especialização precoce, em detrimento da formação cultural mais ampla e mais sólida, capaz de permitir a autonomia e a fruição da liberdade pelo cidadão brasileiro. Pois não se forma um bom engenheiro se o profissional não tem noção do país em que vive, do mundo em que sobrevive. Na verdade está-se produzindo hoje, desculpe a expressão, uma geração de *idiots savants*, que se especializam no seu ramo de atividade e não têm a menor noção do mundo onde vivem. Comentei numa entrevista: basta acompanhar o que você lê na internet. É assustador. Isso demanda maior empenho, sobretudo das camadas "esclarecidas" da sociedade civil, na construção de uma política cultural compatível à democracia de massas.

Assim, a infraestrutura, a educação formal e a política cultural são as três questões fundamentais. Temos de superar o velho desenvolvimentismo que admitia o avanço social e cultural como consequência natural do desenvolvimento econômico e nos perguntar: que sociedade desejamos? Os grandes autores brasileiros, os intérpretes do Brasil perscrutaram a história para responder à questão: quem somos nós, os brasileiros? É hora de perguntar: que sociedade queremos?

Quando me refiro a uma política cultural, estou falando de uma integração do indivíduo, dos grupos sociais ao mundo contemporâneo; saber, afinal de contas, quais são os valores que nós queremos preservar. Imagino que sejam os mesmos que a modernidade colocou como um desafio para a nossa ação política: a liberdade, a igualdade e a compreensão.

A que estamos assistindo hoje, desgraçadamente, no mundo inteiro e acho que no Brasil com mais intensidade, é um processo de obscurecimento, e nesse particular tem enorme importância o que nós queremos dos meios de comunicação de massa. Hoje em dia você tem um grande debate travado em torno da liberdade de expressão. A mídia, a grande mídia, sob a consigna da liberdade de expressão, trata de impedir que se desenvolva o verdadeiro debate sobre o Brasil ou sobre os temas que afligem a humanidade. Contra esse controle, temos de lutar pela diversidade. Promover a diversidade é uma obrigação das políticas públicas: não deixar que o poder da informação, concentrado em poucas empresas, se transforme em censura da opinião alheia. Porque a internet ainda é uma caixa de ressonância da grande imprensa: os blogs e quejandos, em sua maioria, reproduzem o que a grande imprensa diz, na forma e no conteúdo, porque estão com a consciência crítica danificada.

O projeto da liberdade não pode, como dizia Adorno[1], se separar da questão da compreensão, do entendimento, da crítica e da capacidade de se formular projetos. E isso está bloqueado hoje, no Brasil, por conta da banalização da vida e da celebração das celebridades. Tudo está sendo feito para que a sociedade se transforme numa massa amorfa que não tem papel nenhum a desempenhar na projeção de seu próprio destino.

1. Lula, a esquerda e a luta social

Não foram poucas as ocasiões em que o presidente Lula esquivou-se do rótulo "esquerdista radical". Tratou de escapar ao mesmo tempo da fuzilaria conservadora e dos ataques do esquerdismo. Amparado nos conselhos da história e no respeito aos limites ditados pela correlação de forças interna e internacional, buscou os riscos de uma base

[1] T. Adorno e M. Horkheimer, *Dialética do esclarecimento* (Rio de Janeiro, Zahar, 1985).

de apoio pluriclassista com hegemonia das forças progressistas. Abrigou-se na rubrica de líder sindical, perseguindo a imagem do líder popular negociador, sempre disposto ao compromisso e à mediação.

Imagino que Lula poderia protagonizar um personagem ausente no livro de Slavoj Žižek[2] sobre a atualidade do *Manifesto Comunista*. Esse livro trata dos enganos, desenganos, projetos e miopias da esquerda na era do capitalismo neoliberal "financeirizado" e globalizado. Em um dos capítulos, Žižek aborda as ambiguidades e desencontros da luta política dos subalternos, ao interpretar o enredo do filme inglês *Os virtuoses*. O diretor do filme levou à tela a narrativa da luta desesperada e inglória de um punhado de mineiros contra o fechamento da mina em que trabalhavam. O grupo de militantes participava também de uma banda, comandada por um maestro-mineiro que, no limiar da derrota política, proclamava: *só a música importa*. A consigna era vista pelos mais duros como uma forma simbólica, mas ilusória e alienante, de reafirmar a solidariedade de classe.

A mina tinha perdido a sua função econômica, foi fechada. Nada mais restava para os companheiros desempregados senão a irrealidade da banda, na qual tentavam colocar em prática os valores que tinham perdido a "autenticidade", isto é, as condições de vida e de trabalho que lhe davam sentido. No epílogo da triste jornada, um dos personagens reafirma sua pertinência fundamental ao grupo perdedor, seja qual for a forma assumida pelas condições de vida: "se já não há mais esperança, resta tão somente seguir os princípios".

A banda econômica do governo Lula preferiu apostar no equilíbrio entre a esperança e os princípios, ainda que isso tenha lhe custado a increpação de praticar a *Realpolitik*, tentando se equilibrar – de forma incoerente para os principistas – entre as ações que buscavam a elevação dos padrões de vida dos mais pobres e as decisões de política econômica que propiciavam os ganhos parrudos aos senhores das finanças e seus acólitos. Essa façanha, dizem os críticos, foi executada em um ambiente internacional excepcionalmente favorável. Maquiavel, no entanto, já advertia que a *virtù* do príncipe só poderia frutificar se amparada pela fortuna.

Seja como for, acuado no início do primeiro mandato pelo terrorismo dos mercados, o metalúrgico tratou de não violar partitura que registrava os acordes da prudência, sem abandonar o projeto de ampliação das políticas sociais. Intuitivo, Lula, o sindicalista, construiu uma visão pragmática do desenvolvimento nas sociedades modernas. Para ele, a política é, sobretudo, mediação entre dois sistemas: as necessidades e aspirações dos cidadãos e os interesses monetários que se realizam através do mercado. Lula parece supor que esse jogo crucial da modernidade deve reconhecer a legitimidade das ações egoístas, observados os limites impostos pelas políticas do Estado destinados a proteger os mais frágeis e dependentes.

A democracia moderna – a dos direitos sociais e econômicos – nasceu e se desenvolveu *contra* as ilusões de harmonia nas relações econômicas impostas pelo mercado. Desde o século XIX, as lutas sociais e políticas dos subalternos cuidaram de restringir

---

[2] *Le spectre rôde toujours: actualité du Manifeste du Parti Comuniste* (Paris, Nautilus, 2002).

os efeitos da acumulação privada da riqueza sobre a massa de não proprietários e dependentes. O sufrágio universal foi conseguido com muita briga entre final do século XIX e o começo do século XX. Os direitos econômicos e sociais são produtos da luta que transcorre entre o final dos anos 1930 e o final da Segunda Guerra Mundial.

O Estado promotor da inclusão social é uma construção jurídica e institucional erigida a ferro e fogo pelos subalternos. Depois da Segunda Guerra Mundial, sobretudo na Europa, mas também de forma atenuada nos Estados Unidos, as forças antifascistas impuseram o reconhecimento dos direitos do cidadão, desde o seu nascimento até a sua morte. Sacralizaram os direitos individuais para expurgar da vida social qualquer resquício de totalitarismo e afirmaram os direitos econômicos e sociais para evitar que o desamparo das massas se transfigurasse na busca de soluções salvacionistas e decisionistas.

Na periferia do capitalismo, o desenvolvimentismo dos anos 1950 e 1960 imaginou que o crescimento econômico resolveria naturalmente os desequilíbrios sociais e econômicos herdados da sociedade agrário-exportadora e semicolonial. Engano. O desenvolvimentismo, a despeito do razoável sucesso da industrialização, não conseguiu reduzir as desigualdades. Na esteira de um processo de urbanização acelerada, o desenvolvimentismo transportou as iniquidades do campo para as cidades, onde, até hoje, as mazelas da desigualdade e da violência sobrevivem expostas nas periferias e nos morros.

Não é de espantar que nos países em desenvolvimento tais tendências tenham levado à corrosão das convicções democráticas e republicanas do povaréu. As políticas sociais das últimas décadas ainda não superaram, apenas bloquearam a reprodução desimpedida da velha prática das camadas dominantes: a reiterada violação dos direitos sociais, ainda mal conquistados na letra da Constituição de 1988. Na sociedade brasileira, ainda é agudo o conflito entre as aspirações dos cidadãos a uma vida decente, segura, economicamente amparada e as condições reais da existência material e moral da grande maioria.

DEZ ANOS DEPOIS...

Jorge Mattoso

Passados dez anos da eleição do primeiro governo federal liderado pelo PT, temos uma evidência inconteste: o Brasil mudou bastante nesses anos, e para melhor, muito melhor.

Desde o início desse período em 2003, quando da posse do primeiro governo de Lula, o país buscou sair de um imbróglio no qual se encontrava havia duas décadas, marcado por um crescimento econômico insuficiente, baixas taxas de investimento, acentuada vulnerabilidade externa, redução da capacidade de intervenção e regulação do Estado, elevação do desemprego, precarização do trabalho e aprofundamento de nossas vergonhosas miséria e desigualdade.

Ao longo desses dez últimos anos, o Brasil não somente rompeu com aquele quadro terrível, que parecia endêmico e sem fim, como passou por um período de consolidação democrática e de conformação de uma nova forma de desenvolvimento. E, não menos importante, com um crescente reconhecimento popular de que essa nova realidade vivida pelo país representa avanços consideráveis e conquistas históricas nos campos econômico e social.

A reeleição de Lula em 2006, seguida da eleição da presidenta Dilma Rousseff em 2010 e, mais recentemente, os elevados níveis de aprovação de seu governo – confirmados ao final de 2012 pelas diferentes pesquisas de opinião realizadas no país – mostram que essas mudanças foram cada vez mais bem-vistas pelos brasileiros.

1. É a economia?

A reversão daquela situação crítica verificada nas duas décadas anteriores, até então dominadas pela crise da dívida e pelo neoliberalismo (tão bem expresso no Consenso de Washington), tornou-se evidente de forma gradual após o enfrentamento da intensa especulação desencadeada pelas apostas contrárias ao novo governo eleito ao final de 2002. Desde então, e mais intensamente após 2006, inúmeras conquistas e avanços ocorreram no plano econômico.

Dados esses avanços, muitos analistas reproduziram a máxima de James Carville, publicitário de Bill Clinton, "É a economia, estúpido!", e consideraram que o sucesso dos governos do PT seria resultado do desempenho econômico ocorrido ao longo desses anos.

De fato, de 2003 a 2006 o Produto Interno Bruto (PIB) cresceu em média 3,5% (mais do que o dobro do período de 1998 a 2002) e de 2007 a 2010 cresceu 4,6%. Nos últimos dois anos, seja por efeito do agravamento da crise mundial, seja pelos importantes ajustes realizados nas taxas de juros e no câmbio (cujos efeitos positivos só serão sentidos em longo prazo), esse crescimento foi inicialmente menor (2,7% em 2011 e menos de 1% em 2012), mas com expansão mais acentuada nos dois últimos trimestres de 2012 e perspectivas bem melhores para 2013 e 2014.

Mas não foi somente o crescimento do PIB que caracterizou a economia no período. Um conjunto de fatores fez com que a economia brasileira estivesse na crista da onda: a elevação das reservas internacionais, a menor vulnerabilidade externa, o reconhecimento de que o agronegócio e a mineração tinham vantagens competitivas, o evidente controle inflacionário, a ampliação do crédito à pessoa física e à jurídica, a expansão do financiamento habitacional, o controle fiscal e redução da relação dívida/PIB e, recentemente, a queda mais acentuada dos juros e do *spread* bancário, a maior flexibilidade cambial e a defesa da indústria nacional.

Isso foi possível graças à postura do governo federal quanto à geração e sustentação do desenvolvimento econômico e, consequentemente, ao papel do Estado e às inovadoras políticas que passaram a ser adotadas.

Após a posse do primeiro governo Lula, houve o indispensável combate ao ataque especulativo iniciado em 2002, com duras medidas visando recuperar o controle da situação macroeconômica: elevação dos juros, maior controle fiscal e minirreformas tributária e previdenciária. Felizmente, não foi só isso, ainda que alguns o desejassem a partir de crenças compartilhadas com o neoliberalismo. Mas se assim tivesse sido, teríamos apenas repetido o desempenho macroeconômico do pós-1994, com controle inflacionário, mas com crescimento pífio e acentuada vulnerabilidade externa.

Em paralelo às políticas macroeconômicas *strictu sensu*, foram introduzidas desde 2003 modificações importantes em um conjunto de outras políticas e ações públicas no campo social, das relações exteriores, da democratização do acesso ao crédito (com o crédito consignado e a bancarização) e do combate à pobreza, e a partir de 2006 foram consolidadas mudanças nas políticas econômica e de desenvolvimento, por meio da redução da vulnerabilidade externa e elevação das reservas internacionais, do Programa de Aceleração do Crescimento (PAC), da ampliação da capacidade de formulação, planejamento e gestão do Estado e de estímulos monetário e fiscal temporários, com a aceleração sustentada do crescimento econômico.

Entretanto, a partir de 2008, uma das mais graves crises econômico-financeiras da história abateu-se sobre a economia mundial, iniciando-se com a crise do *subprime* nos EUA, que levou pânico às instituições financeiras e, em consequência, causou a "evaporação do crédito", e uma intensa e profunda queda da produção industrial e do comércio em escala internacional.

O Brasil foi um dos últimos países a entrar nessa primeira fase da crise internacional e um dos primeiros a abandoná-la, graças à menor vulnerabilidade externa, à solidez das contas públicas e à baixa contaminação das instituições financeiras nacionais pelos ativos "tóxicos". Também ajudaram na reação à crise internacional o enfrentamento de algumas características ainda "ruins" de nossa economia, como os elevados compulsórios e taxas de juros ou a inserção tardia de nosso país no ciclo econômico mundial devida às "décadas perdidas". Mas tão ou mais importante foi a adoção de medidas anticíclicas inovadoras pelo Estado brasileiro, ao contrário de outros momentos de enfrentamento de dificuldades – até mesmo menores, como nos anos 1990 –, quando passávamos simplesmente a aprofundar a inserção do país na crise.

Assim, já em 2010 o país apresentou um PIB de acentuado crescimento (o maior da década, 7,5%). No entanto, esse processo apresentou um conjunto de novos (e velhos) desafios, que exigiam um esforço suplementar de iniciativas governamentais e de políticas públicas, sobretudo com o agravamento da crise na Europa a partir de 2011. Dentre esses desafios – que não foram poucos nem pequenos – encontravam-se o combate à elevação da inflação, uma maior redução dos juros, o enfrentamento da valorização cambial e a necessária elevação da taxa de investimento.

Desde o início de 2011, quando da assunção do novo governo presidido por Dilma Rousseff, foram adotadas políticas macroprudenciais voltadas à regulação do crédito e outras visando à estabilização cambial, como a cobrança de Imposto sobre Operações Financeiras (IOF) e a determinação de registro das operações com derivativos, o que objetivava uma entrada menor de recursos externos no país. Dessa forma, buscava-se evitar que o combate à inflação e/ou a busca de um crescimento menos intenso recaísse exclusivamente sobre os juros, cujo nível ainda era uma aberração em termos mundiais e que causavam impactos fiscais e cambiais de séria gravidade ao país.

Em contrapartida, cada vez mais se reconheceu que o câmbio elevado ameaçava a estrutura e integração produtiva, reduzia a competitividade e favorecia os países concorrentes, sobretudo na produção de maior valor agregado.

Tratou-se também de fazer frente ao problema da inflação – que de resto não se apresentava como um problema exclusivamente brasileiro e era também favorecido pelos preços das *commodities* – com criativas políticas fiscal, monetária e cambial, deixando-se de lado a simplista – e muitas vezes suicida – política de corte de despesas públicas e aumento da taxa de juros real.

No entanto, para que essas políticas pudessem se consolidar no tempo – apesar da resistência dos que apenas olham para trás – em paralelo às novas medidas monetárias e de controle inflacionário (como as chamadas políticas macroprudenciais), também foram revertidos muitos dos estímulos dados anteriormente quando do combate aos efeitos da primeira fase da crise internacional e criaram-se mecanismos de maior eficiência e gestão dos gastos.

Mesmo antes do agravamento das dificuldades econômicas nos países avançados, esse processo já apresentava avanços. A partir de meados de 2011, o Banco Central do Brasil (BCB) e o Ministério da Fazenda mostraram-se mais articulados e iniciaram uma redução agressiva dos juros em paralelo à adoção de medidas que visavam reduzir a entrada de capitais e proteger a taxa de câmbio com nossa moeda até então extremamente valorizada, gerando problemas ao setor produtivo, sobretudo ao industrial. As dificuldades enfrentadas pelos países avançados alavancaram um período de retração e letargia econômica, mais grave na Europa do que nos Estados Unidos, que se estende até hoje. Esses entraves mostraram-se bastante complexos, geraram inseguranças e obviamente tiveram efeitos sobre a economia brasileira. Contudo, estes foram de novo relativamente limitados, sobretudo porque o país soube valer-se mais uma vez de políticas anticíclicas, adotar políticas macroeconômicas criativas e dar continuidade ao processo de valorização do mercado interno.

A redução da taxa de juros determinada pelo Banco Central brasileiro a partir de agosto de 2011 indicou uma postura proativa, uma correta percepção do quadro mundial e apontou para uma mudança estrutural em nossa economia, ao contrário do planteado por economistas neoliberais e pela mídia rentista que apenas viram uma política *populista*, pressões políticas e um suposto fim da autonomia operacional do BCB. Mesmo após uma primeira onda de redução levada a cabo no primeiro governo do PT, as taxas de juros continuaram elevadas, ocasionando a manutenção de uma parte do *rentismo* e da financeirização da economia e a conformação da base do câmbio valorizado e da carga fiscal elevada. A queda da Selic (de 12,5% em agosto de 2011 para 7,25% no final de 2012, o que representa menos de 2% reais) fez com que, por um lado, com a ajuda dos bancos públicos, a taxa média cobrada pelas instituições financeiras às pessoas físicas registrasse queda de 9,2 pontos percentuais em todo o ano de 2012, encerrando em 34,6% ao ano, o menor valor da série histórica do Banco Central, iniciada em julho de 1994, e que se iniciasse o processo de redução dos *spreads* bancários. Por outro lado, a queda dos juros permitiu a redução da atratividade do capital externo para a arbitragem e a especulação, favorecendo a desvalorização do real e a elevação da competitividade da indústria nacional.

Dessa forma, o câmbio, embora preservado seu caráter flutuante, também passou a ser um objeto de política econômica. Mas, se a desvalorização do real claramente propiciou um alívio à produção de manufaturados brasileiros, por um lado, é evidente que, por outro, o fluxo de capitais estrangeiros pode ser retomado em breve se as políticas adotadas pelos países desenvolvidos favorecerem a já abundante liquidez global e a *guerra cambial*, fazendo-se necessários a contínua atenção do BCB e do Ministério da Fazenda e o eventual uso de medidas suplementares. Assim, pode ser preciso substituí-lo por medidas mais fortes, acompanhadas pela retomada da queda dos juros iniciada pelo Banco Central.

A redução dos juros ajudou na recente desvalorização do real e ambas tiveram efeitos positivos sobre o serviço da dívida pública e o custo de carregamento das nossas reservas internacionais, favorecendo a redução da relação dívida-PIB e permitindo uma redução das metas fiscais e, em contrapartida, uma maior elevação dos investimentos públicos. Além disso, mostrou que o enfrentamento do *rentismo* e a busca por reduzir a distorção nos preços – que afetava toda a economia, sobretudo o setor manufatureiro – poderiam favorecer o combate à inflação[1] e a recuperação do papel e da competitividade desse setor, indispensáveis ao desenvolvimento da economia brasileira no longo prazo.

---

1 A inflação havia alcançado 6,5% em 2011, mas manteve-se dentro da meta (como nos últimos nove anos) e voltou a retrair-se em 2012 (5,8%), com expectativas de retração em 2013, sobretudo depois dos primeiros meses do ano, quando a pressão dos preços será maior.

2. É o social?

A economia mostrou, de fato, durante esses dez anos um desempenho bastante positivo, mesmo em momentos de acentuada crise internacional, em grande parte devido ao uso de políticas inovadoras. A dinâmica social, capaz de ampliar a justiça e a coesão social e romper com uma das maiores vergonhas nacionais (a profunda desigualdade social) também permite identificar as razões do sucesso desses anos de governos liderados pelo PT.

O conjunto de programas e ações do Estado, tais como os de garantia de renda (seguridade social e Bolsa Família, por exemplo), de garantia de bens e serviços (saúde, água, luz, entre outros) e de regulação (como o salário-mínimo), mesmo que ainda demandando melhor articulação, conformou uma maior mobilização de recursos fiscais e uma nova política social, capazes de enfrentar a pobreza e a desigualdade endêmicas e favorecer a ampla recuperação do mercado interno.

Teríamos agora uma variação daquela afirmação mencionada anteriormente: *É o social, estúpido!*?

Em um país como o Brasil, marcado historicamente por uma extraordinária desigualdade, a redução da pobreza e a redistribuição da renda ocorridas nos últimos dez anos são claramente inovadoras e caracterizam um novo período de ampliação da democracia e de massiva inserção de vários milhões de brasileiros na sociedade e no consumo.

Os efeitos da elevação do gasto social agregado (cerca de 23% do PIB), da conformação de inovadoras políticas sociais e do aumento do salário-mínimo impactaram positivamente a distribuição da renda e a redução da pobreza, favorecendo também a elevação do rendimento médio do trabalho, do salário-mínimo real (mais de 70% na última década) e o consequente fortalecimento do mercado de trabalho (com redução da informalidade e do desemprego) e a expansão do mercado interno.

Nesse período, a taxa de pobreza (percentual de membros da classe E no total da população) despencou de 26,7% em 2002 para cerca de 12,8% em 2012. A porcentagem de brasileiros pertencentes à mal denominada *classe média*[2] saltou de 38% para mais de 52% da população total no mesmo intervalo, e o medidor da desigualdade (índice de Gini) caiu de 0,589 em 2002 para 0,527 em 2011 (dados recentes do Ipea indicam 0,522 para até setembro de 2012).

Nas áreas da habitação, saúde e educação – apesar do seu histórico atraso – houve melhoras significativas e expansão dos investimentos. Os programas habitacionais como Minha Casa Minha Vida, que oferecem subsídio aos mais necessitados, menores taxas e maior disponibilidade de crédito e financiamento para a reforma e compra de imóveis residenciais, ajudaram a melhorar as condições de moradia dos brasileiros (sobretudo nos centros urbanos) e a reduzir o déficit habitacional existente no país. Na saúde, embora muito ainda precise ser feito, tanto a cobertura quanto a diversifi-

---

[2] Esse conceito tem sido mal utilizado no Brasil, por se basear mais em indicadores econômicos do que sociais e de inserção produtiva, o que termina por superdimensioná-lo e criar uma ideologia com base em valores pouco claros. No entanto, independentemente dessa importante discussão, são evidentes as extraordinárias mobilidade social e redução da pobreza observadas na estrutura social do país ao longo desses dez anos.

cação do atendimento foram ampliadas, refletindo-se na queda da mortalidade infantil. Na educação, os avanços se refletiram na maior inclusão de jovens nas escolas (das creches às universidades) e em alterações no mercado de trabalho. Segundo a Pesquisa Nacional por Amostra de Domicílios (PNAD), a participação de pessoas com mais de 11 anos de estudo no mercado de trabalho passou de 23,4% em 2002 para 35,1% em 2011, sendo que projeções indicam aumento para 37% em 2012.

Entramos em 2013 com um salário-mínimo 9% superior ao de 2012 (com ganho real de cerca de 3%) e com uma elevação de mais de 70% em termos reais relativamente ao verificado em 2002. Os impactos do aumento do salário-mínimo nesses dez anos sobre o mercado de trabalho e a distribuição da renda foram consideráveis, tanto por seus efeitos diretos quanto por seus reflexos sobre os benefícios previdenciários e assistenciais a ele vinculados.

A reversão da queda da participação dos salários como proporção do PIB foi extraordinária e assegurou o fortalecimento do mercado de trabalho e do processo de desconcentração da renda ocorrida no Brasil nesses dez anos. Em 2003, os salários haviam alcançado seu ponto mais baixo proporcionalmente ao PIB (46,26%) e, desde então, elevaram-se sistematicamente, atingindo 51,4% em 2009 – para 2012, a previsão é que alcancem mais de 53% do PIB.

A partir da consolidação das políticas sociais e de salário-mínimo ocorrida nesse período, o mercado de trabalho mostrou uma dinâmica muito positiva (alcançando, em 2012, o menor desemprego em dez anos e uma elevação de 3,2% do rendimento médio real dos brasileiros) e transformações significativas em sua estrutura. Além da reversão da queda da participação dos salários no PIB, observou-se o crescimento intenso e sistemático do número de trabalhadores com carteira de trabalho assinada, relativamente ao total dos trabalhadores, que passou de 54% em 2002 para 63,6% em 2011, segundo a PNAD, sendo que projeções para 2012 apontam para a continuidade de sua elevação, podendo alcançar mais de 64%. Em contrapartida, a participação dos trabalhadores sem carteira despencou no mesmo período, passando de 34,2% para 24,6%.

3. É a economia e o social? É um novo desenvolvimento?

Na verdade, o evidente sucesso dos governos eleitos após 2002 não se deveu exclusivamente à esfera da economia ou do social, mas ao uso de políticas inovadoras capazes de articular o econômico e o social e potencializar o crescimento, a produtividade e a institucionalidade, gerando algo inexistente ao longo das duas décadas anteriores, o desenvolvimento. Seria a versão brasileira da arrogância do publicitário norte-americano capaz de dar conta da dinâmica atual do país e do apoio popular? É a economia e o social ou *É o desenvolvimento, estúpido!*?

Depois de anos de neoliberalismo, de subordinação aos interesses rentistas e de ausência de políticas econômicas pró-desenvolvimento, fortaleceu-se o uso de políticas desenvolvimentistas[3] e de combate à pobreza, mais intensamente após 2006, com a

[3] É recente a retomada da discussão sobre o desenvolvimentismo brasileiro na sociedade e na academia. Ainda muito concentrados em alguns centros e pouco divulgados, tanto o debate quanto a produção de textos, revistas e livros sobre o desenvolvimento nacional podem ser acompanhados em sites da internet, como a redeD – Rede Desenvolvimentista (www.reded.net.br).

mais efetiva articulação do econômico e do social e com o enfrentamento das crises internacionais com políticas inovadoras e anticíclicas.

Não se tratou, no entanto, de retomar o desenvolvimento tal como se deu no Brasil e na América Latina nos anos 1950 e 1960. Tampouco se pode dizer que esse novo desenvolvimento foi resultado de um projeto nacional plenamente elaborado e claramente explicitado. Mas, desde 2003, uma nova visão do desenvolvimento nacional começou a se esboçar e a se expressar, com a constituição das primeiras políticas sociais, de ampliação do mercado interno e do consumo das famílias, mesmo que ainda em meio à dominância de políticas econômicas mais ortodoxas de enfrentamento da especulação e da crise de 2002.

Nesse período, consolidou-se uma nova política em que pouco a pouco se deixava de pensar a indústria e o crescimento econômico sob a lógica das exportações e crescentemente se passava a dar espaço à expansão do mercado interno, revalorizava-se o papel do Estado e da melhoria de sua gestão e iniciava-se o processo de expansão e popularização do crédito e da implementação e consolidação das políticas sociais. Cada vez mais se reconhecia que as políticas sociais favoreceriam não somente o aumento da inclusão e a redução da pobreza e da desigualdade, mas também a economia (por meio da ampliação do mercado interno e do consumo de produtos nacionais) e o crescimento do PIB.

Dessa forma, foi possível enfrentar as crises externas com a valorização do mercado interno – mesmo com um menor crescimento, como nos anos 2011 e 2012 – e até amenizar o impacto negativo sobre o mercado de trabalho.

As taxas de desemprego, medidas pelo Departamento Intersindical de Estatística e Estudos Socioeconômicos (Dieese) ou pelo Instituto Brasileiro de Geografia e Estatística (IBGE), continuaram em queda por uma série de razões. Alguns fatores demográficos favoreceram a queda da expansão da População em Idade Ativa (PIA) e, portanto, reduziram a necessidade de crescimento do PIB para incorporá-la ao mercado. Também ocorreram alterações na estrutura dos empregos, por meio do aumento da participação relativa dos setores de serviços, construção civil e agropecuária e menor participação da indústria. Os empresários, por sua vez, reconheceram que o menor crescimento previsto seria apenas cíclico e, portanto, evitaram demitir seus empregados quando do agravamento da crise externa. Não menos importante, houve os efeitos da melhor distribuição de renda que favoreceu tanto a maior escolaridade dos jovens e seu ingresso mais tardio no mercado de trabalho, quanto uma redução da precariedade.

No entanto, ao contrário do que muitas vezes se fala, não estamos em condição de pleno emprego, pois, apesar da significativa geração de empregos formais e da redução do desemprego (2012 apresentou a menor taxa de desemprego em dez anos), uma parte ainda importante do mercado de trabalho se encontra na informalidade ou precariedade. Por conta dos níveis ainda elevados de emprego doméstico[4] e informal, sobretudo se comparado a países assemelhados ou mais desenvolvidos, muitos brasileiros ainda precisam ou podem ir a segmentos do mercado de trabalho que favoreçam um

---

[4] Segundo a Organização Internacional do Trabalho (OIT), o Brasil seria o país com o maior número de empregados domésticos no mundo, contabilizando em 2010 cerca de 7 milhões.

maior aumento da produtividade. Para os empregos mais qualificados, o desenvolvimento da educação é indispensável, mas, como os efeitos são de longo prazo, até lá é possível uma ampliação controlada e temporária de uma migração qualificada.

Portanto, não se coloca a possibilidade de ruptura do caminho de valorização do mercado interno e da inclusão social trilhado em todos esses anos, pois este, além de indispensável ao pleno resgate de nossa dívida social, continuará desempenhando importante papel no dinamismo do consumo e do investimento. Mais ainda, se considerarmos que a expansão do crédito também tem um espaço de crescimento considerável, pois, embora a relação crédito-PIB tenha crescido bastante graças às políticas adotadas, ainda é baixa (53,5% em 2012) quando comparada a outros países.

A conformação desse novo processo desenvolvimentista aprofundou-se no governo de Dilma Rousseff, com a preservação da valorização do mercado interno e das políticas sociais, mas insistindo agora em algumas mudanças estruturais da economia, como a redução dos juros, da sobrevalorização do real e o fortalecimento da competitividade. Apesar do crescimento restrito e da menor relação investimento-PIB verificados em 2011 e 2012, graças às mudanças implementadas já se pode identificar o início de um novo ciclo de crescimento econômico favorecido pela retomada dos investimentos. O Investimento Direto Estrangeiro continuou ingressando massivamente no país, alcançando 65 bilhões de dólares em 2012, e os investimentos feitos pelo governo federal com recursos do orçamento somaram, no mesmo ano, R$ 59,4 bilhões – um crescimento de 13% sobre o ano de 2011, sendo que os investimentos destinados ao PAC apresentaram elevação de 28% sobre o ano anterior.

Em meio ao agravamento da crise no cenário econômico internacional, manter e aprofundar as inovadoras políticas de desenvolvimento iniciadas em 2003 e enfrentar os elevados juros, a sobrevalorização da moeda nacional e os problemas de nossa competitividade pareciam desafios insuperáveis aos pessimistas, mas os primeiros resultados positivos já podem ser observados e têm sido amplamente reconhecidos pelo povo brasileiro.

4. Conclusão

Ao longo desse processo de conformação de políticas desenvolvimentistas, com o combate à pobreza e o início do rompimento com nossa histórica desigualdade, reconheceu-se que dificilmente os avanços implementados seriam capazes de dar conta, por si mesmos, de todos os nossos problemas estruturais e de mais longo prazo. Também se reconheceu que essas políticas de desenvolvimento precisariam ser constantemente aperfeiçoadas para dar conta das constantes alterações da conjuntura econômica nacional e internacional e dos novos desafios colocados.

O reconhecimento dos avanços históricos realizados nesses dez anos na esfera social, como a redução da pobreza, a elevação do salário-mínimo e a democratização do consumo das famílias de classes mais baixas e do mercado de trabalho de nosso país, não podem ocultar que ainda temos um longo caminho pela frente no aprofundamento do processo de distribuição da renda e no enfrentamento dessas questões que até recentemente pareciam endêmicas e sem solução.

Há um consenso de que 2013 será um ano de maior crescimento econômico (as projeções vão de 3% a 4%) e de que as políticas até agora implementadas, tanto as que se referem aos juros e ao câmbio quanto aquelas voltadas ao investimento em aeroportos, rodovias e ferrovias, à redução de tributos e desoneração da folha de pagamentos e à diminuição do preço da energia e do custo financeiro dos investimentos, terão papel importante no estímulo a novos investimentos e na reanimação da indústria. Seu maior desafio será combinar com sensibilidade o dinamismo do mercado interno, a competitividade internacional e uma política fiscal anticíclica com os indispensáveis investimentos públicos e privados para a infraestrutura.

Desafios de mais longo prazo, como aqueles voltados à preservação e ao avanço da estrutura industrial e à elevação dos investimentos, continuarão presentes e devem fazer parte da agenda nacional dos próximos anos. A indústria sofreu bastante com os efeitos deletérios dos juros elevados, do dólar barato e da baixa produtividade e tem crescido menos do que o PIB e outros setores. A taxa de investimento cresceu ao longo dos anos, alcançando a Formação Bruta de Capital Fixo (FBCF) 19,5% do PIB em 2010. Com a volta da crise internacional em 2011, a FBCF apresentou queda e, apesar de sua recente retomada, ainda está baixa, considerando-se o crescimento econômico que desejamos (e tem uma reduzida participação do setor privado nas inversões de longo prazo, que ainda dependem fortemente do Banco Nacional de Desenvolvimento Econômico e Social – BNDES). Em 2012, graças à queda dos juros, à desvalorização cambial e às medidas recentes de elevação da competitividade, os investimentos iniciaram sua recuperação e, em 2013, seu crescimento, o consumo interno e as exportações poderão retomar, com maior intensidade como motores e articuladores do desenvolvimento econômico brasileiro.

Dadas a redução dos juros, a desvalorização cambial e a valorização da competitividade, duas questões podem ser recolocadas e novas políticas adotadas. A primeira, de natureza fiscal, diz respeito à possibilidade de se reduzir a meta de superávit primário, que visa estabilizar a dívida pública – já amplamente equacionada e administrada[5] – acoplando-a a uma política fiscal anticíclica e à continuidade do processo de desoneração tributária e de redução de tributos sobre a cesta básica. De fato, com a queda dos juros não seria mais necessário o superávit primário de 3,1% do PIB, como até agora estabelecido na Lei de Diretrizes Orçamentárias (LDO). A segunda, visaria reforçar a busca de novos instrumentos financeiros voltados à maior elevação do investimento, com uma maior participação privada. Ainda que agentes públicos como a Caixa Econômica Federal e o BNDES tenham tido um papel relevante no financiamento do desenvolvimento dos anos recentes, faltam instrumentos financeiros que incorporem as diferentes fontes de recursos públicas e privadas, nacionais e internacionais, e que sejam capazes de substituir a participação ainda dominante do BNDES no financiamento de longo prazo.

É estratégica a resolução de problemas históricos – ainda mais se consideradas as novas demandas do pré-sal, da Copa do Mundo de Futebol e dos Jogos Olímpicos –

[5] É amplamente reconhecida a solidez fiscal do país, com as principais despesas do governo (seguridade, pessoal e serviço da dívida) sob controle ou em queda e uma dívida líquida de cerca de 35% do PIB, a menor entre os países do G20.

como os gargalos herdados das décadas anteriores de baixo crescimento e descaso com o desenvolvimento, sobretudo na infraestrutura, na educação, na saúde e na ciência, tecnologia e inovação. Isso exigirá não apenas a sua efetiva priorização, mas também o aumento dos recursos e a articulação com as outras instâncias da federação e as políticas de cada área.

Não menos importantes são os desafios do meio ambiente e do enfrentamento do aquecimento global, que, embora não sejam um problema exclusivamente brasileiro, têm exigido políticas e metas nacionais próprias e a consideração das diferentes variáveis que assegurem a sustentabilidade ambiental ao país.

Fica claro, portanto, que ainda temos muitos desafios pela frente. O principal deles é, sem dúvida, a conformação de um claro projeto nacional que pense em longo prazo, assegurando a sustentabilidade e a manutenção do desenvolvimento, e que seja capaz de buscar efetivas reformas e processos regulatórios capazes de aprofundar a nossa democracia, o papel e a capacidade de gestão do Estado, a produção nacional e a distribuição da renda. Mas para que esse projeto se consolide, reformas importantes precisam ser amplamente discutidas e implementadas. Dentre elas, poderiam ser contempladas as reformas tributária (alterando a incidência regressiva da carga tributária), política (melhorando o sistema eleitoral e favorecendo o uso do financiamento público), de regulação da mídia (democratizando e transformando em texto legal as diretrizes de nossa Constituição) e de melhoria da gestão pública e de atração de investimentos privados em áreas de atuação pública (agilizando e favorecendo novas formas de licitações, concessões e de concursos públicos).

Apesar dos avanços ocorridos nesses dez anos, também temos de olhar com atenção e proatividade para o complexo e ainda incompleto processo de integração sul-americana (Mercosul e Unasul), reconhecendo as diferenças nacionais e a necessidade de conformação de um projeto a ser compartilhado pelo conjunto dos países da região para melhor enfrentarmos os inúmeros desafios internacionais. As mudanças geopolíticas e econômicas internacionais, com a redução da hegemonia dos EUA, a continuidade da letargia econômica em países desenvolvidos, seus efeitos sobre os países emergentes[6] e a maior participação da China na produção e no comércio mundial são fatores que, ao mesmo tempo que podem ser funcionais a uma melhor e maior integração da América do Sul, também apresentam dificuldades e extraordinários desafios para a região.

A partir de 2013, com a retomada da elevação dos níveis de crescimento econômico em meio à continuidade da valorização do mercado interno e da redução da desigualdade, abre-se um espaço mais amplo para aprofundar a discussão democrática dessas questões, levar esse debate ao conjunto da sociedade e favorecer a consolidação do apoio popular necessário à implementação de reformas e de políticas capazes de garantir a superação desses desafios e a conformação de um futuro ainda melhor para o Brasil e seus cidadãos.

[6] Brasil, Índia, China e África do Sul cresceram aquém das expectativas em 2012, indicando que os efeitos da crise foram mais duros que em outros anos com os países emergentes.

O enfrentamento e a superação de tais desafios permitirão a continuidade do processo de desenvolvimento brasileiro, preservando a valorização do mercado interno e assegurando o aprofundamento do processo de melhoria da distribuição da renda, em paralelo à aceleração dos investimentos, ampliação da infraestrutura econômica e social, expansão das exportações baseadas em recursos naturais e fortalecimento da indústria, sobretudo daqueles subsetores de maior produtividade, valor agregado e tecnologia. Essa dinâmica e a rápida mobilização e uso de políticas anticíclicas em caso de agravamento da crise externa serão fundamentais tanto para a preservação das conquistas obtidas ao longo desses dez últimos anos de governos liderados pelo PT quanto para sua expansão e aprofundamento e para a plena conformação de um novo projeto desenvolvimentista voltado ao futuro do nosso país.

As recentes pesquisas de opinião – que registraram elevados índices de popularidade do governo da presidenta Dilma Rousseff – indicam o amplo reconhecimento pelos brasileiros dessa histórica transformação da realidade econômica e social do país iniciada em 2003 com o primeiro governo Lula, que desde então foi constantemente aprofundada com inovadoras políticas de desenvolvimento, combate à pobreza e distribuição da renda, mesmo durante crises externas.

Tais pesquisas também mostram claramente que os brasileiros sabem que, nesses dez anos, o país não somente mudou, mas mudou para melhor graças à criatividade e proatividade das sucessivas políticas adotadas ao longo do período, ao decidido enfrentamento dos obstáculos e desafios internos e externos e, sobretudo, a um inabalável compromisso social. E que, esperançosos com o futuro, querem que assim continue.

UMA NOVA CLASSE TRABALHADORA

Marilena Chaui

1. Surpresas

Alguém que, nos anos 1950 e 1960, conhecesse as terríveis condições de vida e de trabalho das classes populares brasileiras e, naquela época, tivesse viajado por uns tempos pela Europa, seria duplamente surpreendido. Primeira surpresa: veria operários dirigindo pequenos carros (na França, o famoso "dois cavalos" da Renault; na Inglaterra, o "biriba" da Morris; na Itália, o Cinquecento da Fiat), passando as férias com a família (em geral em alguma praia), fazendo compras em lojas de departamento populares (na França, o Prixunic; na Inglaterra, o Woolworths e a C&A), enviando os filhos a creches públicas e, quando maiores, à escola pública de primeiro e segundo graus, às escolas técnicas e mesmo às universidades. Também veria que os trabalhadores tinham direito, assim como suas famílias, a hospitais públicos e medicamentos gratuitos e, evidentemente, possuíam casa própria. Era a Europa do período fordista do capitalismo industrial, portanto da linha de montagem e fabricação em série de produtos cujo custo barateado permitia o consumo de massa. Mas era, sobretudo, a Europa da economia keynesiana, quando as lutas anteriores dos trabalhadores organizados haviam levado à eleição de governantes de centro ou de esquerda e ao surgimento do Estado do Bem-Estar Social, no qual uma parte considerável do fundo público era destinada, sob a forma de salário indireto, aos direitos sociais, reivindicados e, agora, conquistados pelas lutas dos trabalhadores. Segunda surpresa: a diferença profunda entre, por exemplo, a situação dos trabalhadores suecos – desde os salários e direitos sociais até os direitos culturais – e a dos espanhóis, portugueses e gregos, ainda submetidos a ditaduras fascistas e forçados a emigrar para o restante da Europa em busca de melhores condições de vida e de trabalho.

Entretanto, não passaria pela cabeça de ninguém dizer que os trabalhadores europeus haviam ascendido à classe média. Curiosamente, é o que se diz hoje dos trabalhadores brasileiros, após dez anos de políticas contrárias ao neoliberalismo.

2. A catástrofe neoliberal

Diante da classe trabalhadora que descrevemos acima, não foi por acaso, em meados dos anos 1970, quando o déficit fiscal do Estado e a estagflação abriram uma crise no capitalismo, que os ideólogos conservadores ofereceram uma suposta explicação para ela: a crise, disseram eles, foi causada pelo poder excessivo dos sindicatos e dos movimentos operários, que pressionaram por aumentos salariais e exigiram o aumento dos encargos sociais do Estado. Teriam, dessa maneira, destruído os níveis de lucro requeridos pelas empresas, desencadeado processos inflacionários incontroláveis e provocado o aumento colossal da dívida pública.

Feito o diagnóstico, também ofereceram o remédio: um Estado forte para quebrar o poder dos sindicatos e movimentos populares, controlar o dinheiro público e cortar drasticamente os encargos sociais e os investimentos na economia, tendo como meta principal a estabilidade monetária por meio da contenção dos gastos sociais e do aumento da taxa de desemprego para formar um exército industrial de reserva que acabasse com o poderio das organizações trabalhadoras. Tratava-se, portanto, de um Estado que realizasse uma reforma fiscal para incentivar os investimentos privados, reduzindo os impostos sobre o capital e as fortunas e aumentando os impostos sobre a renda individual e, assim, sobre o trabalho, o consumo e o comércio. Finalmente, um Estado que se afastasse da regulação da economia, privatizando as empresas públicas e deixando que o próprio mercado operasse a desregulação, ou, traduzindo em miúdos, a abolição dos investimentos estatais na produção e do controle estatal sobre o fluxo financeiro, a drástica legislação antigreve e o vasto programa de privatização. Pinochet, no Chile, Thatcher, na Grã-Bretanha, e Reagan, nos Estados Unidos, tornaram-se a ponta de lança política desse programa.

Com o encolhimento do espaço público dos direitos e a ampliação do espaço privado dos interesses de mercado, nascia o neoliberalismo, cujos traços principais podem ser assim resumidos:

1. A desativação do modelo industrial de tipo fordista, baseado no planejamento, na funcionalidade e no longo prazo do trabalho industrial, com a centralização e verticalização das plantas industriais, grandes linhas de montagens concentradas num único espaço, formação de grandes estoques orientados pelas ideias de qualidade e durabilidade dos produtos, e numa política salarial articulada ao Estado (o salário direto articulado ao salário indireto, isto é, aos benefícios sociais assegurados pelo Estado). Em contrapartida, no neoliberalismo, a produção opera por fragmentação e dispersão de todas as esferas e etapas do trabalho produtivo, com a compra e venda de serviços no mundo inteiro, isto é, com a terceirização e precarização do trabalho. Desarticulam-se as formas consolidadas de negociação salarial e se desfazem os referenciais que permitiam à classe trabalhadora perceber-se como classe e lutar como classe social, enfraquecendo-se ao se dispersar nas pequenas unidades terceirizadas, de prestação de serviços, no trabalho precarizado e na informalidade, que se espalharam pelo planeta. Desponta uma nova classe trabalhadora cuja composição e definição ainda estão longe de ser compreendidas.

2. O desemprego torna-se estrutural, deixando de ser acidental ou expressão de uma crise conjuntural, porque a forma contemporânea do capitalismo, ao contrário de sua forma clássica, não opera por inclusão de toda a sociedade no mercado de trabalho e de consumo, mas por exclusão, que se realiza não só pela introdução ilimitada de tecnologias de automação, mas também pela velocidade da rotatividade da mão de obra, que se torna desqualificada e obsoleta muito rapidamente em decorrência da velocidade das mudanças tecnológicas. Como consequência, tem-se a perda de poder dos sindicatos, das organizações e movimentos populares e o aumento da pobreza absoluta.

3. O deslocamento do poder de decisão do capital industrial para o capital financeiro, que se torna o coração e o centro nervoso do capitalismo, ampliando a desvalorização do trabalho produtivo e privilegiando a mais abstrata e fetichizada das mercadorias, o dinheiro, porém não como mercadoria equivalente para todas as mercadorias, mas como moeda ou expressão monetária da relação entre credores e devedores, provocando, assim, a passagem da economia ao monetarismo. Essa abstração transforma a economia no movimento fantasmagórico das bolsas de valores, dos bancos e financeiras – fantasmagórico porque não operam com a materialidade produtiva e sim com signos, sinais e imagens do movimento vertiginoso das moedas.

4. No Estado do Bem-Estar Social, a presença do fundo público sob a forma do salário indireto (os direitos econômicos e sociais) desatou o laço que prendia o capital à força de trabalho (ou ao salário direto). Esse laço era o que, tradicionalmente, forçava a inovação técnica pelo capital a ser uma reação ao aumento real de salário[1] e, ao ser desatado, três consequências se impuseram: a) o impulso à inovação tecnológica tornou-se praticamente ilimitado, provocando expansão dos investimentos e agigantamento das forças produtivas cuja liquidez é impressionante, mas cujo lucro não é suficiente para concretizar todas as possibilidades tecnológicas, exigindo o financiamento estatal; b) o desemprego passou a ser estrutural não só pela introdução ilimitada de tecnologias de automação, mas também pela velocidade da rotatividade da mão de obra, que se torna desqualificada e obsoleta muito rapidamente em decorrência da velocidade das mudanças tecnológicas, ampliando a fragmentação da classe trabalhadora e diminuindo o poder de suas organizações; c) o aumento do setor de serviços também se torna estrutural, deixando de ser um suplemento à produção, visto que, agora, sob a designação de *tecnociência*, a ciência e a tecnologia tornaram-se forças produtivas, deixando de ser mero suporte do capital para se converter em agentes de sua acumulação; com isso, mudou o modo de inserção social do conhecimento científico e técnico, de maneira que cientistas e técnicos se tornaram agentes econômicos diretos. A força e o poder capitalistas encontram-se no monopólio dos conhecimentos e da informação.

[1] Cf. Francisco de Oliveira, "O surgimento do antivalor; capital, força de trabalho e fundo público", em *Os direitos do antivalor: a economia política da hegemonia imperfeita* (Petrópolis, Vozes, 1998).

5. A transnacionalização da economia reduz a importância da figura do Estado nacional como enclave territorial para o capital e dispensa as formas clássicas do imperialismo – colonialismo político-militar, geopolítica de áreas de influência etc. –, de sorte que o centro econômico, jurídico e político planetário encontra-se no Fundo Monetário Internacional (FMI) e no Banco Mundial, que operam com um único dogma: estabilidade monetária e corte do déficit público.

6. A distinção entre países de Primeiro e Terceiro Mundo tende a ser acrescida com a existência, em cada país, de uma divisão entre bolsões de riqueza absoluta e de miséria absoluta, isto é, a polarização de classes surge como polarização entre a opulência absoluta e a indigência absoluta.

3. A mudança a caminho

Em política, há ações e acontecimentos com força para se tornar simbólicos. É assim que podemos contrapor dois momentos simbólicos que marcaram a política brasileira entre 1990 e 2002: o primeiro nos leva de volta ao "bolo de noiva", que inaugurou a era Collor; o segundo, à pergunta singela feita pelo recém-eleito presidente da república aos âncoras do Jornal Nacional da Rede Globo, na noite de 28 de outubro de 2002.

No final da campanha presidencial de 1989 e na fase de transição entre novembro de 1989 e janeiro de 1990, um fato novo marcou a política brasileira: em primeiro plano, tanto nos discursos como nos debates e na prática, veio a economista Zélia Cardoso de Melo com sua equipe técnica. As decisões fundamentais partiam desse grupo, que se reunia em Brasília num edifício apelidado "bolo de noiva" e de lá vieram medidas econômicas que definiram o governo de Fernando Collor, no qual o discurso político foi suplantado pelo técnico-econômico. Neste, surgia, imperial, uma nova figura: o mercado, cuja fantasmagoria só entraria em pleno funcionamento no período de 1994 a 2002, quando a população brasileira passou a ouvir curiosas expressões, tais como "os mercados estão nervosos", "os mercados estão agitados", "os mercados se acalmaram", "os mercados não aprovaram", como se "os mercados" fossem alguém!

Na noite de 28 de outubro de 2002, no final do Jornal Nacional da Rede Globo de Televisão, quando os âncoras falavam sobre as cotações das bolsas de valores, do dólar e do real, e sobre a agitação e calmaria dos "mercados", o presidente da República eleito, Luiz Inácio Lula da Silva, que estava sendo entrevistado, perguntou com um sorriso levemente irônico: "Vocês não têm outros assuntos? Cadê a fome, o desemprego, a miséria, a desigualdade social?". Essa indagação singela, unida ao pronunciamento feito algumas horas antes, anunciando a criação da Secretaria de Emergência Social, cuja prioridade era o combate à fome, demarcou simbolicamente o novo campo da política no Brasil: os *direitos* civis, econômicos e sociais são prioritários e comandam as ações técnico-econômicas, pois a democracia é a única forma política em cujo núcleo está a ideia de direitos, tanto de sua criação pela sociedade, como de sua garantia e conservação pelo Estado.

O "bolo de noiva" simbolizou a entrada do país no modelo neoliberal. O pronunciamento e a pergunta do novo presidente da república simbolizaram a decisão de sair desse modelo.

Entre esses dois momentos, intercalam-se os governos de Fernando Henrique Cardoso, que tornaram esse modelo hegemônico ao realizar a chamada reforma e modernização do Estado, isto é, a adoção do neoliberalismo como princípio definidor da ação estatal (privatização dos direitos sociais, convertidos em serviços vendidos e comprados no mercado, privatização das empresas públicas, direcionamento do fundo público para o capital financeiro etc.). Para legitimar essa decisão política, foram mobilizadas as duas grandes ideologias contemporâneas: a da competência e a da racionalidade do mercado.

A ideologia da competência afirma que aqueles que possuem determinados conhecimentos têm o direito natural de mandar e comandar os que supostamente são ignorantes, de tal maneira que a divisão social das classes aparece como divisão entre dirigentes competentes e executantes que apenas cumprem ordens. Essa ideologia, dando enorme destaque à figura do "técnico competente", tem a peculiaridade de esquecer a essência mesma da democracia, qual seja, a ideia de que os cidadãos têm direito a todas as informações que lhes permitam tomar decisões políticas porque são todos politicamente competentes para opinar e deliberar, e que somente após a tomada de decisão política há de se recorrer aos técnicos, cuja função não é deliberar nem decidir, mas implementar da melhor maneira as decisões políticas tomadas pelos cidadãos e por seus representantes.

Por sua vez, a ideologia neoliberal afirma que o espaço público deve ser encolhido ao mínimo enquanto o espaço privado dos interesses de mercado deve ser alargado, pois considera o mercado portador de racionalidade para o funcionamento da sociedade. Ela se consolidou no Brasil com o discurso da modernização, no qual modernidade significava apenas três coisas: enxugar o Estado (entenda-se: redução dos gastos públicos com os direitos sociais), importar tecnologias de ponta e gerir os interesses da finança nacional e internacional.

Essa ideologia propagou-se pela vida cotidiana brasileira, bastando observar o que acontecia nos noticiários dos meios de comunicação. As cotações das bolsas de valores do mundo inteiro, assim como as das moedas, o comportamento do FMI, do Banco Mundial e dos bancos privados passaram para as primeiras páginas dos jornais, para o momento "nobre" dos noticiários de rádio e televisão, alguns canais chegando mesmo a manter na tela faixas com a variação das cotações das bolsas de valores e das moedas minuto por minuto. A subida ou descida do valor do dólar, do euro e do real, o "risco Brasil", as falas dos dirigentes do FMI, do Banco Central norte-americano, dos economistas ingleses, franceses e alemães passaram a ocupar o lugar de honra e, nos noticiários matinais, a exibição cotidiana da abertura do pregão da bolsa de valores em Wall Street assumiu a aparência de uma oração ou de uma missa, rivalizando com o que, no mesmo horário, se passava nas rádios e canais de televisão propriamente religiosos.

Ora, o neoliberalismo não é, de maneira nenhuma, a crença na racionalidade do mercado e o enxugamento do Estado, e sim a decisão de cortar o fundo público no polo de financiamento dos bens e serviços públicos (isto é, dos direitos sociais) e maximizar o uso da riqueza pública nos investimentos exigidos pelo capital. A compreensão dessa verdade veio expressar-se na decisão dos eleitores de fazer valer a reivindicação por uma nova forma de gestão do fundo público, na qual a bússola é a defesa dos direitos sociais.

4. Uma nova classe trabalhadora brasileira

Estudos, pesquisas e análises[2] mostram que houve uma mudança profunda na composição da sociedade brasileira, graças aos programas governamentais de transferência da renda, inclusão social e erradicação da pobreza, à política econômica de garantia do emprego e elevação do salário-mínimo, à recuperação de parte dos direitos sociais das classes populares (sobretudo alimentação, saúde, educação e moradia), à articulação entre esses programas e o princípio do desenvolvimento sustentável e aos primeiros passos de uma reforma agrária que permita às populações do campo não recorrer à migração forçada em direção aos centros urbanos[3].

De modo geral, utilizando a classificação dos institutos de pesquisa de mercado e da sociologia, costuma-se organizar a sociedade numa pirâmide seccionada em classes designadas como A, B, C, D e E, tomando como critério a renda, a propriedade de bens imóveis e móveis, a escolaridade e a ocupação ou profissão. Por esse critério, chegou-se à conclusão de que, entre 2003 e 2011, as classes D e E diminuíram consideravelmente, passando de 96,2 milhões de pessoas a 63,5 milhões; já no topo da pirâmide houve crescimento das classes A e B, que passaram de 13,3 milhões de pessoas a 22,5 milhões. A expansão verdadeiramente espetacular, contudo, ocorreu na classe C, que passou de 65,8 milhões de pessoas a 105,4 milhões. Essa expansão tem levado à afirmação de que cresceu a classe média brasileira, ou melhor, de que teria surgido uma nova classe média no país.

Sabemos, entretanto, que há outra maneira de analisar a divisão social das classes, tomando como critério a forma da propriedade. No modo de produção capitalista, a classe dominante é proprietária privada dos meios sociais de produção (capital produtivo e capital financeiro); a classe trabalhadora, excluída desses meios de produção e neles incluída como força produtiva, é proprietária da força de trabalho, vendida e comprada sob a forma de salário. Marx falava em pequena burguesia para indicar uma classe social que não se situava nos dois polos da divisão social constituinte do modo de produção capitalista. A escolha dessa designação decorria de dois motivos principais:

---

[2] Nossas referências principais são os boletins de 2012 da Secretaria de Assuntos Estratégicos da Presidência da República *A nova classe média brasileira: desafios que representa para a formulação de políticas públicas* e *Comissão para a definição da classe média no Brasil*; o relatório de observação n. 1 *Indicadores da equidade do sistema tributário nacional*, de 2009, e o relatório de observação n. 2 *Indicadores de iniquidade no sistema tributário nacional*, de 2011, ambos do Conselho de Desenvolvimento Econômico e Social; Jessé de Souza, *A ralé brasileira: quem é e como vive* (Belo Horizonte, Editora da UFMG, 2009) e *Batalhadores brasileiros: nova classe média ou nova classe trabalhadora?* (Belo Horizonte, Editora da UFMG, 2010); Amaury de Souza e Bolívar Lamounier, *A classe média brasileira: ambições, valores e projetos de sociedade* (Rio de Janeiro, Elsevier, 2010).

[3] Essas mudanças são atestadas pelos demais textos deste livro.

em primeiro lugar, para afastar-se da noção inglesa de *middle class*, que indicava exatamente a burguesia, situada entre a nobreza e a massa trabalhadora; em segundo, para indicar, por um lado, sua proximidade social e ideológica com a burguesia, e não com os trabalhadores, e, por outro, indicar que, embora não fosse proprietária privada dos meios sociais de produção, poderia ser proprietária privada de bens móveis e imóveis. Numa palavra, encontrava-se fora do núcleo central do capitalismo: não era detentora do capital e dos meios sociais de produção e não era a força de trabalho que produz capital; situava-se nas chamadas profissões liberais, na burocracia estatal (ou nos serviços públicos) e empresarial (ou na administração e gerência), na pequena propriedade fundiária e no pequeno comércio.

É a sociologia, sobretudo a de inspiração estadunidense, que introduz a noção de classe média para designar esse setor socioeconômico, empregando, como dissemos acima, os critérios de renda, escolaridade, profissão e consumo, a pirâmide das classes A, B, C, D e E, e a célebre ideia de mobilidade social para descrever a passagem de um indivíduo de uma classe para outra.

Se abandonarmos a descrição sociológica, se ficarmos com a constituição das classes sociais no modo de produção capitalista (ainda que adotemos a expressão "classe média"), se considerarmos as pesquisas que mencionamos ao iniciar este texto e os números que elas apresentam relativos à diminuição e ao aumento do contingente nas três classes sociais, poderemos chegar a algumas conclusões:

1. Os projetos e programas de transferência de renda e garantia de direitos sociais (educação, saúde, moradia, alimentação) e econômicos (aumento do salário-mínimo, políticas de garantia do emprego, salário-desemprego, reforma agrária, cooperativas da economia solidária etc.) indicam que *o que cresceu no Brasil foi a classe trabalhadora*, cuja composição é complexa, heterogênea e não se limita aos operários industriais e agrícolas.

2. O critério dos serviços como definidor da classe média não se mantém na forma atual do capitalismo porque a ciência e as técnicas (a chamada tecnociência) se tornaram forças produtivas e os serviços por elas realizados ou delas dependentes estão diretamente articulados à acumulação e reprodução do capital. Em outras palavras, o crescimento de assalariados no setor de serviços não é crescimento da classe média, e sim de uma nova classe trabalhadora heterogênea, definida pelas diferenças de escolaridade e pelas habilidades e competências determinadas pela tecnociência. De fato, no capitalismo industrial, as ciências, ainda que algumas delas fossem financiadas pelo capital, se realizavam, em sua maioria, em pesquisas autônomas cujos resultados poderiam levar a tecnologias aplicadas pelo capital na produção econômica. Essa situação significava que cientistas e técnicos pertenciam à classe média. Hoje, porém, as ciências e as técnicas tornaram-se parte essencial das forças produtivas e por isso cientistas e técnicos passaram da classe média à classe trabalhadora como produtores de bens e serviços articulados à relação entre capital e tecnociência. Dessa maneira, renda, propriedade e escolaridade não são critérios para distinguir entre os membros da classe trabalhadora e os da classe média.

3. O critério da profissão liberal também se tornou problemático para definir a classe média, uma vez que a nova forma do capital levou à formação de empresas de saúde, advocacia, educação, comunicação, alimentação etc., de maneira que seus componentes se dividem entre proprietários privados e assalariados, e estes devem ser colocados (mesmo que vociferem contra isso) na classe trabalhadora.

4. A figura da pequena propriedade familiar também não é critério para definir a classe média porque a economia neoliberal, ao desmontar o modelo fordista, fragmentar e terceirizar o trabalho produtivo em milhares de microempresas (grande parte delas, familiares) dependentes do capital transnacional, transformou esses pequenos empresários em força produtiva que, juntamente com os prestadores individuais de serviços (seja na condição de trabalhadores precários, seja na condição de trabalhadores informais), é dirigida e dominada pelos oligopólios multinacionais, em suma, os transformou numa parte da nova classe trabalhadora mundial.

Restaram, portanto, as burocracias estatal e empresarial, o serviço público, a pequena propriedade fundiária e o pequeno comércio não filiado às grandes redes de oligopólios transnacionais como espaços para alocar a classe média. No Brasil, esta se beneficiou com as políticas econômicas dos últimos dez anos, também cresceu e prosperou.

Assim, se retornarmos ao exemplo do viajante brasileiro na Europa dos anos 1950 e 1960, diremos que a nova classe trabalhadora brasileira começa, finalmente, a ter acesso aos direitos sociais e a se tornar participante ativa do consumo de massa. Como a tradição autoritária da sociedade brasileira não pode admitir a existência de uma classe trabalhadora que não seja constituída pelos miseráveis deserdados da terra, os pobres desnutridos, analfabetos e incompetentes, imediatamente passou-se a afirmar que surgiu uma nova classe média, pois isso é menos perigoso para a ordem estabelecida do que uma classe trabalhadora protagonista social e política.

Ao mesmo tempo, entretanto, quando dizemos que se trata de uma *nova* classe trabalhadora consideramos que a novidade não se encontra apenas nos efeitos das políticas sociais e econômicas, mas também nos dois elementos trazidos pelo neoliberalismo, quais sejam, de um lado, a fragmentação, terceirização e precarização do trabalho e, de outro, a incorporação à classe trabalhadora de segmentos sociais que, nas formas anteriores do capitalismo, teriam pertencido à classe média. Dessa nova classe trabalhadora pouco se sabe até o momento.

5. Classe média: como desatar o nó?

Uma classe social não é um *dado* fixo, definido apenas pelas determinações econômicas, mas um *sujeito* social, político, moral e cultural que age, se constitui, interpreta a si mesmo e se transforma por meio da luta de classes. Ela é uma *práxis*, ou como escreveu E. P. Thompson, um fazer-se histórico. Ora, se é nisso que reside a possibilidade transformadora da classe trabalhadora, é nisso também que reside a possibilidade de ocultamento de seu ser e o risco de sua absorção ideológica pela classe dominante, sendo o primeiro sinal desse risco justamente a difusão de que há uma nova classe média no Brasil. E é também por isso que a classe média coloca uma questão política de enorme relevância.

Estando fora do núcleo econômico definidor do capitalismo, a classe média encontra-se também fora do núcleo do poder político: ela não detém o poder do Estado nem o poder social da classe trabalhadora organizada. Isso a coloca numa posição que a define menos por sua posição econômica e muito mais por *seu lugar ideológico*, e este tende a ser contraditório.

Por sua posição no sistema social, a classe média tende a ser fragmentada, raramente encontrando um interesse comum que a unifique. Todavia, certos setores, como é o caso dos estudantes, dos funcionários públicos, dos intelectuais e de lideranças religiosas, tendem a se organizar e a se opor à classe dominante em nome da justiça social, colocando-se na defesa dos interesses e direitos dos excluídos, dos espoliados, dos oprimidos; numa palavra, tendem para a esquerda e, via de regra, para a extrema esquerda e o voluntarismo. No entanto, essa configuração é contrabalançada por outra exatamente oposta. Fragmentada, perpassada pelo individualismo competitivo, desprovida de um referencial social e econômico sólido e claro, a classe média tende a alimentar o imaginário da ordem e da segurança porque, em decorrência de sua fragmentação e de sua instabilidade, seu imaginário é povoado por um sonho e por um pesadelo: seu sonho é tornar-se parte da classe dominante; seu pesadelo é tornar-se proletária. Para que o sonho se realize e o pesadelo não se concretize, é preciso ordem e segurança. Isso torna a classe média ideologicamente conservadora e reacionária, e seu papel social e político é o de *assegurar a hegemonia ideológica da classe dominante*, fazendo com que essa ideologia, por intermédio da escola, da religião, dos meios de comunicação, se naturalize e se espalhe pelo todo da sociedade. É sob essa perspectiva que se pode dizer que a classe média é a formadora da opinião social e política conservadora e reacionária.

Cabe ainda particularizar a classe média brasileira, que, além dos traços anteriores, é também determinada pela estrutura autoritária da sociedade brasileira. De fato, conservando as marcas da sociedade colonial escravista, a sociedade brasileira é marcada pelo predomínio do espaço privado sobre o público e, tendo o centro na hierarquia familiar, é fortemente hierarquizada em todos os seus aspectos: nela, as relações sociais e intersubjetivas são sempre realizadas como relação entre um superior, que manda, e um inferior, que obedece. As diferenças e assimetrias são sempre transformadas em desigualdades que reforçam a relação mando-obediência, e as desigualdades são naturalizadas. As relações entre os que se julgam iguais são de "parentesco", isto é, de cumplicidade; e, entre aqueles que são vistos como desiguais, o relacionamento toma a forma do favor, da clientela, da tutela ou da cooptação, e, quando a desigualdade é muito marcada, assume a forma da opressão. A divisão social das classes é sobredeterminada pela polarização entre a carência (das classes populares) e o privilégio (da classe dominante), que é acentuada e reforçada pela adoção da economia neoliberal. Visto que uma carência é sempre particular, ela se distingue do interesse, que pode ser comum, e do direito, que é sempre universal. Visto que o privilégio é sempre particular, não pode unificar-se num interesse comum e jamais pode transformar-se num direito, pois, nesse caso, deixaria de ser privilégio. Compreende-se, portanto, a dificuldade para instituir no Brasil a democracia, que se define pela criação de novos direitos pela sociedade e sua garantia pelo Estado.

Parte constitutiva da sociedade brasileira, a classe média não só incorpora e propaga ideologicamente as formas autoritárias das relações sociais, como também incorpora e propaga a naturalização e valorização positiva da fragmentação e dispersão socioeconômica, trazidas pela economia neoliberal e defendidas ideologicamente pelo estímulo ao individualismo competitivo agressivo e ao sucesso a qualquer preço pela astúcia para operar com os procedimentos do mercado.

Ora, por mais que, no Brasil, as políticas econômicas e sociais tenham avançado em direção à democracia, as condições impostas pela economia neoliberal determinaram, como vimos, a difusão por toda a sociedade da ideologia da competência e da racionalidade do mercado como competição e promessa de sucesso. Uma vez que a nova classe trabalhadora brasileira se constituiu no interior desse momento do capitalismo, marcado pela fragmentação e dispersão do trabalho produtivo, de terceirização, precariedade e informalidade do trabalho, percebido como prestação de serviço de indivíduos independentes que se relacionam com outros indivíduos independentes na esfera do mercado de bens e serviços, ela se torna propensa a aderir ao individualismo competitivo e agressivo difundido pela classe média. Em outras palavras, o *ser do social* permanece oculto e por isso ela tende a aderir ao *modo de aparecer do social* como conjunto heterogêneo de indivíduos e interesses particulares em competição. E ela própria tende a acreditar que faz parte de uma nova classe média brasileira.

Essa crença é reforçada por sua entrada no consumo de massa.

De fato, do ponto de vista simbólico, a classe média substitui a falta de poder econômico e de poder político, que a definem, seja pela guinada ao voluntarismo de esquerda, seja voltando-se para a direita pela busca do prestígio e dos signos de prestígio, como os diplomas e os títulos vindos das profissões liberais, e pelo consumo de serviços e objetos indicadores de autoridade, riqueza, abundância, ascensão social – a casa no "bairro nobre" com quatro suítes, o carro importado, a roupa de marca etc. Em outras palavras, o consumo lhe aparece como ascensão social em direção à classe dominante e como distância intransponível entre ela e a classe trabalhadora. Esta, por sua vez, ao ter acesso ao consumo de massa tende a tomar esse imaginário por realidade e a aderir a ele.

Se, pelas condições atuais de sua formação, a nova classe trabalhadora brasileira está cercada por todos os lados pelos valores e símbolos neoliberais difundidos pela classe média, como desatar esse nó?

6. Para finalizar

Se a política democrática corresponde a uma *sociedade democrática* e se no Brasil a sociedade é autoritária, hierárquica, vertical, oligárquica, polarizada entre a carência e o privilégio, só será possível dar continuidade a uma política democrática enfrentando essa estrutura social. A ideia de inclusão social não é suficiente para derrubar essa polarização. Esta só pode ser enfrentada se o privilégio for enfrentado e este só será enfrentado por meio de quatro grandes ações políticas: uma reforma tributária que opere sobre a vergonhosa concentração da renda e faça o Estado passar da política de transferência de renda para a da distribuição e redistribuição da renda; uma reforma política, que dê uma dimensão republicana às instituições públicas; uma reforma social, que consolide o Estado do bem-estar social como política do Estado e não apenas como programa de governo; e uma política de cidadania cultural capaz de desmontar o imaginário autoritário, quebrando o monopólio da classe dominante sobre a esfera dos bens simbólicos e sua difusão e conservação por meio da classe média.

Mas a ação do Estado só pode ir até esse ponto. A continuidade da construção de uma sociedade democrática só pode ser a práxis da classe trabalhadora e por isso é fundamental que ela própria, como já o fez tantas outras vezes na história e tão claramente no Brasil, nos anos 1980 e 1990, encontre, em meio às adversidades impostas pelo modo de produção capitalista, caminhos novos de organização, crie suas formas de luta e de expressão autônoma, seja o sujeito de seu fazer.

* * *

Crônicas paulistanas

Era a manhã de uma quinta-feira, no "bairro nobre" de Higienópolis, em São Paulo. Pelas ruas, uma passeata, alguns folhetos e cartazes: os moradores de classe média "alta" do bairro puseram-se em movimento para impedir a construção de uma estação de metrô em sua vizinhança, alegando que a presença cotidiana de trabalhadores em trânsito traria violência, perigo, sujeira e crime, ameaçando a ordem e a segurança da região.

Era um sábado à noite. Nos aeroportos de Congonhas e Guarulhos, centenas de passageiros enfrentavam uma situação caótica: voos atrasados, alguns cancelados, outros transferidos de um setor para outro dos aeroportos, sem aviso prévio. Muita confusão. Uma parcela dos passageiros, com valises estampando *griffes* famosas para marcar sua posição de "alta" classe média, manifestou coletivamente seu profundo desagrado e, aqui e acolá, ouvia-se o mesmo refrão: "É isto o presente de grego deste governo. Entupiu os aeroportos com a gentalha que deveria estar nas estações rodoviárias, onde é o seu lugar!".

Era um domingo à tarde. Precisei ir ao banco para fazer uma retirada de dinheiro para as despesas da semana. Meu genro me deu uma carona, mas ao chegar à agência bancária não lhe foi possível estacionar porque as três entradas para carros estavam obstruídas por um enorme automóvel prateado, cujos vidros escuros impediam-nos de saber se havia alguém ali. Desci no meio da rua e ao me dirigir ao banco voltei-me para o veículo prateado e indaguei em voz bem alta, pois não sabia se, além de escuros, impedindo a visão, os vidros também seriam blindados, impedindo a entrada de algum som:

– Há alguém aí? Vocês vão ao banco? Estão impedindo o estacionamento de outros carros!

Nenhuma resposta.

Entrei na agência bancária e ia começar uma operação quando uma moça, toda faceira, vestida, calçada e maquiada com todas as marcas grã-finas, se aproximou e gritou:

– Não tem educação, não? Vai gritando assim pela rua?

Retruquei:

– Você ocupou todo o espaço disponível para o estacionamento dos carros e eu não sabia sequer se havia alguém no seu carro.

Nesse exato momento, entrou um homem (não tão moço quanto ela, mas também coberto de *griffes* da alta moda) e gritou:

– Você pensa que eu vou estacionar o meu Mercedes em qualquer lugar?

Foi a conta. Do fundo das minhas entranhas veio o brado:

– Você é o típico representante da classe média paulistana! Fascista! Você é uma abominação política!

Por alguns segundos ele ficou sem ação, mas a moça não teve dúvidas: me bateu.

Voltei-me para ela:

– Você vai passar da violência verbal para a violência física? Você é uma abominação ética!

Os dois se entreolharam perplexos e ele retomou a iniciativa:

– Você é uma velha feia!

Foi a sopa no mel. Repliquei:

– A minha idade é um fato da natureza, é um dado objetivo. Você não pode transformar um dado da natureza num xingamento. Você é uma abominação cognitiva!

Os dois ficaram imóveis por um momento e partiram sem dizer mais nada.

Na verdade, foram derrotados naquilo em que, certamente, são sempre vitoriosos: seu intento, típico de classe média, de fazer valer o "sabe com quem está falando?". De fato, suas falas procuraram automática e imediatamente estabelecer uma relação de hierarquia, em que eles eram a parte superior e eu, a parte inferior do pedaço: não tenho educação, não sei o valor de um Mercedes, devo mesmo apanhar e sou uma velha feia diante de dois jovens (ele, nem tanto) elegantes e bonitos. O intento era me inferiorizar e me humilhar, isto é, me pôr no meu lugar. Afinal, o que é que estou pensando que sou?

A CONSTRUÇÃO DA HEGEMONIA PÓS-NEOLIBERAL

Emir Sader

1. A era neoliberal

O neoliberalismo representa o projeto de realização máxima do capitalismo, na medida em que visa a mercantilização de todos os espaços das formações sociais. Houve quem, precipitadamente, prognosticasse que seria a fase final do capitalismo – no processo dialético de sua realização plena e de seu esgotamento histórico. Com base nesse prognóstico, derivou-se como consequência política, do lado progressista, que só seria possível sair do capitalismo neoliberal para entrar no socialismo – como se houvesse uma sucessão mecânica de formas de organização social. Do lado conservador, a realização máxima do capitalismo apareceu como "o fim da história", em que todos os acontecimentos se dariam nos limites insuperáveis da democracia liberal e da economia de mercado.

O caráter contraditório do modelo neoliberal permitiu essas incompreensões, que só podem ser contornadas pela análise concreta do que significa o período histórico atual em que se situa o neoliberalismo. Trata-se de um período que promoveu a passagem de um mundo bipolar a um mundo unipolar, sob a hegemonia imperial norte-americana, a passagem de um ciclo longo expansivo do capitalismo – sua "era de ouro", segundo o historiador Eric Hobsbawm – a um ciclo longo recessivo, e a passagem da hegemonia de um modelo regulador ou keynesiano ou de bem-estar social – como se queira chamá-lo – a um modelo liberal de mercado.

O novo período promoveu a hegemonia imperial norte-americana, aparentemente sem limites, porém, paradoxalmente, sem conseguir impor a *Pax Americana*. Ao contrário, ingressamos em décadas marcadas por guerras, como efeito da estratégia norte-americana de militarização dos conflitos que, em vez de resolvê-los, os perpetuou.

Do ponto de vista econômico, o diagnóstico dos neoliberais de que as regulamentações eram um obstáculo ao crescimento econômico levou a menos controles estatais e ao livre-comércio. Porém, como o capital não foi feito para produzir, mas para acumular – como ensinou Marx –, houve um fantástico processo de transferência mundial de capitais do setor produtivo para o financeiro, sob a modalidade especulativa. A crise profunda dos países do centro do capitalismo, iniciada em 2008 e que se seguiu, ainda sem horizonte de superação, revelou a fragilidade da hegemonia de um modelo centrado na acumulação financeira.

Para entender as debilidades econômicas e políticas do bloco dominante hoje no mundo é preciso colocá-las no contexto do desaparecimento do sistema soviético, o contraponto do bloco imperialista. Com seu desaparecimento, produziu-se também a desmoralização da ideia do socialismo, da economia centralmente planificada, do Estado, da política, dos partidos, das alternativas coletivas, do marxismo. Gerou-se uma situação dramática, em que, apesar do enfraquecimento dos modelos dominantes, não se deu o surgimento de alternativas, em que os chamados fatores subjetivos do anticapitalismo regrediram de forma significativa. A decadência da hegemonia imperial norte-americana não encontrou uma força ou um conjunto de forças que pudesse exercer uma hegemonia alternativa. Ao esgotamento do modelo neoliberal não correspondeu um modelo alternativo que pudesse substituí-lo em escala global.

Vivemos e seguiremos vivendo ainda por um tempo prolongado um período turbulento, nos planos geopolítico e econômico-financeiro, de disputa hegemônica, em que um mundo velho insiste em sobreviver e um mundo novo encontra dificuldades para se afirmar.

A América Latina foi uma vítima concentrada das transformações regressivas de período histórico. Depois de viver o período mais significativo de sua história até aquele momento, na reação à crise de 1929, com um período de industrialização, urbanização, construção de Estados nacionais, fortalecimento de partidos e organizações populares, construção de ideologias e culturas nacionais, encerrou-se esse ciclo longo de expansão com a crise da dívida, na virada dos anos 1970 para os anos 1980. Fechou-se o ciclo desenvolvimentista e com ele desapareceu da agenda até o próprio tema do desenvolvimento, substituído pelo da estabilidade monetária, típico de períodos conservadores.

Além disso, o continente viveu, em alguns dos seus países politicamente mais importantes – Brasil, Chile, Uruguai, Argentina – ditaduras militares que quebraram a capacidade de luta e resistência dos movimentos populares. E, já não bastasse, o continente foi a região do mundo com o maior número de governos neoliberais, em suas modalidades mais radicais.

O neoliberalismo chegou à América Latina pela via da luta contra a inflação e, por meio dela, da crítica ao Estado, apontado como o responsável pelo desequilíbrio monetário, além de outras mazelas, como o bloqueio à livre circulação de capitais, a ineficiência administrativa, a corrupção, o atraso, a excessiva tributação. Cada país repetiu, à sua maneira, o ideário neoliberal, com governos ditatoriais, como Pinochet, "nacionalistas", como Carlos Menem, ou social-democratas, como Fernando Henrique Cardoso.

2. O neoliberalismo no Brasil

O golpe militar no Brasil teve uma particularidade em relação aos outros golpes da região. O golpe se deu ainda no ciclo longo expansivo do capitalismo mundial e, com isso, o regime conseguiu, mediante a repressão aos sindicatos e o arrocho salarial, imprimir um ritmo expansivo à economia. Nos outros países da região, que também tiveram ditaduras, o regime de exceção foi instalado no ciclo longo recessivo da economia mundial, o que coincidiu com recessão e com formas iniciais de conversão ao neoliberalismo.

Durante a ditadura, o Brasil não enfraqueceu economicamente o Estado, apesar do ingresso maciço de capital estrangeiro. Foi só com a crise da dívida que a situação econômica do Brasil se igualou às dos outros países, abandonando projetos de desenvolvimento, sob o impacto do crescimento das dívidas e dos acordos com o Fundo Monetário Internacional (FMI).

A transição democrática no Brasil teve força suficiente – ao contrário de outros países da região – para convocar uma Assembleia Constituinte e dotar-se de uma carta da democracia restaurada. Seu presidente, Ulysses Guimarães, a chamou de Assembleia Cidadã, porque ela restaurou direitos cassados pela ditadura militar.

Porém, revelou-se rapidamente que a carta democrática teria dificuldades para ser implementada, porque nascia na contramão da onda neoliberal, que se afirmava no mundo e também na América Latina. Logo surgiram vozes no governo Sarney que afirmavam que os direitos cidadãos tornariam o Estado brasileiro ingovernável e seriam impossíveis de serem cumpridos sem agravar a recessão econômica.

O fracasso do governo Sarney, no qual se aliaram características políticas do velho e novo regime, que impediram que a democratização política se desdobrasse em democratização econômica, social e cultural, esgotou o impulso democratizador da sociedade brasileira, permitindo que a polarização democracia/ditadura saísse de cena, dando lugar aos paradigmas neoliberais, representados inicialmente por Fernando Collor. Este centrou seu discurso na crítica às "carroças" – uma defesa da abertura da economia brasileira ao mercado internacional – e aos "marajás" – para cortar gastos públicos e impor arrocho aos servidores.

O processo de transição democrática se esgotava assim sem ter democratizado o poder econômico no Brasil. Não se democratizou o sistema bancário, nem os meios de comunicação, nem a propriedade da terra, nem as grandes estruturas industriais e comerciais. O fim da ditadura não representou a democratização da sociedade brasileira. O país continuou sendo o mais desigual do continente, um dos mais desiguais do mundo.

O *impeachment* de Collor fez com que o projeto neoliberal sofresse um atraso no Brasil. Quando foi retomado por FHC, ainda no governo Itamar Franco, o México já sofria a primeira crise tipicamente neoliberal, em 1994. Tivemos então um neoliberalismo tardio com o governo FHC, que, além disso, ainda teve de enfrentar fortes resistências políticas e populares, protagonizadas por partidos de esquerda e movimentos sociais.

Quando disse que ia "virar a página do getulismo" na história do Brasil, FHC revelava a consciência clara de que o Estado regulador, protetor do mercado interno, indutor do crescimento econômico, que garantia os direitos sociais e promovia a soberania externa era um obstáculo frontal ao modelo neoliberal. Buscou desarticulá-lo, reduzindo-o ao Estado mínimo, a favor da centralidade do mercado. Desregulamentou a economia, abriu o mercado interno, promoveu a precarização das relações de trabalho, privatizou o patrimônio público a preços mínimos, submeteu a política externa às orientações dos Estados Unidos.

Depois da estabilidade monetária, o impulso de apoio ao programa neoliberal terminou e, após três crises, sempre com empréstimos e acordos de ajuste do FMI, a economia brasileira entrou em profunda e prolongada recessão, da qual só sairia no governo Lula. Fracassou o projeto que havia pregado que a estabilidade monetária, por si mesma, geraria modernização econômica e distribuição de renda.

O neoliberalismo no Brasil promoveu dois fenômenos centrais, ambos negativos: a financeirização da economia e a precarização das relações de trabalho. A desregulamentação liberou os capitais dos seus entraves e eles buscaram no setor financeiro, maciçamente, as melhores formas de maximização dos lucros. Os investimentos especulativos se tornaram muito mais atraentes do que os produtivos, gerando uma brutal transferência de renda de uma esfera para a outra. O Estado se tornou refém do capital financeiro, com a multiplicação do déficit público e seu endividamento.

As relações de trabalho foram submetidas a processos de informalização, que na realidade significaram sua precarização, com a expropriação de direitos essenciais dos trabalhadores – a começar pelo contrato formal de trabalho –, fazendo com que deixassem de ser cidadãos do ponto de vista social, isto é, deixassem de ser sujeitos de seus direitos. A maior parte dos trabalhadores se manteve na condição da exclusão social.

Foi esta a "herança maldita" que o governo Lula recebeu de FHC.

3. O pós-neoliberalismo no Brasil

Os governos do Lula e da Dilma podem ser caracterizados como pós-neoliberais, pelos elementos centrais de ruptura com o modelo neoliberal – de Collor, Itamar e FHC – e pelos elementos que têm em comum com outros governos da região, como os Kirchners na Argentina, da Frente Ampla no Uruguai, de Hugo Chávez na Venezuela, de Evo Morales na Bolívia e de Rafael Correa no Equador.

Esses governos representam uma reação antineoliberal no marco das grandes recessões que abalaram o continente, nas últimas décadas do século passado, mencionadas anteriormente. Os traços que esses governos têm em comum, que permite agrupá-los na mesma categoria, são:

a) priorizam as políticas sociais e não o ajuste fiscal;
b) priorizam os processos de integração regional e os intercâmbios Sul-Sul e não os tratados de livre-comércio com os Estados Unidos;
c) priorizam o papel do Estado como indutor do crescimento econômico e da distribuição de renda, em vez do Estado mínimo e da centralidade do mercado.

A construção do pós-neoliberalismo no Brasil se deu a partir das condições que levaram à vitória eleitoral de Lula. É preciso recordar que, apesar do fracasso e da falta de apoio de FHC no fim do seu mandato, Lula manteve nesse momento os pouco mais de 30% da preferência eleitoral histórica que o PT sempre teve, o que era suficiente para chegar ao segundo turno, mas não para triunfar. Daí, deu-se a crise da candidatura de Ciro Gomes – que liderava as pesquisas – do mesmo jeito que tinha acontecido com Roseana Sarney, sob o impacto de fortes campanhas sujas do Serra, ameaçado de ficar fora do segundo turno. Isso fez com que mais votos ficassem disponíveis, disputados aliás por Lula e Serra, e teve um impacto decisivo para definir o resultado final das eleições de 2002. Serra teve contra si o fato de ser o candidato da continuidade do governo FHC, por mais que tratasse de se distanciar do governo, mas fora ministro dele e era o candidato do partido do governo.

Lula conquistou a maior parcela desses votos, que o levaram à vitória – dando um salto de cerca de vinte pontos em seu resultado. Para isso, promoveu uma operação de reestruturação de sua campanha, incorporando a estabilidade monetária – um tema de consenso nacional naquele momento, a proteção contra a inflação – e o respeito aos compromissos com o capital financeiro, o que implicava na não renegociação da dívida externa e a não taxação do capital financeiro. A imagem do Lula, tradicionalmente associada a denúncias contra a situação política e econômica, uma imagem portanto com teor negativo, foi alterada e surgiu o "Lula, paz e amor". A combinação de mudança de discurso e imagem permitiu que Lula triunfasse, nas complexas condições dessas eleições.

A vitória do Lula, na quarta tentativa de chegar à Presidência, não foi precedida por grandes mobilizações populares, como provavelmente teria ocorrido em 1989 e 1994. As mobilizações populares foram suficientes para impedir que o processo de privatizações atingisse também a Petrobras, o Banco do Brasil e a Caixa Econômica Federal, mas os movimentos sociais sofreram os efeitos das duras políticas antipopulares de FHC, sem falar da sistemática campanha do governo neoliberal e da mídia de desqualificação dos trabalhadores e suas organizações. A vitória do Lula representou um alívio para as organizações populares, submetidas então a pressões e golpes sistemáticos.

Dentre os constrangimentos concretos à vitória eleitoral e às possibilidades de governo de Lula, também houve a falta de maioria parlamentar, já que o PT não contou inicialmente com o apoio do PMDB. As relações do Lula com o Legislativo explicam em parte a crise de 2005, quando o presidente ampliou a base de apoio do governo, que se consolidou a partir daquele momento.

Apesar de veicular a Carta aos Brasileiros, com o objetivo de expor suas intenções de governo, Lula assumiu a Presidência sob forte pressão do assim chamado "risco Lula", a expectativa de que continuasse o ataque especulativo da fuga de capitais iniciado durante a campanha eleitoral. Havia o risco de instabilidade econômica, atrelada a uma suposta falta de confiança do grande capital nacional e internacional nas posições de Lula, que também era uma ameaça do capital de inviabilizar o novo governo.

A construção da hegemonia política do governo foi produto da intuição e do pragmatismo do Lula como presidente. Ele combinou estabilidade monetária e retomada do desenvolvimento econômico e políticas de distribuição de renda, que assumiu centralidade nas políticas de governo. Essa combinação é a chave do enigma Lula.

Lula buscou avançar inicialmente pelas vias de menor resistência e maior fragilidade do neoliberalismo: deu prioridade às políticas sociais (enquanto o neoliberalismo impôs a ditadura da economia) e aos projetos de integração regional (enquanto o neoliberalismo privilegiou o livre-comércio e os tratados de livre-comércio com os Estados Unidos). A criação de formas inovadoras de políticas sociais – o próprio Bolsa Família, que passou a simbolizar a reversão das condições sociais históricas herdadas pelo governo Lula – e a inviabilização da Área de Livre Comércio das Américas (Alca), um bloco econômico regional do qual o Brasil e os Estados Unidos eram os principais elementos, marcaram a ruptura com a herança neoliberal e se tornaram eixos estratégicos da alternativa pós-neoliberal.

De forma coerente com a Carta aos Brasileiros, Lula nomeou uma equipe econômica conservadora e tomou medidas preventivas, um duro ajuste fiscal, com o objetivo de evitar os riscos inflacionários e de fuga de capitais. Em outro plano, promoveu uma reforma regressiva da previdência e uma inócua reforma tributária, na expectativa de tranquilizar os investidores e permitir uma retomada dos investimentos.

O caráter conservador dessas medidas e a falta de maioria no Congresso levaram às duas maiores crises que marcaram o governo Lula em seus primeiros anos, uma delas pela esquerda, a outra pela direita. A primeira delas foi protagonizada por setores dos movimentos sociais e do próprio PT contra a reforma da previdência e as medidas econômicas conservadoras, que culminou com a saída de setores do PT.

A segunda crise foi resultado de uma ofensiva opositora, sobredimensionando na mídia, por meio de uma exitosa operação de marketing político, denúncias políticas. Na ocasião, chegou-se a mencionar a possibilidade de um *impeachment* do presidente, depois da queda de alguns dos seus principais ministros e assessores.

As consequências da complexa crise de 2005 foram determinantes para o futuro do governo Lula:

1. No imaginário político do país ficou a imagem de que "os petistas" tinham sido responsáveis por manejos ilegais de recursos para comprar apoios, o que reverteu a imagem pública do PT, visto até então como partido ético, transformado em partido da corrupção, vinculado ao uso de recursos para negócios obscuros.

2. A oposição centrou sua ação nesse tipo de denúncia, fazendo da "corrupção" do governo Lula e do PT seu mote central de atuação política. Os setores dissidentes do PT, que haviam abandonado o partido, em vez de centrarem suas críticas na política econômica, também aderiram à centralidade das denúncias de corrupção, fracassando assim na construção de uma alternativa à esquerda do PT.

3. Os investimentos em políticas sociais começaram a surtir resultados, deslocando a base fundamental de apoio social do governo para os setores mais pobres e para as regiões mais relegadas do país. Diante da possibilidade de o Lula desencadear uma grande mobilização popular na defesa do governo e do seu mandato, a oposição recuou e jogou tudo na possibilidade de sangrar o governo dos recursos no Congresso e derrotá-lo nas eleições de 2006. Mas os efeitos das políticas sociais permitiram a Lula se reeleger, consolidando um novo tipo de apoio popular ao governo, paralelo à retomada do crescimento econômico. Essa tendência teve a ver diretamente com a mudança da equipe econômica do governo e das suas prioridades gerais, que abandonou a orientação conservadora da política econômica, substituindo-a por um modelo de desenvolvimento que articulava estruturalmente crescimento econômico com políticas de distribuição de renda.

O campo político se polarizou entre o governo e seu modelo econômico-social, com suas políticas de integração regional e um Estado indutor do crescimento econômico e garantidor dos direitos sociais, e uma oposição, dirigida pela mídia privada e refugiada nas denúncias de corrupção contra o governo. A polarização não poderia ser mais favorável ao governo, que se beneficiou das grandes transformações sociais que promoveu para alcançar índices inéditos de aprovação popular.

A construção do pós-neoliberalismo, portanto, se deu pela decisão do governo de priorizar as políticas sociais e a reinserção internacional do Brasil. O primeiro aspecto mudou a fisionomia social do país; o segundo, nosso lugar no mundo. A crise de 2008 consolidou o papel ativo do Estado, com políticas anticíclicas, que permitiram resistir os influxos recessivos que vieram dos países do centro do sistema.

4. A construção do pós-neoliberalismo

O Brasil passou, em poucas décadas, por uma ditadura militar – 21 anos – por governos neoliberais –12 anos –, e agora já completa 10 anos de governos pós-neoliberais. São mudanças muito radicais, num espaço relativamente curto de tempo.

Durante 38 desses quase 50 anos, a desigualdade se intensificou, a concentração de renda e a exclusão social aumentaram. O Estado foi de um aparato blindado militarmente, fundado na Doutrina de Segurança Nacional, promotor de políticas a favor do grande capital nacional e internacional, a um Estado mínimo, fundado nas doutrinas liberais de mercado, com políticas favoráveis ao capital financeiro.

Os governos do Lula e da Dilma representam uma ruptura com essas décadas, promovendo uma inflexão marcante na evolução da formação social brasileira. Por mais que o modelo neoliberal siga dominante em escala mundial e nosso próprio país ainda sofra os reflexos das transformações regressivas realizadas pelos governos neoliberais, os governos do Lula e da Dilma nos colocaram na contramão das tendências mundiais.

Esses governos de resistência se construíram como respostas anticíclicas às tendências recessivas do centro do capitalismo. Conseguiram resistir à recessão, mas tiveram de se adaptar aos retrocessos impostos pelo neoliberalismo: a desindustrialização, o protagonismo de exportador primário, uma sociedade fragmentada, as ideologias consumistas.

Como construir sociedades democráticas, solidárias, humanistas, a partir dessa herança? É esse o maior desafio para o Brasil e para os governos pós-neoliberais da América Latina. Não basta reagir à recessão e às fórmulas superadas do livre-comércio, do Estado mínimo, da centralidade do mercado etc. É preciso ter um projeto de sociedade, tomando a fase atual – pós-neoliberal – como um momento de transição para projetos que não apenas reajam e resistam à onda neoliberal, mas se proponham a construção de sociedades justas, soberanas e solidárias.

No caso do Brasil, é necessário quebrar o papel hegemônico do capital financeiro, que insiste em canalizar seus investimentos para a especulação, a atividade econômica antissocial, que não cria nem bens nem empregos. Esse capital resiste a todos os incentivos do governo para uma reciclagem na direção dos investimentos produtivos.

Acentuar as formas de tributação da movimentação do capital financeiro, levar adiante uma reforma tributária socialmente justa – em que quem tem mais paga mais –, reforçar um papel ainda mais atuante dos bancos públicos e exigir contrapartidas a todas as formas de isenção e de subsídio do governo na direção de investimentos produtivos e da criação de empregos são algumas das medidas para a quebra da hegemonia do capital financeiro, sob sua modalidade especulativa, que segue ainda vigente no Brasil. Essas devem ser tarefas centrais do governo.

O governo também precisa promover uma agricultura, que não seja meramente voltada à exportação, mas garanta autossuficiência alimentar, gerando empregos e acesso à terra aos milhões de trabalhadores ainda sem terra, além de fortalecer cada vez mais a economia familiar, a que realmente produz alimentos para o mercado interno e gera empregos no campo.

Além da quebra do monopólio do dinheiro – o capital especulativo – e do monopólio da terra, o Brasil precisa democratizar a formação da opinião pública, precisa produzir a democratização do acesso à palavra, precisa quebrar o monopólio dos meios de comunicação. Precisa fazer com que o imenso processo de democratização social chegue ao plano cultural, com a multiplicação dos espaços de informação, discussão, intercâmbio e criação cultural. País democrático é aquele onde há meios de comunicação pluralistas, que expressem a imensa e rica diversidade cultural e de opiniões de seu povo, não mais privilégio de alguns, dos mais poderosos.

A democracia não pode se reduzir ao acesso de todos aos direitos sociais fundamentais e tem de incluir o direito à expressão. Para que o povo participe, não apenas sob a forma limitada do voto, do consenso passivo, mas da participação política mais plena, que o eleva a sujeito da história e não apenas objeto das políticas do governo, o direito à expressão é tão essencial quanto o direito de acesso aos bens materiais. Há uma herança a ser quebrada aí, já que a democratização do Brasil veio acompanhada de um fortalecimento do monopólio dos meios de comunicação, com o mandato de cinco anos de Antônio Carlos Magalhães no Ministério das Comunicações, que consolidou o poder dos grupos oligárquicos tradicionais sobre as rádios, as TVs, os jornais e as revistas.

A alternativa na democracia não pode se colocar entre silenciar a mídia ou deixá-la sob monopólio privado, na mão de algumas famílias no caso brasileiro, o que silencia todos os que não têm acesso aos espaços midiáticos, a grande maioria da população. A assunção dos proprietários das empresas de mídia de que eles são o verdadeiro partido da oposição significa, expressamente, que eles não têm neutralidade, nem pretendem ser espaço para a formação democrática e pluralista da opinião pública.

Na internet, conseguimos fazer "guerrilha", com dinamismo e criatividade. Mas o papel de "exército regular", que ocupa os grandes espaços e forja a agenda política nacional, está com os grandes meios. Os jornais, com tiragens sempre descendentes, fornecem a pauta para as rádios e as TVs, de forma concatenada, pela propriedade cruzada das grandes empresas monopolistas.

Outro eixo essencial para a superação do neoliberalismo é o financiamento público das campanhas eleitorais. O neoliberalismo representa um tipo de sociedade em que prima o poder do dinheiro, em que tudo tem preço, tudo se vende, tudo se compra, tudo é transformado em mercadoria. Da mesma forma que o poder do dinheiro se impõe nos meios de comunicação, o sistema político também é diretamente condicionado pelo poder econômico, fazendo com que entre o povo e seus representantes interceda o dinheiro, que financia desigualmente as campanhas eleitorais.

Como resultado, os parlamentos não representam a sociedade, mas refletem a desigual distribuição de renda, o que gera um Congresso dominado pelos *lobbies* – do agronegócio, das escolas privadas, dos planos de saúde privados, dos proprietários de meios de comunicação, das igrejas evangélicas, entre outros.

Superar um tipo de sociedade fundada no poder do dinheiro, da desigualdade econômica e social supõe contar com a consciência e a mobilização popular, o que requer a democratização dos meios de comunicação e da representação política.

POLÍTICAS PÚBLICAS E SITUAÇÃO SOCIAL NA PRIMEIRA DÉCADA DO SÉCULO XXI

Marcio Pochmann

A primeira década do século XXI passará para a história como um ponto de inversão na trajetória socioeconômica brasileira. As duas últimas décadas do século passado foram muito difíceis, com sinais de regressão econômica e social do país. No ano de 2000, a economia brasileira era a 13ª do mundo, o desemprego aberto atingia quase 11 milhões de pessoas e o rendimento do trabalho respondia por somente 39% da renda nacional. Vinte anos antes, em 1980, o Brasil encontrava-se entre as oito maiores economias do mundo, com menos de 2 milhões de desempregados e o rendimento do trabalho representava a metade da renda nacional. O Brasil recuperou o dinamismo econômico e o rendimento das famílias cresceu generalizadamente nos anos 2000. Mas, vale notar, isso também ocorreu nos anos 1970 – e de forma mais intensa –, sem ter resultado na diminuição simultânea da pobreza e da desigualdade de renda do trabalho.

O que explica, então, a inédita *performance* alcançada pelo país no período recente? Essa é a questão a qual o presente ensaio procurará responder, a partir de dados e fatos reais. Apresenta-se inicialmente um breve panorama acerca da evolução da situação social brasileira recente para, na sequência, oferecer elementos da realidade que buscam explicar a inversão na trajetória socioeconômica nacional. No fim, apresentam-se os principais traços da estratégia de mudança social adotada a partir do governo Lula. Dessa forma espera-se contribuir para melhor entender a trajetória pós-neoliberal adotada pelo Brasil na primeira década do século XXI.

1. Panorama da situação social brasileira

A partir das informações estatísticas oficiais disponíveis acerca dos indicadores socioeconômicos no Brasil, contata-se uma inflexão ao longo da primeira década do século XXI. Isso pode ser constatado, por exemplo, na evolução tanto da desigualdade na repartição da renda como da pobreza.

Em relação à desigualdade, o sentido da reversão na distribuição pessoal da renda do trabalho é compatível com a elevação da renda *per capita* dos brasileiros nos anos 2000. Simultaneamente, constata-se que o movimento de recuperação na participação do rendimento do trabalho na renda nacional sinaliza uma sintonia fina com a elevação dos componentes de melhora da situação geral dos trabalhadores. Noutras palavras, há uma ampliação na taxa de ocupação em relação ao total da força de trabalho (isto é, uma queda do desemprego) e na formalização dos empregos da mão de obra, com a queda na pobreza absoluta.

Figura 1: Evolução dos índices da renda por habitante e da desigualdade na distribuição pessoal da renda no Brasil* (1960=100)

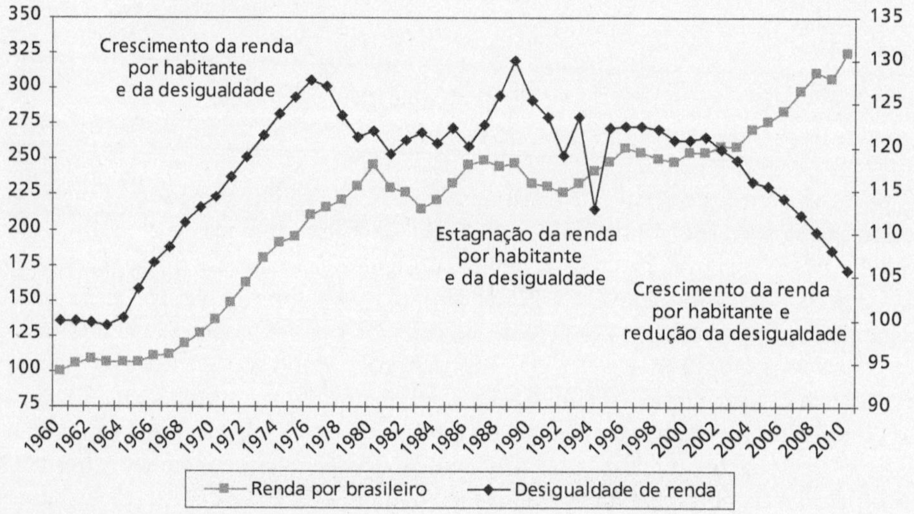

Fonte: IBGE/Contas Nacionais (elaboração Ipea).* Índice de Gini.

Durante os últimos cinquenta anos, os indicadores socioeconômicos sintéticos aqui tomados como referência apresentaram três distintas trajetórias. A primeira, entre as décadas de 1960 e 1970, registrou forte expansão da renda *per capita*, com elevação média anual de 4,6% ao ano. Também em relação à situação geral do trabalho, compreendida pela ampliação da taxa de ocupação da mão de obra, de formalização dos empregos gerados e de redução da pobreza, observou-se uma expansão média anual de 4,2%.

Mesmo assim, a participação do rendimento do trabalho na renda nacional caiu 11,7% e o grau de desigualdade na distribuição pessoal da renda do trabalho aumentou quase 22% entre 1960 e 1980. Em síntese, no Brasil, nesse período, cresceu a renda por habitante e melhorou a ocupação, mas piorou consideravelmente a distribuição pessoal e funcional da renda.

Figura 2: Evolução dos índices da participação do rendimento do trabalho na renda nacional e da composição do trabalho no Brasil* (1960=100)

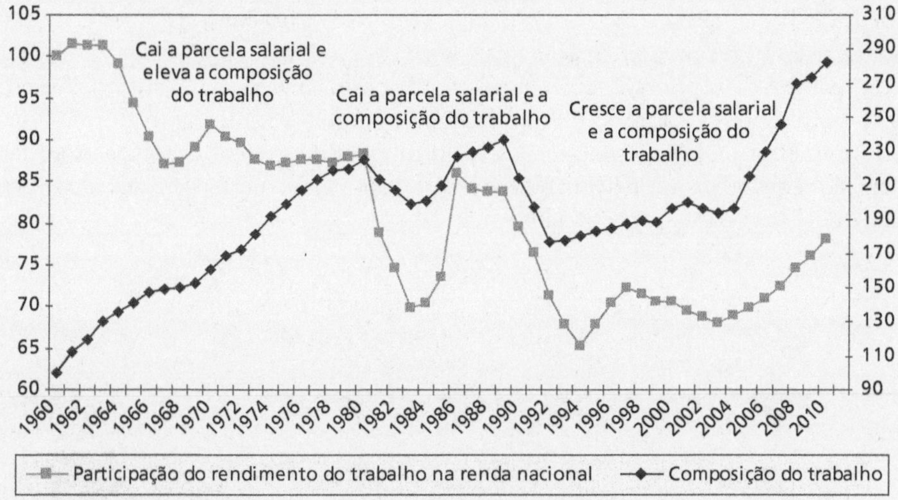

Fonte: IBGE/Contas Nacionais (elaboração Ipea). * Taxa de ocupação, de formalização do emprego gerado e de pobreza.

A segunda trajetória dos indicadores socioeconômicos ocorreu entre 1981 e 2003. A renda do conjunto dos brasileiros permaneceu praticamente estagnada, com variação média anual positiva de 0,2% e a situação geral do trabalho piorou 14%, especialmente na taxa de ocupação e formalização dos empregos gerados. Nesse período, a participação do rendimento do trabalho na renda nacional diminuiu 23%. A desigualdade na distribuição pessoal da renda do trabalho manteve-se praticamente inalterada, pois se reduziu ao ritmo de 0,1% por ano, em média.

A terceira trajetória, iniciada a partir de 2004, quando houve expansão média anual da renda *per capita* dos brasileiros de 3,3% e, simultaneamente, melhora do índice que reflete a situação geral do trabalho ao ritmo de 5,5% por ano, em média. A participação do rendimento do trabalho na renda nacional subiu 14,8% entre 2004 e 2010. Nesse mesmo período de tempo, o grau de desigualdade na distribuição pessoal da renda do trabalho foi reduzido em 10,7%.

2. Elementos da recente inversão de trajetória

O principal aspecto das mudanças sociais observadas até a década de 1980 no Brasil foi o vigor da aceleração da produção industrial. Simultaneamente à expansão absoluta da produção secundária da economia (indústria e construção civil), assistiu-se à perda relativa de importância do produto do setor primário (agropecuária), sem que houvesse alteração significativa na participação do setor terciário da economia (serviços e comércio).

Tanto assim que, entre 1950 e 1980, o peso do produto do setor secundário passou de 20,5% do Produto Interno Bruto (PIB) para 38,6% (aumento de 88,3%), ao passo que a participação do setor primário reduziu-se de 29,4% para 10,7% do PIB (queda de 63,6%). Para o mesmo período de tempo, o setor terciário manteve-se relativamente estável, com participação inferior a 51% do PIB.

No início do século XXI, somente o setor terciário tem registrado aumento na sua posição relativa em relação ao PIB. Entre 1980 e 2008, o setor terciário cresceu o seu peso relativo em 30,6%, respondendo atualmente por dois terços de toda a produção nacional, enquanto os setores primários e secundários perderam respectivamente 44,9% e 27,7% de suas participações relativas no PIB.

Figura 3: Evolução da composição setorial do Produto Interno Bruto no Brasil (em %)

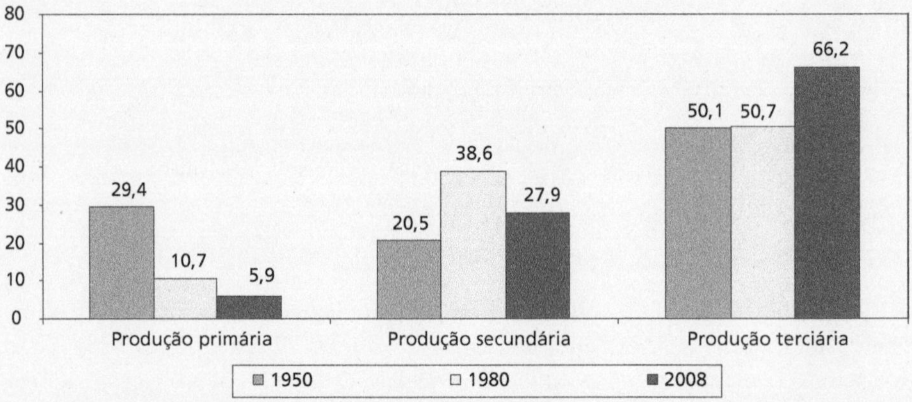

Fonte: IBGE/Contas Nacionais (elaboração Ipea).

As alterações no interior da dinâmica da produção nacional repercutiram na evolução e composição da ocupação da força de trabalho. Na fase em que predominou a força da dinâmica industrial, a ocupação do setor primário reduziu-se drasticamente, passando de quase 61% do total de postos de trabalho em 1950 para menos de um terço desse total em 1980. Ao mesmo tempo, os setores secundário e terciário aumentaram suas posições relativas na ocupação total, pulando de quase 17% e 22,5%, respectivamente, em 1950 para próximo de 25% e 43%, em 1980.

Desde a década de 1980, somente o setor terciário tem crescido o seu peso no total da ocupação nacional. O setor primário seguiu diminuindo o seu peso relativo no total dos postos de trabalho, de 32,8% para 18,4% entre 1980 e 2008, enquanto o setor secundário manteve-se relativamente estabilizado em quase um quarto da ocupação nacional.

Na década de 2000, o setor terciário tem gerado 2,3 vezes mais empregos do que o setor secundário, ao passo que, na década de 1970, o setor terciário gerava somente

30% mais postos de trabalho que o setor secundário da economia nacional. No setor primário, a diminuição nos postos de trabalho no primeiro decênio do século XXI chegou a ser 9 vezes maior do que o que se verificou na década de 1970.

Percebe-se também que, nos últimos quarenta anos, a maior expansão quantitativa de ocupações ocorreu justamente no primeiro decênio do século XXI, com saldo líquido 44% superior ao verificado no período de 1980 e 1990 e 22% superior à década de 1970. A grande parte dos postos de trabalhos gerados concentrou-se na base da pirâmide social, uma vez que 95% das vagas abertas tinham remuneração mensal de até 1,5 salário-mínimo. O que significou o saldo líquido de 2 milhões de ocupações abertas por ano em média para o segmento de trabalhadores de salário de base.

Figura 4: Evolução da composição setorial da ocupação (em %)

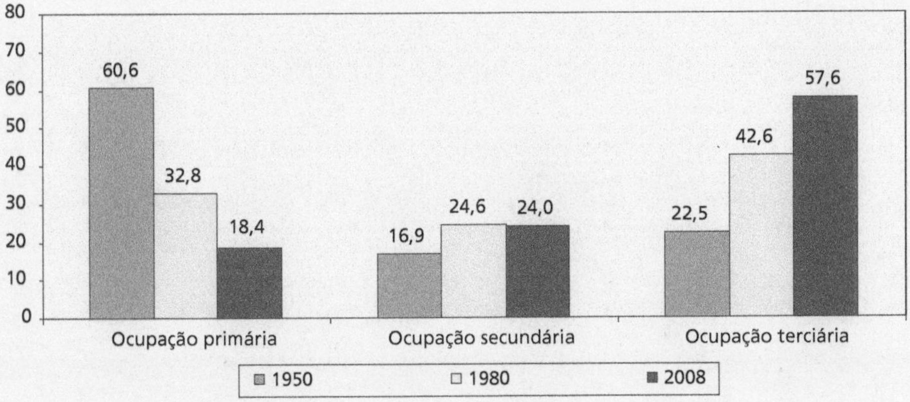

Fonte: IBGE/Censo Demográfico e PNAD (elaboração Ipea).

Nas faixas dos trabalhadores sem remuneração e dos acima de três salários-mínimos mensais houve destruição líquida de ocupações, de 108 mil e de quase 400 mil vagas em média por ano, respectivamente. No segmento dos ocupados pertencentes à faixa de rendimento de 1,5 a 3 salários-mínimos mensais houve a geração média anual de 616 mil postos de trabalho.

Nos anos 1970, a geração de postos de trabalho foi menos desequilibrada entre as diversas faixas de remuneração, com leve queda líquida das ocupações sem rendimentos. Na média, nas décadas de 1980 e 1990 todas as faixas de remuneração cresceram, sendo a de melhor desempenho a de rendimento acima de três salários-mínimos mensais.

Com isso, a estrutura de remuneração dos ocupados brasileiros alterou-se significativamente. De 1970 a 2000 houve uma trajetória de redução relativa do segmento de remuneração na faixa de até 1,5 salário-mínimo mensal, que passou de 77,1% para 45,8% de todos os postos de trabalho. Também aumentou o peso relativo das ocupações de maior rendimento, como no caso daquelas com mais de três salários-mínimos mensais, que saltou dos 9% de todas as vagas, em 1970, para 28,7%, em 2000.

Na primeira década de 2000, a parcela dos ocupados com até 1,5 salário-mínimo voltou a crescer, aproximando-se de quase 59% de todos os postos de trabalho. Em compensação, as demais faixas de remuneração reduziram sua posição relativa.

Em função disso, a estrutura da distribuição dos postos de trabalho de acordo com as faixas de remuneração no ano de 2009 aproximou-se a da registrada em 1980, com forte peso para as ocupações na base da pirâmide social. A recuperação do valor real do salário-mínimo tem contribuído decisivamente para proteger e elevar o piso do poder de compra das remunerações dos trabalhadores que se encontram nos postos de trabalho em profusão nos setores mais dinâmicos da economia nacional, ou seja, no setor terciário, seguido da construção civil e indústrias extrativas.

Figura 5: Evolução do saldo das ocupações de acordo com setores de atividade econômica no Brasil (em mil)

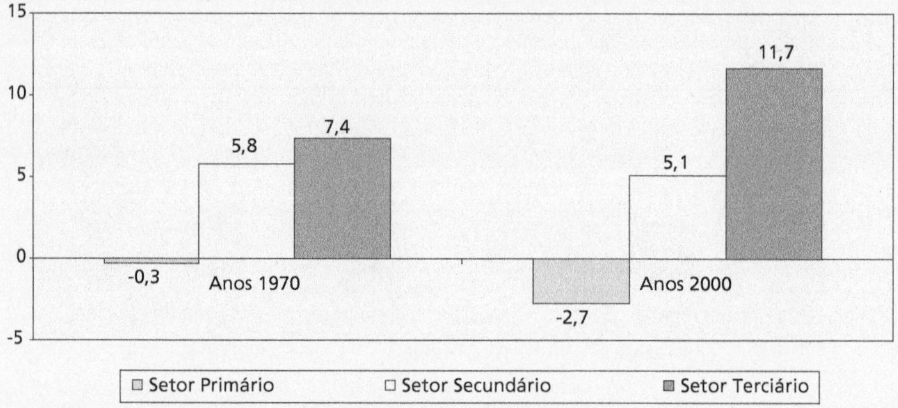

Fonte: IBGE/Censo Demográfico e PNAD (elaboração Ipea).

3. Reposicionamento das políticas públicas

Pela primeira vez desde a Depressão de 1929, a recuperação econômica mundial vem se realizando sob a liderança de países não desenvolvidos. China, Índia e Brasil promovem parte substancial da expansão econômica mundial desde a crise global de 2008, reafirmando a via já observada desde o início da década de 2000.

No caso brasileiro, o Estado se apresentou como peça fundamental do reposicionamento do país no mundo, seja pela decisiva consolidação do gasto social com nova dinâmica econômica, seja pelo planejamento estratégico de coordenação dos investimentos no país.

Por um lado, a força emergente dos impulsos provenientes da economia social tende a se diferenciar do ciclo de expansão produtiva das décadas de 1930 e 1980, quando permaneceu secundária e subordinada às decisões de gastos privados e públicos. Até então, a máxima de crescer para depois distribuir predominava, implicando um espaço em geral estreito para o avanço da autonomia relativa do gasto social.

As bases da economia social atual originaram-se na Constituição Federal de 1988, que estabeleceu os grandes complexos do Estado de bem-estar social no Brasil, especialmente no âmbito da seguridade social (saúde, previdência e assistência social), favoráveis ao avanço importante do gasto social absoluto e relativo ao PIB. Mesmo assim, a difusão do receituário neoliberal na década de 1990 praticamente paralisou as possibilidades de avanço do gasto social, com crescente focalização dos recursos e desvio da tendência universalista.

Atualmente, por exemplo, o gasto social agregado se aproxima de 23% do PIB, quase 10 pontos percentuais a mais do verificado em 1985 (13,3%). Ou seja, de cada quatro reais gastos no país um vincula-se diretamente à economia social. Se for contabilizado também o seu efeito multiplicador (elasticidade de 0,8) pode-se estimar que quase a metade de toda a produção de riqueza nacional se encontra relacionada direta e indiretamente à dinâmica da economia social.

O impacto econômico do avanço recente do Estado de bem-estar social no Brasil não tem sido geralmente muito bem percebido. Tanto assim que continua a reinar a visão liberal-conservadora que considera o gasto social como algo secundário, associado ao paternalismo de governantes e, por isso, passível de cortes.

De maneira geral, um quinto do rendimento das famílias depende, em média, das transferências monetárias decorrentes das políticas previdenciárias e assistenciais da seguridade social brasileira. Antes da Constituição Federal de 1988, as famílias não chegavam a obter, em média, 10% dos seus rendimentos das transferências monetárias.

Os segmentos de menor rendimento foram os mais beneficiados pela constituição do Estado de Bem-Estar Social, uma vez que, em 2008, a base da pirâmide social (os 10% mais pobres) tinha 25% de seu rendimento dependente das transferências monetárias; em 1978, era somente de 7%, ou seja, houve um aumento de 3,6 vezes. No topo da mesma pirâmide social (os 10% mais ricos), as transferências monetárias respondiam, em 2008, por 18% do rendimento *per capita* dos domicílios ante 8% em 1978. Ou seja, houve um aumento de 2,2 vezes.

Adicionalmente, observa-se que, em 1978, somente 8,3% dos domicílios cujo rendimento *per capita* das famílias situava-se no menor decil da distribuição de renda recebiam transferências monetárias, enquanto, no maior decil, as transferências monetárias alcançavam 24,4% dos domicílios. Trinta anos depois, constata-se que 58,3% das famílias na base da pirâmide social recebem transferências monetárias, assim como 40,8% do total dos domicílios mais ricos do país. Houve um aumento de 7 vezes para as famílias de baixa renda e de 1,7 vez para as famílias de maior rendimento.

Pode-se concluir a respeito do impacto sobre a pobreza das transferências previdenciárias e das assistências monetárias: sem elas, o Brasil teria, em 2008, 40,5 milhões de pessoas recebendo um rendimento de até 25% do salário-mínimo nacional. Com a complementação de renda pelas transferências, o Brasil registra 18,7 milhões de pessoas com até um quarto de salário-mínimo mensal. Resumidamente, são 21,8 milhões de pessoas que conseguiram ultrapassar a linha de pobreza extrema (até 25% do salário-mínimo *per capita*).

Sobre o efeito das transferências monetárias nas unidades da federação, identificam-se dois aspectos inovadores que decorrem da emergência da economia social.

O primeiro se relaciona ao maior peso das transferências no rendimento médio das famílias nos estados nordestinos, como Piauí (31,2%), Paraíba (27,5%) e Pernambuco (25,7%), bem acima da média nacional (19,3%). Isso não é muito destoante do senso comum, salvo pela constatação de o Rio de Janeiro ser o quarto estado com maior presença das transferências no rendimento das famílias (25,5%, São Paulo tem 16,4%). O segundo aspecto diz respeito ao fato de as famílias pertencentes aos estados mais ricos absorverem a maior parte do fundo público comprometido com as transferências monetárias. Assim, a Região Sudeste incorpora 50% do total dos recursos anualmente comprometidos com as transferências previdenciárias e assistenciais da seguridade social: São Paulo absorve 23,5% do total, seguido do Rio de Janeiro (13,7%) e Minas Gerais (10,9%).

As novidades no interior da dinâmica econômica brasileira atual exigem que se reavalie a eficácia dos velhos pressupostos da política macroeconômica tradicional. A economia social sustenta hoje parcela significativa do comportamento geral da demanda agregada nacional, além de garantir uma elevação considerável do padrão de vida dos brasileiros, sobretudo daqueles situados na base da pirâmide social.

Com o planejamento agregado dos investimentos, inicialmente retomado pelo bloco de recursos voltados à Política de Desenvolvimento Produtivo (PDP) e, depois, ao Programa de Aceleração do Crescimento (PAC), o país começou a ensaiar os últimos passos da transição da macroeconomia financeira para a da produção.

Pelo lado da PDP, o país vem fazendo uma intensa reestruturação patrimonial nos setores privado e estatal, sobre o uso dos recursos públicos e o reposicionamento dos fundos de pensão das empresas estatais. Liderado pelo Banco Nacional de Desenvolvimento Econômico e Social (BNDES), o país forma também suas grandes corporações transnacionais (nas áreas de construção civil, alimentos, energia, siderurgia e transporte, entre outras), cujo objetivo é se recolocar no espaço restrito da ultramonopolização da competição capitalista mundial, guiada por não mais do que quinhentas corporações transnacionais. As três maiores delas possuem um faturamento anual que equivale ao PIB brasileiro, atualmente o oitavo do mundo.

O estágio atual da reestruturação capitalista faz com que as grandes corporações sejam maiores que Estados nacionais; assim não são mais os países que detêm as empresas, mas justamente o inverso. O Brasil, nesse caso, segue tardiamente a trajetória asiática de constituição de grandes corporações globais, após duas tentativas frustradas anteriormente (a tentativa de constituição de um grande *holding* do setor público durante o Plano Cruzado, em 1986, e a privatização dos anos 1990, que transferiu patrimônio público equivalente a 15% do PIB ao setor privado, sobretudo estrangeiro).

Nos últimos três anos, quase um terço do total dos recursos disponibilizados pelo BNDES no financiamento dos investimentos foi canalizado para somente dez grandes grupos econômicos privados em processo de concentração e fusão. Ao se considerar as empresas estatais, chega-se ao resultado de quase dois terços do total dos recursos (R$286 bilhões) desembolsados pelo banco público para apenas doze grandes corporações nacionais privadas e estatais. Com isso, a coordenação dos investimentos estimulada pelo aparelho de Estado pretende reduzir – quase duas décadas depois da equivocada e selvagem privatização imposta pelas políticas neoliberais – a dependência e subordinação do capitalismo brasileiro, que se associa à lógica do século XIX (produtor e exportador de produtos primários).

Pelo deslocamento do centro dinâmico mundial dos Estados Unidos para a Ásia, especialmente a China, o Brasil – assim como toda a América Latina e a África – assumiu um papel importante na oferta internacional de *commodities*, o que levou à reprimarização da pauta de exportação. A PDP, nesse sentido, projeta o salvamento de alguns setores dessa triste trajetória de subordinação imposta pelo passado da trágica condução neoliberal.

Na perspectiva do PAC, coloca-se o planejamento estratégico de concentrar recursos públicos na reconstituição da infraestrutura econômica e social, abandonada pelo neoliberalismo e depauperada por mais de duas décadas de desinvestimentos. Nos setores de energia (elétrica, fóssil, eólica), de saneamento e habitação popular e das ferrovias, aeroportos, portos, estradas, tecnologias, entre outros, a roda da economia começou a se movimentar, com importantes impactos regionais e locais derivados da volta dos grandes projetos nacionais de reforço à integração nacional.

Quase quatro quintos do mais de 1 trilhão de reais do investimento previsto pelos PACs 1 e 2 estão direcionados à energia e infraestrutura urbana. Somente na programação de desembolsos ao saneamento e à habitação popular se colocou 75% dos recursos provenientes da Caixa Econômica Federal, com o objetivo de reduzir o enorme déficit de moradia que atinge a base da pirâmide social e de urbanizar parte das favelas dos grandes centros metropolitanos do país.

Ao mesmo tempo, o conjunto de investimentos conduzidos pelo PAC busca alterar a dinâmica regional. Com isso, parte do enorme vazio produtivo e ocupacional nas grandes áreas do país passa a contar com investimentos que fortalecem as estruturas das atividades econômicas, o que contribui para reduzir o grau de concentração da renda nas regiões Centro-Sul.

4. Estratégia de mudança social pós-neoliberal

O governo Lula (2003-2010) e a continuidade dada pela presidenta Dilma indicam o quanto a superação do subdesenvolvimento brasileiro não ocorre de forma natural e espontânea pelas livres forças do mercado, conforme anteriormente defendido pelos governos neoliberais dos anos 1990. Quatro pressupostos fundamentaram a estratégia de mudança social de natureza pós-neoliberal conduzidas desde 2003, sintetizados a seguir.

O primeiro pressuposto foi o abandono da perspectiva neoliberal de que bastaria alcançar a estabilidade monetária para que, com a abertura produtiva, comercial, tecnológica, bancária e trabalhista, ocorressem automaticamente a expansão econômica e os avanços sociais. Como no regime militar, que possuía como meta central crescer o bolo da economia para só depois reparti-lo, os governos neoliberais da década de 1990 colocaram a estabilidade monetária como um fim em si mesmo. Privatizar sem critério, murchar o Estado nos seus pontos vitais, abrir ainda mais e de graça o setor produtivo ao capital forâneo e apropriar-se de mais renda dos pobres por meio do brutal aumento da carga tributária fizeram parte do ataque anti-inflacionário que deveria automaticamente resultar no crescimento econômico.

Em vez de avançar-se para o desenvolvimento, assistiu-se à regressão social, econômica e ambiental do Brasil, com a queda do 8º posto econômico mundial, em 1980, para o 13º em 2000, e a subida no *ranking* do desemprego global (do 13º posto, em

1980, para o 3º, em 2000). Ao mesmo tempo houve um dos maiores processos de concentração de renda e riqueza, decorrência da geração de um expressivo endividamento do setor público (de um terço do PIB, em 1993, para 55%, em 2002), do aumento de dez pontos percentuais da carga tributária em relação ao PIB e da transferência do patrimônio público para grandes grupos privados nacionais e estrangeiros equivalente a 14% do PIB, com a demissão de mais de meio milhão de trabalhadores. O resultado disso foi a queda na participação do rendimento do trabalho de 50% do PIB para menos de 40% e crescente exclusão social.

Nesse sentido, a recuperação do papel do Estado com os governos Lula e Dilma se mostrou essencial para que o Brasil pudesse retornar à luta pela superação do subdesenvolvimento, e os resultados positivos começaram rapidamente a aparecer com o crescimento econômico duas vezes maior que na década de 1990 (com a consequente recuperação de posições no *ranking* do PIB mundial), combinado com a redistribuição da renda, sobretudo na base da pirâmide social, e a elevação da participação do rendimento do trabalho na renda nacional. Para isso foi necessário recompor as empresas e bancos estatais, ampliar o universo de funcionários públicos com a substituição dos terceirizados na execução das políticas de Estado e inovar no que diz respeito às ações públicas, como nos casos do PAC para a infraestrutura, do Programa Nacional de Habitação Popular (Minha Casa Minha Vida), da exploração do petróleo no pré-sal, da ampliação dos serviços de saúde, educação, eletrificação, entre tantos outros exemplos. O Brasil emergiu com vontade própria e a capacidade de se reorganizar em torno de um novo projeto de desenvolvimento nacional foi liderada por importante convergência política conduzida pelo governo Lula.

O segundo pressuposto se deu a partir da opção de conceder forte ênfase às políticas sociais. Isso implicou romper com a perspectiva dos governos neoliberais dos anos de 1990, quando predominou a versão de que o Brasil não poderia elevar o valor real do salário-mínimo, já que supostamente isso geraria mais informalidade e desemprego no mercado de trabalho, assim como o avanço nos programas sociais supostamente provocaria a quebra da Previdência Social e a desorganização das finanças públicas. Somente a desregulamentação das leis sociais e trabalhistas permitiria, nessa perspectiva, fazer com que as empresas contratassem mais trabalhadores.

Esses e outros componentes do receituário neoliberal viraram mitos nos últimos anos, uma vez que o salário-mínimo registrou aumento de quase 54% em termos reais, com queda sensível no desemprego e na informalidade da mão de obra ocupada. A despeito da ampliação da cobertura e dos valores pagos aos aposentados e pensionistas, da incorporação de mais de 12 milhões de famílias no programa Bolsa Família e da inclusão bancária e creditícia de milhões de brasileiros, o endividamento público caiu de mais de 55% do PIB, em 2002, para cerca de 40% do PIB, em 2010. Simultaneamente, a pobreza caiu mais de 30% desde 2003 e o Brasil conseguiu voltar a permitir a ascensão social para milhões de brasileiros, após mais de duas décadas de congelamento das oportunidades educacionais, de renda e de ocupação.

Atualmente, a dinâmica da economia nacional encontra-se associada ao comportamento do gasto social, que responde pelo fortalecimento do setor privado na produção de bens e serviços adequados à crescente demanda decorrente do processo de inclusão de enormes segmentos tradicionalmente excluídos. Assim, o gasto social, ao mesmo tempo em que representa uma ferramenta fundamental na promoção da coesão da sociedade brasileira, torna-se cada vez mais o multiplicador da incorporação pelo mercado de consumo. Distribuir para ampliar os horizontes da economia e fazer crescer mais rapidamente a renda para redistribuí-la menos desigualmente configuram a singular experiência de liderança mundial, sobretudo após a crise internacional de 2008, que fazem de Brasil, Índia e China os propulsores do novo desenvolvimentismo internacional.

O terceiro pressuposto estabelecido pelo programa pós-neoliberal assentou-se na busca da maior autonomia na governança interna da política econômica nacional. Durante a crise da dívida externa (1981-1983), o lema governamental adotado – exportar é o que importa – dizia respeito à condição de país atrelado a compromissos com o pagamento internacional. Na época, a redução do consumo interno para gerar excedentes exportadores transferiu para o exterior uma parcela importante das fontes de dinamismo interno, assim como a ênfase exagerada na inundação de oferta interna dos bens e serviços por meio da redução tarifária, juros reais altos e câmbio valorizado, conduzidos pelo Plano Real (pós-1994), promoveu o processo antecipado da desindustrialização do setor produtivo nacional. Mesmo com os espasmos de crescimento da economia nacional na segunda metade da década de 1990, não houve expansão do emprego formal, na medida em que a renda interna vazou para o exterior, com o consequente aumento da presença de importados e decréscimo das exportações geradoras dos elevados déficits comerciais.

Nesse sentido, o governo Lula ousou ao romper com o passado, o que permitiu substituir o déficit pelo superávit comercial e fazer do mercado interno a principal fonte do presente dinamismo da economia nacional. Para isso, fortaleceu gradualmente a gestão operacional e técnica do Estado, paralisando a privatização e reativando o planejamento reorganizador do investimento público e da coordenação das expectativas do setor privado.

O resultado direto foi o início da transição da macroeconomia da financeirização da riqueza para a macroeconomia do produtivismo, das obras de infraestrutura e de ampliação da produção nacional em consonância com a elevação do consumo, sobretudo dos segmentos de menor renda, sem efeitos inflacionários. Na crise internacional do fim de 2008, o Brasil foi um dos últimos a ser contaminado e um dos primeiros a superá-la, pois teve inteligência e ousadia para fazer políticas contracíclicas (redução dos tributos e juros, com aumento do crédito público e das políticas de garantia de renda) que evitaram o pior, especialmente o deslocamento do ônus para os mais pobres, conforme verificado até então. Nas crises internacionais anteriores (1981-1983, 1990-1992 e 1998-1999), o Brasil adotou políticas pró-crise (aumento dos tributos e juros, com a contração do gasto e do crédito público), que aprofundaram o sofrimento humano e tornaram a economia nacional mais dependente do exterior.

Por fim, o quarto pressuposto definido foi o reposicionamento brasileiro frente ao estabelecimento da nova geopolítica mundial. A antiga trajetória do Brasil como devedor externo foi afastada, após mais de duas décadas sucessivas a crise da dívida de 1981-1983. Foi a fase dos diversos acordos e cartas de intenções firmados com o Fundo Monetário Internacional (FMI), especialmente em 1999 e 2002, que terminaram por colocar o país numa situação rebaixada em termos internacionais.

Além de depender dos organismos financeiros multilaterais, o país não registrou condições de acumular reservas externas, o que o tornou uma presa fácil dos crescentes movimentos especulativos da economia global. Tanto assim que, na moratória russa, em 1998-1999, o Brasil, que detinha menos de 25 bilhões de dólares de reservas externas, teve de recorrer a um vexaminoso acordo com diversos organismos internacionais.

No período recente, o Brasil equacionou alguns dos principais problemas de vulnerabilidade externa. De devedor passou à posição de credor internacional (com empréstimos de recursos inclusive ao FMI), bem como multiplicou por dez vezes a soma das reservas externas. Com isso passou ileso em relação ao movimento especulativo gerado na crise internacional de 2008 e se reposicionou positivamente em termos de inserção internacional. Isso não apenas favoreceu a integração sul-americana e do Mercosul, com o abandono da Alca, um projeto dominador estadunidense, como ampliou decisivamente a quantidade de parceiros comerciais na África, Ásia e Oriente Médio, o que tornou o Brasil menos dependente das vendas externas aos países ricos (em contraposição ao exemplo mexicano). Nos organismos internacionais, o país vem exercendo cada vez mais uma posição de liderança até então desconhecida, o que fez da economia externa brasileira uma referência galvanizadora do protagonismo soberano e integrador de cooperação técnica crescente com outras nações.

5. Considerações finais

Nas páginas anteriores foi possível constatar que o sentido geral das mudanças sociais recentes se apresenta distinto do verificado em relação aos últimos cinquenta anos, especialmente na comparação com a fase dos governos neoliberais da última década do século XX. Nos governos Lula e Dilma, o Brasil tem conseguido, pela primeira vez, combinar maior ampliação da renda por habitante com redução no grau de desigualdade na distribuição pessoal da renda do trabalho. Recuperou-se também a participação do rendimento do trabalho na renda nacional e houve um quadro geral de melhora da situação do exercício do trabalho, com a diminuição do desemprego e o crescimento do emprego formal.

A dinâmica das mudanças sociais encontra-se associada às transformações na estrutura produtiva, com crescente impulso do setor terciário, sobretudo na geração de postos de trabalho. De maneira geral, o maior saldo líquido das ocupações abertas na década de 2000 concentrou-se naquelas de salário de base, ou seja, ao redor do salário-mínimo nacional, o que abriu inegável horizonte de oportunidades de trabalho e renda a um enorme segmento social esquecido secularmente.

Combinado com a recuperação do valor real do salário-mínimo nacional, a recente expansão das vagas de salário de base permitiram absorver enormes parcelas de trabalhadores na base da pirâmide social, reduzindo sensivelmente a taxa de pobreza em todo o país. Ao reduzir em mais de três pontos percentuais do PIB os gastos com juros da dívida pública, um resultado da transição da macroeconomia da financeirização da riqueza para a lógica da produção e do consumo, ocorreu o fortalecimento da política social de sustentação da renda e proteção na base da pirâmide social.

Tudo isso indica o quanto a inflexão brasileira a partir da primeira década do século XXI resulta da adoção de uma inegável estratégia de mudanças sociais substanciais. Não há dúvida de que o Brasil segue o seu caminho próprio após a grande noite neoliberal de regressão social e econômica do país.

DESENVOLVIMENTO REGIONAL BRASILEIRO E POLÍTICAS PÚBLICAS FEDERAIS NO GOVERNO LULA

Tania Bacelar de Araujo

1. Introdução

A dimensão regional do desenvolvimento brasileiro nem sempre merece atenção no debate acadêmico ou político. O presente artigo busca tratar tal aspecto no contexto das mudanças e permanências observadas no país na primeira década do século XXI, na qual se inscreve o governo de Luiz Inácio Lula da Silva, emigrante nordestino que cresceu em São Paulo e, por isso mesmo, percorreu trajetória comum a milhões de brasileiros nascidos em territórios menos desenvolvidos.

Procura-se, inicialmente, destacar as heranças mais importantes do processo de ocupação humana e econômica do imenso território brasileiro a fim de dar a dimensão do desafio a enfrentar no começo do atual século pelos que lutam por um país regionalmente menos desigual, um dos principais objetivos de políticas públicas voltadas à construção de um desenvolvimento mais sustentável. Destacam-se, a princípio, algumas tendências consideradas relevantes para, em seguida, discutir o que aconteceu no período analisado.

Mais adiante, coloca-se o foco da análise nos anos 2003-2010 e apresentam-se dados e comentários sobre resultados importantes desse período no que se refere às repercussões regionais de opções-chave do governo federal.

Por fim, discute-se o papel exercido pelas políticas públicas federais, em especial as voltadas explicitamente à promoção do desenvolvimento regional, na trajetória observada. Para concluir, identificam-se algumas vitórias e derrotas, com a apresentação de novos e velhos desafios para a construção de um país menos desigual social e regionalmente e que aproveite melhor as potencialidades de sua enorme e diversificada base territorial.

2. As heranças do processo de ocupação do território nacional

O Brasil possui três heranças principais, quando visto pela óptica da história da ocupação humana e econômica de seu território. A primeira é a forte concentração nos espaços litorâneos. Ao se inserir na economia mundial como colônia de exploração voltada à exportação, o Brasil priorizou o adensamento das áreas próximas aos portos. A independência não alterou o modelo primário exportador e isso deixou marcas muito importantes, entre elas o forte contraste entre a faixa litorânea – de ocupação densa – e a região central do país – cuja ocupação se intensificou em tempos recentes. A região litorânea brasileira concentrou a população, as principais cidades, a base produtiva e, consequentemente, a infraestrutura e as instituições produtoras de conhecimento (a maioria das universidades e dos centros de pesquisa do país).

A segunda grande herança é a diversidade regional. O desenvolvimento brasileiro estruturou-se sobre um território que comporta seis biomas diferentes. Nessa base ambiental magnificamente diferenciada, estruturaram-se, ao longo do tempo, polos produtivos também diversos: o complexo açucareiro, o de mineração, o cafeeiro, o algodoeiro, o pecuário, o de pecuária extensiva etc. Cada um deixou sua marca: o Nordeste açucareiro é muito diferente do Sudeste cafeeiro, o Nordeste algodoeiro é muito distinto do Sul pecuário, e assim por diante.

Por sua vez, cada região do país misturou, à sua maneira, os ingredientes étnico-culturais formadores da população brasileira atual, em especial os indígenas, os brancos europeus, os negros de origem africana e os asiáticos. Tal miscigenação, com predominâncias distintas nas várias regiões brasileiras, resultou numa maravilhosa diversidade cultural, que é um dos maiores patrimônios do país. Darcy Ribeiro foi um dos estudiosos que enfatizou tal riqueza ao buscar entender a formação do povo brasileiro[1], assim como Celso Furtado, que avançou na identificação dos traços formadores da identidade nacional no diverso mosaico cultural:

> Em meio milênio de história, partindo de uma constelação de feitorias, de populações indígenas desgarradas, de escravos transplantados de outro continente, de aventureiros europeus e asiáticos em busca de um destino melhor, chegamos a um povo de extraordinária polivalência cultural, a um país sem paralelo pela vastidão territorial e homogeneidade linguística e religiosa.[2]

A terceira herança é a da desigualdade regional. É uma herança que se ampliou muito no século XX, quando o país consolidou sua inserção no mundo industrial e rompeu com sua tradição primário-exportadora para abrigar uma das mais importantes e diversificadas bases industriais do planeta. Nessa trajetória exitosa, no entanto, ousou concentrar cerca de 80% do valor da transformação industrial numa única região: o Sudeste. E quase 45% da indústria foi instalada na atual região metropolitana de São Paulo. Um padrão de concentração econômica desse porte, registrado em 1970, dificilmente é encontrado no mundo.

Outra consequência da transição do Brasil para a era industrial moderna foi que a industrialização integrou o mercado brasileiro. No período primário exportador, se produzia aqui para se vender lá fora. Com a industrialização, o comando da acumula-

---

[1] Darcy Ribeiro, *O povo brasileiro: a formação e o sentido do Brasil* (São Paulo, Companhia das Letras, 1995).

[2] Celso Furtado, *Brasil: a construção interrompida* (São Paulo, Paz e Terra, 1992).

ção de capital se internalizou e o mercado interno ganhou hegemonia, como já destacaram vários estudiosos. Para isso, foi preciso integrar fisicamente o mercado brasileiro: criar uma malha urbana e uma nova malha viária e de comunicações. Hoje, em Oeiras, no Piauí, se compra, via internet, um artigo fabricado em Porto Alegre, no Rio Grande do Sul, e, dois dias depois, recebe-se o produto em sua casa.

Isso é uma enorme diferença em relação ao Brasil do início do século XX. E este é um dos grandes trunfos do país para as corporações transnacionais: quando aqui desembarcam, elas não vêm atrás de uma plataforma de exportação, mas do próprio mercado brasileiro, que está integrado desde meados do século passado. Uma parte dessa conquista deve ser creditada ao ex-presidente Juscelino Kubitschek, pois foi em seu governo que tiveram início as ligações verticais da malha viária do país. Antes, predominavam amplamente as ligações horizontais: do interior para a costa, da zona produtora para o porto exportador. O Plano de Metas, do governo JK, estabeleceu uma nova lógica: no coração do Centro-Oeste se instalou Brasília, a nova capital, e se construiu a rodovia Belém-Brasília, se fez a Rio-Bahia, entre outras iniciativas. Ou seja, foram criadas as condições de infraestrutura para a integração do mercado nacional.

Com o tempo, ocorreu não apenas a circulação das mercadorias, mas também a circulação do capital produtivo. Três agentes se engajaram nesse processo. As transnacionais, por certo, mas também o capital nacional e as grandes empresas estatais. Grandes empresas brasileiras, que nasceram/instalaram-se e se desenvolveram em uma região, montaram filiais em outras. Isso ajudou a promover uma lenta, porém gradual, redução da concentração econômica no Sudeste.

Em paralelo, o tema das desigualdades regionais ganhou espaço na agenda nacional e o Brasil passou a construir, a partir da década de 1960, políticas regionais explícitas, especialmente as destinadas ao Nordeste e Norte do país, regiões onde o hiato entre a base econômica modesta e o contingente demográfico relativamente maior – especialmente o Nordeste – requeriam políticas expressas de ampliação da base produtiva. E esse foi o foco das iniciativas tomadas, em especial pelo governo federal.

Herdeiro de forte desigualdade social e regional, o Brasil fechou o século passado com grandes problemas que desaguaram na queda do ritmo de crescimento de seu Produto Interno Bruto. Antes desse descenso, o país tivera um dos melhores desempenhos econômicos do mundo no século XX – era a China atual. Mas os anos 1980 foram marcados pela crise da dívida externa e pelo avanço da inflação, e a década de 1990 consolidou essa trajetória de dificuldades, com o país exibindo taxas muito modestas de crescimento econômico, em meio a um ambiente impregnado por ideias liberalizantes. As taxas médias haviam caído de um patamar de 10% para 7%, e em seguida para pouco mais de 2%. No início da década de 1980 o aumento dos juros norte-americanos ampliou a dívida externa, que se metamorfoseou em dívida interna pública, e no fim da década de 1990 o Estado brasileiro agonizava impactado pela crise interna e pela onda neoliberal que envolvia o mundo.

Paralelamente, desde a criação de Brasília, a ocupação da região Centro-Oeste se intensificou, ao passo que, nos idos dos anos 1970, mais especificamente no período do segundo Plano Nacional de Desenvolvimento, na era Geisel, percebeu-se um deslocamento da atividade industrial, que deixava de priorizar o "miolo" paulista. Especialistas têm identificado tendências importantes como as que se destacam a seguir[3]. O Sudeste, por exemplo, que concentrara 80% das atividades industriais do país, teve sua participação no setor reduzida para 62%, às vésperas do governo Lula. No rastro dessa tendência desconcentradora, a região Sul, no mesmo período, aumentou de 12% para 20% seu peso na produção industrial do país, enquanto o Nordeste teve sua participação aumentada significativamente de 5,7% para 9% no mesmo período. Enquanto Sudeste e Sul perderam peso relativo na produção nacional, o Centro-Oeste quase triplicou sua importância, aumentando sua participação no Valor Bruto da Produção Agropecuária de 7,5%, em 1970, para 21% em 2006, data do último Censo Agrícola. Este é o domínio do agronegócio, que emprega pouco: o Centro-Oeste passou apenas de 5,3% para 6,1% seu peso no total do emprego na agropecuária do país, no mesmo período, já o Nordeste, onde domina a agricultura de base familiar, abrigou 46% desses ocupados em 2006. Não é à toa, portanto, que o Nordeste se destaca quando se trata de localizar a pobreza rural do país.

No século XX, o Brasil concentrou rapidamente sua população nas cidades, ocasionando desigualdade na rede urbana. A malha do Sudeste e Sul, além de abrigar as cidades que comandam a vida econômica nacional, é bem mais densa e estruturada, enquanto nas demais regiões predominam os pequenos centros urbanos – isto é, mais de 5 mil centros de zona ou centros locais, de acordo com a publicação Regiões de Influência das Cidades (IBGE), de 2008. Em outro corte de leitura territorial, reproduz-se nos centros urbanos a concentração litorânea aqui já referida: poucas capitais situam-se fora da faixa litorânea, embora São Paulo e Belo Horizonte façam parte dessa exceção, ao lado da própria capital do país, Brasília.

As décadas finais do século XX, em especial os anos 1990, assistiram ao esvaziamento das políticas regionais. A conjuntura de crise trouxe o debate para políticas de curto prazo, em especial para as políticas macroeconômicas, e a crise financeira do setor público foi patrocinando cortes das políticas até então existentes. Símbolo dessa tendência foi o fechamento da Superintendência do Desenvolvimento do Nordeste (Sudene) e da Superintendência do Desenvolvimento da Amazônia (Sudam), em 2001, e sua substituição por agências esvaziadas. Restaram como instrumentos de promoção de política regional os Fundos Constitucionais criados pelo Congresso Constituinte em 1988, que até hoje financiam empreendimentos privados no Nordeste, Norte e Centro-Oeste.

3. O padrão de crescimento recente e seus impactos na dinâmica regional do país

No limiar do século XXI, com o país redemocratizado e a hiperinflação domada, apesar de impactos desfavoráveis da aplicação do Plano Real na dívida pública, na carga tributária, na geração de elevado déficit externo e de uma política monetária centrada na adoção de elevadas taxas de juros, mudanças relevantes foram implementadas.

---

[3] Clélio Campolina Diniz, "Repensando a questão regional brasileira: tendências, desafios e caminhos", em *Painéis sobre o desenvolvimento brasileiro* (Rio de Janeiro, BNDES, 2002).

A Constituição de 1988 introduziu alterações importantes na vida institucional do país e políticas sociais começaram a ser desenhadas e implantadas com base nesse novo marco legal e na dinâmica da sociedade, que se manteve mobilizada em defesa de um país menos desigual. Tanto que ousou patrocinar uma mudança política, num clima em que os especuladores se assanhavam e os conservadores tentavam, em vão, pregar o medo.

A mudança política promovida pela chegada, em 2003, de Luiz Inácio Lula da Silva ao poder e o amplo pacto social por ele construído permitiu não somente aproveitar um momento ainda favorável do ambiente externo, mas sobretudo retomar a trajetória de crescimento do país em novas bases. A experiência mais importante foi a de romper com o padrão de crescimento que dominou durante o século XX: quanto mais a renda nacional crescia, mais se concentrava. Na primeira década do século XXI, o Brasil, num contexto de hiperinflação domada, experimentou elevar o ritmo de crescimento da renda de uma fatia importante da sociedade: os extratos que vivem com a menor renda. Com a ampliação significativa de políticas públicas de transferência direta de renda e a promoção da elevação rápida e corajosa do salário-mínimo real, em ambiente de inflação baixa, houve um aumento do poder de compra de parcela significativa dos brasileiros de menor poder aquisitivo. Isso, associado à expansão do crédito oferecido a prazos alargados, promoveu um importante estímulo ao mercado interno de massa, um potencial adormecido do país, posto que não valorizado pelos conservadores. O consumo insatisfeito da maioria se revelou e chamou a atenção por se dirigir especialmente a bens duráveis de consumo. Em vez de "tomar cachaça" – embora a indústria de bebidas também tenha se dinamizado –, o pessoal comprou telefone celular, máquina de lavar, geladeira, forno de micro-ondas, móveis, motos e até automóveis. Foi acionada, assim, a base produtiva moderna – em especial a industrial – que o país havia instalado no século XX. E o consumo das famílias (60% da demanda agregada) começou a puxar a taxa de crescimento a partir de dentro do país.

A base agropecuária organizada pelos produtores familiares também se beneficiou do novo momento vivido pelo país, por responder pela maior parte da demanda dos alimentos básicos da dieta dos brasileiros, como constatou o Censo Agropecuário de 2006, realizado pelo Instituto Brasileiro de Geografia e Estatística (IBGE). E o governo federal ajudou, passando o valor anual do Programa de Apoio à Agricultura Familiar (Pronaf) de R$ 2,2 bilhões – teto deixado pelo governo Fernando Henrique Cardoso – para R$ 16 bilhões, no final do mandato de Lula.

Outras iniciativas se somaram para apoiar esse tipo de produtor, tão desvalorizado pelos conservadores, como o programa que articula a demanda da merenda escolar e a produção local de alimentos ao exigir que 30% das compras sejam locais. Regionalmente, tais estímulos são significativos no Nordeste (onde está a maioria dos produtores familiares do país) e no Sul (onde esse segmento é representativo e bem organizado), beneficiando também o Norte, uma vez que tais produtores têm peso importante na região.

O novo padrão de crescimento focado na produção e no consumo de massa, como bem definiu Ricardo Bielschowsky, teve impactos regionais diferenciados e favoreceu, especialmente, Norte e Nordeste, em suas regiões mais pobres. Estas lideraram o crescimento do consumo no país ao longo do governo Lula, como mostram os dados da

Pesquisa do Comércio Varejista, do IBGE, retratados na Figura 1, que destaca os dois estados que, em cada macrorregião, lideraram o crescimento das vendas no comércio varejista no período de 2003 a 2010. Fica evidente o impacto mais positivo das medidas de estímulo ao consumo nas regiões mais pobres do país.

Figura 1: Índice de volume de vendas no comércio varejista ampliado (número índice) nos estados mais dinâmicos de cada região (2003-2010, 2003=100)

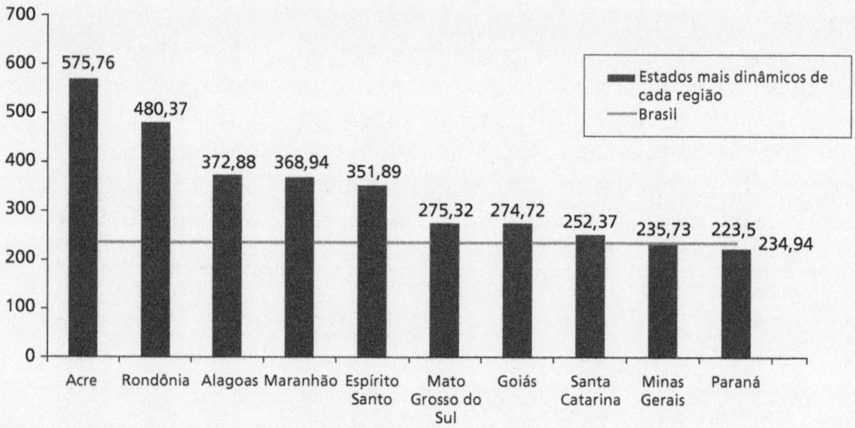

Fonte: Pesquisa Mensal de Comércio/IBGE.

Tal trajetória tem relação com impactos regionalmente diferenciados de políticas que afetaram a renda das famílias. O aumento real do salário-mínimo, por exemplo, teve impacto mais forte no Nordeste, onde 45% dos ocupados recebem até 1 salário-mínimo – bem acima da média brasileira que é de 26% –, do que no Sudeste, onde esse percentual é de apenas 17,6%, segundo dados da Pesquisa Nacional por Amostra de Domicílios (PNAD/IBGE). Essa mesma pesquisa mostra que, entre 2003 e 2009, o valor do rendimento médio das famílias residentes no Nordeste cresceu 5,4% ao ano, quando a média nacional foi de 3,5%, e no Sudeste essa taxa foi de apenas 2,9%.

Uma observação interessante deve ser feita sobre o impacto diferenciado do programa Bolsa Família quando analisado em termos regionais. O Nordeste, por concentrar mais da metade da população muito pobre do país, capta 55% dos recursos desse programa. Na região, a pobreza rural se concentra em pequenos municípios, em especial os do grande espaço semiárido. Nesses municípios é interessante observar que, como as bases produtivas locais são muito modestas, o novo e sistemático fluxo de renda não só dá a cobertura social aos beneficiados diretos, como dinamiza lojas, farmácias, padarias, feiras livres etc. Gera, assim, nesses pequenos municípios um impacto econômico num movimento virtuoso que os estimula a crescer. Tal resultado não é identificado na região Sudeste, na qual o Bolsa Família capta o segundo maior volume de recursos, ou seja, 25% do total aplicado. Como ali é o domínio da pobreza urbana e como a base produtiva é ampla e forte, o impacto do programa é apenas o de levar o manto protetor do Estado aos que vivem em situação de dura miséria no coração da região mais rica do país.

Vale destacar que o consumo estimulou também o investimento. Empresas locais das diversas regiões do país se ampliaram estimuladas pelo mercado interno que se dinamiza, e grandes grupos nacionais e internacionais "redescobriram" as regiões mais pobres, incluindo-as em seus planos de expansão. Indústrias de alimentos e bebidas, de bens duráveis, entre outras, buscaram se instalar ou se expandir para produzir nessas regiões e, especialmente, no interior do país, nas suas cidades médias. As grandes redes de supermercados e os shopping centers também se multiplicaram nesses locais, buscando novos consumidores.

Para ampliar os investimentos, o governo federal lançou o Programa de Aceleração do Crescimento (PAC), que envelopa um conjunto de projetos concentrados na ampliação da infraestrutura econômica e social do país. Um destaque é o programa Minha Casa Minha Vida, que busca enfrentar um velho problema: o elevado déficit habitacional, concentrado nas famílias de mais baixa renda. Em paralelo, a descoberta de petróleo na camada do pré-sal estimulou os investimentos da Petrobras. O principal beneficiário dessas iniciativas é o setor da construção civil, bom gerador de empregos. Tal atividade se dinamiza em todo o país e lidera as taxas de crescimento do emprego formal Brasil afora. A leitura regional desse bloco de investimentos mostra que ele é regionalmente desconcentrador, no longo prazo, como constata estudo realizado pelo Centro de Desenvolvimento e Planejamento Regional (Cedeplar/UFMG), sob a coordenação de Mauro Borges Lemos[4].

No caso da Petrobras, duas de suas políticas foram alteradas: a de compras e a de expansão de refinarias. A política de compras passou a ser usada para estimular o setor produtivo nacional, com destaque para a aquisição de sondas e navios, o que fez renascer a indústria naval no Sudeste (especialmente no Rio de Janeiro) e no Sul (Rio Grande do Sul) e levou estaleiros para Pernambuco, Alagoas, Bahia e Maranhão. No caso das refinarias, a empresa deixou de ampliar as já existentes (concentradas no Sudeste e no Sul) e partiu para construir novas unidades, três delas no Nordeste. A presença da refinaria Abreu e Lima, em Suape (PE), chamou a atenção para esse complexo portuário-industrial, que atraiu um ousado bloco de investimentos cujo impacto na dinâmica da economia de Pernambuco é visível. Esse estado, que aparecia sempre em desvantagem na dinâmica econômica do país entre os anos 1985 e 2003, passou a liderar o dinamismo na região Nordeste e a se situar entre os de economia que mais crescem no país.

Outro instrumento usado para retomar o crescimento foi o crédito, como já destacado. Para compreender sua importância basta ver a evolução da relação crédito-PIB, que passou de 25% para 45% ao longo do governo Lula. Leonardo Guimarães, em estudo recente, mostrou que o Norte e o Nordeste lideram o crescimento do crédito no país, tanto de pessoa física quanto de jurídica. As taxas para essas regiões, exceto a região Norte, no caso de pessoa jurídica, são maiores que as taxas médias no Brasil e superiores às observadas para as regiões mais ricas[5]. Isso é outra novidade.

---

[4] Mauro Borges Lemos et al., *Perspectivas do investimento na dimensão regional* (Rio de Janeiro, UFRJ, 2008-2009).

[5] Leonardo Guimarães Neto, *Nota técnica sobre as desigualdades regionais no governo Lula, preparada para o estudo Brasil 2003-2010* (Brasília, CGEE, 2010) (texto inédito).

Dois resultados dessa nova forma de fazer a economia do país crescer podem ser destacados quando se faz a leitura regional. O primeiro é que, no período de 2003 a 2010, as taxas de crescimento da economia do Norte (5,4%), do Centro-Oeste (5%) e do Nordeste (4,9%) apresentaram-se mais elevadas que a média nacional (4,4%) e que as do Sudeste (4,5%) e Sul (3,4%), segundo dados do IBGE.

Outra resultante desse novo padrão de crescimento foi a sua capacidade de gerar empregos formais, alterando completamente previsões pessimistas sobre a dinâmica do mercado de trabalho no país que grassavam nos anos 1980 e 1990. Uma tendência demográfica ajudou e o governo Lula se beneficiou dos impactos iniciais do chamado "bônus demográfico", que reduz a pressão no mercado de trabalho.

O novo padrão de crescimento também influenciou o comportamento dos empregos, que retomaram impulso e reduziram a taxa de informalidade ao mesmo tempo que o desemprego declinou significativamente, na contramão das tendências mundiais no mesmo período. Um balanço da criação de empregos formais no período dezembro de 2002 a dezembro de 2010 mostra que as regiões Norte, Nordeste e Centro-Oeste lideraram as taxas de crescimento dessa variável, como é mostrado na Tabela 1.

Tabela 1: Evolução do estoque de empregos formais
no Brasil e grandes regiões (2002-2010)

Área geográfica	dez/02	dez/10	Taxa (%) anual de crescimento 2010/2002	Número de empregos criados no período	Peso (%) dos novos empregos no estoque inicial
Norte	1.296.597	2.408.182	8,0	1.111.585	85,7
Nordeste	4.859.397	8.010.839	6,4	3.151.442	64,9
Sudeste	15.128.474	22.460.999	5,1	7.332.525	48,5
Sul	5.075.659	7.557.531	5,1	2.481.872	48,9
Centro-Oeste	2.323.786	3.630.804	5,7	1.307.018	56,2
Brasil	28.683.913	44.068.355	5,5	15.384.442	53,6

Fonte: Relação Anual de Informações Sociais/Ministério do Trabalho e Emprego.

A leitura regional da dinâmica recente do emprego formal no país, observada por microrregião homogênea, também revela o impacto positivo experimentado pelas regiões Norte, Nordeste e parte do Centro-Oeste, como exibido no Figura 2.

Cabe aqui salientar ainda que, do ponto de vista demográfico, está em curso no Brasil uma alteração da composição etária da população, pois há menos nascimentos e as pessoas estão vivendo mais. Além disso, a localização da população no território nacional também está mudando. O Centro-Oeste, parte do Norte e a porção oeste do Nordeste, por exemplo, antes pouco ocupados, agora estão se adensando econômica

Figura 2: Crescimento do emprego formal, por microrregião homogênea (2004-2010)

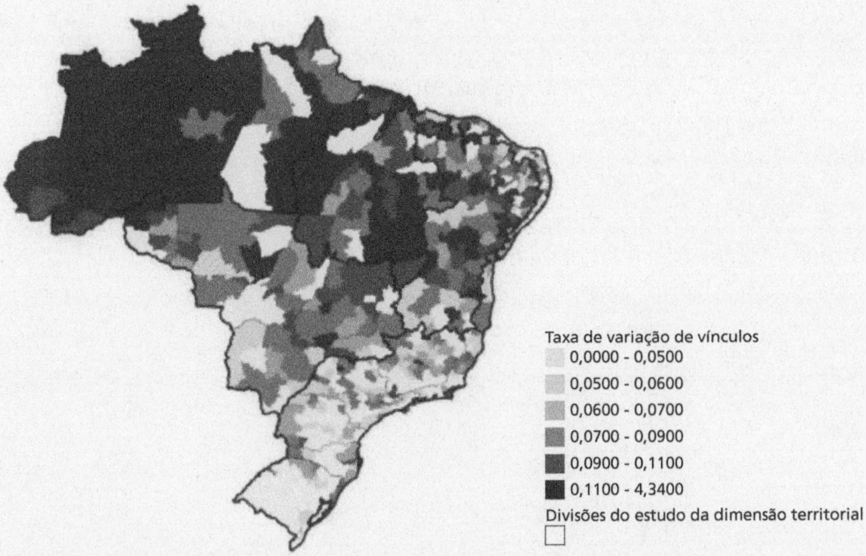

Fonte: Relação Anual de Informações Sociais/Ministério do Trabalho e Emprego.

e demograficamente. As cidades médias passaram a crescer com mais intensidade e, de acordo com o último Censo Demográfico, ganharam mais peso relativo na população total do país. Isso porque a concentração nas grandes metrópoles brasileiras atingiu seu auge no século passado e as deseconomias de aglomeração, em algumas delas, já são maiores do que as economias. Assim, os municípios médios apresentam grandes vantagens e não têm os problemas típicos de grandes concentrações humanas. No Estado de São Paulo, a tendência de se buscar cidades médias do interior se deu com muita força. Essa é uma mudança muito importante, pois pode representar uma chance de construir, no século XXI, cidades livres das mazelas que marcaram o século XX.

O governo Lula não valorizou devidamente essa tendência, apesar de ter criado o Ministério das Cidades, cuja ação ficou longe da dimensão das demandas nacionais. Como as cidades são elementos-chave da dinâmica regional, teria sido importante, por exemplo, estimular investimentos em saneamento e transportes públicos de qualidade, itens essenciais para construir um padrão de urbanização distinto daquele que o país experimentou no século passado, com déficits desafiadores. Pesquisa realizada sob a coordenação do Centro de Gestão e Estudos Estratégicos sobre a dimensão territorial do planejamento[6] chamou a atenção para essa oportunidade, uma vez que o país po-

[6] *Estudo da dimensão territorial do planejamento* (Brasília, Ministério do Planejamento, Orçamento e Gestão, 2008).

deria ser mais polinuclear (o que valorizaria centros urbanos estratégicos e hoje já dinâmicos nas várias regiões), o que estimularia um desenvolvimento regional menos concentrado no litoral e no Sudeste e Sul, como no passado.

No que se refere, no entanto, à escolha central do governo federal de Lula, a busca de redução da pobreza extrema, considerados em tal condição os que ganham mensalmente até um quarto do salário-mínimo (que declinam até quase a metade, passando de 16% para 8,8% da população, no período aqui analisado), através da implantação de políticas sociais, a leitura regional reafirma o maior impacto nas regiões menos desenvolvidas do país.

A Figura 3 mostra maior declínio da pobreza extrema no Nordeste e no Norte, entre 2003 e 2009, aproximando a situação dessas regiões à da média nacional e reduzindo o hiato que as separa das regiões mais ricas.

Figura 3: Evolução da pobreza extrema no Brasil e regiões (2001-2009)

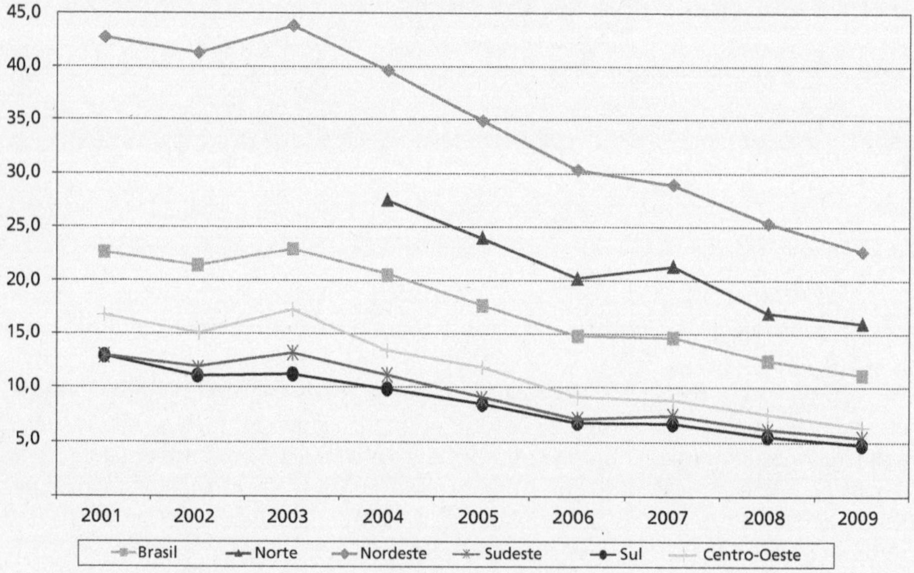

Fonte: Pesquisa Nacional de Amostra por Domicílios/IBGE.

Sintetizando as mudanças aqui tratadas e seus principais determinantes, pode-se afirmar que para construir a trajetória experimentada pelo país foi importante combinar, com sabedoria, políticas sociais e econômicas. E começar pelas políticas sociais. Em vez de considerar primeiro o lado da oferta, como em geral recomendam os economistas, atuou-se mais pelo lado da demanda: elevou-se o nível de renda das famílias da base da pirâmide social. Essa foi uma mudança importante e que teve reflexos regionais positivos. Ou seja, os impactos nas regiões mais pobres – Norte e Nordeste – foram muito favoráveis, sobretudo quando se associou a essa estratégia o esforço de investimentos, especialmente em infraestrutura econômica e social.

4. Desenvolvimento e políticas regionais na era Lula

Quando se examinam as políticas federais acionadas no período aqui analisado e que contribuíram para o alcance dos resultados supracitados, constata-se que foram políticas nacionais de corte setorial que predominaram, impactando favoravelmente na redução das desigualdades regionais herdadas. Sua formulação em alguns casos considerou tal herança, como é o caso da política de educação superior, abordada adiante.

O mesmo pode ser dito de políticas de base territorial clara, como a de apoio à agricultura familiar. Seu instrumento principal, o Pronaf, implantado no segundo mandato do presidente Fernando Henrique, tem como base a municipalização – tendência cara aos localistas, que parecem desconhecer a fragilidade do ente municipal no país. No governo Lula, a abordagem territorial mudou com a identificação dos chamados "territórios rurais" resultantes da aglomeração de municípios com realidades semelhantes.

Tal abordagem mobilizou os entes estaduais e, no final do mandato do presidente Lula, havia se transformado no programa conhecido como Territórios da Cidadania. Eram cerca de 120 territórios, onde as políticas de vários ministérios buscavam interagir sob a coordenação da Casa Civil. Neles predominavam produtores familiares e assentados da Reforma Agrária, que exibiam indicadores sociais preocupantes. Faziam parte, portanto, da herança de desigualdade construída entre o Brasil industrial e urbano e o Brasil rural. E, por isso, tal iniciativa federal merece estar no rol do esforço de redução da pobreza e da desigualdade de oportunidades no país.

Outra política de base territorial clara é a de promoção e apoio aos chamados Arranjos Produtivos Locais (APLs). Capitaneada pelo Ministério do Desenvolvimento, Indústria e Comércio Exterior, envolveu vários organismos federais, como o Banco Nacional de Desenvolvimento Econômico e Social (BNDES) (que criou com a presidência uma área que trata desse tipo de política), o Banco do Brasil (no seu programa de Desenvolvimento Regional Sustentável), o Ministério da Ciência e Tecnologia (dada a importância da promoção da inovação nesse tipo de política pública), entre outros. O Serviço Brasileiro de Apoio às Micro e Pequenas Empresas (Sebrae) também se juntou a esse esforço dada a predominância das micro e pequenas empresas nos APLs. Vale ressaltar dois pontos sobre essa política: a) ela dialoga com a diversidade regional brasileira, uma vez que os diversos APLs refletem bem o caleidoscópio de atividades econômicas existentes no Brasil, muitas delas herdeiras de tradicionais especializações locais; e b) ela deixa clara a capacidade empreendedora de brasileiros e brasileiras residentes nas mais variadas regiões do país. Sua origem está ligada a iniciativas das próprias regiões e o papel do governo federal é o de apoiá-la.

Já as clássicas políticas regionais explícitas, aquelas voltadas claramente para enfrentar a questão regional do país, não tiveram grande prioridade no governo Lula. O Ministério da Integração Nacional, principal responsável por tais políticas, foi desde logo entregue a um aliado (primeiro ao PSB e mais adiante devolvido ao PMDB, que o conduzira ao longo do governo Fernando Henrique). O fato merece destaque porque, nos governos do PT, o "núcleo duro", ou seja, os ministérios considerados estratégicos, não foram entregues aos aliados. O resultado é que o Ministério da Integração Nacional, quando visto com cuidado, continuou a ter nas obras hídricas seu foco central, enquanto as políticas regionais explícitas foram modestas, merecendo destaque apenas os recursos dos fundos criados pela Constituição de 1988 (Fundo Constitucional de Financiamento do Norte, Fundo Constitucional de Financiamento do Nordeste e Fundo Constitucional de Financiamento do Centro-Oeste), geridos pelos Bancos Regionais e pelo Banco do Brasil, no caso do Centro-Oeste.

Apesar disso, o presidente Lula priorizou de início a recriação da Sudene e da Sudam – uma promessa de campanha – e, nos primeiros dias do governo, criou o Grupo Interministerial para implementar tal iniciativa. O problema enfrentado foi duplo: de um lado, os projetos de lei de recriação dessas instituições regionais foram tratados sem qualquer prioridade pelo Congresso Nacional e, de outro, o Fundo Nacional de Desenvolvimento Regional, proposto para dar lastro financeiro à nova Política Nacional de Desenvolvimento Regional (PNDR), não foi aprovado pelos congressistas. Talvez por ter sido incluído no bojo das duas tentativas de Reforma Tributária, o referido fundo foi objeto de negociação com governadores que não o apoiavam, preferindo, na maioria dos casos, receber os recursos diretamente nos cofres estaduais. O fato é que pouco ou nada se evoluiu nesse campo. Paralelamente, outras políticas tiveram impactos favoráveis ao enfrentamento das desigualdades regionais, o que reduzia a pressão sobre a necessidade de privilegiar as políticas regionais explícitas.

O governo Lula chegou ao final com uma nova proposta de formulação para a PNDR, que embutia avanços como o de reconhecer que a desigualdade regional no Brasil não pode ser tratada apenas na escala macrorregional – o que leva as políticas regionais a priorizar somente o Nordeste e Norte do país – e, portanto, apontava para a importância de considerar o problema em outras escalas, o que levaria sub-regiões do Sul (extremo sul do Rio Grande do Sul, entre outras) e mesmo do Sudeste (Vale do Ribeira, por exemplo) à agenda prioritária da política federal. Entretanto, o avanço conceitual não teve expressão na realidade: sua concretização foi mínima.

Voltando às políticas setoriais, vale relembrar que muitas delas foram essenciais para o bom desempenho apresentado pelas regiões mais pobres do país no governo Lula. Uma das mais importantes, a de educação superior, teve uma expressão regional positiva, como mostram os mapas a seguir (Figura 4).

O primeiro mapa mostra que, em 2002, o Brasil tinha 43 *campi* de universidades federais implantados, e sua localização revelava a herança de concentração destacada no início deste artigo: privilegiava o Sudeste, o Sul e o litoral. Em 2010, com a implantação do Programa de Apoio a Planos de Reestruturação e Expansão das Universidades Federais (Reuni), o número de *campi* pulou para 230. Do ponto de vista regional, o segundo mapa mostra, com clareza, a tendência à interiorização e à desconcentração regional, o que possibilitou o acesso ao ensino superior a milhares de pessoas que, dado o padrão anterior, não conseguiriam tal oportunidade. A presença desses *campi* em cidades médias tem um impacto imediato e significativo não somente na vida cultural, mas também no comércio e nos serviços locais. Por sua vez, o Programa Universidade para Todos (Prouni) permitiu o acesso de jovens oriundos das camadas populares à universidade, pela via do ensino privado (patrocinado com renúncia fiscal do governo federal). O fato é que, considerando os ensinos público e privado, os dados sobre

Figura 4: Localização dos *campi* das universidades federais (2002 e 2010)

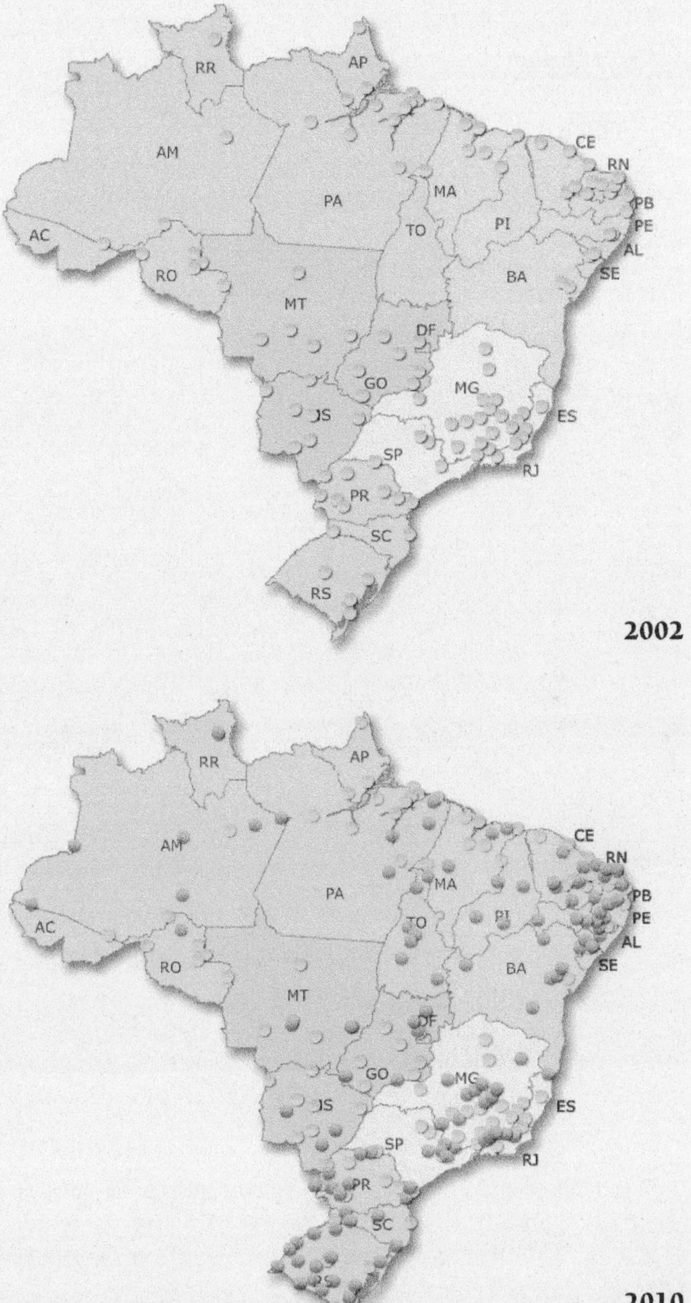

Fonte: Ministério da Educação.

população com ensino superior concluído melhoraram muito no Brasil da primeira década do século XXI. Os Censos Demográficos de 2000 e 2010 mostram que o número de pessoas com ensino superior completo mais que dobrou, passando de 5,9 milhões para 13,5 milhões. Nordeste, Centro-Oeste e Norte experimentaram maior incremento, pois ganharam participação no total nacional: de 14,1% para 16,2%, de 7,1% para 8,6% e de 3% para 4,7%, respectivamente. A região Sul mais que dobrou seu número de portadores de diploma de nível superior, mas mantém seu peso relativo no total do país, em torno de 16%; já o Sudeste, embora também tenha dobrado o contingente de titulados nesse nível de ensino, perdeu peso no total, passando de 59,7% para 54,1%.

Outro indicador, o número de matriculados no ensino superior, também cresceu significativamente em todas as regiões do país. Destaque especial dessa tendência merecem, mais uma vez, o Norte, Nordeste e Centro-Oeste, como demonstra a Tabela 2.

Como cada vez mais os investimentos em educação são considerados estratégicos para a promoção do desenvolvimento regional, tal tendência merece referência especial.

Tabela 2: Matrículas no ensino superior no Brasil e regiões (2000 e 2010)

Área geográfica	Matrículas[1]		População de 18 a 24 anos		Taxa de escolarização bruta[2]	
	2000	2010	2000	2010	2000	2010
Brasil	2.695.927	6.379.299	27.056.637	27.250.431	10,0%	23,4%
Norte	115.058	413.455	2.199.883	2.510.843	5,2%	16,5%
Nordeste	414.308	1.136.148	7.951.766	8.050.109	5,2%	14,1%
Sudeste	1.398.309	2.953.504	11.251.863	10.908.710	12,4%	27,1%
Sul	542.435	1.291.021	3.706.678	3.729.471	14,6%	34,6%
Centro-Oeste	225.817	585.171	1.946.447	2.054.298	11,6%	28,5%

Fonte: Instituto Nacional de Estudos e Pesquisas Educacionais Anísio Teixeira/MEC e Censo Demográfico/IBGE. [1] Matrículas em ensino presencial e a distância. [2] Compara o total de matrículas de determinado nível de ensino com a população na faixa etária adequada a esse nível.

Vale ainda salientar que as tendências aqui destacadas para o ensino superior se repetem na política de ensinos médio e profissional. A oferta se expandiu muito no governo Lula e as escolas também se interiorizaram e buscaram as regiões menos desenvolvidas do país.

Como se vê, as políticas federais do período foram, em geral, favoráveis à construção de um país menos desigual regionalmente.

5. Desafios para o futuro

Apesar dos avanços obtidos, alguns desafios deverão ser enfrentados no futuro próximo. Cabe, desde logo, não esquecer que, embora convergências possam ter sido observadas, a dimensão da desigualdade regional herdada ainda se reflete em qualquer indicador socioeconômico que se tome. A taxa de mortalidade infantil brasileira, por exemplo, em 2010, era de 13,9 por mil nascidos vivos, mas a do Norte era de 17,2 e a do Sul, 11,4. No mesmo ano, a taxa de analfabetismo das pessoas de 10 anos ou mais para o país como um todo era de 9%, mas a do Nordeste era de 17,6%, enquanto a do Sul era de 4,7%. São dois exemplos que se tornam regra quando se examinam indicadores semelhantes com o corte regional. Hiatos igualmente desafiadores permanecem entre o Brasil urbano e o rural, introduzindo diferenciais mesmo nas regiões mais pobres. Tanto que no Nordeste urbano a taxa de analfabetismo é de 13,3% contra 29,8% no Nordeste rural.

Por outro lado, a concentração econômica que beneficiou o Sudeste e o Sul no século XX, embora atenuada, ainda é uma marca muito forte no cenário do desenvolvimento regional brasileiro, em especial a concentração industrial. E há nuvens no horizonte que não podem ser desconsideradas. A exploração do petróleo do pré-sal, por exemplo, pode se tornar uma cunha na tendência à desconcentração e interiorização vivenciada nos tempos mais recentes. Não só a atividade de extração desse recurso será feita no Sudeste e no Sul, como a localização dos principais segmentos componentes da cadeia de fornecedores da indústria de petróleo e gás (setor eletro-metal-mecânico) se concentra fortemente nessas regiões. A presença de três refinarias e algumas indústrias do setor naval vindas para o Nordeste no governo Lula podem, no futuro, não ter peso significativo no complexo instalado no Brasil liderado pela indústria petroleira. Mas outros segmentos industriais também mantêm tendência à concentração regional, como o automotivo, a indústria petroquímica, a produção do etanol, entre muitos outros. E a política industrial do país não deixa clara a preocupação com essa tendência concentradora.

Um último desafio a destacar tem a ver com a integração sul-americana. O esforço salutar de aproximar o Brasil dos seus vizinhos tem colocado no bloco de investimentos em infraestrutura econômica uma de suas prioridades. Eles devem proporcionar a integração física que viabilizará a integração econômica. No mapa desses investimentos, organizados na Iniciativa de Integração da Infraestrutura Regional Sul-Americana (Iirsa), fica nítida, por exemplo, a ausência de investimentos no Nordeste.

A dimensão territorial do desenvolvimento continua, portanto, sendo um desafio, apesar das tendências positivas aqui destacadas e para as quais o governo Lula deu sua contribuição.

ENERGIA E SETOR ELÉTRICO NOS GOVERNOS LULA E DILMA

Luiz Pinguelli Rosa

1. Principais resultados da política energética dos governos Lula e Dilma

Começo por um resumo dos principais resultados e problemas na área de energia ao longo dos dois governos liderados pelo PT com um arco de aliados que inclui partidos considerados de esquerda, como o próprio PT e o PC do B, aqueles de definição ideológica menos nítida, embora originados na esquerda, como o PSB e o PDT, e outros definitivamente não de esquerda, que vão do centro à direita, como o PMDB e todos os demais. Assim, parte importante da contribuição para o Plano de Governo no setor elétrico elaborado por um expressivo Grupo de Trabalho no Instituto de Cidadania[1] não foi seguida. A despeito de o governo não seguir o que a esquerda, na qual me incluo, propunha, houve avanços na política exterior, cerca de 30 milhões de brasileiros saíram da pobreza com o Bolsa Família e o aumento real do salário-mínimo; mais de 10 milhões tiveram acesso à eletricidade sem ônus com o Programa Luz para Todos; a privatização do setor elétrico foi interrompida; houve a descoberta do petróleo no pré-sal e mudou-se do regime de concessão para o de partilha nessa nova área.

No aspecto institucional e de agências reguladoras, muito valorizadas pelos neoliberais, os governos Lula e Dilma mantiveram a Agência Nacional de Petróleo (ANP)

---

[1] Dilma Rousseff, economista, secretária de energia do Rio Grande do Sul; Agenor de Oliveira, diretor do Ilumina; Carlos Kirchner, engenheiro; Ildo Sauer, engenheiro, professor da Universidade de São Paulo (USP); Ivo Pugnaloni, engenheiro; Joaquim de Carvalho, engenheiro e ex-diretor da Nuclebrás; Luiz Pinguelli Rosa, físico, diretor do Coppe/UFRJ (coordenador do grupo); Maurício Tolmasquim, engenheiro, professor do Coppe/UFRJ; Roberto d'Araújo, diretor do Ilumina, ex-engenheiro de Furnas e pesquisador do IVIG/ Coppe/UFRJ; Roberto Shaeffer, engenheiro, professor da Coppe/UFRJ; Sebastião Soares, consultor e ex-engenheiro do BNDES.

e a Agência Nacional de Energia Elétrica (Aneel), embora sem o mesmo papel na política energética, ao passo que o Operador Nacional do Sistema Elétrico (ONS) e a nova Empresa de Pesquisa Energética (EPE) tiveram papel muito ativo. A ANP interrompeu os leilões de blocos por longo período. Em 2013 foram anunciados novos leilões em que grupos privados passam a poder concorrer, além da Petrobras.

O tema energia abrange muitos aspectos:

a) o setor elétrico convencional:
   geração – incluindo usinas hidrelétricas, termelétricas e nucleares,
   transmissão,
   distribuição;
b) o setor de combustíveis fósseis:
   fluidos – incluindo petróleo e gás natural,
   sólidos – carvão mineral;
c) biocombustíveis de uso em grande escala:
   fluidos – o etanol (álcool) e o biodiesel (implantado no governo Lula),
   sólidos – o bagaço da cana-de-açúcar, a lenha e o carvão vegetal;
d) alternativas energéticas
   eólica (em expansão no governo Dilma),
   solar,
   resíduos (lixo),
   oceânica (projeto experimental pioneiro do Instituto Alberto Luiz Coimbra de Pós-Graduação e Pesquisa de Engenharia (Coppe) com a Tractebel no Ceará);
e) eficiência energética;
f) os impactos ambientais e sociais e a política de mudança climática.

Como não é possível abordar todos esses aspectos aqui, serão tratados apenas aqueles que têm maior relevância na política energética brasileira.

Outra forma de versar sobre esse tema é dividir a energia em fóssil e renovável. Define-se como energia primária aquela existente na natureza e apropriada pela tecnologia disponível. Entre as fontes primárias de energia de origem fóssil – ou seja, limitadas a um estoque existente no subsolo –, no Brasil, destacam-se o petróleo e o gás natural. Sua importância cresceu muito no governo Lula com a descoberta, pela Petrobras, das reservas do chamado pré-sal, em grande profundidade no oceano e abaixo de uma enorme camada de sal.

Apesar de o petróleo e o gás natural terem prognósticos de declínio nas próximas décadas, novas descobertas como a do pré-sal e o aproveitamento do gás natural – chamado gás xisto nos Estados Unidos – revigoram hoje sua produção fora dos grandes países exportadores mundiais de petróleo. Há forte impacto ambiental na produção do gás não convencional norte-americano com intenso consumo de água injetada com produtos químicos no solo. No caso da exploração no mar, *offshore* em águas muito profundas, o maior risco de impacto é o vazamento de óleo, tal como ocorreu no Golfo do México e, em muito menor escala, com a Chevron, no Brasil.

Já o carvão mineral, outro combustível fóssil, é pouco usado no país, exceto na siderurgia, importado e em quantidade pequena na geração elétrica no Sul do país, embora haja novos projetos em outras regiões.

Entre as fontes renováveis – assim denominadas porque constituem um fluxo de energia originada principalmente do Sol –, as mais importantes no país são o etanol, derivado da cana-de-açúcar, e a hidreletricidade. Ambas têm sido objeto de críticas em âmbito internacional, especialmente a hidreletricidade, pelo impacto ambiental das barragens, sobretudo na floresta Amazônica, embora os reservatórios de água das novas usinas construídas nos governos Lula e Dilma na região Norte tenham dimensões muito reduzidas, que são, por isso, designadas como "usinas a fio d'água".

Dos biocombustíveis, o mais importante é o álcool de cana-de-açúcar, cujo consumo voltou a crescer a partir de 2003 com o estímulo aos automóveis com motor flexível (gasolina ou álcool). Também é alvo de polêmica internacional recente, acusado de competir com os alimentos e contribuir para o desmatamento – que também foi reduzido no período dos governos Lula e Dilma, apesar da polêmica aprovação do Código Florestal pelo Congresso.

Do ponto de vista da redução das emissões de gases do efeito estufa, responsáveis por agravar o aquecimento global, foi alvissareiro o aumento do consumo do álcool nos automóveis, prejudicado pela crise da produção do etanol em 2011 e 2012, que reduziu muito a sua participação percentual, a qual tinha ultrapassado a da gasolina a partir da difusão de carros de motor flexível e agora retrocedeu.

Adicionalmente, em 2003 foi implantado o programa de biodiesel como aditivo ao diesel de petróleo, primeiro na proporção de 2% (B2) e depois alcançando progressivamente 3% (B3) e 5% (B5). Houve um ambicioso programa de estímulo à agricultura familiar e de uso de vários óleos vegetais, como o de dendê, que tem alto rendimento energético (litros de biodiesel por tonelada), e o de mamona, mas prevaleceu o óleo de soja, de uma monocultura de grande escala. Apesar do baixo rendimento energético, a soja se tornou dominante para o biodiesel como excedente da enorme produção do agronegócio para fins de exportação e de alimento no mercado interno.

Como biocombustível tradicional sólido, há a lenha, usada *in natura* pelas famílias no interior, onde não há o gás liquefeito do petróleo (GLP) para cozinhar. Da lenha deriva, através do processo de pirólise, o carvão vegetal, importante na siderurgia. Aproximadamente metade dele vem de florestas plantadas para esse uso, e a outra metade, de desmatamento, o que é ruim.

A participação das fontes renováveis no Brasil é de 47% – predominantemente das hidrelétricas e de biocombustíveis –, enquanto no mundo esse percentual é de 13% e nos países desenvolvidos é de apena 6%. Globalmente, os combustíveis fósseis somam 75%, com o petróleo à frente, seguido do carvão mineral, ficando o gás natural em terceiro lugar.

Considero animador o crescimento da energia eólica no país, complementar à hidrelétrica, embora ainda pequena em relação ao potencial brasileiro. O custo da energia eólica caiu muito no governo Dilma e a sua capacidade instalada alcançou a da energia nuclear (nas usinas Angra 1 e 2). A energia solar tem ainda um uso pequeno, mesmo para aquecimento de água, que é o mais simples, incluída em parte das edificações do Programa Minha Casa Minha Vida.

Entre as fontes não renováveis, a energia nuclear, que representa cerca de 2% da potência elétrica brasileira, é a única que não emite gases do efeito estufa. Entretanto, inspirou preocupação o acidente com os reatores japoneses em Fukushima, atingidos por um terremoto seguido de tsunami. A energia nuclear, além de ser fonte de energia para geração elétrica por meio do aproveitamento da fissão do urânio, pode ser utilizada na propulsão naval (em geral de submarinos e porta-aviões) e em contextos militares, como o explosivo mais terrível que se conhece, tendo sido usada dessa maneira pelos norte-americanos no Japão no fim da Segunda Guerra Mundial. Vale lembrar que o Brasil abdicou de produzir bombas nucleares em sua Constituição e em três acordos internacionais – o Tratado de Tlatelolco, latino-americano, o Acordo Tripartite com a Argentina e a Agência Internacional de Energia Atômica e, finalmente, o Tratado sobre a Não Proliferação de Armas Nucleares, de âmbito mundial. No governo Lula, o Brasil não aceitou a alteração desse último tratado, proposta pelos Estados Unidos, que permitiria liberar o acesso à tecnologia de enriquecimento do urânio desenvolvida no projeto do submarino nuclear brasileiro, em andamento num contexto de colaboração entre o país e a França, assinada no governo Lula. Julgo tal posição correta. Finalmente, entre os outros usos da energia nuclear, está a aplicação de suas radiações, especialmente na medicina. No governo Lula foi retomada a construção de Angra 3 – o segundo reator do polêmico Acordo Nuclear com a Alemanha no governo do general Geisel.

O efeito estufa, por sua vez, tornou-se um problema político internacional, pois se trata de escolhas que colocam em risco o futuro da humanidade. A mudança do clima por causa do aquecimento global intensificado pelas emissões de gases produzidos na queima de combustíveis fósseis tem gerado uma crise ambiental mundial. O Brasil assumiu, voluntariamente, na Conferência de Copenhague, o compromisso de reduzir suas emissões previstas até 2020.

1.1. Aspectos específicos do setor elétrico

Desde 2003 interrompeu-se a privatização do setor e retomou-se o planejamento com a criação da Empresa de Pesquisa Energética. Criou-se o Programa Luz para Todos de universalização do acesso à energia elétrica sem ônus para a população pobre beneficiada. Entretanto, há problemas não resolvidos, vários deles herdados de processos de privatização e que não foram revistos no início do governo Lula.

Tem ocorrido a interrupção de linhas de transmissão que trazem a energia elétrica por longas distâncias. Itaipu (binacional, com o Paraguai) e Tucuruí são as duas maiores hidrelétricas: de Itaipu ao eixo Rio-São Paulo há mais de mil quilômetros; a distância de Tucuruí é ainda maior. A transmissão da energia de Itaipu foi interrompida em 2009, acarretando o desligamento de várias cidades de alguns estados por algumas horas. O efeito é como uma série de pedras de dominó que caem uma por cima da outra. O desligamento é correto, pois evita danos a equipamentos e perdas de transformadores por sobrecarga. Ademais, há quedas de energia na distribuição dentro das cidades feita por uma variedade de empresas, muitas privatizadas.

Não se trata de falta de energia, como a que levou ao racionamento em 2001, pois hoje há capacidade instalada suficiente, incluindo as usinas termelétricas.

Como evitar a repetição dessas interrupções? Não existe nenhum sistema tecnológico sem falhas. O que pode ser feito é minimizá-las. Primeiramente, é preciso resolver o problema do atraso de obras de linha de transmissão vítimas da desastrada Lei n. 8.666, que entrou no setor público e não resolveu a questão da corrupção envolvendo empreiteiros. Por outro lado, há no país a perspectiva de desenvolvimento de tecnologia de redes elétricas inteligentes, seja para fazer uma gestão melhor das redes, seja pela inclusão da geração distribuída por células fotovoltaicas, por exemplo. Mas eliminar o uso da transmissão de longa distância seria uma bobagem. O sistema interligado permite otimizar o uso da geração hidrelétrica, muito importante no Brasil, embora cada vez mais complementada por outras fontes.

Um fato positivo é que as concessões das hidrelétricas antigas foram renovadas no governo Dilma, contrariando a enorme pressão da Federação das Indústrias do Estado de São Paulo (Fiesp), porém com forte redução da remuneração da geração elétrica por usinas consideradas amortizadas, o que colocou em dificuldade as empresas federais do Grupo Eletrobras, especialmente Furnas, Companhia Hidro Elétrica do São Francisco (Chesf) e Eletronorte.

O objetivo de redução das tarifas de energia elétrica do governo Dilma foi correto, dada sua forte elevação após as privatizações, especialmente das distribuidoras elétricas. Chegou a ultrapassar o preço da energia em países ricos, de renda *per capita* muito maior que a nossa, conforme será mostrado adiante. Entretanto, o modo como essa redução ocorreu onerou particularmente empresas geradoras federais.

1.2. Aspectos específicos do setor de petróleo e gás

Na questão do petróleo, existe a previsão de declínio da produção mundial de óleo convencional, apesar da importante descoberta do pré-sal brasileiro. Ademais, a recente produção a baixo custo de gás não convencional norte-americana teve impacto muito grande. O preço do barril do óleo cru, em 1999, era de 10 dólares, mas, em 2008, beirou 140 dólares. Caiu, em seguida, a menos de 50 dólares para voltar a subir, chegando a 120 dólares em abril de 2011, caindo para cerca de 100 dólares ao longo de 2012. Em nove anos o preço do petróleo foi multiplicado por 14.

Houve importante crescimento do consumo de petróleo e gás nos países em desenvolvimento, principalmente na China. Há, no entanto, forte instabilidade geopolítica em áreas produtoras de petróleo, como evidenciou a ocupação do Iraque por forças norte-americanas.

O setor de combustíveis fluidos avançou no Brasil com a maior participação da indústria nacional e a descoberta do pré-sal pela Petrobras, aumentando a perspectiva de crescimento das reservas brasileiras de óleo e gás. A rigor, foram duas as decisões do governo Lula sobre o petróleo que causaram forte reação de analistas econômicos neoliberais. Quanto aos investidores privados, eles foram mais racionais, pois enxergaram a Petrobras, pragmaticamente, como uma parceira detentora da tecnologia de prospecção e produção de petróleo e gás em águas profundas.

A primeira decisão foi a de retirar do leilão executado pela Agência Nacional do Petróleo 41 blocos localizados na área do pré-sal e mudar a legislação, adotando o regime de partilha para essa nova área de alto potencial petrolífero, a partir do campo gigante de Tupi, agora denominado campo de Lula. Foi uma atitude racional buscar mais vantagens para o país quando a probabilidade de achar petróleo aumentou, pois o risco do investidor diminuiu e o negócio se tornou mais atrativo, sendo lógico que o país que possui as reservas procure obter maior benefício e exercer mais controle do óleo produzido.

Entretanto, dois problemas são preocupantes, hoje, na área de óleo e gás natural. Um deles é a disputa dos estados não produtores pelos *royalties*, que pela sua definição lógica devem beneficiar em primeiro lugar as áreas afetadas pela extração do produto mineral. Nesse sentido, foi correto o veto aposto por Dilma na lei aprovada no Congresso, gerando uma crise na apreciação do veto, pois o bloco governista rebelou-se sob pressão de governadores.

O outro problema é o desequilíbrio atual entre os preços relativos dos principais combustíveis fluidos. De um lado, o consumo de derivados do petróleo aumentou muito, enquanto a capacidade de refino da Petrobras não cresceu proporcionalmente, estando atrasada a construção de novas refinarias, como a do Estado do Rio de Janeiro, em obras, e as do Nordeste, inclusive a de Recife, prevista para processar óleo pesado em parceria com a Venezuela.

O óleo até agora extraído em águas profundas é pesado, obrigando a Petrobras a exportar parte dele e importar óleo mais leve para fazer um *blend* para o refino. Pior é que o país importa derivados de petróleo, embora exporte óleo cru. E a Petrobras paga no mercado internacional preço maior do que pratica internamente, por determinação do governo, com medo da inflação, criando séria dificuldade de fluxo de caixa necessário para os pesados investimentos no pré-sal. Nessa fase o lucro da Petrobras caiu. O caso exemplar é a gasolina, cujo consumo cresceu recentemente em relação ao do etanol e teve sua importação aumentada.

1.3. Aspectos específicos dos biocombustíveis

Em grande parte do país o preço do etanol ficou muito próximo ao da gasolina. Considerando o maior poder calorífico desta, apesar da maior taxa de compressão permitida por aquele, com os preços atuais deixou de ser compensador o uso do etanol. Seu consumo no Brasil tinha superado o da gasolina, mas retrocedeu recentemente. E, pior, a produção nacional caiu de modo que uma parcela do etanol é importada dos Estados Unidos, que se tornaram o maior produtor mundial de etanol.

O então presidente Lula, defendendo o álcool produzido no Brasil, fez uma analogia. Tal como há o colesterol ruim e o bom, o álcool de milho usado nos Estados Unidos é ruim, enquanto o álcool de cana-de-açúcar brasileiro é bom. Na produção do álcool de milho queima-se óleo combustível, derivado do petróleo. Já o bagaço da cana é mais que suficiente para produzir calor para a destilação do álcool e gerar eletricidade para a usina, podendo ainda haver um excedente para a rede elétrica. Portanto, o álcool produzido no Brasil é mais eficiente em termos energéticos e ambientais.

A vantagem dos biocombustíveis como o álcool é que, no crescimento do vegetal, ele absorve da atmosfera o CO_2 emitido na combustão do álcool nos carros. Do ponto de vista do aquecimento global, devido às emissões de gases que agravam o efeito estufa – como o CO_2 produzido na queima de carvão, derivados do petróleo e gás natural –, o álcool de milho de pouco adianta como substituto da gasolina. Para se ter uma ideia, a redução das emissões de CO_2 é de apenas 20%. Já a cana dispõe de um excedente de biomassa sob a forma de bagaço que é utilizado na produção do álcool. A proporção é então invertida: a redução das emissões chega a 80%. E pode ser ainda maior, caso se passe a usar álcool com aditivo ou biodiesel nos tratores e caminhões usados na colheita.

Em segundo lugar, a disponibilidade de biomassa pode aumentar ao se evitar a queima das folhagens, decorrente do uso crescente da mecanização na colheita da cana-de-açúcar, o que traz, ao mesmo tempo, a vantagem de abolir o trabalho árduo dos boias-frias e a desvantagem de reduzir empregos. O excedente de bagaço e as folhagens podem servir para gerar eletricidade para a rede, substituindo gás natural e outros combustíveis, até carvão e diesel, que infelizmente vêm tomando o lugar da hidreletricidade na expansão da geração elétrica.

Dois outros pontos favoráveis ao álcool de cana são o menor custo e o menor uso da terra, dada sua maior produtividade em litros por hectare em relação ao álcool de milho. Finalmente, o milho para o álcool nos Estados Unidos acaba por competir com a produção de alimentos, devido à área plantada, aos subsídios e ao fato de o próprio milho ser um importante item utilizado na alimentação humana e animal.

Usando dados de 2010, a cana-de-açúcar ocupa no Brasil somente 7 Mha (milhões de hectares), dos quais 3 Mha para o açúcar e 4 Mha para o álcool. Já a soja, em grande parte para exportação, ocupa 23 Mha. Segundo o Instituto Brasileiro de Geografia e Estatística (IBGE), temos 152 Mha de área agricultável, da qual só utilizamos 62 Mha, e há 177 Mha de pastagens. Excluídos os 440 Mha de florestas nativas, dispõe-se de 90 Mha para expandir a agricultura sem desmatamento e sem considerar a conversão de pastagens degradadas.

Um ponto importante é o desenvolvimento de tecnologia de segunda geração para produção de etanol, que permitirá a transformação da celulose dos vegetais. No caso da cana-de-açúcar, o bagaço e outros resíduos poderão aumentar a produção de etanol. Pesquisa e desenvolvimento em etanol de segunda geração, que permite o uso de diferentes vegetais, estão em curso nos países industrializados. No Brasil há trabalhos nessa área em universidades, como a UFRJ, e em centros de pesquisa.

1.4. Resumo da situação atual

Pontos positivos:

- descoberta do pré-sal pela Petrobras e mudança para o regime de partilha;
- aumento da participação da indústria nacional no petróleo;
- interrupção da privatização do setor elétrico e retorno do planejamento com a EPE;
- redução do preço da energia eólica e crescimento da geração eólica;
- universalização da energia elétrica com o Luz para Todos (exceção da Amazônia);

- instalações de regaseificação de GNL;
- solução da crise com a Bolívia sobre o gás natural;
- metas de redução de emissões de gases do efeito estufa; e
- prorrogação das concessões de hidrelétricas antigas e redução das tarifas para consumidores.

Problemas a serem resolvidos:

- atraso nas obras de refinarias e escalada de custos;
- importação de derivados e política de preços de combustíveis;
- queda da produção de etanol e importação de etanol de milho dos EUA;
- queda do consumo de etanol pelos automóveis (excluído como aditivo);
- interrupções de energia elétrica (não por falta de geração);
- dificuldade financeira da Petrobras (conjuntural pelos investimentos no pré-sal e em refinarias e pela importação de derivados);
- dificuldade financeira do Grupo Eletrobras (estrutural com a redução de receita);
- gargalos da indústria nacional de equipamentos para produção de petróleo;
- repartição dos *royalties* do petróleo;
- necessidade de maior desenvolvimento tecnológico incluindo eficiência; e
- alternativas energéticas, biocombustíveis de segunda geração.

2. Energia elétrica: a herança da privatização e as mudanças após 2003

A desregulamentação da energia foi parte do processo de liberalização da economia sob a globalização financeira, que resultou na crise mundial iniciada nos Estados Unidos em 2008 e agravada em 2009, atingindo países como o Brasil. No caso da energia, somam-se os efeitos da crise financeira à crise ambiental, com o efeito estufa, outro grande problema político, pois se trata de escolhas da sociedade que não cabe às empresas fazer sozinhas. A atribuição do Nobel da Paz de 2007 ao Painel Intergovernamental de Mudanças Climáticas (da sigla em inglês, IPCC) veio como um desdobramento da divulgação feita, no início de 2007, do Quarto Relatório de Avaliação que causou grande preocupação em todo o mundo.

Minha posição sobre a privatização do setor elétrico no governo Fernando Henrique foi muito crítica. Grupos privados, muitos deles estrangeiros, controlam hoje importantes empresas elétricas que foram privatizadas, mas isso não trouxe ao país os benefícios econômicos prometidos. Houve irregularidades jurídicas no processo apontadas pelo movimento sindical.

Do ponto de vista técnico, a expansão do setor após a privatização foi menor que o aumento da demanda de energia, levando à crise em 2001. Professores e pesquisadores do Coppe alertaram membros do governo Fernando Henrique em reuniões, mostrando o quadro que depois se confirmou. O governo deixou a expansão do setor elétrico quase exclusivamente à mercê de decisões do mercado, e isso não garantiu investimentos necessários.

Houve aumento das tarifas após a privatização. O Brasil passou a ter energia elétrica muito cara, apesar de usar geração hidrelétrica em alto percentual. Após a privatização, a tarifa ficou em média mais alta do que no Canadá, na Noruega e em alguns estados norte-americanos que também usam hidreletricidade em grande escala.

Com o governo Lula as privatizações foram interrompidas. Um novo modelo foi implantado e houve a volta do planejamento com a criação da EPE. Ademais, retomaram-se as obras de expansão de linhas de transmissão e de hidrelétricas, embora muito polêmicas, como a de Belo Monte e as do rio Madeira.

Infelizmente o Novo Modelo do Setor Elétrico, implementado em 2004, não sanou alguns problemas, embora tenha avançado retomando o planejamento setorial. Os consumidores livres, grandes indústrias intensivas em energia, absorvem atualmente 30% da energia elétrica do país e estão fora do sistema atendido pelas concessionárias com tarifas altas. Esses consumidores livres compraram energia hidrelétrica demasiadamente barata quando havia excedente.

O cancelamento, no início do governo Lula, dos contratos entre as empresas geradoras estatais e as distribuidoras acarretou perdas para as empresas federais do Grupo Eletrobras, que tiveram de vender energia excessivamente barata. Isso permitia compensar a energia cara das geradoras privadas. Essa chamada descontratação era objeto de uma medida provisória do governo Fernando Henrique, submetida à aprovação do Congresso já no governo Lula[2].

Como não se alteraram as formas dos contratos oriundos do governo anterior, usinas termelétricas que não geravam energia recebiam como se gerassem. Tomando Furnas como exemplo, suas hidrelétricas eram corretamente despachadas pelo Operador Nacional do Sistema (ONS), por ser sua energia a mais barata, mas eram remuneradas no mercado *spot* por valores que chegaram a apenas R$ 8/MWh, pois ficaram sem contratos com as distribuidoras. Enquanto isso, termelétricas desligadas revendiam a mesma energia que Furnas gerava a R$ 140/MWh para as distribuidoras. Esse valor era repassado para o consumidor na cobrança de tarifas. Tal situação fora anunciada antes da posse do presidente Lula.

A queda do mercado após o racionamento de energia elétrica de 2001 gerou excedente de energia no curto prazo e jogou para baixo o preço no mercado *spot*, no qual as geradoras vendiam o excedente. A partir de 2003, as geradoras federais (pertencentes à Eletrobras), Furnas, Chesf e Eletronorte, tiveram seus contratos com as distribuidoras progressivamente cancelados. Assim foram levadas a vender sua energia no *spot* perdendo receita e reduzindo a capacidade de investir.

Em 2004 houve o leilão da chamada energia velha, gerada pelas estatais sem contratos, que a venderam a um valor baixo pelo prazo de até oito anos.

O debate sobre energia no início do segundo mandato do presidente Lula se aguçou, envolvendo o próprio Programa de Aceleração do Crescimento (PAC) e a superação do marasmo em que estava a economia brasileira havia mais de uma década. Para entender o que se passou devemos ir à raiz do problema.

A retomada do desenvolvimento proposta pelo PAC correu o risco de ter um gargalo na energia elétrica e no gás natural. A política do petróleo devia ser integrada em uma política de combustíveis, por sua vez enquadrada em uma política energética, envolvendo também a energia elétrica, na qual se incluiria a geração termelétrica e as fontes renováveis de energia.

---

2 Discordei explicitamente da decisão de manter inalterada essa medida provisória.

Figura 1: Tarifas de energia elétrica para as residências (dólares/kWh)

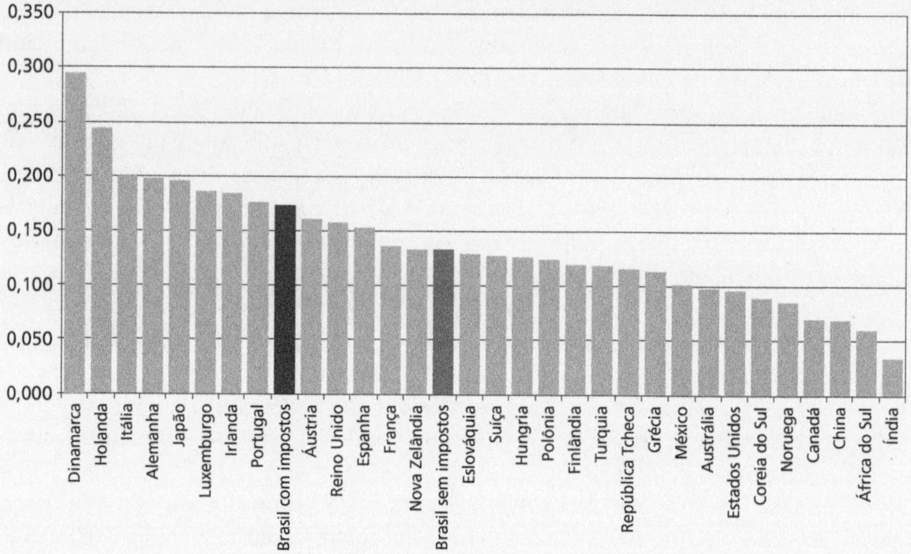

Fonte: Roberto d'Araújo, seminário na Fiesp, jan. 2007.

Essa diferenciação do Brasil se tornou menor com a redução das tarifas de energia elétrica em 2013, a partir da decisão do governo Dilma de renovar as concessões das usinas hidrelétricas antigas, que foi aplicada nas empresas do Grupo Eletrobras, já que as estaduais com importante geração, como a Companhia Energética de Minas Gerais (Cemig) e a Companhia Paranaense de Energia (Copel), não aceitaram.

A introdução das termelétricas, estimulada em face da crise do setor elétrico que levou ao racionamento em 2001, ficou mal resolvida e se desdobrou depois no problema do gás natural para a geração elétrica e na inadequação dos contratos. O segundo aspecto relacionado a esse último ponto é de natureza técnica: o modo de inserir as termelétricas no sistema de base hidrelétrica brasileiro, sendo necessário rever o método de definição de energia assegurada, de risco e custo do déficit e do uso da curva de aversão a risco em função da variação hidrológica.

3. O papel das hidrelétricas no Brasil e comparações internacionais

O Brasil utiliza combustíveis de biomassa renováveis – o álcool, o bagaço da cana-de-açúcar, a lenha e o carvão vegetal – e expande o biodiesel, ao passo que, no mundo, os combustíveis usados em grande escala são de origem fóssil, como o carvão mineral, os derivados de petróleo e o gás natural. O consumo do carvão mineral, cujas reservas mundiais são grandes, se mantém alto mundialmente, apesar de seu impacto nas emissões de gases de efeito estufa. No Brasil, esse consumo é restrito ao coque importado para a siderurgia, além de para algumas termelétricas no Sul.

As termelétricas a combustível fóssil em geral poluem muito a atmosfera e geram energia cara devido ao preço do combustível. O critério adotado nos leilões foi selecionar termelétricas segundo um índice de custo-benefício, o qual leva em conta o custo de investimento e o custo adicional quando a usina opera, gastando combustível. Esse último custo depende de por quanto tempo a usina será operada ao longo de vinte anos. Isso dependerá da disponibilidade de hidreletricidade no sistema, pois as térmicas operam em complementação, já que não faz sentido queimar combustíveis, fósseis e caros, se houver água para turbinar nas barragens. Logo, tem-se de estimar o tempo de operação efetiva.

O problema é que há uma incerteza nessa estimativa. Em uma previsão otimista, a termelétrica ficará desligada na maior parte do tempo, servindo para dar segurança ao sistema na eventualidade de falta de chuvas. Nesse caso, não importa no leilão se a usina for ineficiente e consumir muito combustível caro ao funcionar, o que importa mais é o custo de investimento. Portanto, usinas menos eficientes ganharam os leilões. Se, depois, a previsão otimista não corresponder à realidade, as termelétricas ganhadoras do leilão funcionarão por mais tempo e os consumidores terão de pagar por uma energia muito cara.

Enfim, o Brasil, que tem uma matriz energética limpa, passa da hidreletricidade para termelétricas de baixa eficiência. E, consecutivamente, passa do gás natural – que mal começou a ser usado – e do bagaço de cana – que poderia ser mais usado na geração elétrica para a rede – para óleo, diesel e carvão – mais caros e mais poluentes, contribuindo para o aquecimento global do planeta, em discussão na conferência da Organização das Nações Unidas (ONU) sobre Mudança Climática.

Na virada de 2006 para 2007 cresceu a preocupação com um novo racionamento. Mas, a situação foi diferente daquela de 2001. Nos reservatórios de hidrelétricas o nível médio de água ficou acima do que determina a curva de aversão ao risco, definida como limite a ser evitado. Se as chuvas diminuem, para evitar no curto prazo um alto risco de racionamento, ligam-se as termelétricas. A existência do problema foi reconhecida quando a Aneel retirou várias termelétricas do plano de operação, por não disporem de gás para operar segundo a Petrobras. Antes disso, quando o Operador Nacional do Sistema mandou ligar um conjunto de termelétricas, menos da metade operou. A Petrobras teve de remanejar o gás de outros usuários. Antes mesmo da crise da Bolívia, a Petrobrás estudava a importação de GNL por navios tanques metaneiros, implantado a partir de 2008 no Ceará e no Rio de Janeiro.

Como mostra a Figura 2, a hidreletricidade representa apenas 2,2% do total da energia primária do mundo.

Considerando exclusivamente a geração elétrica, a hidreletricidade tinha participação mundial de 21% em 1973 e passou a 16% em 2005 (Figura 3), embora em valor absoluto tenha mais que dobrado no período, de 1300 TWh para 2900 TWh.

Em contraste, está muito acima da média mundial a participação da energia hidrelétrica na geração elétrica no Brasil, onde ela é superior a 80%, abaixo apenas da Noruega e desconsiderado o Paraguai, devido às usinas de Itaipu com o Brasil e de Yaciretá com a Argentina (Figura 4).

A população da América Latina representa 7% da população mundial, enquanto seu consumo de energia primária representa 4,7% do consumo mundial, o que mostra uma desigualdade. Agora, se observarmos as fontes de energia primárias, a participação da América Latina varia: 5,8% no petróleo; 4% no gás natural; 0,8% na nuclear; 21,1% na hidreletricidade[3].

---

[3] João Lizardo de Araújo, Luiz Pinguelli Rosa e Neilton Fidelis da Silva, "Hydroelectricity: Future Potential and Barriers", em Fereidoon Sioshansi, *Generating Electricity in a Carbon-Constrained World* (San Diego, Elsevier Academic Press, 2009).

Figura 2: Percentual de energia primária no mundo (2005)

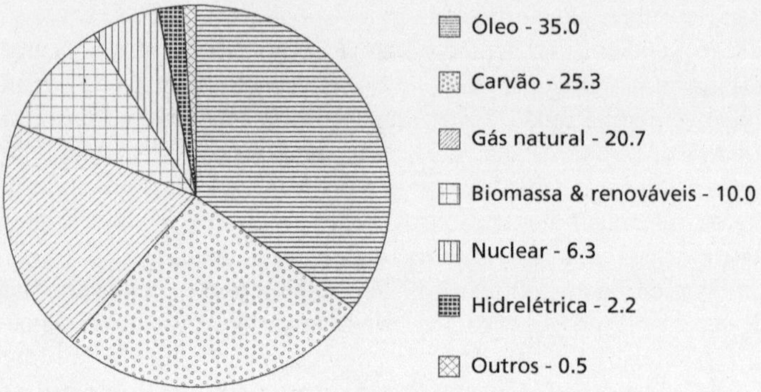

Fonte: João Lizardo de Araújo, Luiz Pinguelli Rosa e Neilton Fidelis da Silva, "Hydroelectricity: Future Potential and Barriers", em Fereidoon Sioshansi, *Generating Electricity in a Carbon-Constrained World* (San Diego, Elsevier Academic Press, 2009). Usado o equivalente mecânico hidro.

Figura 3: Participação das fontes primárias na geração elétrica no mundo (1973 e 2005)

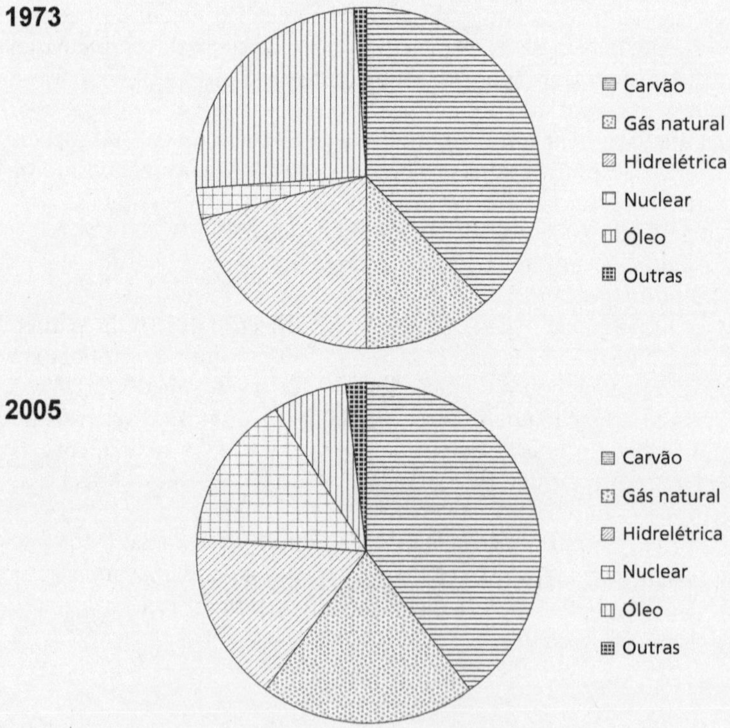

Fonte: João Lizardo de Araújo, Luiz Pinguelli Rosa e Neilton Fidelis da Silva, "Hydroelectricity: Future Potential and Barriers", cit.

Figura 4: Participação da hidreletricidade na geração elétrica (%)

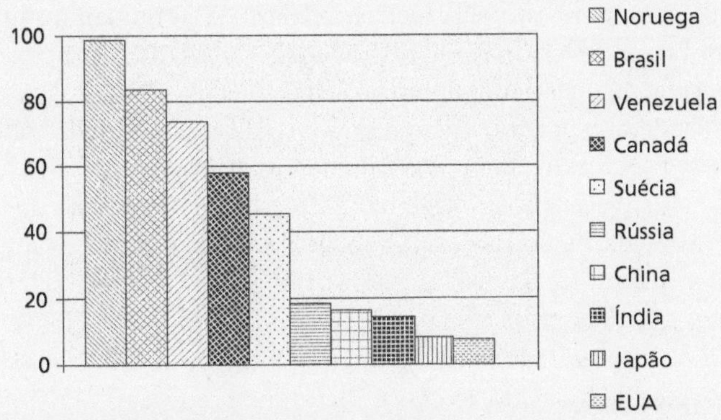

Fonte: João Lizardo de Araújo, Luiz Pinguelli Rosa e Neilton Fidelis da Silva, "Hydroelectricity: Future Potential and Barriers", cit.

Portanto, a hidreletricidade supera 20% na América Latina, em contraste com a presença da geração nuclear de eletricidade, que é menos de 1% da geração nuclear no mundo. Fica restrita ao Brasil, à Argentina e ao México. Brasil, Venezuela e Peru estão entre os dez países com maiores recursos hídricos, de acordo com dados da ONU. Os países com maior geração hidrelétrica são China, Estados Unidos, Brasil e Canadá.

Temos recursos hidrelétricos que não usamos na mesma proporção de países como os Estados Unidos. O Brasil utiliza cerca de 30% de seu potencial hidrelétrico, muito abaixo da Noruega, Japão, Canadá e Estados Unidos (Figura 5).

Questões ambientais e movimentos contra as grandes represas levaram a dificuldades para a hidreletricidade. É preciso que o governo negocie democraticamente com

Figura 5 – Percentual do potencial hidrelétrico utilizado

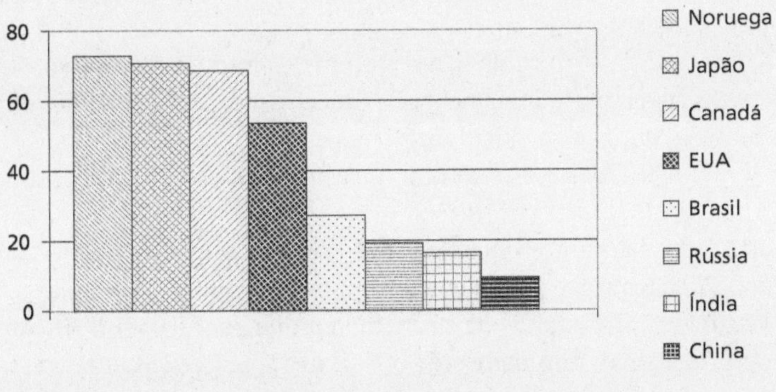

Fonte: João Lizardo de Araújo, Luiz Pinguelli Rosa e Neilton Fidelis da Silva, "Hydroelectricity: Future Potential and Barriers", cit.

os movimentos ambientalistas. Por causa dos impactos ambientais, deve-se reduzir as dimensões das áreas inundadas por futuras barragens no Brasil, como no caso de Belo Monte, cujo projeto foi revisto pela Eletronorte em 2003, reduzindo substancialmente a área atingida pelo reservatório. Embora, em contrapartida, se perca potência, esse pode ser o preço a se pagar para minimizar seus impactos. As usinas de Santo Antônio e Jirau no rio Madeira, aprovadas pelo Ibama e em fase de início das obras, têm reservatórios de dimensões reduzidas – são usinas a fio d'água.

Outro desafio: o governo do Paraguai quer a revisão do acordo de Itaipu. A usina binacional tem dívida de cerca de 20 bilhões de dólares com a Eletrobras e com o Tesouro brasileiro, pois foi o Brasil que construiu a usina e obteve seu financiamento. Essa dívida é amortizada pela tarifa paga pelos consumidores, na maioria brasileiros.

Metade da energia gerada por Itaipu pertence ao Brasil e metade ao Paraguai, que dela consome cerca de 5%. Pelo acordo, a Eletrobras compra os 95% restantes, pagando um valor que, por muitos anos, era alto. Uma cota compulsória da energia de Itaipu teve de ser estabelecida no governo Geisel para empresas elétricas brasileiras. Hoje não é mais cara, comparativamente, pois a energia elétrica gerada no Brasil encareceu desde as privatizações. O que se paga pela energia de Itaipu é da ordem de grandeza do preço previsto da geração pela hidrelétrica de Santo Antônio, a ser construída no rio Madeira (R$ 78/MWh).

Deve-se ter em conta que algumas concessões foram feitas beneficiando o Paraguai. O que não se admitiu na negociação é que a parte da energia de Itaipu pertencente ao Paraguai pudesse ser colocada no mercado para a Argentina e o Chile, perdendo o Brasil o direito de dispor dela por meio da Eletrobras. Itaipu supre cerca de 20% da energia elétrica do país. O Itamaraty chegou a um bom termo na negociação, como fez no caso do gás natural boliviano.

4. A polêmica de Belo Monte e a hidrologia crítica em 2013

O debate em torno do projeto do governo de construir Belo Monte é natural da democracia, e o contraditório que se estabeleceu deve ser respeitado. Há, a meu ver, erros de ambos os lados. Do lado do governo devia ter havido uma negociação com os grupos sociais que se sentissem ameaçados e com os movimentos ambientalistas contrários à obra. A questão dos impactos ambientais não deve ter tratamento apenas burocrático. No caso das usinas de Santo Antônio e Jirau no rio Madeira – cujos impactos sob certos aspectos, relativamente à potência instalada, são até maiores do que os de Belo Monte –, chegou-se a um bom termo após muitas discussões. As exigências ambientais foram atendidas até certo ponto e as objeções foram respondidas. Não se chegou ao impasse atual.

Por outro lado, há muitos equívocos nas críticas. A área inundada não é grande como alegam. Ela se restringe praticamente à inundação que o rio já faz na sua variação sazonal de largura. Com 516 km^2, ela é bem menor que Itaipu, com 1.300 km^2. A usina de Balbina, no Amazonas, tem menos de 0,1 W/m^2, a de Belo Monte terá 24,8 W/m^2. Um problema real será a redução da água em um longo trecho do curso natural, o que preocupa moradores ribeirinhos.

Belo Monte será uma usina a fio d'água, ou seja, não terá reservatório para acumulação como fazem as hidrelétricas antigas do sistema interligado brasileiro. Reduziram-se os impactos, mas o preço a pagar foi a perda da capacidade de regularizar a vazão, reduzindo a energia gerada. A potência máxima de Belo Monte é 11,2 GW e a média é 4,5 GW. A relação desses dois valores dá o fator de capacidade de cerca de 40%, bem menor que o de Jirau e Santo Antônio. Embora essas também sejam a fio d'água, o rio Xingu tem maior variação de vazão que o rio Madeira.

Entretanto, a maioria das hidrelétricas no país tem fator de capacidade não muito acima de 50%. Logo, a comparação deve ser com esse valor. A operação de Belo Monte não pode ser vista isoladamente, pois ela estará no sistema interligado, no qual há transmissão de energia de uma região a outras. Quando Belo Monte gerar com 11 GW, permitirá guardar água em reservatórios de outras usinas, que reduzirão sua geração. E essa água guardada possibilitará que seja gerada energia adicional nessas usinas quando Belo Monte estiver com pouca água. Em geral, isso não é bem compreendido.

Uma afirmação equivocada é que o país não necessita de mais energia. O programa Luz para Todos se propôs a atender cerca de 12 milhões de brasileiros que não tinham energia elétrica. Ademais, 30 milhões de pessoas que entraram no mercado adquiriram aparelhos elétricos, aumentando a demanda; isto é, o crescimento econômico implica o aumento da demanda. O consumo *per capita* de energia elétrica no Brasil não só é muito menor que o dos países desenvolvidos, ele é menor que o de alguns países sul-americanos. Mudar a estrutura da indústria intensiva em eletricidade é correto, mas exige outra correlação de forças políticas. É importante evitar a construção de termelétricas a óleo e a diesel, que vinha crescendo e contribuindo para o aquecimento do planeta, além de produzir energia cara. É necessário investir em tecnologias alternativas.

Houve um alarme no início de 2013, em parte exagerado e em parte justificado, sobre a situação crítica do sistema elétrico brasileiro. De fato, o nível de água nos reservatórios das hidrelétricas esteve muito baixo naqueles meses. As chuvas escassearam e a temperatura do oceano, fugindo do padrão conhecido, do tipo El Niño ou La Niña, dificultava as previsões hidrológicas. Foi preocupante a possibilidade de que os níveis dos reservatórios não subissem o suficiente. Na região Sudeste eles estavam abaixo de 30% e se aproximaram do nível crítico estabelecido pela chamada curva de aversão ao risco.

A situação de 2013 se diferencia daquela do ano 2001, quando foi decretado um racionamento compulsório de energia elétrica. Hoje há significativa capacidade instalada de usinas termelétricas operando em complementação às hidrelétricas, por determinação do ONS, além das nucleares e de outras fontes, como eólicas, cujo custo diminuiu bastante nos últimos leilões, embora muitas ainda não estejam operando por falta de conexão às linhas de transmissão.

A capacidade de acumulação de água nos reservatórios, que era plurianual, tem reduzido relativamente à potência total, sendo hoje apenas suficiente para cerca de dois meses de geração. Como já dito, as novas usinas, como Jirau e Santo Antônio, no rio Madeira, e Belo Monte, ainda em obras, são a fio d'água, praticamente sem reservatório de acumulação de água, visando minimizar os impactos ambientais.

O intenso calor do verão tende a aumentar o consumo de energia elétrica, especialmente pelo uso de ar-condicionado. Além disso, a melhor distribuição de renda, aumentando o contingente da classe C, ampliou o acesso dessas famílias aos eletrodomésticos, coadjuvado pelo crédito e pelo estímulo fiscal concedido pelo governo. Isso contribui para o maior consumo de energia elétrica, embora o modesto crescimento da economia em 2012 não tenha agravado a situação.

O elevado custo de geração das usinas termelétricas, muitas delas absurdamente caras, de baixa eficiência e que consomem óleo combustível – e até óleo diesel em vez de gás natural – vai impactar na tarifa. Assim, vai diminuir o efeito da redução de tarifa estabelecido pela medida provisória que rebaixou a receita principalmente das subsidiárias da Eletrobras, que possuem hidrelétricas antigas, consideradas em boa parte amortizadas.

A meu ver, a operação das termelétricas poderia ter sido antecipada para evitar que o nível dos reservatórios ficasse tão baixo. Outro problema é de ordem metodológica, pois a EPE, encarregada de planejar a expansão do setor, e o ONS, não trabalham com o mesmo critério. Ademais, a seleção das usinas nos leilões é feita por um índice de custo-benefício: beneficia usinas de custos de operação muito elevados.

5. Tecnologia das fontes alternativas para geração elétrica

O governo deve dar mais atenção às fontes renováveis, entre elas a geração hidrelétrica, embora deva reconhecer seus problemas ambientais, incluindo emissões de gases do efeito estufa medidas pelo Coppe e, posteriormente, por outras universidades, ainda que sejam em geral muito menores que as emissões de termelétricas para gerar a mesma energia.

A Eletrobras assumiu em 2003 o compromisso de comprar energia de usinas eólicas e de biomassa (basicamente bagaço de cana-de-açúcar) e de pequenas hidrelétricas do Programa de Incentivo às Fontes Alternativas de Energia Elétrica (Proinfa), totalizando 3,3 GW. Esse leilão não foi bem-sucedido, houve muito atraso e o custo foi alto, inclusive das usinas eólicas. Entretanto, no governo Dilma o preço da eólica caiu muito nos leilões, chegando a ser inferior ao da termelétrica e a participação da eólica na geração elétrica tem se expandido, alcançando a da energia nuclear no país.

Há um esforço da pesquisa e do desenvolvimento de fontes alternativas em curso em universidades, centros de pesquisa e empresas, abrangendo biomassa, energia solar, uso de resíduos urbanos e agrícolas, energia das ondas e marés e hidrogênio. Entretanto, transparece a necessidade de uma ação coordenada para unir esforços em alguns casos, como o de pilha a combustível, concentrando recursos dos Fundos Setoriais muito dispersos. Esse ponto tem a ver também com a questão da inovação tecnológica.

Um exemplo concreto é a necessidade de projetar os geradores eólicos de acordo com a característica dos ventos dominantes no país, constantes e de intensidade média, enquanto as hélices usadas hoje, até mesmo as de fabricação nacional, são projetadas de acordo com o regime de ventos dominantes no Hemisfério Norte, mais intensos e menos constantes. Outro exemplo é um gerador elétrico experimental que usa ondas do mar desenvolvido pela Engenharia Oceânica do Coppe, implantado para testes no Ceará com apoio da Tractebel. O terceiro caso é o projeto de uma termelétrica que queima lixo urbano para geração distribuída construída no campus da UFRJ.

É muito importante o Programa Luz para Todos do governo federal para a universalização da energia elétrica para a população, envolvendo os governos estaduais, as empresas do Grupo Eletrobras e as distribuidoras elétricas. Há dificuldades para o cumprimento das metas na Região Norte, atribuídas à complexidade da extensão da rede onde a população é muito dispersa na floresta Amazônica. Aí está um laboratório para as energias alternativas.

Para finalizar, deve-se observar que sempre se considera a manutenção do modelo de desenvolvimento industrial intensivo em energia. Desse modo, tem sido colocada a necessidade de uma política energética voltada também para o lado da demanda, visando ao aumento da eficiência dos equipamentos, inclusive no setor residencial, sem com isso negar o direito de grande parte da população mais pobre aumentar seu consumo, dada as enormes disparidades existentes.

A REFORMA AGRÁRIA QUE O GOVERNO LULA FEZ E A QUE PODE SER FEITA

Bernardo Mançano Fernandes

1. Mudanças políticas e reforma agrária

No Fórum Social Mundial de 2003, em Porto Alegre, Lula afirmou: "Eu continuo com o meu sonho de fazer a reforma agrária neste país"[1]. Depois de duas gestões, apesar de seu sonho ter sido parcialmente realizado, a reforma agrária permanece como um desafio para o Brasil. A não superação desse desafio no governo Lula está associada ao fato de não ter enfrentado duas questões estruturais: a manutenção do campesinato em estado permanente de subalternidade ao capitalismo, por meio da renda capitalizada da terra, e a insuficiência das políticas de desenvolvimento para a agricultura camponesa. Nessa condição de sujeição e escassez, é difícil implantar uma política de reforma agrária que destrua o território do capitalismo, ou seja, as propriedades capitalistas, mesmo que não cumpram com sua "função social", como consta no artigo 184 da Constituição. No entanto, para implantar a reforma agrária é preciso muito mais do que a desconcentração fundiária, é imprescindível eliminar a hegemonia do agronegócio sobre as políticas de desenvolvimento da agropecuária e reconhecer a importância das diferentes relações de produção, como a familiar, a associativa e a cooperativa.

O agronegócio deriva do modelo estadunidense denominado de *agribusiness*. John Davis e Ray Goldberg construíram o conceito tomando como referência o agrupamento dos sistemas agrícola, pecuário, industrial e mercantil que se formaram na primeira metade do século XX[2]. Atualmente, tornou-se um complexo que reúne também os sistemas financeiro e tecnológico, além do sistema ideológico que produz a propaganda necessária para convencer o mundo de que é o único modelo de desenvolvimento para a produção de alimentos, fibras e agroenergia[3]. O agronegócio é a expressão

1 "Lula no Fórum", *Zero Hora*, Porto Alegre, 13 jan. 2013, p. 8.

2 John Davis e Ray Goldberg, *A Concept of Agribusiness* (Boston, Harvard University Press, 1957).

3 Bernardo Mançano Fernandes, Clifford Andrews Welch e Elienai Constantino Gonçalves, "Agrofuel Policies in Brazil: Paradigmatic and Territorial Disputes", *Journal of Peasant Studies*, n. 37(4), 2010.

capitalista da modernização da agricultura, que tem se apropriado dos latifúndios e das terras do campesinato para se territorializar. Por meio da produção de *commodities*, nos últimos duzentos anos, o capitalismo uniu diversos setores de produção e criou um império global que domina a produção agroindustrial, o mercado e as tecnologias[4]. O agronegócio agora compreendido pelas corporações nacionais e transnacionais é o império que, com o apoio dos governos, se apropria de terras em diversos países da América Latina, África e Ásia[5] mediante um processo recente denominado de estrangeirização da terra, *land grabbing* ou *acaparamiento*. O impacto do agronegócio nas agriculturas camponesas do mundo é devastador, colocando em questão se a agricultura capitalista e a camponesa formam parte de um mesmo modelo de desenvolvimento ou se são modelos distintos que vivem em permanente conflitualidade. Aceitar a ideologia do agronegócio como único modelo possível inviabiliza a reforma agrária.

Para fazer a reforma agrária, é preciso enfrentar a base aliada dos capitalistas/ruralistas. O governo Lula a enfrentou em parte, e, por isso mesmo, a maior fatia das terras destinadas para a reforma agrária em seu governo não tem origem na desapropriação, mas, sim, na regularização fundiária de terras da União. Essa reforma agrária parcial aconteceu predominantemente sob pressão das organizações camponesas, como o Movimento dos Trabalhadores Rurais Sem Terra (MST) e a Confederação Nacional dos Trabalhadores na Agricultura (Contag). A subordinação da agricultura camponesa ao capitalismo é resultado de políticas de desenvolvimento que determinam essa condição. Mudanças políticas podem romper com os níveis dessa dependência, pois são os governos, na correlação de forças que os apoiam, que definem essas políticas. A submissão do camponês ao capital é tanto um problema de economia política quanto de política econômica, mas é resultado de decisão política. Este é o cerne da questão agrária.

É exatamente o debate sobre a questão agrária que gera os parâmetros para uma política de reforma agrária. Os governos neoliberais retiraram a questão agrária da pauta política e o governo Lula, por meio do Ministério do Desenvolvimento Agrário (MDA), tratou-a com excessiva timidez, o que impediu que realizasse uma reforma agrária plena e criasse mais políticas públicas para o desenvolvimento da agricultura camponesa. Nos governos neoliberais, principalmente na segunda gestão de Fernando Henrique Cardoso, o campesinato foi desqualificado como um sujeito atrasado, que não consegue se desenvolver e cuja única alternativa é se transformar num agricultor familiar "integrado" ao capital, considerado como moderno. O campesinato é, por natureza, constituído por agricultores familiares, mas a intensa diferenciação econômica entre os pequenos agricultores foi usada como causa do problema, criando-se a ideia de que existe um campesinato atrasado e um agricultor familiar moderno. Esse preconceito foi gerado pelo paradigma do capitalismo agrário ao transferir o motivo da diferenciação, que está nas relações de subordinação, para os próprios sujeitos que

---

4 Marcel Mazoyer e Laurence Roudart, *História das agriculturas no mundo: do neolítico à crise contemporânea* (São Paulo/Brasília, Editora da Unesp/Nead, 2010).

5 Bernardo Mançano Fernandes, "Geopolítica da questão agrária mundial", *Cadernos Conflitos no campo – Brasil*, São Paulo, Comissão Pastoral da Terra, 2011.

sofrem com a diferenciação. Essa ideologia está sendo superada pelas organizações camponesas ao afirmarem que as diferenças são criadas pelos distintos níveis de subalternidade ao capital e não pela oposição camponês-agricultor familiar.

Da perspectiva capitalista, a reforma agrária é vista como uma política para pobres, como ajuda humanitária para os sem-terra, que, por meio de um pedaço de terra, devem se capitalizar para se integrarem ao capitalismo e se tornarem modernos. Esse modo de pensar procura convencer a sociedade de que o agronegócio é o modelo moderno de desenvolvimento e o campesinato é uma forma residual, cuja sobrevivência está em questão. Esse entendimento está associado à compreensão de que todos devem se unificar nas relações capitalistas, por elas serem a única via possível. Essa visão linear, além de extremamente limitada, é uma falácia. É evidente que nem todos os camponeses criados pelas políticas de reforma agrária conseguirão se integrar ao capitalismo. Alguns deles se transformarão em capitalistas, outra parte seguirá como camponeses/agricultores familiares médios ou pobres e a maior parte será expropriada, desterritorializada. Esse movimento desigual faz parte da lógica das relações capitalistas. Nenhuma corrente teórica ou paradigma discorda desse processo. A história do capitalismo agrário é prova cabal dessa realidade.

A reforma agrária contribui para a correção dessa injustiça do capitalismo que destrói o campesinato, tornando a maioria pobre e miserável, por se apropriar da riqueza produzida pelo trabalho, concentrando terra e poder. Portanto, o desafio é realizar uma política que abale as estruturas do poder hegemônico. O governo Lula teve suas duas gestões marcadas por um modelo de desenvolvimento articulado com políticas de distribuição de renda, como o programa Bolsa Família. Mas perdeu uma enorme oportunidade de distribuir terra e ampliar ainda mais a participação do campesinato no desenvolvimento da agricultura brasileira. A parcialidade da reforma agrária do governo Lula está relacionada com o não tratamento da questão agrária de forma mais arrojada.

A gestão de Lula se deu numa conjuntura dominada pela hegemonia dos Estados Unidos, quando as políticas neoliberais já se encontravam em refluxo. A queda do campo socialista na década anterior acompanhada pelo fracasso do neoliberalismo, que permitiu a Lula um programa de governo que Emir Sader denominou de pós-neoliberal. O governo Lula "optou por uma programa de saída do neoliberalismo baseado na aliança do capital produtivo contra o especulativo"[6] que, entre outros, tinha como objetivos "o incentivo à pequena e média empresa, ao mercado interno de consumo popular, à expansão da produção alimentícia, [o] apoio à reforma agrária, para poder avançar no plano social"[7]. Embora o governo Lula tenha praticado diversas políticas de desenvolvimento da agricultura camponesa, estas não foram suficientes para diminuir os níveis de subalternidade do campesinato ao agronegócio e tampouco para realizar uma reforma agrária plena.

As razões dessa parcialidade encontram-se na difícil e contraditória convivência da hegemonia do capital financeiro com políticas sociais redistributivistas estabelecidas no governo Lula[8]. Essa condição permitiu que somente as políticas sociais fossem guiadas pelos critérios da assistência social, como o Bolsa Família. A reforma

---

6 Emir Sader, *A vingança da história* (São Paulo, Boitempo, 2003), p. 185.

7 Ibidem, p. 187.

8 Idem, *A nova toupeira* (São Paulo, Boitempo, 2009).

agrária não é uma política social redistributivista, porque a propriedade fundiária no Brasil sempre esteve concentrada, e tampouco é uma política de assistência social. A reforma agrária é uma política de desenvolvimento territorial. Conforme Sader argumenta: "O resultado dessa política é um híbrido de difícil caracterização. Nas próprias palavras de Lula, no momento de sua reeleição: 'Nunca os ricos ganharam tanto, nunca os pobres melhoraram tanto o seu nível de vida'. Qualquer análise unilateral conduz a sérios equívocos, a tal ponto que é mais fácil dizer o que o governo Lula não é, do que aquilo que ele efetivamente é"[9]. Para a população camponesa essa melhoria não foi suficiente para mudar a condição de subalternidade. Mesmo com esses resultados, o governo Lula não perdeu o apoio majoritário das organizações camponesas que decidiram pressionar o governo para colocar a expressão desenvolvimento territorial no campo das políticas sociais. Como interpreta Sader, "considerar o governo Lula a partir de suas contradições internas permite, ao contrário, distinguir seus elementos positivos e lutar pelo seu fortalecimento e contra seus elementos conservadores"[10].

No início da gestão de Lula esteve em questão o modelo de reforma agrária que deveria ser adotado. A proposta de Plano Nacional de Reforma Agrária, apresentada em 2003 pela equipe coordenada por Plínio de Arruda Sampaio, considerava todas as formas de obtenção de terras, desapropriação, regularização, permuta, compra e venda, e tinha como meta assentar um milhão de famílias entre 2004 e 2007. Uma proposta desse calibre com determinação para

> realizar uma reforma agrária "ampla" coloca a necessidade de combinar adequadamente a magnitude das ações da desconcentração da propriedade fundiária com as ações dirigidas a assegurar a qualidade dos assentamentos, medida pelos recursos técnicos e financeiros postos à disposição das famílias assentadas, a fim de que possam explorar economicamente a terra e auferir renda suficiente para viver com dignidade. Em outras palavras, a distribuição de terras precisa atingir magnitude suficiente para provocar modificações na estrutura agrária do país. Caso contrário, os mecanismos regressivos dessa estrutura continuarão a operar, gerando pobreza, desigualdade e exclusão no meio rural.[11]

A proposta contava com a disponibilidade de 120 milhões de hectares de terras suscetíveis à reforma agrária, segundo as estatísticas cadastrais do Instituto Nacional de Colonização e Reforma Agrária (Incra)[12], embora fossem necessários apenas 35 milhões de hectares para assentar 1 milhão de famílias. Considerando que em média a agricultura capitalista controla 70% das propriedades agropecuárias, que representam 300 milhões de hectares[13], o montante de 35 milhões representava menos de 12% do

---

[9] Ibidem, p. 84-5.

[10] Ibidem, p. 88.

[11] Plínio de Arruda Sampaio, "Proposta de Plano Nacional de Reforma Agrária", *Revista da Associação Brasileira de Reforma Agrária*, São Paulo, n. 1, v. 32, 2005, p. 126.

[12] Ibidem, p. 143-58.

[13] Esse número tem como base os dados do Sistema Nacional de Cadastro Rural (SNCR). Há uma série de denúncias a respeito de sobreposição de terras – "efeito beliche" – pelo fato de a área declarada ser maior que a área real. Esse é um problema que precisa ser resolvido para qualificar o

território capitalista. Não era de fato uma proposta que abalasse tanto as estruturas do poder hegemônico. Mesmo assim, ela não foi aceita pelo governo Lula.

A proposta adotada foi o II Plano Nacional de Reforma Agrária (II PNRA): paz, produção e qualidade de vida no meio rural, elaborada pela equipe do ministro de Estado do Desenvolvimento Agrário, Miguel Soldatelli Rosseto. O II PNRA apresentava como meta assentar 400 mil famílias, financiar a aquisição de terras para 130 mil famílias e regularizar as terras de 500 mil famílias, no período de 2003 a 2006[14]. No total, 1 milhão e 30 mil famílias conseguiriam suas terras, por meio da desapropriação da propriedade capitalista, da compra ou da regularização fundiária. Apesar de tímido, o II PNRA tentou seguir as metas da proposta elaborada pela equipe de Plínio de Arruda Sampaio, mas indicava que não enfrentaria o problema da concentração fundiária e da subalternidade do campesinato, pois priorizava a regularização e a "integração" do campesinato no capitalismo. Tanto o plano governamental quanto a proposta utilizaram como referências de demandantes de reforma agrária as famílias acampadas, a Pesquisa Nacional por Amostra de Domicílios (Pnad), o Censo Agropecuário, o Censo Demográfico e o Sistema Nacional de Informações de Projetos de Reforma Agrária (Sipra/Incra). As estimativas de ambos eram em torno de 5 milhões de famílias, indicando que uma política de reforma agrária não seria realizada somente por um governo.

A reforma agrária de Lula, em seus dois mandatos, resultou em torno de 37% da meta do II PNRA para o primeiro mandato, como apresentado na Tabela 1. A regularização fundiária respondeu por 74% da área dos assentamentos, a desapropriação representou 11%, o restante ficou com outras modalidades de obtenção de terras como compra, reconhecimento etc. (ver Figura 1[15]). Embora o governo Lula não tenha atingido a meta, esse resultado parcial não pode ser desconsiderado. O acesso à terra para mais de 377 mil famílias, que somadas às famílias assentadas em governos anteriores chegam a 1 milhão, é muito significativo para o desenvolvimento do Brasil. Esse número representa uma parcela importante da formação da população camponesa brasileira, que contribuiu para diminuir a intensidade da queda da população rural.

Tabela 1: Números de assentamentos, famílias e área (2003-2010)

Assentamentos	Famílias	Área (ha)
3.602	377.847	49.599.859

Fonte: Relatório Dataluta Brasil 2012.

SNCR, todavia, nenhum caso real foi demonstrado pelo governo ou pela imprensa, porque isso abriria um precedente importante para a reforma agrária. O mesmo acontece com as terras devolutas, que vem à tona somente quando os sem-terra as ocupam.

14 Ministério do Desenvolvimento Agrário, *II Plano Nacional de Reforma Agrária* (Brasília, MDA, s.d).

15 Para melhor compreensão da proporcionalidade das áreas de cada modalidade de obtenção, atente aos círculos proporcionais e seus números nas legendas de cada mapa.

Figura 1: Modalidades de obtenção de terra

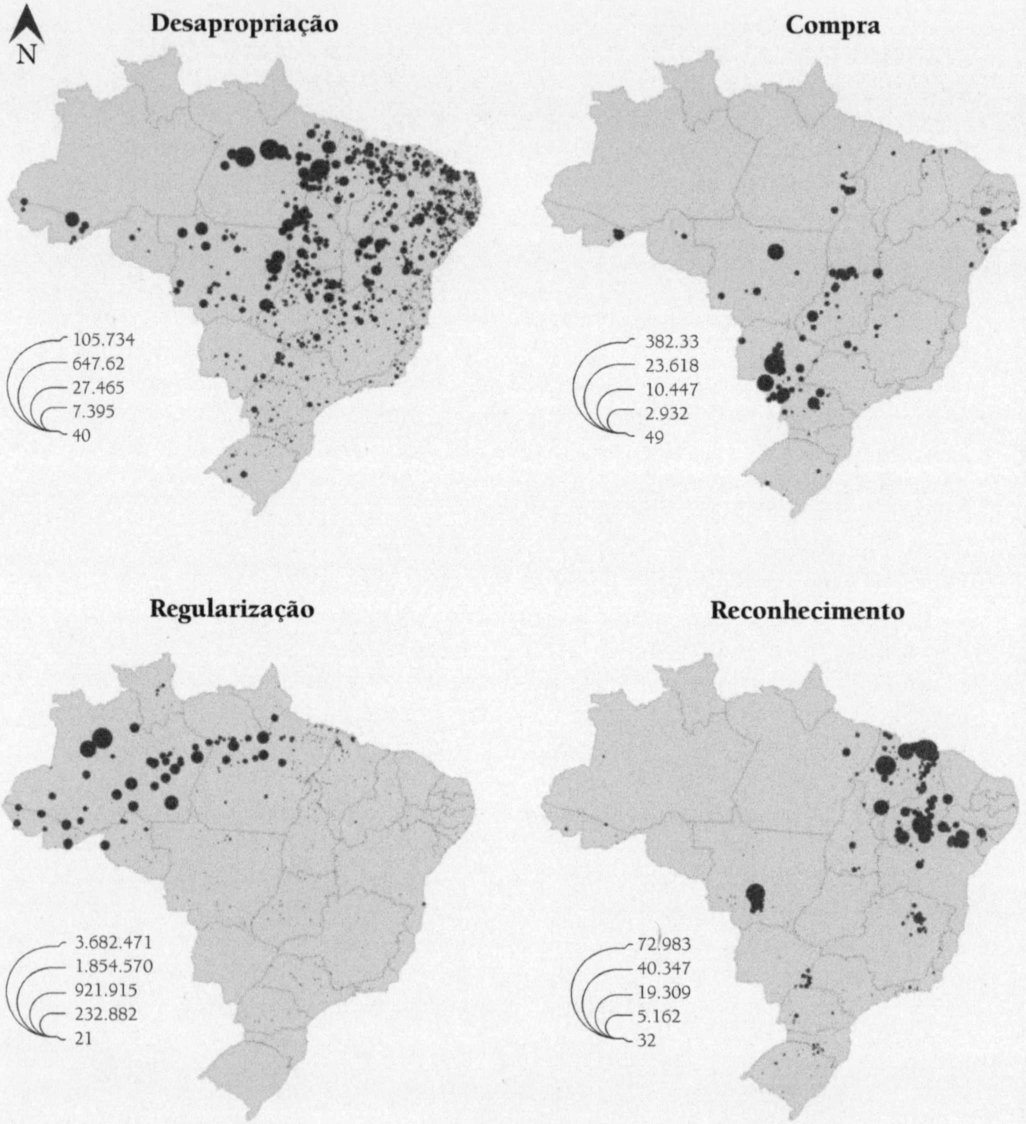

DATALUTA - Banco de Dados da Luta pela Terra *NERA* -
Núcleo de Estudos, Pesquisas e Projetos de Reforma Agrária
www.fct.unesp/nera

Coordenação: Bernardo Mançano Fernandes
Cartografia: Rafael de O. C. dos Santos
Colaboração: Lara Cardoso, Hellen Mesquita, Ananda Faustino, Lorena Iza
Software de Cartomática: Philcarto
Base Cartográfica: Philippe Waniez

Fonte de Dados: INCRA, ANOTER, ITESP
Apoio: CAPES; CNPq; FAPESP; Proex - UNESP

Presidente Prudente, fevereiro de 2013

Contudo, no segundo governo Lula, a reforma agrária perdeu força e os números caíram pela metade (Tabelas 2 e 3). Algumas das razões para explicar essa queda estão situadas nas políticas de redistribuição de renda e na diminuição do desemprego com a retomada do crescimento que reativou o mercado interno, ampliando o consumo de massas. Nesse período, as ocupações de terras despencaram de 110 mil famílias em 2004 para menos de 17 mil famílias em 2010[16].

Tabela 2: Números de assentamentos, famílias e área (2003-2006)

Assentamentos	Famílias	Área (ha)
2.386	270.090	32.648.119

Fonte: Relatório Dataluta Brasil 2012.

Tabela 3: Números de assentamentos, famílias e área (2007-2010)

Assentamentos	Famílias	Área (ha)
1.216	107.757	16.951.740

Fonte: Relatório Dataluta Brasil 2012.

Uma análise apressada pode concluir que o aquecimento da economia diminuiu o número de pessoas interessadas em trabalhar como agricultoras. Na verdade, a melhoria da renda com o Bolsa Família chegou a uma parte considerável da população urbana e rural. Nos assentamentos esse benefício alcançou 37% das famílias. Com base nos dados do Censo Agropecuário de 2006, no Brasil a renda média mensal de uma família assentada era de R$ 500,55, sendo Rondônia o estado com menor renda, igual a R$ 176,54, e São Paulo, com a maior renda, de R$ 1.266,36[17]. Os agricultores não se mantêm com uma renda tão baixa e é evidente que não atrairá novos trabalhadores rurais. Um agricultor de baixa renda que recebe ajuda do governo não é uma condição que promova a reforma agrária. Diferente do trabalhador urbano, que recebe um salário, o camponês trabalha com sua família em sua terra e dela tem de tirar seu sustento. Portanto, não é apenas o auxílio governamental que pode melhorar sua renda, mas principalmente políticas públicas de crédito, educação, criação de tecnologias apropriadas à pequena escala, à agroecologia etc. Entretanto, a questão estrutural da baixa renda dos agricultores assentados está associada a subalternidade ao mercado capitalista. Somente um governo que compreenda essa condição poderá construir políticas de desenvolvimento para os agricultores familiares.

16 Dataluta – Banco de Dados da Luta pela Terra. *Relatório Dataluta Brasil – 2011* (Presidente Prudente, Núcleo de Estudos Pesquisas e Projetos de Reforma Agrária, 2012). Disponível em: <www2.fct.unesp.br/nera/projetos/dataluta_brasil_2011.pdf>.

17 Brancolina Ferreira et al., "A importância do crédito para o desenvolvimento social e produtivo dos assentados", *Nota Técnica n. 12*, Brasília, Ipea, 2012, p. 11-5.

Há várias políticas públicas em desenvolvimento, como o Programa Nacional de Educação na Reforma Agrária (Pronera), que melhorou significativamente o nível educacional da população assentada, e o Programa de Aquisição de Alimentos, criado em 2003, que tem sido uma das mais importantes fontes de renda para os assentados. Todavia, essas políticas ainda não foram suficientes para mudar o quadro de pobreza nos assentamentos e no campo, como veremos na próxima parte deste artigo. Ainda, a lógica do Programa Nacional de Fortalecimento da Agricultura Familiar (Pronaf) tem contribuído muito para o endividamento das famílias assentadas, sendo um dos programas que precisam ser reformulados[18]. A reforma agrária parcial e a situação de precariedade das famílias assentadas foram denominadas de não reforma e contrarreforma agrária no governo Lula[19]. Entendemos que este deu uma importante contribuição para a reforma agrária, mesmo que incipiente, considerando os dados do II PNRA. Qualificar e ampliar as políticas públicas, além de criar novas, são ações necessárias para uma reforma agrária ampla. Para isso, é preciso optar por um paradigma que considere a importância de uma agricultura camponesa autônoma.

2. Disputas paradigmáticas e políticas de desenvolvimento territorial

As disputas políticas são paradigmáticas. O conceito de paradigma é uma referência para analisar melhor os pensamentos, as políticas e os territórios que são produzidos pelas ações de diferentes instituições no desenvolvimento da agricultura e em especial da reforma agrária. Paradigmas são visões de mundo, construções mentais, que se utilizam das batalhas das ideias nos campos de disputa, por meio de relações de poder, configurando-se em *territórios imateriais*[20], para defender e/ou impor diferentes intenções que determinam seus modelos interpretativos. Os paradigmas representam interesses e ideologias, desejos e determinações, que se materializam por meio de políticas públicas nos territórios de acordo com as pretensões das classes sociais. Por intermédio desse recurso teórico político, cientistas interpretam as realidades, procuram explicá-las e convencer outros a aplicar esses pensamentos. Para tanto, eles selecionam um conjunto de referências constituintes, como elementos, componentes, variáveis, recursos, indicadores, dados, informações etc., de acordo com suas perspectivas e suas histórias, definindo politicamente os resultados que querem demonstrar.

Nas leituras sobre a reforma agrária no contexto do desenvolvimento e transformações da agricultura, enfocam-se os problemas e soluções criados pelas relações sociais na produção de diferentes espaços e territórios. Essas leituras paradigmáticas têm influências na elaboração de políticas públicas, definindo a aplicação de recur-

---

[18] Ibidem, p. 31.

[19] Ariovaldo Umbelino de Oliveira, "A questão agrária no Brasil: não reforma e contrarreforma agrária no governo Lula", em *Os anos Lula: contribuições para um balanço crítico 2003-2010* (Rio de Janeiro, Garamond, 2010).

[20] Bernardo Mançano Fernandes, Clifford Andrews Welch e Elienai Constatino Gonçalves, *Políticas fundiárias no Brasil: uma análise geo-histórica da governança da terra no Brasil* (Roma, International Land Coalition, 2012).

sos em determinadas regiões, territórios, setores, culturas, instituições etc. Por essa razão, conhecer o movimento paradigmático que vai da construção da interpretação à execução da política é fundamental. Foram tomados como ponto de partida dois paradigmas para representar as posturas das diversas instituições, como os governos em diferentes escalas, federal, estadual e municipal, as corporações do agronegócio nacional e multinacional e os vários movimentos camponeses.

O paradigma da questão agrária parte das lutas de classes para explicar as disputas territoriais e suas conflitualidades na defesa de modelos de desenvolvimento que viabilizem a autonomia dos camponeses. Entende que os problemas agrários fazem parte da estrutura do capitalismo, de modo que a luta contra o capitalismo é a perspectiva de construção de outra sociedade[21]. Para o paradigma do capitalismo agrário, as desigualdades geradas pelas relações capitalistas são um problema conjuntural e podem ser superadas por meio de políticas que possibilitem a "integração" do campesinato ou "agricultor de base familiar" ao mercado capitalista. Nessa lógica, campesinato e capital compõem um mesmo espaço político, fazendo parte de uma totalidade (sociedade capitalista) que não os diferencia, porque a luta de classes não é elemento desse paradigma[22]. Em síntese, para o paradigma da questão agrária, o problema está no capitalismo e para o paradigma do capitalismo agrário, o problema está no campesinato.

Esses paradigmas têm contribuído para a elaboração de distintas leituras sobre o campo brasileiro realizadas pelas universidades, pelos governos, pelas empresas e organizações do agronegócio e pelos movimentos camponeses. Na atualidade, as organizações mais influentes do agronegócio são: a Associação Brasileira do Agronegócio (Abag) e a Confederação da Agricultura e Pecuária do Brasil (CNA). Entre as organizações camponesas estão a Contag, a Federação Nacional dos Trabalhadores e Trabalhadoras na Agricultura Familiar (Fetraf) e a Via Campesina, formada pelo MST, o Movimento dos Pequenos Agricultores (MPA), o Movimento dos Atingidos por Barragens (MAB), o Movimento das Mulheres Camponesas (MMC) e a Comissão Pastoral da Terra (CPT). O governo federal possui dois ministérios que tratam das políticas de desenvolvimento para o campo: Ministério da Agricultura, Pecuária e Abastecimento (Mapa) e o MDA.

Uma das principais marcas dos dois paradigmas é a compreensão do que são o agronegócio e o campesinato ou a agricultura familiar. Para as organizações do agronegócio e para o Mapa, o agronegócio é uma totalidade composta pelos sistemas agrícola, pecuário, industrial, mercantil, financeiro e tecnológico e por todos os agricultores capitalistas e não capitalistas, grandes e pequenos, o agronegócio e o "agronegocinho" etc. Também compartilham essa compreensão parte da Contag e da Fetraf. Para a Via Campesina, o agronegócio representa as corporações capitalis-

---

[21] Bernardo Mançano Fernandes, "Questão agrária: conflitualidade e desenvolvimento territorial", em Antônio Márcio Buainain (org.), *Luta pela terra, reforma agrária e gestão de conflitos no Brasil* (Campinas, Editora da Unicamp, 2008), p. 173-224.

[22] Ricardo Abramovay, *Paradigmas do capitalismo agrário em questão* (Campinas, Hucitec/Anpocs/Editora da Unicamp, 1992).

tas que constituem um conjunto de sistemas para a produção de *commodities*, por meio do monocultivo em grande escala, principalmente para exportação, enquanto os camponeses organizam sistemas baseados na diversidade, pequena escala e mercado local, formando, portanto, outra lógica. A agricultura familiar está definida pela Lei n. 11.326, de 24 de julho de 2006, que considera como agricultores familiares as pessoas que administram e empregam como mão de obra a própria família nas atividades de seu estabelecimento, que não pode ser maior do que quatro módulos fiscais, compreendidos como unidades territoriais determinadas pelo tipos predominantes de exploração e de renda obtida em escala municipal. Conceber o agronegócio como totalidade é uma estratégia do paradigma do capitalismo agrário. Definir todos tão somente como agricultores esconde as diferenças constituídas pelas relações de poder que produzem as desigualdades e mascara, fundamentalmente, as classes sociais. Os documentos das instituições que defendem essa compreensão citam constantemente que não é possível separar os agricultores em capitalistas e familiares[23].

Entretanto, esses argumentos caem por terra quando se observa o conjunto de referências que explicitam as diferenças entre o agronegócio e a agricultura familiar. Um exemplo cabal é a existência de dois ministérios para tratar do desenvolvimento da agricultura. O Mapa, o mais antigo, criado na época do Brasil Império, é o *ministério do agronegócio* e, portanto, sempre defendeu os interesses das corporações. O MDA foi criado após o massacre de Eldorado dos Carajás e tornou-se importante para o desenvolvimento da agricultura camponesa. Tanto o Mapa quanto o MDA argumentam que a agricultura familiar é parte do agronegócio. Todavia, para a realização do Censo Agropecuário de 2006, o MDA demandou ao Instituto Brasileiro de Geografia e Estatística (IBGE) que destacasse a produção da agricultura familiar. Pela primeira vez na história do Brasil, o Censo Agropecuário separou os resultados em duas partes: agricultura familiar e agricultura não familiar – procurando evitar o termo agronegócio, como publicado no Censo Agropecuário 2006 "Agricultura Familiar: primeiros resultados – Brasil, Grandes Regiões e Unidades da Federação"[24].

Agronegócio ou agricultura patronal e agricultura familiar são conceitos criados recentemente para se referir à agricultura capitalista e à agricultura camponesa. A utilização dessas diferentes denominações faz parte do debate e embate entre os paradigmas quanto à retirada ou destaque do caráter de classe social no desenvolvimento territorial rural. Análises sobre as diferentes participações das agriculturas camponesa e capitalista a partir dos censos agropecuários foram feitas pelo geógrafo Ariovaldo Umbelino de Oliveira desde a década de 1980 para demonstrar a importante participação do campesinato no desenvolvimento do país[25].

---

[23] Zander Navarro, "A agricultura familiar no Brasil: entre a política e as transformações da vida econômica", em José Garcia Gasques, José E. R.Vieira Filho e Zander Navarro, *A agricultura brasileira: desempenho, desafios e perspectivas* (Brasília, Ipea, 2010), p. 185-212.

[24] Rio de Janeiro, IBGE, 2009.

[25] Conferir Ariovaldo Umbelino de Oliveira, *A agricultura camponesa no Brasil* (São Paulo, Contexto, 1991), e idem, "Barbárie e Modernidade: as transformações no campo e o agronegócio no Brasil", *Terra Livre*, São Paulo, v. 2, n. 21, 2004.

A reação da CNA, da Abag e do Mapa à divisão dos resultados do Censo Agropecuário de 2006 em agricultura familiar e agronegócio foi imediata, comprovando o claro alinhamento dessas organizações, e criou um enorme mal-estar no governo Lula por revelar a divisão dos ministérios em um governo que sempre demonstrou defender os interesses do agronegócio. Em resposta, a CNA contratou um instituto de pesquisa para fazer uma nova análise do censo e apresentar resultados que destacassem o agronegócio, como pode ser observado na publicação "Quem produz o que no campo: quanto e onde II: Censo agropecuário 2006: resultados: Brasil e regiões"[26]. Nesse texto, os autores utilizaram outra metodologia com outros critérios e variáveis, como a participação dos produtores no valor bruto da produção e no Programa Nacional de Fortalecimento da Agricultura Familiar (Pronaf). Como o agronegócio controla 85% dos recursos destinados ao crédito agrícola, 76% da área agricultável, produzindo 62% do valor bruto e empregando cerca de 26% das pessoas, esses critérios são mais favoráveis que utilizar outras variáveis, como a diversidade e a quantidade da produção regional.

A postura conjunta das instituições do agronegócio também alinhou a Via Campesina, a Contag e a Fetraf e com o MDA, clarificando as posturas das partes interessadas aos diferentes modelos de desenvolvimento que, por conseguinte, constituem diferentes territórios. A hegemonia do agronegócio no Brasil (e no mundo) não aceita outro modelo de desenvolvimento que não seja o modelo agroexportador de *commodities* em grande escala com uso intensivo de agrotóxicos e transgênicos. Portanto a reforma agrária não cabe nesse modelo. Não há interesse das corporações em criar novos agricultores familiares. A Via Campesina tem elaborado a ideia de soberania alimentar, em que o controle sobre a produção de alimentos e sua distribuição seja retirado das corporações e retornado ao Estado por meio de políticas de desenvolvimento da agricultura em bases diferenciadas, como a agroecologia, produção regional diversificada e em pequena escala para os mercados locais. A reforma agrária é parte dessa concepção para ampliação do número de pequenos agricultores. Pode-se perguntar se o Brasil necessita de mais agricultores. A resposta é sim, considerando que é o país com uma das maiores áreas agrícolas do mundo; além disso, devem-se levar em conta as estimativas de crescimento populacional mundial, do aumento da produção de agroenergia e as recentes crises alimentares.

Contudo, o desenvolvimento do campo brasileiro não pode seguir sob a hegemonia do agronegócio. A relação entre as agriculturas capitalista e camponesa sempre foi conflituosa na disputa por terra, trabalho e renda. Isso é parte de uma disputa por modelos de desenvolvimento, que muitas vezes tem promovido uma verdadeira judiciarização da luta pela terra. O Poder Judiciário e o agronegócio tornaram-se os principais inimigos da reforma agrária. As ocupações de terras são a melhor representação dessa disputa por modelos. Os defensores do capitalismo agrário apoiam a criação de um mercado de terras para suprimir o ato político da desapropriação, tentando resolver o problema pelo mercado capitalista que é onde acontece o processo de capitalização da renda camponesa. A seguir, uma demonstração desse processo.

[26] Fundação Getulio Vargas, Instituto Brasileiro de Economia (Brasília, Confederação da Agricultura e Pecuária do Brasil, 2010).

3. O processo de destruição do campesinato no Brasil e o novo papel da reforma agrária

A política de reforma agrária jamais poderá estar associada ao agronegócio. Nos últimos trinta anos o agronegócio manteve a concentração da terra e tornou-se um império que hegemoniza as políticas agropecuárias em todos os países do mundo, intensificando a estrangeirização da terra. O Brasil é um país continental, o quinto do mundo em extensão e com grande potencial agropecuário, e possui desigualdades tão grandes quanto seu território. Parte dessas desigualdades é gerada pela hegemonia do modelo do agronegócio no desenvolvimento da agricultura, que controla os territórios de duas formas: pelo monopólio do território camponês[27] e pela territorialidade do capital em território camponês, onde as técnicas e as tecnologias de produção agropecuária são determinadas pelo agronegócio, que, evidentemente, capitaliza a renda produzida pelas famílias camponesas. Essa relação entre capital e campesinato produz um paradoxo em que a produção agropecuária camponesa aparece nos resultados econômicos do agronegócio, e a maior parte da riqueza produzida é desviada para as corporações que industrializam e comercializam os produtos camponeses. Esses processos aumentam as desigualdades causadas pela reprodução ampliada do capital, que centraliza territórios e tecnologias e, portanto, intensifica a concentração de riquezas, e geram a modernidade e a barbárie com a espoliação territorial, em que as pessoas são excluídas de todas as formas de autonomia e subjugadas ao modelo de desenvolvimento hegemônico[28]. Para alguns, o êxodo rural e a concentração territorial-tecnológica e, portanto, a concentração de riqueza são parte de um processo "natural" de modernização da agricultura no contexto do capitalismo agrário. Para outros, são parte da questão agrária, cujos problemas podem ser minimizados por políticas públicas e de enfrentamento do agronegócio na luta contra o capital. Essas duas posturas representam os paradigmas que produzem as políticas de desenvolvimento para agricultura discutidas neste artigo.

O Brasil possui 8.514.876,599 km^2 e extremas desigualdades territoriais que faz com que tenha "uma das estruturas fundiárias mais concentradas do mundo, representada pelo índice de Gini de 0.854, sendo que a maior parte das terras está sob o domínio de grandes corporações nacionais e multinacionais"[29]. Essas empresas controlam as políticas de desenvolvimento da agricultura, ficando com a maior parte dos recursos do crédito agrícola, monopolizando os mercados em todas as escalas e dirigindo a produção de tecnologias destinadas à qualificação da produção agropecuária. Produzindo predominantemente *commodities*, o agronegócio no Brasil também se constitui em um poder hegemônico que determina o planejamento da agricultura e subalterniza os camponeses responsáveis pela maior parte produção dos alimentos destinados à economia doméstica.

---

[27] Ariovaldo Umbelino de Oliveira, *A agricultura camponesa no Brasil*, cit.

[28] Idem, "Barbárie e Modernidade: as transformações no campo e o agronegócio no Brasil", cit.

[29] Bernardo Mançano Fernandes, Clifford Andrews Welch e Elienai Constantino Gonçalves, "Debates sobre políticas fundiárias e usos da terra no Brasil", São Paulo, Unesp, 2012. Disponível em: <www4.fct.unesp.br/docentes/geo/cliff/QUESTAO%20AGRARIA/FERNANDES%20ET%20AL%20Politica%20fund_uso%20da%20terra%202012.pdf>. Acesso em 16 abr. 2013.

O Brasil é um dos mais importantes países agrícolas do mundo. Do total de sua extensão territorial, 330 milhões de hectares foram utilizados pela agropecuária, no período de 1996 a 2006, de acordo com o Censo Agropecuário de 2006 do IBGE. Essa área agricultável chegou a 375 milhões de hectares no período de 1975 a 1985, o que significa que o Brasil tem utilizado entre 39% e 44% de seu território para a produção agropecuária, que representam uma das maiores áreas agricultáveis do mundo. A persistente desigualdade territorial rural fica ainda mais evidente quando comparamos a agricultura camponesa com o agronegócio. O censo registrou 5.175.489 estabelecimentos, dos quais 84,4% (4.367.902) são unidades familiares e 15,6% (805.587) são capitalistas. A área total das unidades familiares era de 80.250.453 hectares e a área total dos estabelecimentos capitalistas era de 249.690.940 hectares. Embora o agronegócio ou agricultura capitalista tenha utilizado 76% da área agricultável, o valor bruto anual da produção foi de 62% ou 89 bilhões de reais, enquanto o valor bruto anual da produção da agricultura camponesa foi de 38% ou 54 bilhões de reais, utilizando apenas 24% da área total, de acordo com os dados do censo de 2006.

Ainda mais surpreendente é que, mesmo utilizando apenas 24% da área agrícola, a agricultura camponesa reúne 74% do pessoal ocupado ou 12.322.225 pessoas, ao passo que o agronegócio emprega em torno de 26% ou 4.245.319 pessoas. Essa desigualdade fica mais evidente quando observamos que o povoamento dos territórios do agronegócio é de apenas duas pessoas para cada cem hectares, enquanto nos territórios camponeses a relação é de quinze pessoas para cada cem hectares. Essa diferença ajuda a compreender que a maior parte das pessoas que trabalham na agricultura camponesa vive no campo e que a maior parte das pessoas que trabalham no agronegócio vive na cidade. Também revela as distintas formas de uso dos territórios: para o campesinato, a terra é lugar de produção e moradia, para o agronegócio, é somente lugar de produção. Essas são características importantes para conceber o campesinato e o agronegócio como diferentes modelos de desenvolvimento territorial.

Essa desigualdade fica ainda mais acirrada quando analisamos detalhadamente a participação dos estabelecimentos no valor da produção total. Conforme a análise de Eliseu Alves e Daniela Rocha, somente 8,19%, ou 423.689 dos 5.175.489 estabelecimentos, geraram 84,89% do valor da produção total. Isso também significa que 91,81%, ou 4.751.800 estabelecimentos, respondem por apenas 15,11% desse valor[30]. Esses dados demonstram que a concentração territorial explicita a concentração de riquezas e do controle do capital. A situação fica ainda pior quando se observa que em 3.775.826 estabelecimentos vivem aproximadamente 11,3 milhões de pessoas para as quais é reservada a ínfima soma de 4,03% da riqueza produzida e que as famílias de 2.014.567 estabelecimentos têm receita anual de até meio salário-mínimo. A maioria dos estabelecimentos que fica com a menor parte da riqueza é da agricultura familiar.

Os contrastes do Brasil são ainda maiores quando observamos que esses agricultores que ficam com a menor parte da riqueza produzida na agropecuária são

---

[30] Eliseu Alves e Daniela P. Rocha, "Ganhar tempo é possível?", em José Garcia Gasques, José E. R. Vieira Filho e Zander Navarro, *A agricultura brasileira*, cit., p. 185-212.

responsáveis por 70% do feijão, 87% da mandioca, 38% do café, 46% do milho e 34% do arroz. Na pecuária, respondem por 59% dos suínos, 50% das aves, 30% da carne bovina e 58% do leite. A desigualdade também está presente nos tipos de produção. Por exemplo, 1,57% dos estabelecimentos produtores de milho respondem por 68,31% da produção, e 26,7% do leite vêm de 80,41% dos estabelecimentos produtores, ou seja, 19,59% produtores fazem 73,3% do leite. A concentração é uma marca forte no campo brasileiro, e isso tem produzido diferentes posturas a respeito do desenvolvimento da agropecuária. Algumas defendem a eliminação dos produtores que geram menos, outras defendem políticas que ampliem a participação dos agricultores na produção e na riqueza produzida, inclusive com políticas de acesso à terra para aumentar o número de agricultores, por exemplo a reforma agrária e o crédito fundiário.

O Brasil agrário é por demais injusto porque 74% dos agricultores recebem somente 15% do crédito agrícola, possuem apenas 24% da área agricultável, mas produzem 38% do valor bruto. É pouca terra para tantas pessoas que recebem pouco crédito e dividem o resto da riqueza produzida, ou seja, a parte que o capital permitiu que ficasse com o campesinato. Do outro lado, o agronegócio fica com 85% do crédito agrícola, controla 76% da área agricultável, produz 62% do valor bruto e emprega 26% das pessoas. É muita terra para poucas pessoas, que ficam com a maior parte dos recursos empregados na agropecuária e com a riqueza produzida e que recebem também parte da riqueza produzida pelo campesinato, por meio da renda capitalizada da terra, pois é o agronegócio que comercializa a maior parte da produção camponesa. Esse paradoxo é mais bem compreendido pela desigualdade existente na classe camponesa, que, embora contribua com a produção de 38% do valor bruto, é formada por 2 milhões de famílias que têm uma renda mensal em torno de 15 dólares e dependem de ajuda governamental, como o Bolsa Família.

A divisão regional explicita as diferenças geradas pelas políticas governamentais e pelas políticas privadas por meio dos projetos das corporações nacionais e transnacionais. Outras instituições também participam da produção dos espaços regionais, mas em menor escala e com poderes limitados. É o caso dos sindicatos de trabalhadores e das organizações camponesas. Na maior parte das vezes, essas instituições não elaboram projetos de desenvolvimento, mas se submetem aos projetos apresentados pelo Estado e pelo capital. Ou seja, os trabalhadores e camponeses mantêm uma postura subalterna diante da postura ofensiva do capital que, por meio das políticas de governos, se manifesta, determinando predominantemente a lógica do ordenamento territorial. Essa diferença de posturas gera conflitos constantes entre as classes e permite compreender melhor as singularidades dos diversos modelos de desenvolvimento. Podem-se visualizar com mais detalhes as diferenças regionais ao analisar os elementos da questão agrária de cada região brasileira. São muitas as variáveis que podem ser escolhidas para configurar a questão agrária de uma região; da mesma forma, cada região possui variáveis que são mais intensas que em outras. Por essa razão, além das variáveis singulares de cada região, podem-se escolher as principais *commodities*, a estrutura fundiária, os conflitos e algumas culturas da agricultura camponesa. Elas são uma referência para conhecer as questões agrárias regionais.

O governo Dilma poderá tomar a decisão de enfrentar os problemas estruturais da questão agrária e investir no desenvolvimento da agricultura camponesa com a continuação da reforma agrária. Para isso, é fundamental que o governo defina sua posição político-paradigmática no sentido de trabalhar com dois modelos de desenvolvimento, criando as políticas e tecnologias necessárias.

4. Considerações finais

Se um século de história for suficiente para nos convencer de que o capitalismo não será o único modelo de desenvolvimento da agropecuária, que o campesinato não foi destruído pelas relações capitalistas e que continua sendo fundamental para a produção de alimentos, fibras e agroenergia, então a reforma agrária tem sentido. Mas o cenário futuro não é tão promissor. Se os governos não enfrentarem a questão agrária e continuarem se baseando no capitalismo agrário, os conflitos tendem a se multiplicar. A Amazônia tem sido uma área de escape para eles, especialmente com a regularização fundiária, como demonstrado na Figura 1. Todavia, a fronteira agrícola está se fechando e as terras da União não serão suficientes para fazer a reforma agrária. A desconcentração fundiária acontece principalmente pela desapropriação.

A reforma agrária continua sendo um tema atual. As mudanças agrárias dos últimos cinquenta anos e os trinta anos da experiência brasileira de reforma agrária ofereceram diversos parâmetros para se analisar a política de reforma agrária do governo Lula e as demandas dos movimentos camponeses no Brasil e pensar a reforma agrária para o futuro, de modo que ela seja feita para minimizar a subalternidade do campesinato, melhorar a renda e a qualidade de vida, desenvolver o mercado local e ampliar a produção de alimentos saudáveis. Essa é uma forma de fortalecer a agricultura brasileira, diversificando modelos e oferecendo a outros países uma referência de democratização do campo.

POR QUE NÃO SE AVANÇA NAS COMUNICAÇÕES?[1]

Venício A. de Lima

> A verdade é que nós temos nove ou dez famílias que dominam toda a comunicação deste país. A verdade é essa. A verdade é que você viaja pelo Brasil e você tem duas ou três famílias que são donas dos canais de televisão. E os mesmos são donos das rádios e os mesmos são donos dos jornais.
>
> *Presidente Lula ao* Portal Terra, *23 set. 2010*

> Você tem de distinguir duas coisas: marco regulatório de um controle da mídia. O controle social da mídia – se for de conteúdo – é um absurdo. [...] Outra coisa diferente é a questão do marco regulatório. [...] O Brasil vai ter de regular minimamente, até porque tem casos que, se você não fizer isso, você deixa que haja uma concorrência meio desproporcional entre diferentes organismos.
>
> *Presidenta (eleita) Dilma ao* Jornal da Band, *2 nov. 2010*

O setor de comunicações[2] apresentou um balanço negativo nos últimos dez anos (2003--2012). Salvo algumas poucas exceções, não logramos avançar nas políticas públicas do setor, ao contrário do que ocorre em democracias liberais consolidadas e até mesmo em países vizinhos na América Latina.

---

[1] Agradeço a leitura atenta e os comentários de Ana Paola Amorim, Antonio Carlos Queiroz, Bernardo Kucinski e Zildete Melo. A responsabilidade pelo texto final, todavia, é exclusivamente minha.

[2] Utilizo o plural "comunicações" por incluir conceitualmente as antigas áreas de telecomunicações, comunicação social (radiodifusão e imprensa) e tecnologias de informação (TI) cujas fronteiras foram diluídas pela convergência tecnológica (ou convergência de mídias) provocada pela revolução digital. De qualquer maneira, a análise terá como objeto principal a (ainda) chamada "comunicação social".

1. Um sistema oligopolizado e desregulado[3]

Decisões tomadas ainda no início da década de 1930 definiram que a radiodifusão brasileira, um serviço público, fosse explorada preferencialmente pela iniciativa privada (Decretos n. 20.047/1931 e n. 21.111/1932). Consolidou-se, ao longo do tempo, um sistema oligopolizado de rádio e televisão, garantido por uma legislação assimétrica em relação a outros serviços públicos, omissa, desatualizada (Lei n. 4.117/1962) e, no que se refere a normas e princípios da Constituição de 1988, não regulamentada e, vale dizer, não cumprida.

A ausência de controle da propriedade cruzada dos meios e da formação de redes (de rádio e televisão) deu origem a poderosos oligopólios empresariais multimídia – nacionais, regionais e/ou locais –, que controlam não só a maioria das concessões de radiodifusão como também a mídia impressa (jornais e revistas) e, mais recentemente, os principais provedores de internet.

Paralelamente a esses oligopólios, em decorrência da privatização das telecomunicações promovida pelos governos de Fernando Henrique Cardoso na década de 1990, emergiram no setor megaempresas globais que exploram os serviços de telefonia fixa e móvel e, em alguns casos, também os serviços de televisão paga (distribuição de conteúdo).

Nas últimas décadas, as comunicações atravessam um período de crise decorrente de profundas mudanças tecnológicas expressas simbolicamente no surgimento da rede mundial de computadores – a internet – que afeta, sobretudo, a mídia impressa e interfere radicalmente na configuração do setor, inclusive no seu modelo predominante de negócios.

Teria existido "boa vontade" da grande mídia com a candidatura de Luiz Inácio Lula da Silva em 2002 – contrastando com a inequívoca cobertura adversa nas três campanhas anteriores – em função da crise do setor[4]?

O coordenador do programa de governo da campanha, Antonio Palocci, relatou publicamente as negociações que manteve com "empresários e formadores de opinião", inclusive dos oligopólios de mídia, em torno dos compromissos assumidos na Carta ao Povo Brasileiro (junho 2002)[5].

Por outro lado, um analista observou à época:

> a melhor explicação para a complacência da mídia com a candidatura petista reside na profunda crise por que passa o setor de comunicação no país. [...] A chave para entender

---

[3] Para um diagnóstico mais completo sobre o sistema de comunicações no Brasil ver Venício A. de Lima, "Comunicações no Brasil: novos e velhos atores", em *Mídia: teoria e política* (2. ed., São Paulo, Editora Perseu Abramo, 2012), idem "Mídia no Brasil: concentrada e internacionalizada", em *Mídia: crise política e poder no Brasil* (São Paulo, Editora Perseu Abramo, 2007), e Sérgio Capparelli e Venício A. de Lima, *Comunicação & televisão: os desafios da pós-globalização* (São Paulo, Hacker Editores, 2004), primeira parte.

[4] Uma coletânea que trata de diferentes aspectos da cobertura da mídia nas eleições de 2002 é a de Antônio Albino Canelas Rubim (org.), *Eleições presidenciais em 2002 no Brasil: ensaios sobre mídia, cultura e política* (São Paulo, Hacker Editores, 2004).

[5] Cf. Antonio Palocci, *Sobre formigas e cigarras* (Rio de Janeiro, Objetiva, 2007), especialmente o segundo capítulo, "A Carta ao Povo Brasileiro".

> a boa vontade da imprensa com a candidatura de oposição nas eleições deste ano [...] reside justamente no fracasso das tentativas dos empresários do setor de comunicação para sair da crise. [...] A única saída viável no curto prazo seria mesmo contar com a boa vontade do governo federal e pressionar o próximo presidente a "oferecer" algum tipo de ajuda ao setor.[6]

Esse era o panorama geral do sistema de comunicações e do comportamento de seus principais atores quando Lula foi eleito e assumiu seu primeiro mandato de presidente da República, em janeiro de 2003. A oposição ferrenha dos oligopólios de mídia às eventuais propostas para o setor, no entanto, viria a se tornar o padrão dominante nos dez anos seguintes.

2. O que prometiam os programas de governo?

Qual a atenção que o setor de comunicações mereceu nos três programas de governo registrados pelos candidatos Lula e Dilma Rousseff no Tribunal Superior Eleitoral (TSE), em 2002, 2006 e 2010?

No programa de 2002, a questão das comunicações aparece sob os títulos "Tecnologia da Informação" (itens 48 a 57) e "Política de Infraestrutura de Comunicação Telecomunicações" (itens 58 a 62).

No primeiro, destaca-se um dos três eixos de "gestão da informação", em que aparece o compromisso com:

> Democratização do acesso às Tecnologias de Informação. Incentivar a criação de mecanismos e políticas que permitam o aprendizado, o acesso e a incorporação maciça das tecnologias de informação e que possibilitem o compartilhamento de soluções entre diferentes níveis de governo.

Já no segundo título, trata-se apenas das telecomunicações (telefonia) no contexto das privatizações realizadas pelo governo anterior e declara-se o compromisso de que, "dentro dos marcos regulatórios e contratuais vigentes, caberá acompanhar e coparticipar dos processos de fusão e incorporação das empresas, visando assegurar a manutenção dos espaços competitivos".

Não há, portanto, qualquer menção à comunicação social[7].

No Programa de 2006, ao contrário, há um compromisso explícito com a construção de um "modelo democratizante" que leve em conta a convergência tecnológica. Está escrito:

> Construir um novo modelo institucional para as comunicações, com caráter democratizante e voltado ao processo de convergência tecnológica. Incentivar a criação de sistemas democráticos de comunicação, favorecendo a democratização da produção, da circulação

[6] Luiz A. Magalhães, "O governo Lula e os meios de comunicação", *Margem Esquerda: Ensaios Marxistas*, n. 1, p. 67-71, 2003.

[7] Cf. programa completo disponível em: <http://www.fpabramo.org.br/uploads/programagoverno.pdf>. Acesso em 4 jan. 2013.

e do acesso aos conteúdos pela população. Fortalecer a radiodifusão pública e comunitária, a inclusão digital, as produções regional e independente e a competição no setor.[8]

Com relação ao Programa de 2010 há de se registrar que ocorreu uma alteração específica nas propostas relativas ao setor de comunicações (itens 42 a 45) entre a primeira versão protocolada no Tribunal Superior Eleitoral (TSE)[9] e a segunda versão, "corrigida", que substituiu a anterior apenas algumas horas depois[10].

Imediatamente após a entrega da primeira versão do programa no TSE, a grande mídia passou a nomeá-la como "polêmica" e/ou "radical".

Os pontos que se referiam especificamente às comunicações partiam do diagnóstico de que "apesar dos avanços dos últimos anos, a maioria da população brasileira conta, como único veículo cultural e de informação, com as cadeias de rádio e de televisão, em geral, pouco afeitas à qualidade, ao pluralismo, ao debate democrático" e propunham políticas que buscassem:

> a) Ampliação da rede de equipamentos, como centros culturais, museus, teatros e cinemas, política que deve estar articulada com a multiplicação dos pontos de cultura, representando amplo movimento de socialização cultural; [...]
> e) iniciativas que estimulem o debate de ideias, com o fortalecimento das redes públicas de comunicação e o uso intensivo da blogosfera; [...]
> i) medidas que promovam a democratização da comunicação social no país, em particular aquelas voltadas para combater o monopólio dos meios eletrônicos de informação, cultura e entretenimento.

Além disso, reconhecia e apoiava propostas aprovadas na primeira Conferência Nacional de Comunicação, tais como:

> o estabelecimento de um novo parâmetro legal para as telecomunicações no país; a reativação do Conselho Nacional de Comunicação Social; o fim da propriedade cruzada; exigência de uma porcentagem de produção regional [...]; proibição da sublocação de emissoras e horários; direito de resposta coletivo.

Não havia nada nessas propostas que contrariasse os princípios e normas que haviam sido consagrados pela Constituição de 1988[11]. No entanto, elas foram excluídas da versão final do programa de 2010, cuja única referência às Comunicações aparece junto às questões relacionadas à cultura nacional, que passou a ser uma declaração de princípios:

> O debate plural de ideias será estimulado para fortalecer a democracia e para contribuir com a dimensão cultural da cidadania. Será favorecida a comunicação, livre e plural, capaz

[8] Cf. programa completo disponível em: <http://www.fpabramo.org.br/uploads/Programa_de_governo_2007-2010.pdf>. Acesso em 4 jan. 2013. (Especialmente as p. 17-8.)

[9] Cf. a primeira versão disponível em: <http://peppercomm.3cdn.net/f4bf80ec6bb02f2cf3_ysm6bz6bu.pdf>. Acesso em 4 jan. 2013.

[10] Cf. a segunda versão disponível em: <http://www.fpabramo.org.br/sites/default/files/programadegovernoDilma.pdf>. Acesso em 4 jan. 2013.

[11] Cf. os artigos 5º e de 220 a 224.

de refletir as distintas expressões da sociedade brasileira. O modelo brasileiro de TV aberta, associado a novas tecnologias, como o padrão de TV Digital adotado no Brasil e a internet, dentre outros, ajudarão na ampliação do acesso aos meios de informação e de comunicação.

Dessa forma, as promessas constantes dos três programas de governo não anteciparam as grandes transformações que ocorreriam nas políticas públicas do setor de comunicações.

3. O que não foi feito

A seguir, um rápido balanço – por tópicos específicos – de omissões, ações e recuos nas políticas públicas de comunicações, começando pela Constituição Federal. Um tratamento mais detalhado pode ser encontrado em meu livro *Política de comunicações: um balanço dos governos Lula (2003-2010)*[12] e nas referências complementares oferecidas ao longo do texto.

3.1. Constituição de 1988

Apesar da verdadeira batalha política travada ao logo do processo Constituinte de 1987-1988 em torno das questões relacionadas ao setor de comunicações, a maioria das normas e princípios, tanto incisos do artigo 5º (capítulo I, do Título II "Dos direitos e garantias fundamentais") quanto artigos do capítulo V, "Da Comunicação Social" (do Título VIII, "Da Ordem Social"), não logrou ser regulamentada, decorridos quase 25 anos de promulgação da Constituição de 1988.

Nos últimos dez anos, paradoxalmente, prevaleceram interesses no Executivo e no Legislativo que impediram que se desse consequência às normas constitucionais no setor de comunicações[13].

A situação levou à apresentação de uma Ação Direta de Inconstitucionalidade por Omissão (ADO n. 9) ao Supremo Tribunal Federal (STF), subscrita pelos advogados Fábio Konder Comparato e Georgio Alessandro Tomelim em nome da Federação Interestadual dos Trabalhadores em Empresas de Radiodifusão e Televisão (Fitert) e da Federação Nacional dos Jornalistas (Fenaj), em outubro de 2010.

Arquivada, foi reapresentada com o mesmo conteúdo (ADO n. 10) pelo PSOL e pede ao STF que declare:

---

[12] São Paulo, Publisher Brasil, 2012.

[13] Normas regulamentadas estão incompletas ou sendo questionadas no Supremo Tribunal Federal. Por exemplo: a vinculação entre faixa etária e faixa horária prevista no artigo 254 do Estatuto da Criança e do Adolescente (Lei n. 8.069 de 13 de julho de 1990), na qual se baseia a Portaria 1.220/2007 do Ministério da Justiça, que instituiu a Classificação Indicativa de obras audiovisuais destinadas a televisão e congêneres, fundamentada no inciso I do 83º do artigo 220, está sendo questionada pela ADI n. 2404, patrocinada por empresários de radiodifusão, usando a sigla do PTB e representados pelo ex-ministro Eros Grau; a Lei n. 9.294/1996 regulamentou o §4 do artigo 220, todavia, o PL 2.733/2008 que a altera para incluir as bebidas alcoólicas (proposto e subscrito, à época, pelos ministros Jorge Armando Felix, Tarso Genro, José Gomes Temporão e Fernando Haddad) não foi aprovado no Congresso Nacional. O caso emblemático é o artigo 224 (CCS) que será tratado a seguir.

a omissão inconstitucional do Congresso Nacional em legislar sobre as matérias constantes dos artigos:
5°, inciso V (*é assegurado o direito de resposta, proporcional ao agravo, além da indenização por dano material, moral ou à imagem*);
220, §3, II (*estabelecer os meios legais que garantam à pessoa e à família a possibilidade de se defenderem de programas ou programações de rádio e televisão que contrariem o disposto no art. 221, bem como da propaganda de produtos, práticas e serviços que possam ser nocivos à saúde e ao meio ambiente*);
220, §5 (*os meios de comunicação social não podem, direta ou indiretamente, ser objeto de monopólio ou oligopólio*);
221 (*princípios relativos à produção e programação das emissoras de rádio e televisão*); e
222, §3 (*observar os princípios do artigo 221*);
todos da Constituição Federal, dando ciência dessa decisão àquele órgão do Poder Legislativo, a fim de que seja providenciada, em regime de urgência, na forma do disposto nos arts. 152 e seguintes da Câmara dos Deputados e nos arts. 336 e seguintes do Senado Federal, a devida legislação sobre o assunto.

Da mesma forma, uma Ação de Descumprimento de Preceito Fundamental (ADPF n. 246), subscrita pelos advogados Bráulio Santos Rabelo de Araújo e Fernando Garcia Carvalho do Amaral, foi também protocolada em nome do PSOL, em dezembro de 2011, arguindo a violação dos incisos I e II do artigo 54, isto é, a proibição de controle de concessões do serviço público de radiodifusão por parte de deputados e senadores, origem do chamado "coronelismo eletrônico"[14].

Ambas as ações aguardam julgamento no STF.

Um exemplo emblemático do que vem acontecendo em relação às normas constitucionais de comunicações é o (des)cumprimento do artigo 224.

Ponto principal de disputa na Constituinte de 1987-1988, a criação de uma agência reguladora nos moldes da estadunidense Federal Communications Commission (FCC) se transformou, na undécima hora, em órgão auxiliar que deveria apenas ser ouvido quando o Congresso Nacional julgasse necessário. Essa alteração deu origem ao Conselho de Comunicação Social (CCS) (art. 224). Todavia, o CCS sempre enfrentou enorme resistência de boa parte dos parlamentares.

A lei que regulamentou a criação do CCS (Lei n. 8.389/1991) foi aprovada pelo Congresso Nacional em 1991, mas só logrou ser instalada em 2002 como parte de um polêmico acordo para aprovação da Proposta de Emenda Constitucional (PEC) que, naquele momento, constituía interesse prioritário para os oligopólios do setor. A Emenda Constitucional n. 36 (art. 222), aprovada em maio de 2002, permitiu a propriedade de empresas jornalísticas e de radiodifusão por pessoas jurídicas e a participação de capital estrangeiro em até 30% do seu capital. Mesmo sendo apenas um órgão auxiliar, o CCS demonstrou ser um espaço relativamente plural para o debate de questões importantes do setor – concentração da propriedade, outorga e renovação de concessões, regionalização da programação, TV digital, radiodifusão comunitária etc.

---

[14] Ver Venício A. de Lima, "Coronelismo eletrônico de novo tipo (1999-2004)", em *Regulação das comunicações: história, poder e direitos* (São Paulo, Paulus, 2011).

Vencidos os mandatos de seus primeiros membros, houve um atraso na confirmação daqueles que ficariam à frente do conselho pelos próximos dois anos, o que ocorreu apenas em fevereiro de 2005. Ao final de 2006, no entanto, totalmente esvaziado, o CCS fez sua última reunião. Ficou desativado por cerca de seis anos. Em julho de 2012 foi reinstalado de forma autoritária e sob protesto da Frente Parlamentar pela Liberdade de Expressão e o Direito a Comunicação com Participação Popular (Frentecom) e do Fórum Nacional pela Democratização da Comunicação (FNDC). Sua composição não traduz a intenção dos constituintes de 1987-1988 de um órgão plural com representação diversa. Há um claro predomínio de interesses empresariais[15].

Ademais, nos dez estados (e no Distrito Federal) onde as Constituições e a Lei Orgânica preveem conselhos estaduais de comunicação – semelhantes ao CCS –, apenas na Bahia ele foi instalado (2012) e, mesmo assim, com funcionamento precário[16].

3.2. Rádios comunitárias

A radiodifusão comunitária surge legalmente com a Lei 9.612, de 19 de fevereiro de 1998. É um serviço de rádios locais de baixa potência (limite de 25 watts) e com cobertura restrita (raio máximo de 1 quilômetro, nos termos do Decreto 2.615/1998). Podem se habilitar à prestação dos serviços somente associações ou fundações comunitárias com atividade na área de instalação da emissora. Todavia, a lei é uma norma restritiva, que dificulta – ao contrário de facilitar – o acesso às outorgas e o funcionamento das rádios comunitárias, que atende sobretudo aos interesses dos empresários de radiodifusão.

No início do primeiro governo Lula, foi criado pela Portaria n. 83, de 24 de março de 2003, um grupo de trabalho (GT) para analisar emergencialmente os milhares de processos de radiodifusão comunitária que estavam parados. O então ministro das Comunicações, Miro Teixeira, pretendia assim concluir os processos gerados pelos "avisos de habilitação" publicados durante o governo FHC para, então, poder abrir o primeiro do governo Lula. Além disso, visava-se também gerar subsídios para uma possível alteração na legislação, o que foi consolidado em um relatório final publicado pelo GT em 2 de julho do mesmo ano.

As recomendações desse GT tiveram efeitos limitados. Como não houve alterações substanciais na capacidade operacional do Ministério das Comunicações (MiniCom) e foram mantidas as inúmeras exigências burocráticas relativas aos processos de outorgas, em pouco tempo os processos estavam acumulados novamente. Por outro lado, não surgiu um novo projeto de lei para regulamentar as rádios comunitárias.

O segundo grupo de trabalho foi criado em 2005, por meio da Portaria n. 76, de 10 de fevereiro. Tratava-se agora de um grupo de trabalho interministerial (GTI),

---

15 Cf. idem, "Conselho de Comunicação Social: movimentos sociais excluídos, parlamentares ignorados", *Observatório da Imprensa*, n. 704, 24 jul. 2012. Disponível em: <http://www.observatoriodaimprensa.com.br/news/view/_ed704_movimentos_sociais_excluidos_parlamentares_ignorados>. Acesso em 7 jan. 2013.

16 Cf. idem, "Conselhos Estaduais de Comunicação: onde estamos e para onde vamos", *Observatório da Imprensa*, n. 666, 31 out. 2011. Disponível em: <http://www.observatoriodaimprensa.com.br/news/view/_onde_estamos_e_para_onde_vamos>. Acesso em 7 jan. 2013.

formado por representantes do próprio Ministério das Comunicações, da Casa Civil, dos ministérios da Educação, da Justiça e da Cultura, da Secretaria de Comunicação de Governo e Gestão Estratégica, da Assessoria Especial e da Secretaria Geral da Presidência da República. O objetivo era gerar diagnósticos para simplificar e agilizar as análises dos processos de outorga.

Depois de pouco mais de seis meses de trabalho, o GTI gerou um extenso relatório no qual eram propostas diversas alterações na política de radiodifusão comunitária. As conclusões não eram exatamente novidade. O documento ressaltava que a atual política era excludente, na medida em que negava a diversas entidades a outorga de autorizações devido a uma infinidade de exigências burocráticas, muitas vezes descabidas.

Esse relatório final, curiosamente, jamais foi divulgado nem sequer foi entregue ao presidente da República, como previa sua portaria de criação. Isso porque, durante seu funcionamento, uma importante alteração ocorreu na titularidade do Ministério das Comunicações. Saiu Eunício de Oliveira e, em seu lugar, assumiu Hélio Costa, cujos compromissos políticos com a radiodifusão comercial revelaram-se muito mais fortes do que com a radiodifusão comunitária.

No governo Dilma, o Ministério das Comunicações divulgou a Portaria n. 462/2011, complementar à Lei n. 9.612/1998, que tem como anexo a Norma 01/11 e estabelece os novos procedimentos e critérios de seleção para entidades interessadas na execução dos serviços de radiodifusão comunitária[17]. Apesar de precedida por consulta pública, a Associação Mundial de Rádios Comunitárias – Brasil (Amarc-BR) alega que nenhuma das sugestões que apresentou – como o aumento de potência, alcance superior ao raio de 1 quilômetro, menos burocracia, mais transparência, cursos de formação para quem faz rádio e para os agentes da Agência Nacional de Telecomunicações (Anatel) e da Política Federal – foi acatada e que a Norma 01/11 não altera qualquer ponto substantivo das normas anteriores.

Registre-se, por fim, que continuou intensa a repressão da Anatel e da Polícia Federal às rádios comunitárias não autorizadas. Militantes do setor denunciam que há mais de 6 mil condenados por "atividade clandestina de telecomunicações", embora não tenha sido possível confirmar essa informação.

3.3. O modelo para a TV Digital

A escolha do modelo para a implantação da TV Digital no Brasil teve seu início legal através do Decreto n. 4.901/2003, que criou o Sistema Brasileiro de Televisão Digital (SBTVD). Era contemplada a participação direta de representantes da sociedade civil no Comitê Consultivo do SBTVD e, portanto, na discussão das alternativas de política.

A partir da nomeação de Hélio Costa para ministro das Comunicações, em julho de 2005, todavia, esse Comitê foi sendo esvaziado e marginalizado pelo próprio Ministério das Comunicações. Os representantes da sociedade civil foram perdendo a voz, até que, na decisão final, não tiveram qualquer interferência.

---

[17] Disponível em: <http://www.mc.gov.br/index.php?option=com_mtree&task=att_download&link_id=126&cf_id=24>. Acesso em 2 jan. 2013.

Em agosto de 2006 foi assinado o Decreto n. 5.820, no qual prevaleceram os interesses dos grupos dominantes da mídia, em especial os radiodifusores, tendo sido criada a esdrúxula figura da "consignação" de canais e ignorada uma oportunidade histórica de se ampliar significativamente o número de concessionários de televisão no país.

A constitucionalidade desse decreto foi questionada pelo Ministério Público de Minas Gerais. Posteriormente, o PSOL deu entrada no Supremo Tribunal Federal, em agosto de 2007, com uma Ação Direta de Inconstitucionalidade contra o mesmo decreto (ADI n. 3.944). Apreciada em 5 de agosto de 2010, a ADI foi finalmente julgada improcedente pelo STF[18].

3.4. Conselho Federal de Jornalistas

Em agosto de 2004 o governo Lula encaminhou projeto de criação do Conselho Federal de Jornalismo ao Congresso Nacional (PL 3.985/2004)[19]. A proposta havia sido aprovada no 29º Congresso Nacional de Jornalistas de Salvador, em setembro de 2000, e, segundo a Federação Nacional de Jornalistas (Fenaj), seu principal objetivo era "promover uma cultura de respeito ao Código de Ética dos Jornalistas".

Houve, no entanto, uma intensa e violenta oposição da grande mídia tão logo o projeto foi encaminhado para apreciação do Congresso Nacional. A própria Fenaj preparou e distribuiu aos deputados um substitutivo ao projeto original, em novembro. Tratava-se, agora, da criação não mais de um conselho de *jornalismo*, mas de *jornalistas*, como "órgão de habilitação, representação e defesa do jornalista e de normatização ética e disciplina do exercício profissional de jornalista"[20].

Apesar disso, o Executivo não soube como agir diante da feroz reação da grande mídia e assistiu passivo à articulação de um acordo de lideranças na Câmara dos Deputados, que decidiu desconsiderar o substitutivo sugerido pela Fenaj e, através de votação simbólica, rejeitou o projeto em dezembro de 2004.

3.5. A (não) transformação da Ancine em Ancinav

O projeto de transformar a Agência Nacional de Cinema (Ancine) em Agência Nacional do Cinema e Audiovisual (Ancinav) – órgão regulador e fiscalizador da produção e distribuição dos conteúdos audiovisuais –, que estava em gestação no Ministério da Cultura ao longo de 2004, não chegou sequer a ter uma versão final. Diante de uma feroz e intensa campanha de oposição movida sobretudo por grupos tradicionais de mídia e baseada em versões do pré-projeto que circularam na imprensa especializada, o governo anunciou, em janeiro de 2005, que os estudos deveriam prosseguir, mas que prioritariamente seria construída uma proposta de regulação mais ampla dentro

---

18 Para uma análise detalhada da construção da política pública para a TV Digital no Brasil, cf. Juliano D. da Silva, *A política da política de TV Digital no Brasil: atores, interesses e decisão governamental* (Rio de Janeiro, Multifoco, 2011).

19 Disponível em: <http://www.camara.gov.br/proposicoesWeb/fichadetramitacao?idProposicao=261449>. Acesso em 25 mar. 2013.

20 O texto do substitutivo pode ser lido em <http://www.fenaj.org.br/cfj/projeto_cfj.htm>. Acesso em 25 mar. 2013.

da qual a transformação da Ancine em Ancinav pudesse ser incluída. O argumento – aparentemente correto – foi de que não se poderia implantar uma agência reguladora do audiovisual sem ter primeiro uma Lei Geral de Comunicação Eletrônica de Massa[21].

Em janeiro de 2005 o governo anunciou que seria encaminhada ao Congresso Nacional uma nova proposta de legislação de fomento e de fiscalização na área da produção audiovisual. Isso atendia aos interesses dos grupos que fizeram oposição ao pré-projeto de transformação da Ancine em Ancinav.

Um projeto de lei foi de fato elaborado e enviado ao Congresso Nacional em junho do ano seguinte e transformado seis meses depois na Lei n. 11.437, de 28 de dezembro de 2006, que criou o Fundo Setorial do Audiovisual (FSA) regulamentado pelo Decreto n. 6.299, de 12 de dezembro de 2007.

Algumas das propostas que circulavam em torno da criação da Ancinav foram posteriormente incorporadas ao projeto de lei que se transformou na Lei n. 12.485, de 12 de setembro de 2011, sobre "comunicação audiovisual de acesso condicionado".

Embora unifique a legislação sobre TV paga, independente da tecnologia utilizada, e estabeleça uma pioneira distinção entre produtor e distribuidor de conteúdo, essa tem vários pontos polêmicos. Um deles é que a vigência dos artigos que tratam da proteção "Do conteúdo brasileiro" está limitada (1) pelo artigo 21º, que contempla o relaxamento das normas, a critério da Anatel, diante de "comprovada impossibilidade de cumprimento"; e (2) pelo artigo 41º, que prevê o término da vigência doze anos a partir da sua promulgação[22].

3.6. Retransmissoras de TV Institucionais

O Decreto n. 5.371, de 17 de fevereiro de 2005, aprovou o Regulamento do Serviço de Retransmissão de Televisão e do Serviço de Repetição de Televisão e criou três tipos de serviços de retransmissão de televisão: o comercial, o educativo e o institucional. A novidade era o Serviço de Retransmissão de TV Institucional (RTVI). O RTVI era a modalidade destinada a retransmitir, de forma simultânea ou não, os sinais oriundos de estação geradora de televisão explorada diretamente pela União. As inserções de programação das retransmissoras não deveriam ultrapassar os 15% do total de horas da programação retransmitida e atender a finalidades institucionais, educativas, artísticas, culturais e informativas. Além disso, o horário disponível para inserção de programação local deveria ser distribuído da seguinte forma: um terço para a divulgação das atividades do Poder Executivo do município; um terço para a divulgação das atividades do Poder Legislativo, preferencialmente para a transmissão de suas sessões; e um terço para entidades representativas da comunidade, sem fins lucrativos, devidamente constituídas e sediadas no município, assegurada a pluralidade de opiniões e representação dos diversos segmentos sociais.

---

[21] Foi com o mesmo argumento que teve origem o decreto criador do primeiro de três GT para elaborar o projeto de marco regulatório para as comunicações. Ver item 9.

[22] Para uma análise detalhada da Lei n. 12.485/2011, ver Venício A. de Lima, "TV paga x TV aberta: quem (de fato) ganha com a Lei 12.485?", *Carta Maior*, 14 out. 2011. Disponível em: <www.cartamaior.com.br/templates/colunaMostrar.cfm?coluna_id=5251>. Acesso em 5 jan. 2013.

O regulamento ainda previa a existência de patrocínio, sob a forma de apoio institucional, para a produção da programação a cargo das entidades representativas da comunidade local, entendido como financiamento dos custos relativos à produção da programação ou de um programa específico. Esse apoio referia-se somente à veiculação, por meio de som e imagem, de mensagens institucionais da entidade apoiadora, sem qualquer menção a seus produtos ou serviços.

Estava ainda prevista a constituição de um conselho de programação composto, de forma paritária, por representantes indicados pelo Poder Executivo municipal; pelo Poder Legislativo municipal, assegurada a representação das diversas correntes partidárias; e por representantes da comunidade eleitos entre os candidatos indicados por entidades representativas locais. Esse conselho teria a finalidade de definir diretrizes, acompanhar as inserções de programação, bem como subsidiar o Ministério das Comunicações no exercício de sua competência fiscalizadora.

Tratava-se, portanto, de retransmissoras não comerciais, que não poderiam vender espaços publicitários e que – nos 15% da programação destinados a inserção local – necessariamente teriam forte vínculo com a comunidade.

Pelo que se soube, a ideia do RTVI surgiu na TV Senado, que estava interessada em aumentar o seu alcance, então limitado apenas aos municípios onde existiam operadoras de TV paga. Seria o equivalente à criação de uma rede nacional de TVs exploradas pela União, na qual as afiliadas são as prefeituras municipais.

Houve uma forte reação dos grupos privados de radiodifusão e, sem maiores explicações, menos de dois meses depois, um novo decreto (n. 5.413, de 6 de abril de 2005) foi assinado, voltando atrás e extinguindo o RTVI.

Curiosamente, uma das explicações oficiais utilizadas para justificar o recuo em relação ao serviço – supõe-se, em sintonia com os opositores da ideia – foi a necessidade de que primeiramente funcionassem os Conselhos Municipais de Comunicação Social (CMCS).

Mais de cinco anos depois, em 19 de outubro de 2010, a aprovação pela Assembleia Legislativa do Ceará do Projeto de Indicação n. 72.10, que propunha a criação do Conselho *Estadual* (e não mais municipal) de Comunicação Social (Cecs), todavia, detonou um novo ciclo de reação generalizada da grande mídia e até mesmo da Ordem dos Advogados do Brasil (OAB).

3.7. Programa Nacional de Direitos Humanos (PNDH-3)[23]

As diretrizes originais para a comunicação constantes da primeira versão do III Programa Nacional de Direitos Humanos (PNDH-3) (Decreto n. 7.037, de 21 de dezembro de 2009) foram ferozmente combatidas por setores conservadores e pela grande mídia e acabaram por ser alteradas radicalmente, menos de cinco meses depois, por novo decreto (Decreto n. 7.177, de 12 de maio de 2010).

[23] Para uma análise detalhada das propostas relativas ao direito à comunicação, constantes do PNDH-3, ver Venício A. de Lima, "Direito à comunicação no III Programa Nacional de Direitos Humanos: os grupos de mídia e a liberdade de expressão", em *Regulação das comunicações: história, poder e direitos*, cit.

No que se refere especificamente ao direito à comunicação, o segundo decreto:

(a) mantém a ação programática (letra a) da Diretriz 22 que propõe "a criação de marco legal, nos termos do art. 221 da Constituição, estabelecendo o respeito aos Direitos Humanos nos serviços de radiodifusão (rádio e televisão) concedidos, permitidos ou autorizados";
(b) exclui as eventuais penalidades previstas no caso de desrespeito às regras definidas (letra c); e
(c) exclui também a letra d, que propunha a elaboração de "critérios de acompanhamento editorial" para a criação de um *ranking* nacional de veículos de comunicação.

3.8. Marco Civil da Internet

O Projeto de Lei n. 2.126/2011, denominado Marco Civil da Internet[24], está pronto para votação na Câmara dos Deputados desde meados de 2012. O ano legislativo terminou, todavia, sem que ele entrasse na ordem do dia. Prevaleceram os interesses contrários, sobretudo, à chamada neutralidade da rede. Seus críticos afirmam que ela viola as regras de mercado e prejudica a livre concorrência.

A origem do projeto é a Secretaria de Assuntos Legislativos do Ministério da Justiça em parceria com o Centro de Tecnologia e Sociedade da Escola de Direito da Fundação Getulio Vargas-RJ, em 2009. O projeto esteve por um longo período em consulta pública quando recebeu mais de oitocentas contribuições, entre comentários, e-mails e referências propositivas.

3.9. Marco Regulatório ou Lei Geral de Comunicação Eletrônica de Massa

Desde o primeiro governo de FHC, o ex-ministro Sérgio Motta já falava – oficialmente – na elaboração de um "marco regulatório" para as comunicações brasileiras. Pelo menos seis pré-projetos de uma Lei Geral de Comunicação Eletrônica de Massa chegaram a circular nos bastidores do governo antes do falecimento do ex-ministro. Posteriormente, ao tempo do ministro Pimenta da Veiga, uma nova versão do pré-projeto chegou a ser colocada em consulta pública pelo MiniCom. Não deu em nada.

No primeiro mandato do presidente Lula, duas comissões foram criadas com a finalidade de produzir um pré-projeto de lei. No entanto, elas nunca chegaram a se reunir. A primeira (Decreto s.n., de 26 de abril de 2005), que era um GTI, esperou oito ou nove meses para que seus membros fossem indicados. Quando finalmente foi marcada a primeira reunião com todos os membros (2006), houve uma decisão de governo de que não seria mais um GTI, mas sim uma Comissão Interministerial, com representantes também da Procuradoria-Geral da República e outros órgãos (Decreto s.n., de 17 de janeiro de 2006). A primeira comissão deixou de existir – embora nunca tivesse se reunido –, e a segunda, uma comissão interministerial, também nunca se reuniu.

---

[24] Disponível em: <www.camara.gov.br/proposicoesWeb/prop_mostrarintegra;jsessionid=863E1875AF4952BD3F2600B77372255B.node1?codteor=912989&filename=PL+2126/2011>. Acesso em 5 jan. 2013.

Em 21 de julho de 2010, o presidente Lula assinou novo decreto (s.n.) que criava outra comissão interministerial para "elaborar estudos e apresentar propostas de revisão do marco regulatório da organização e exploração dos serviços de telecomunicações e de radiodifusão". O artigo 6º do decreto diz que "a Comissão Interministerial encerrará seus trabalhos com a apresentação, ao Presidente da República, de relatório final", embora não estabeleça prazo para que isso ocorra[25].

Ao final do segundo governo Lula, tornou-se público que um pré-projeto havia sido preparado e encaminhado ao governo Dilma. Houve várias promessas do novo ministro das Comunicações de que o projeto seria colocado em consulta pública. Dois anos depois, nada aconteceu.

4. O que foi feito

A seguir, um rápido balanço – por tópicos específicos – de ações que, embora às vezes contraditórias ou ainda sem consequências concretas, podem ser consideradas avanços nas políticas públicas de comunicações.

4.1. Empresa Brasil de Comunicação

A Empresa Brasil de Comunicação (EBC/TV Brasil) é resultado da fusão da Radiobrás com a Associação de Comunicação Educativa Roquette Pinto (Acerp/TVE), a TVE do Maranhão e o canal digital de São Paulo. Sua conformação final surgiu das dezenas de emendas que a MP 398/2007 recebeu no Congresso Nacional.

A EBC foi finalmente criada pela Lei n. 11.652, de 7 de abril de 2008[26], e surgiu como resposta à exigência de complementaridade entre os sistemas público, privado e estatal, prevista na Constituição de 1988 (artigo 223), embora o sistema estatal (NBR) tenha sido reduzido apenas a uma prestação de serviços da própria EBC.

Com um orçamento precário, equipamentos de gravação modernos, mas transmissores superados tecnologicamente, a existência da EBC significa que está "no ar" uma TV que institucionalmente se define como pública e a disputa para definir *o que é* e *como deve ser* uma *televisão pública* se desloca agora para a sua prática.

4.2. Conferência Nacional de Comunicação (Confecom)

A realização de uma conferência nacional de comunicações sempre encontrou enormes resistências dos grandes grupos de mídia. A última a ser convocada de todos os setores contemplados pelo "Título VIII – Da Ordem Social", na Constituição de 1988, a primeira Confecom (e única até agora) foi realizada entre 14 e 17 de dezembro de 2009, em Brasília.

Seis entidades empresariais se retiraram da comissão organizadora: Associação Brasileira de Emissoras de Radio e Televisão (Abert); Associação Brasileira de Internet

[25] Cf. o decreto disponível em: <http://www.planalto.gov.br/ccivil_03/_Ato2007-2010/2010/Dnn/Dnn12700.htm>. Acesso em 25 mar. 2013.

[26] Registre-se que o presidente Lula vetou o artigo que obrigava as emissoras de televisão comerciais a entregar à TV Brasil (EBC) os sinais de jogos de seleções nacionais contratados com exclusividade e não transmitidos em seus canais.

(Abranet); Associação Brasileira de TV por Assinatura (Abta); Associação dos Jornais e Revistas do Interior do Brasil (Adjori Brasil); Associação Nacional dos Editores de Revistas (Aner); e Associação Nacional de Jornais (ANJ).

Permaneceram: a Associação Brasileira de Radiodifusores (Abra), uma dissidência da Abert fundada pelas redes Bandeirantes e Rede TV!, em maio de 2005; e a Associação Brasileira de Telecomunicações (Telebrasil), criada em 1974, com a missão de "congregar os setores oficial e privado das telecomunicações brasileiras visando à defesa de seus interesses e o seu desenvolvimento".

A Confecom teve a participação de mais de 1.600 delegados, democraticamente escolhidos em conferências estaduais nas 27 unidades da federação, representando movimentos sociais, parte dos empresários de comunicação e telecomunicações e o governo. Dela saíram cerca de 650 propostas que, no entanto, mais de três anos depois, não se transformaram em referência ou motivo para a apresentação, pelo Executivo, de projetos de regulação do setor de comunicações[27].

Pode-se afirmar com segurança, todavia, que, independente do boicote e da satanização quase unânime por parte da grande mídia[28], a mobilização da sociedade civil e o espaço público de debate sobre as comunicações no país alcançaram seu inédito histórico por ocasião da primeira Confecom. E isso, certamente, não é pouca coisa.

4.3. Plano Nacional de Banda Larga (PNBL)

Em maio de 2010 foi lançado o PNBL[29], sendo posteriormente instituído o Programa Nacional de Banda Larga pelo Decreto n. 7.175/2010 com o objetivo de:

> fomentar e difundir o uso e o fornecimento de bens e serviços de tecnologias de informação e comunicação, de modo a: (I) massificar o acesso a serviços de conexão à Internet em banda larga; (II) acelerar o desenvolvimento econômico e social; (III) promover a inclusão digital; (IV) reduzir as desigualdades social e regional; (V) promover a geração de emprego e renda; (VI) ampliar os serviços de Governo Eletrônico e facilitar aos cidadãos o uso dos serviços do Estado; (VII) promover a capacitação da população para o uso das tecnologias de informação; e (VIII) aumentar a autonomia tecnológica e a competitividade brasileiras.

O PNBL tem enfrentado inúmeros problemas na sua execução e recebido críticas de entidades de defesa do consumidor e de especialistas que alegam estar ele muito aquém das reais necessidades da população. Além disso, parece clara a falta de apoio e comprometimento com o PNBL por parte das operadoras de telefonia.

---

[27] Caderno publicado pelo MiniCom com todas as informações relativas à Confecom está disponível em: <www.mc.gov.br/editais-e-avisos/doc_download/480-caderno>. Acesso em 25 mar. 2013.

[28] O editor do suplemento Direito & Justiça do *Correio Braziliense*, referindo-se às propostas aprovadas pela Confecom, afirmou: "Goebbels, encarregado por Hitler da difusão da propaganda nazista e de eliminar adversários do regime, não teria feito melhor" (cf. Josemar Dantas, "Democracia em risco", *Correio Braziliense*, p. 2, 8 nov. 2010).

[29] Cf. o texto completo do PNBL disponível em: <www.mc.gov.br/component/content/article/170-sem-categoria/22445-plano-nacional-para-banda-larga>. Acesso em 25 mar. 2013.

4.4. Cadastro geral dos concessionários de radiodifusão

O primeiro ministro das Comunicações do governo Lula, Miro Teixeira, ao assumir a pasta, em janeiro de 2003, prometeu que tornaria público o cadastro com o nome de todos os sócios das emissoras de rádio e de televisão no país. De fato, cumpriu a promessa em novembro de 2003: o cadastro foi disponibilizado no site do MiniCom.

Foi a primeira vez que o público tomou conhecimento dessa informação básica. Os decretos legislativos confirmando as outorgas são publicados no Diário Oficial da União, mas trazem apenas o nome das empresas. Não especificam o nome de seus sócios.

No início de 2007, todavia, o cadastro "desapareceu", só retornando ao site do MiniCom em junho de 2011[30].

4.5. Lei de acesso à informação

Desde a sanção da Lei n. 12.527, de 18 de novembro de 2011, e de sua regulamentação pelo Decreto n. 7.724, de 16 de maio de 2012, o Brasil dispõe de um dos mais avançados diplomas legais de acesso às informações do Estado. Embora persistam dificuldades na sua completa implementação pelo tempo necessário aos ajustamentos da máquina burocrática, não há dúvida de que o país deu um salto positivo em relação à garantia do acesso à informação pública.

4.6. Regionalização das verbas de publicidade oficial

De acordo com o site da Secretaria de Comunicação Social da Presidência da República (Secom-PR), a regionalização constitui diretriz de comunicação, instituída pelo Decreto n. 4.799/2003 e reiterada pelo Decreto n. 6.555/2008, conforme seu artigo 2º, X:

> Art. 2º – No desenvolvimento e na execução das ações de comunicação previstas neste Decreto, serão observadas as seguintes diretrizes, de acordo com as características da ação:
> X – Valorização de estratégias de comunicação regionalizada.

Dentre outros, a regionalização tem como objetivos: "diversificar e desconcentrar os investimentos em mídia".

De fato, seguindo essa orientação, a Secom-PR tem ampliado continuamente o número de veículos e de municípios aptos a serem incluídos nos planos de mídia. A figura e a tabela na página seguinte[31] mostram essa evolução.

Trata-se, certamente, de uma importante reorientação na alocação dos recursos publicitários oficiais que fez com que o número de municípios potencialmente cobertos pulasse de 182, em 2003, para 3.450, em 2011, e o número de veículos de comunicação que podem ser programados subisse de 499 para 8.519, no mesmo período.

---

[30] Cf. <www.mc.gov.br/radio-e-tv/acoes-e-programas/radiodifusao>. Acesso em 7 jan. 2013.

[31] Disponíveis em: <www.secom.gov.br/sobre-a-secom/acoes-e-programas/midia/regionalizacao/regionalizacao-1>. Acesso em 3 jan. 2013.

Figura 1: Evolução do cadastro de veículos por municípios

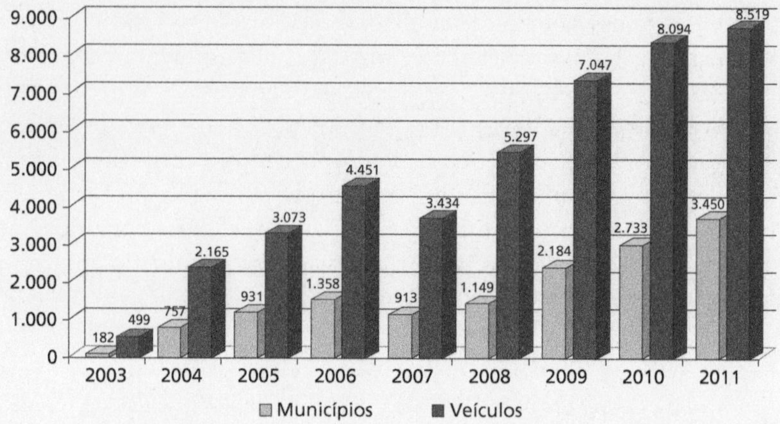

Tabela 1: Evolução do cadastro de veículos por meio

Meio	2003	2004	2005	2006	2007	2008	2009	2010
Rádio	270	1.497	2.085	2.627	2.239	2.597	2.809	2.861
Jornal	179	249	664	1.247	643	1.273	1.883	2.097
TV	21	310	257	307	276	297	414	473
Revista	18	20	39	27	73	84	150	151
Outros	11	89	28	243	203	1.046	1.791	2.512
Total	499	2.165	3.073	4.451	3.434	5.297	7.047	8.094

Fonte: Núcleo de Mídia da Secom-PR.

Duas observações, todavia, precisam ser feitas:

Primeira: há de se lembrar que "estar cadastrado" não é a mesma coisa que "ser programado". Na apresentação que fez em evento na Confederação Nacional dos Trabalhadores do Ramo Financeiro (Contraf), São Paulo, em 16 de julho de 2009, Ottoni Fernandes Júnior, ex-secretário executivo da Secom-PR, citou, como exemplo de regionalização, a campanha publicitária em que chegaram a ser programados 1.220 jornais e 2.593 emissoras de rádio.

Segunda e mais importante: publicado em setembro de 2012, o levantamento realizado pelo jornal *Folha de S.Paulo*, a partir de dados da Secom-PR, revela que, nos primeiros dezoito meses de governo Dilma (entre janeiro de 2011 e julho de 2012), apesar de a distribuição dos investimentos de mídia ter sido feita para mais de 3 mil veículos, 70% do total dos recursos foram destinados a apenas dez grupos empresariais[32]. Vale dizer, o aumento no número de veículos programados não corresponde,

[32] Cf. "Globo concentra verba publicitária federal", *Carta Capital*, 13 set. 2012, disponível em: <www.cartacapital.com.br/politica/globo-concentra-verba-publicitaria-federal>. Acesso em 5 jan. 2013.

pelo menos nesse período, a uma real descentralização dos recursos. Ao contrário, os investimentos oficiais fortalecem e consolidam os oligopólios do setor.

Mesmo assim, a política de regionalização da Secom-PR sofreu violenta reação por parte da grande mídia. Um colunista da *Folha de S.Paulo* acusou o governo Lula de estar promovendo o "bolsa mídia" para uma "mídia de cabresto" e de "alimentar uma rede chapa-branca na base de verbas publicitárias"[33].

5. Perspectivas de futuro

Há algum tempo dados sobre a difusão da internet indicam que "de ferramenta quase exclusiva da elite nos anos 90, (ela) encerra a primeira década do século XXI tendo como usuário um indivíduo cada vez mais parecido com o brasileiro médio"[34]. Existe um novo espaço público sendo construído por portais, sites, blogs, redes sociais, correio eletrônico etc. A própria internet (descentralizada e interativa), todavia, só se consolidará como alternativa real à mídia tradicional (centralizada e unidirecional) na medida em que houver uma política pública que garanta a inclusão digital, o acesso à banda larga e a neutralidade da rede.

A universalização da internet constitui o pano de fundo potencialmente positivo contra o qual o balanço do período 2003-2012 no setor de comunicações deve ser considerado.

Por outro lado, apesar de avanços, é inegável que houve até mesmo retrocesso em algumas áreas fundamentais. Em diferentes ocasiões ficaram evidentes a impotência do Estado e as contradições entre forças políticas internas ao próprio governo, assim como o enorme poder histórico dos oligopólios de mídia.

Apesar do reconhecimento tanto do presidente Lula de que "nove ou dez famílias dominam toda a comunicação deste país" como da presidenta Dilma de que "o Brasil vai ter de regular minimamente, até porque tem casos que, se você não fizer isso, você deixa que haja uma concorrência meio desproporcional entre diferentes organismos", não ocorreram ações concretas de mudança. Dessa forma, considerada sua centralidade social, o não avanço nas comunicações dificulta – ou até mesmo impede – o avanço em outros setores, sobretudo na construção de uma opinião pública verdadeiramente republicana e democrática[35].

Afinal, por que não se avança nas comunicações? Essa pergunta fundamental continuará sem resposta. Fica apenas a constatação de que os dez anos dos governos Lula e Dilma não foram suficientes para alterar o sistema de comunicações oligopolizado e desregulado, dominante há várias décadas no Brasil.

---

[33] Cf. Fernando de Barros e Silva "O bolsa-mídia de Lula", *Folha de S.Paulo*, 1º jun. 2009. Disponível em: <www1.folha.uol.com.br/fsp/opiniao/fz0106200903.htm>. Acesso em 25 mar. 2013.

[34] Cf. "Internet entra de vez na disputa eleitoral", *Valor Econômico*, 3 jul. 2009.

[35] Para um amplo argumento crítico sobre a relação da mídia com a liberdade de expressão e a opinião pública democrática, ver Juarez Guimarães e Ana Paola Amorim, *A corrupção da opinião pública: uma defesa republicana da liberdade de expressão* (São Paulo, Boitempo, no prelo).

A POLÍTICA AMBIENTAL NA DÉCADA 2002-2012[1]

Liszt Vieira e Renato Cader

1. Introdução

Quando a questão ambiental começou a ser percebida na segunda metade do século passado, foi objeto, à direita e à esquerda, de preconceitos e rejeição de toda ordem. Não faltaram "pérolas" tautológicas afirmando que no Brasil não existe questão ambiental: o problema é social. No século XIX, os ideólogos do liberalismo e socialismo não viam limites na natureza. A questão ambiental não estava no horizonte do século XIX e não impregnou as teorias por trás dos princípios que regularam os sistemas capitalista e socialista no século XX.

A lógica do modo industrial de produção e posteriormente do capital financeiro dominante sempre privilegiou o econômico/financeiro em detrimento do social, ambiental e cultural. Nas últimas décadas, porém, surgiu em todo o mundo uma forte reação. Um dos exemplos foi a criação de índices que medem a qualidade de vida em contraposição ao então todo poderoso Produto Interno Bruto (PIB). Mas o ponto de inflexão foi a decisão do Painel Intergovernamental de Mudanças Climáticas (IPCC, na sigla em inglês), órgão ligado à ONU, que definiu que o aquecimento global é causado por fatores antrópicos. Com isso, caíram por terra os argumentos dos cientistas que afirmavam o contrário, muitos dos quais a serviço do poderoso *lobby* da indústria petrolífera.

Assim, ficou comprometida a visão puramente quantitativa de crescimento econômico, sem levar em conta a justiça social e a proteção ambiental. A noção de desenvolvimento sustentável se fortaleceu em que pese as importantes divergências em relação a esse conceito. O que parece haver se consolidado é a consciência de que os recursos naturais estão ameaçados de destruição pelo atual modelo de produção e consumo. Isso significa dizer que o planeta, ou melhor, a própria humanidade estaria ameaçada.

[1] Os autores agradecem a Sandra Faillace pela pesquisa de dados e preciosas sugestões.

No Brasil, como em geral ocorre em todos os países em vias de desenvolvimento, a prioridade é o crescimento econômico. Após décadas de dominação neoliberal, a visão desenvolvimentista predominante muitas vezes considerou o meio ambiente um entrave ao desenvolvimento. Mas o meio ambiente é protegido por uma legislação nacional e por tratados internacionais, o que torna o tema hoje extremamente complexo.

Nos limites de espaço do presente artigo, selecionamos algumas questões que mostram a evolução da questão ambiental no Brasil na última década.

2. Um breve histórico

Ressalvados alguns visionários que atentaram para a conservação ambiental no Brasil, como José Bonifácio de Andrade e Silva no século XIX, a preservação do meio ambiente só começou a ser institucionalizada com a Lei n. 4.771, de 15 de setembro 1965, que instituiu o Código Florestal Brasileiro, visando, sobretudo, à conservação dos recursos florestais, que criava novas tipologias de áreas protegidas com as Áreas de Preservação Permanente e Reserva Legal.

A década de 1970 ficou marcada pela realização da Conferência de Estocolmo, em 1972, na qual o Brasil defendeu a ideia de que o melhor instrumento para combater a poluição era o desenvolvimento econômico e social. Ficou famosa a frase de um ministro do regime militar para atrair investimento estrangeiro: "Venham nos poluir!".

Nessa década, ganhou força a visão de ecodesenvolvimento que já defendia a conciliação dos aspectos econômicos, sociais e ambientais no desenvolvimento. Essa visão começou a ser internalizada no Brasil com a promulgação da Lei n. 6938/1981, que instituiu a Política Nacional de Meio Ambiente. Esta criou diversos instrumentos e sistemas que são utilizados na política ambiental até hoje, como o Zoneamento Econômico Ecológico (ZEE), o Sistema Nacional do Meio Ambiente (Sisnama) e o Conselho Nacional do Meio Ambiente (Conama). Além disso, a citada lei criou a obrigação do licenciamento, e a Resolução n. 1/1986 do Conama menciona as atividades que requerem o Estudo de Impacto Ambiental (EIA) e o Relatório de Impacto Ambiental (Rima).

Na década de 1980, a preocupação em compatibilizar meio ambiente e desenvolvimento foi fortalecida nas esferas nacional e internacional, quando a Comissão Brundtland, criada pela Assembleia Geral da ONU, em dezembro de 1983, divulgou o conceito "desenvolvimento sustentável". A emergência de um novo paradigma e seus três pilares – desenvolvimento econômico, equidade social e proteção ambiental – fez com que a expressão "desenvolvimento sustentável" passasse a ser utilizada por representantes do Estado, da sociedade civil e do empresariado.

Com a Constituição de 1988, as políticas ambientais no Brasil evoluíram e estados e municípios passaram a ter competência para formular suas próprias políticas. No artigo 225 a Constituição determina como direito de todos ter um meio ambiente ecologicamente equilibrado, sendo dever do poder público e da coletividade defendê-lo e preservá-lo.

No plano institucional, destaca-se a criação do Instituto Brasileiro do Meio Ambiente e dos Recursos Naturais Renováveis (Ibama), em 1989, que tem a missão de formular, coordenar e executar a Política Nacional de Meio Ambiente. Logo após, em 1992, foi criado o Ministério do Meio Ambiente para formular a Política de Meio Ambiente no Brasil.

Na década de 1990, as discussões sobre a implementação de um modelo de desenvolvimento ambiental socialmente sustentável culminaram com a realização, no Rio de Janeiro, em 1992, da Conferência das Nações Unidas sobre Meio Ambiente e Desenvolvimento, conhecida como RIO-92. Essa conferência reuniu empresários, 179 chefes de Estado e de governo e contou com a participação inédita da sociedade civil (2.400 representantes), por meio do Fórum Global, que contou, por sua vez, com 17 mil ativistas. Convocada em 1988 pela ONU, os Estados Unidos tentaram em vão boicotar sua realização, receosos de se tornarem o principal alvo das denúncias ambientais ao sistema econômico vigente, no contexto do pós-queda do Muro de Berlim, em 1989, e do desmoronamento da União Soviética, em 1991.

Diversos documentos foram assinados, como a Convenção sobre Mudanças do Clima, a Convenção sobre Diversidade Biológica, a Convenção sobre Combate à Desertificação, a Declaração do Rio sobre Meio Ambiente e Desenvolvimento, além da aprovação da Carta da Terra, do Protocolo de Florestas e da Agenda 21 Global. A RIO-92 foi um divisor de águas na política ambiental, pois contribuiu para a maior participação de organizações não governamentais e inseriu o universo empresarial nas questões ambientais – fazendo com que os investimentos das empresas em meio ambiente se tornassem crescentes nos anos subsequentes.

Após a RIO-92, a política ambiental no Brasil deu um salto qualitativo com a aprovação da Lei de Crimes Ambientais ou Lei da Natureza, Lei n. 9.605/1998. A sociedade, os órgãos ambientais e o Ministério Público passaram a contar com um instrumento que lhes garante agilidade e eficácia na punição aos infratores do meio ambiente. Com o surgimento dessa lei, as pessoas jurídicas passaram a ser responsabilizadas criminalmente, além da responsabilização da pessoa física autora ou coautora da infração.

Destaca-se ainda a aprovação da Lei n. 9.985/2000, que instituiu o Sistema Nacional de Unidade de Conservação da Natureza (Snuc). Dois anos depois, foi lançada a Agenda 21 Brasileira, com vasta consulta à população (40 mil pessoas consultadas), universidades, organizações não governamentais, órgãos públicos dos diversos entes federativos.

Nos anos 2000, surgiram novas diretrizes com o objetivo de promover a gestão ambiental compartilhada entre os governos federal, estadual e municipal, além da efetivação do chamado princípio da transversalidade – segundo o qual a política ambiental deixa de ser setorial para entrar na agenda dos diversos ministérios e órgãos públicos – e do maior controle e participação social nas políticas ambientais.

Em 2007, foi aprovada a Lei n. 11.516/2007, que criou o Instituto Chico Mendes de Conservação da Biodiversidade, fruto do desmembramento do Ibama, que passou a ser responsável principalmente pelo licenciamento e pela fiscalização ambiental. Já o Instituto Chico Mendes ficou responsável pela gestão das Unidades de Conservação.

Ganhou força, também na segunda metade dos anos 2000, com grande influência da agenda internacional, o tema "Mudanças climáticas". O Brasil é um dos maiores emissores de gás de efeito estufa do mundo e a maior parte dessas emissões é proveniente do desmatamento da Amazônia, o que corrobora a importância da política florestal.

Como resposta às pressões da comunidade científica e internacional, o Brasil aprovou, em novembro de 2009, através da Lei n. 12.187/2009, a Política Nacional de Mudanças Climáticas, na qual foi estipulada a meta voluntária de redução de gases estufa para 2020, uma redução entre 36,1% a 38,9%. A política ambiental no Brasil, apesar das polêmicas, conseguiu avançar na última década em algumas áreas, como foi o caso da aprovação da Lei n. 12.305/2010, que dispõe sobre a Política Nacional de Resíduos Sólidos.

Vinte anos após a RIO-92, a cidade do Rio de Janeiro sediou novamente uma conferência internacional da ONU, a Conferência das Nações Unidas sobre o Desenvolvimento Sustentável, a Rio+20, na qual foram discutidos diversos temas relacionados a questões ambientais, sociais e econômicas, como economia verde, governança ambiental e erradicação da pobreza. A Rio+20 foi uma oportunidade para fazer um balanço dos avanços e retrocessos na área ambiental nos últimos vinte anos. A conferência foi considerada uma oportunidade perdida, pois não se apontou caminhos nem se propôs metas concretas para enfrentar as graves ameaças provocadas pelo aquecimento global e pela perda de biodiversidade. Alguns observadores, porém, assinalaram avanços nas tratativas e discussões sobre temas como os oceanos, a participação do C40 (grupo formado pelos prefeitos das principais metrópoles do mundo), o Relatório sobre a Economia dos Ecossistemas e da Biodiversidade (TEEB) e a Iniciativa Internacional de Contratação Sustentável (SPPI).

No Brasil, a última década foi marcada por grandes avanços no plano de formulação de políticas, mas não necessariamente na implementação das mesmas, deixando grandes desafios para os próximos anos em diversas áreas, como biodiversidade e florestas, energias renováveis, mudanças climáticas, saneamento e meio ambiente urbano, produção e consumo sustentável.

3. Biodiversidade

O Brasil é um dos países mais ricos em biodiversidade do mundo. É um dos dezessete países que juntos possuem 70% da biodiversidade do planeta. O conjunto dos biomas terrestres (Floresta de Mata Atlântica, Amazônia, Cerrado, Caatinga e Campos do Sul) abriga 20% das espécies do planeta, sendo 20% da flora global. O Instituto de Pesquisas Jardim Botânico do Rio de Janeiro publicou em 2010 a “Lista de espécies da flora do Brasil”, catalogando 40.982 espécies existentes no país – e a cada ano são descritas cerca de mil novas espécies no Brasil. Isso demonstra o potencial da riqueza do nosso país na medida em que os recursos provenientes da biodiversidade constituem importante fonte de renda e geração de emprego, contribuindo de forma significativa para o PIB. Aliás, nos próximos anos, um dos desafios mais relevantes é impulsionar a Ciência, a Tecnologia e a Inovação (C,T&I) aplicadas à biodiversidade, aos processos e serviços ecossistêmicos, visando à conservação, valoração e uso sustentável dos recursos naturais dos biomas. A sinergia entre os setores de ciência e tecnologia, agricultura, economia e ambiente do governo ainda deixa a desejar, exigindo uma interlocução mais eficaz entre esses atores governamentais, o mercado e a sociedade.

Tamanha biodiversidade reforça a importância das políticas orientadas para a conservação e o uso sustentável dos nossos biomas, já que 60% das espécies ameaçadas de extinção estão em territórios protegidos, e aproximadamente 75% das áreas federais de conservação abrigam tais populações.

Com a perspectiva de conservação e uso sustentável de biodiversidade e florestas, frente às ameaças representadas pelos efeitos das mudanças climáticas e pela exploração excessiva dos recursos naturais, foram propostos os seguintes marcos legais:

1. Convenção da Diversidade Biológica (CDB): tratado internacional que teve origem na RIO-92, contemplando um rol de diretrizes para o desenvolvimento das políticas relacionadas à biodiversidade para todos os estados signatários da convenção. Seus principais objetivos são: conservação da diversidade biológica; utilização sustentável dos seus componentes; e repartição justa e equitativa dos benefícios derivados do acesso aos recursos genéticos;
2. Política Nacional da Biodiversidade (PNB): em consonância com os compromissos assumidos pelo Brasil ao assinar e ratificar a CDB, o Decreto n. 4.339, de 22 de agosto de 2002, instituiu os princípios e as diretrizes para a implementação da política, fundamentada nos seguintes componentes: conhecimento, conservação e utilização sustentável da biodiversidade; monitoramento, avaliação, prevenção e mitigação de impactos sobre a biodiversidade; acesso aos recursos genéticos e aos conhecimentos tradicionais associados e repartição de benefícios; e educação, sensibilização pública, informação e divulgação sobre biodiversidade.

Segundo dados do Ministério do Meio Ambiente, o Brasil conta com aproximadamente 1,5 milhão de km^2 de área coberta por unidades de conservação, o que corresponde a 16,6% da área continental nacional e 1,5% das águas jurisdicionais brasileiras. De acordo com o Programa das Nações Unidas para o Meio Ambiente (Pnuma) o Brasil é responsável pela proteção de quase 75% de toda a área protegida estabelecida no mundo desde 2003.

E mais, considerando a área coberta por unidades de conservação federais e estaduais e as Reservas Particulares do Patrimônio Natural (RPPN) no país, a maior parte se situa no bioma Amazônia, como pode ser observado na Figura 1. O Cerrado e a Mata Atlântica também detêm porções consideráveis da área protegida pelo Snuc, com 10,9% e 6,4%, respectivamente.

Além das unidades de conservação integrantes do Snuc, as terras indígenas representam aproximadamente 13% do território brasileiro, e os territórios quilombolas também são considerados áreas protegidas. A rica sociodiversidade, representada por mais de duzentos povos indígenas e comunidades locais (quilombolas, caiçaras, seringueiros etc.), reúne inestimável acervo de conhecimentos tradicionais sobre a conservação e o uso da biodiversidade.

No Brasil, as unidades de conservação têm sido criticadas por, muitas vezes, não saírem do papel, havendo inúmeras lacunas e fragilidades, tais como regularização fundiária pendente, falta de funcionários e infraestrutura básica, falta de revisão ou ausência de plano de manejo, dentre outros problemas. Um exemplo de que nem

Figura 1: Percentual de área coberta por unidades de conservação do Snuc (federais, estaduais e RPPN), por bioma (2010)

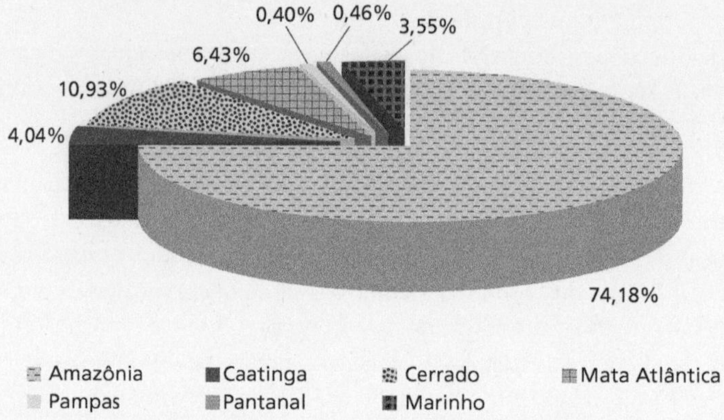

Fonte: Ministério do Meio Ambiente.

sempre o problema é a falta de recursos é o que ocorre na Câmara Federal de Compensação Ambiental, cujo funcionamento burocrático dificulta e às vezes impede a aplicação de verbas para projetos em prol das unidades de conservação.

A definição de áreas prioritárias para conservação, utilização sustentável e repartição de benefícios da biodiversidade é uma importante ferramenta desenvolvida para o planejamento e gestão territorial, permitindo identificar áreas e ações prioritárias, com base em critérios específicos estabelecidos para cada bioma: 26,6% das áreas prioritárias localizam-se no bioma Amazônia, 21,6% na Mata Atlântica, 18,9% na Zona Costeira, 15,7% no Cerrado, 8,9% na Caatinga, 2,8% do Pampa e 1,9% do Pantanal.

As políticas de conservação e uso sustentável da biodiversidade e de florestas dependem cada vez mais de um modelo transversal de implementação de políticas públicas. O Brasil ainda precisa avançar na valorização da agrobiodiversidade e dos produtos da sociobiodiversidade, por meio do acesso a políticas públicas e aos territórios, agregação de valor, consolidação de mercados, sustentabilidade ambiental e econômica dos diferentes sistemas de produção, retribuição pelos serviços ambientais prestados, contribuindo para a conservação, soberania alimentar e nutricional, e geração de renda.

4. Florestas

No mesmo ano em que foi publicado o Snuc, foi lançado o Programa Nacional de Florestas, por meio do Decreto n. 3.420/2000, com o objetivo de articular as políticas públicas setoriais para promover o desenvolvimento sustentável, conciliando o uso com a conservação das florestas. A intenção do decreto era aumentar a parcela brasileira no mercado madeireiro internacional, expandir a área de gerenciamento de florestas sustentáveis em área privada, criar áreas de produção de florestas sustentáveis em área pública e ampliar a exploração de florestas naturais. Um desdobramento desse programa foi a criação do Serviço Florestal Brasileiro (Lei n. 11.284/2006), responsável pela gestão de florestas públicas de uso sustentável.

A perspectiva de promover instrumentos econômicos que valorizem pequenos produtores e ao mesmo tempo contribuam para a conservação e uso sustentável das florestas tem sido materializada por uma série de políticas públicas lançadas na última década, como a Lei da Mata Atlântica, Lei n. 11.428/2006, aprovada após treze anos tramitando no Congresso Nacional, e o Programa Nacional de Fortalecimento da Agricultura Familiar (Pronaf), que prevê recursos para agricultores familiares envolvidos no manejo florestal e agroflorestal, na exploração extrativista ecologicamente sustentável, na recomposição e manutenção de áreas de preservação permanente e reserva legal e recuperação de áreas degradadas.

Os primeiros seis anos de 2000 também foram marcados por eventos que criaram oportunidades políticas para o desenvolvimento, como a instituição da Lei de Gestão de Florestas Públicas. O registro de níveis alarmantes de desmatamento entre 2002 e 2004 levantou preocupações sobre esse problema aparentemente insustentável. O assassinato da ativista norte-americana Dorothy Stang, em Anapu, interior do Estado do Pará, em 2005, motivado por disputas de terras, chamou a atenção nacional e internacional para a crescente violência nas regiões rurais da Amazônia brasileira relacionada à questão fundiária e de crimes ambientais.

A transição do Brasil para uma política de gestão sustentável de florestas ocorre em um momento que o próprio conceito de gestão sustentável está evoluindo rapidamente. O enfoque do movimento ambiental sobre as questões climáticas e de serviços ambientais que as florestas geram tem aumentado a necessidade de serem atingidas metas mais amplas de sustentabilidade ambiental.

Nesse cenário, surgiram mais instrumentos para a promoção e o gerenciamento de florestas, como pagamentos por serviços ambientais, créditos de carbono e autorizações negociáveis de desmatamento. A complexidade e quantidade dos instrumentos econômicos aumentaram na primeira década do século XXI, e as florestas progressivamente passaram a ser mais valorizadas pelos produtos e serviços ambientais que oferecem.

Os conflitos entre a agricultura e meio ambiente vão desde os pequenos agricultores até os grandes latifundiários. A recente revisão do Código Florestal (2011-2012) foi uma tentativa de conciliar os diversos interesses, mas culminou em grandes embates políticos entre áreas do governo, organizações da sociedade civil e setor empresarial. O relator inicial do projeto na Câmara dos Deputados teve mais sensibilidade para os argumentos do agronegócio do que para as propostas das entidades científicas e da sociedade civil, enquanto o governo fracassava em seu papel de mediação e orientação.

A bancada ruralista propôs a revogação tácita do Código Florestal, pressionando pela diminuição da Reserva Legal da Amazônia de 80% para 50% e pela anistia a todas as ocupações ilegais em áreas de preservação permanente. Surgiram novos acordos que foram materializados com a publicação da Lei n. 12.651/2012, que dispõe sobre o novo Código Florestal; no entanto, grandes polêmicas e discussões entre os diversos setores prosseguem.

As propostas que surgiram para gestão das florestas podem influenciar diretamente o desmatamento dos biomas. A Amazônia, em primeiro lugar, sempre foi o que mais chamou atenção, mas não se pode deixar de lado a situação em que se encontra o Cerrado. O Ministério do Meio Ambiente lançou em 2010 uma proposta de Plano de Ação para Prevenção e Controle do Desmatamento e das Queimadas no Cerrado, considerando que o Cerrado tem hoje 54% do seu território original desmatado, ou seja, mais da metade do Cerrado atualmente é degradado.

Os esforços do governo de certa forma têm trazido resultados na redução dos índices de desmatamento no território nacional. A Amazônia, que já perdeu 14,6% de sua cobertura original, tem tido redução significativa de desmatamento, tendo atingido em 2012 o menor índice de desmatamento desde que este começou a ser medido oficialmente em 1988: 4.656 km². A Figura 2 mostra claramente essa redução.

Figura 2: Taxa de desmatamento anual na Amazônia Legal

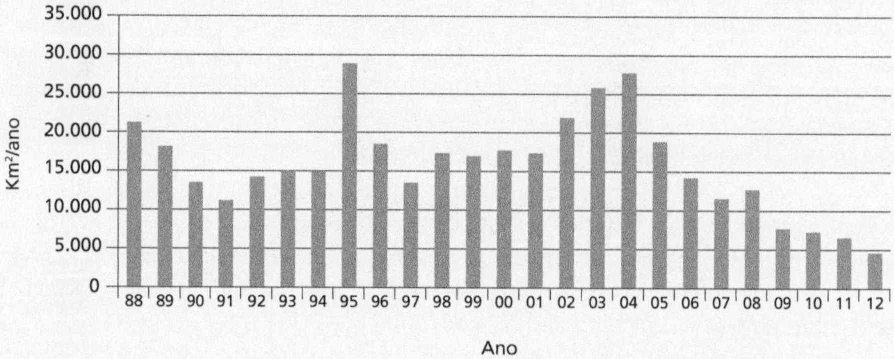

Fonte: Instituto Nacional de Pesquisas Espaciais (2012).

A despeito da contínua redução do desmatamento, o Brasil ainda precisa avançar na gestão da biodiversidade e florestas. Em períodos de aumento da exportação de soja, por exemplo, a tendência é aumentar o plantio com desmatamento. Mas o principal fator continua sendo, evidentemente, a pecuária extensiva.

Dados da Organização das Nações Unidas para Agricultura e Alimentação, de 2010, mostram que, em 2050, será necessário um aumento de 70% da produção agrícola em todo o mundo. Segundo o Censo Pecuário do IBGE de 2006, 20% do território brasileiro é ocupado por pastagens, com pecuária de baixa produtividade e alto impacto ambiental. Aumentar a produtividade e reduzir o impacto ambiental são desafios importantes a serem alcançados.

As políticas de biodiversidade e florestas devem ser pensadas em conjunto com as metas de produção de alimentos e infraestrutura para alcançar os objetivos de crescimento do país, minimizando abertura de novas áreas e os impactos ambientais e sociais. Conciliar interesses e metas das áreas econômica, social e ambiental com conhecimento técnico e articulação política coesa é o grande desafio dos formuladores de políticas e tomadores de decisão.

5. Mudanças climáticas e energias renováveis

O tema "mudanças climáticas" tem forte relação de dependência com diversas áreas da política ambiental brasileira. Diferentemente dos países industrializados, em que a queima de combustíveis fósseis é a principal causa das emissões estimadas de CO_2, gás de efeito estufa (GEE) que influi diretamente na mudança de clima e representa 80% das emissões globais de carbono para a atmosfera, no Brasil as emissões são provenientes da chamada mudança do uso da terra, sendo a principal a conversão de florestas para uso da agropecuária.

Um estudo divulgado no segundo semestre de 2009 pelo Ministério do Meio Ambiente mostra que o desmatamento é responsável por mais da metade (51,9%) das emissões de dióxido de carbono do país. A segunda atividade no Brasil que mais contribui para o aquecimento global é a agropecuária, com 25%, seguida do setor de energia, com 20%. Logo após vêm indústria e resíduos com 1,7% e 1,4%, respectivamente.

De modo geral, a perda de florestas contribui mundialmente com cerca de 17% das emissões de gases de efeito estufa. No Brasil, a agricultura anual – voltada para plantio de grãos – representa somente 4,9% da área desmatada (34,9 mil km^2), sendo que a pecuária extensiva, cuja expansão é contínua e crescente desde a década de 1970, é a principal responsável pelos desmatamentos na Amazônia, com 62,2% dos quase 720 mil km^2 desmatados até hoje na Amazônia.

Em função da elevada participação de energia renovável na matriz energética brasileira, pela geração de eletricidade a partir de hidrelétricas, pelo uso de álcool no transporte, bagaço de cana-de-açúcar e carvão vegetal na indústria, a parcela das emissões de CO_2 pelo uso de combustíveis fósseis no Brasil é relativamente pequena. Além disso, deve-se observar que o consumo energético brasileiro é ainda modesto quando comparado a países industrializados. Mesmo assim, o Brasil ainda é um dos maiores emissores de gás de efeito estufa do mundo. Por outro lado, a questão da energia produzida no mundo tem grande relevância na medida em que a mudança de clima é um problema global e grande parte das emissões de GEE vem de uma matriz energética não limpa, isto é, não renovável.

Vale lembrar que a mudança do clima no mundo é resultado de um aumento histórico, desde a Revolução Industrial, da concentração atmosférica de GEE provenientes principalmente da queima de combustíveis fósseis e de alterações no uso da terra.

O IV Relatório Científico do IPCC (2007) apresenta evidências de mudanças de clima que podem afetar significativamente o planeta, com maior rigor nos países menos desenvolvidos situados em região tropical. Os resultados apontam para o aumento médio global das temperaturas entre 1,8° C e 4,0° C até 2100. As principais conclusões desse relatório sugerem, com confiança acima de 90%, que o aquecimento global dos últimos cinquenta anos é causado por atividades humanas.

Já existem alguns estudos sobre os efeitos das mudanças climáticas no Brasil, mas o nível de incertezas ainda é significativo. O Instituto Nacional de Pesquisas Espaciais (Inpe) elaborou um estudo sobre panoramas futuros de clima no Brasil baseados nos cenários do IPCC. De acordo com as projeções desse estudo, as áreas consideradas mais vulneráveis são notadamente a Amazônia, com a chamada savanização, e o Nordeste.

O aumento da temperatura global – que poderá registrar até 4º C a mais no fim deste século – provocará impactos para o Brasil e todas as nações do mundo. Contudo, as populações mais pobres serão as mais afetadas, pois a intensificação dos eventos climáticos extremos, dos processos de desertificação e de perdas de áreas agricultáveis fatalmente levará à escassez de alimentos e de oferta de água potável, à disseminação de doenças e a prejuízos na infraestrutura econômica e social do país.

O Brasil publicou o Plano Nacional sobre Mudança do Clima, por meio do Decreto n. 6.263, de 21 de novembro de 2007, e as iniciativas públicas relacionadas ao clima se estenderam ao Poder Legislativo, que aprovou, pela Lei n. 12.187/2009, a Política Nacional sobre Mudança do Clima e o Fundo Nacional sobre Mudança do Clima. Essa política estabelece, entre outras coisas, como instrumento de combate ao aquecimento global, que a área de plantio de árvores deve passar, até 2020, de 5,5 milhões de hectares para 11 milhões.

Um dos grandes desafios dos formuladores da política ambiental são as metas do Programa de Aceleração do Crescimento (PAC) e do setor produtivo como um todo. Alguns meses antes da aprovação da Política Nacional sobre Mudança do Clima, o governo reduziu impostos para a produção de veículos automotores sem a exigência de melhora nos padrões de consumo de combustível ou apoio equivalente do desenvolvimento de transporte público. Observa-se, nesse caso, uma iniciativa desprovida de transversalidade, o que em geral ocorre com as decisões econômicas.

Com a publicação da Lei n. 12.187/2009, o Brasil adota ações voluntárias de mitigação das emissões de GEE, com vistas a reduzir entre 36,1% e 38,9% suas emissões projetadas até 2020, com base nos valores do período 1996-2005. Os setores industrial e agrícola resistiram às metas impostas pelo governo federal. Mais um exemplo de como o conflito entre os interesses econômicos, ambientais e sociais permeia a política ambiental contemporânea.

É preciso destacar a importante contribuição da geração hidrelétrica no país para a redução das emissões de gases de efeito estufa. O Brasil tem uma matriz energética relativamente “limpa”, com baixos níveis de emissões de gases de efeito estufa por unidade de energia produzida ou consumida. O problema, aqui, normalmente diz respeito à ausência de consulta ou repartição de benefícios com comunidades locais no desenvolvimento dos projetos. Madeira, Xingu e Tapajós são rios cujas comunidades ribeirinhas e indígenas são prejudicadas por isso.

Criado em abril de 2002, o ambicioso Programa de Incentivo às Fontes Alternativas de Energia Elétrica (Proinfa), instituído pela Lei n. 10.438/2002 e coordenado pelo Ministério das Minas e Energia (MME), é um projeto de grande relevância para a geração de energias renováveis no Brasil. O programa foi considerado uma grande iniciativa por ter contribuído para o nascimento da indústria eólica no país, levando o Brasil a ter a energia eólica mais barata do mundo.

Por outro lado, existem outras ações que causariam menos impactos e aumentariam a oferta de energia no Brasil, como a repotencialização das hidrelétricas existentes. Faltou um projeto de envergadura nacional com esse objetivo, uma vez que aumentaria a capacidade de oferta e reduziria a necessidade de implantar tantas novas megausinas com alto impacto ambiental e social.

Nesse sentido, o Brasil ainda precisa avançar muito na construção de um novo paradigma na matriz produtiva, e o Estado tem o papel fundamental de fomentar tal mudança, o que passa por medidas de mitigação e adaptação nas questões relacionadas às mudanças climáticas. Trata-se de um tema transversal e estratégico, que interage com diversos setores das políticas ambientais, sociais e econômicas, e implica a necessidade de interação dos vários atores envolvidos em tais políticas/setores para a construção de uma nova economia sustentável.

6. Saneamento e meio ambiente urbano

A relação entre o aumento da população urbana e as emissões globais de CO_2 se tornou mais enfática em 2007. Pela primeira vez na história da humanidade, o número de pessoas vivendo em cidades ultrapassou o das que vivem em zonas rurais, e estimativas da ONU indicam que, até 2050, 70% da população estará concentrada em cidades – índices já superados pelos países da América Latina e Caribe. Em 2011, a população residente no Brasil foi estimada pelo IBGE em 195,2 milhões de habitantes, sendo que 80% habitam áreas urbanas, ou seja, 154 milhões de pessoas.

Entre 2000 e 2008, o país caminhou para atingir uma cobertura próxima à universalização dos serviços de manejo de resíduos sólidos e das águas pluviais, seguido do serviço de abastecimento de água, que atingiram uma cobertura superior a 94% dos municípios, assim como aconteceu com a iluminação elétrica (em 99,3% dos lares), telefone (89,9%) e água (84,6%).

De acordo com a Pesquisa Nacional por Amostra de Domicílios de 2012, em contraste com esses índices e com o desenvolvimento econômico do país, em 2011 apenas 62% dos lares tinham acesso a saneamento (rede coletora e fossa séptica ligada à rede), representando uma melhora – ainda que não robusta – em relação a 2009, quando apenas 59,1% dos domicílios eram atendidos pela rede de esgoto.

Os números para o saneamento básico refletem os atrasos e a falta de investimentos no setor, em especial nas regiões mais distantes dos grandes centros. De acordo com especialistas, o problema não é só de obtenção de recursos: não se consegue gastá-los. Além de vontade política, existe despreparo nas prefeituras para tocar projetos relacionados a saneamento.

A falta de saneamento traz ainda problemas ambientais. Do esgoto gerado nas cem maiores cidades do país, somente 36,28% é tratado, segundo o Instituto Trata Brasil. Ou seja, quase 8 bilhões de litros de esgoto são lançados todos os dias na natureza sem qualquer tratamento, tornando-se um poderoso veículo transmissor de doenças que atingem a todos, principalmente crianças.

De acordo com o instituto, o investimento anual em saneamento básico tem ficado próximo de R$ 8 bilhões e seria preciso duplicá-lo para alcançar a universalização do serviço de esgoto até 2030, além da capacitação técnica para elaboração de projetos em âmbito municipal. Na região Norte, há falta rede de esgoto para quase 80% dos domicílios. No Sudeste, esse problema afeta aproximadamente 13% das residências.

Por ano, 217 mil trabalhadores precisam se afastar de suas atividades devido a problemas gastrointestinais ligados à falta de saneamento. A cada afastamento perdem-se dezessete horas de trabalho. Considerando o valor médio da hora de trabalho no país de R$ 5,70 e apenas os afastamentos provocados pela falta de saneamento básico, os custos chegam a R$ 238 milhões por ano em horas-pagas e não trabalhadas. Cada 1 milhão investido em obras de esgoto sanitário gera trinta empregos diretos e vinte indiretos, além dos permanentes quando o sistema entra em operação. Com o investimento de R$ 11 bilhões por ano reivindicado pelo setor de saneamento, calcula-se que sejam gerados 550 mil novos empregos no mesmo período. Se os investimentos em saneamento continuarem no mesmo ritmo, apenas em 2122 todos os brasileiros terão acesso a esse serviço básico.

Após duas décadas de discussão, foi aprovada a Lei n. 12.305/2010, da Política Nacional de Resíduos Sólidos, que busca, entre outros pontos, mapear áreas em que resíduos são depositados ou manipulados e incentivar sustentabilidade e reciclagem. O Brasil recicla apenas 1% do seu lixo, ao passo que a reciclagem de latas de alumínio atinge quase 100%.

A mencionada política traz a noção da chamada logística reversa, com a responsabilidade concreta pelo recolhimento dos resíduos decorrentes da indústria e do comércio. O grande desafio está na implementação dessa política que exige do setor empresarial uma estruturação no sentido de internalizar os custos advindos das exigências dessa nova legislação. O Ministério do Meio Ambiente desenvolveu um trabalho que resultou na publicação de um decreto e um diálogo contínuo com representantes de diversos setores, visando à busca de acordos setoriais para que se tenha a implementação mais efetiva da Política Nacional de Resíduos Sólidos.

Além da necessária articulação com o setor produtivo, é fundamental que o governo federal elabore um programa mais abrangente de desenvolvimento industrial sustentável que se articule efetivamente entre os Ministérios do Meio Ambiente, do Desenvolvimento, Indústria e Comércio Exterior, da Fazenda e da Ciência e Tecnologia.

7. Produção e consumo sustentáveis

As políticas de produção e consumo sustentáveis foram relegadas a segundo plano no país nos últimos dez anos; ou melhor, nunca houve o destaque necessário na elaboração e na formulação de tais políticas. O Brasil, por ocasião da conferência Rio+20, promoveu a divulgação do Plano de Ação para Produção e Consumo Sustentáveis (PPCS), em 23 de novembro de 2011.

Atualmente fala-se muito em “economia verde”, “economia de baixo carbono”, enfim, surgem constantemente novas terminologias com o objetivo de sensibilizar tomadores de decisão a promoverem o tão almejado desenvolvimento sustentável. A abordagem dessa questão no Brasil não pode se restringir à necessidade de estabelecer uma nova dinâmica no comércio e na economia nem a um novo paradigma de consumo considerando as mudanças de perfil da nova classe média. É necessário tratar em conjunto com a distribuição de renda e a erradicação da pobreza.

Todo mundo proclama que a matriz produtiva deve ser sustentável, mas grande parte dos impactos ambientais que vivenciamos hoje tem origem num modelo que prioriza aspectos estritamente econômicos e imediatistas.

O poder público tem um papel fundamental em promover ações concretas voltadas para a sustentabilidade, e uma das formas é utilizar seu poder de compra por meio da aquisição de bens e serviços ambientalmente corretos. Estima-se que aproximadamente 16% do PIB nacional é oriundo de compras públicas. Nesse sentido, as compras públicas sustentáveis, parte do PPCS, são um meio poderoso de estimular a produção e o consumo sustentáveis no país e geração de produtos e empregos verdes. Se as licitações de obras, bens e serviços incluíssem mais critérios de sustentabilidade seria um grande avanço.

Já há casos de sucesso no Brasil que comprovaram que comprar em conjunto permite ganho de escala e economia. O Jardim Botânico do Rio de Janeiro, em 2010, coordenou um projeto inovador – e premiado – de compras sustentáveis compartilhadas de itens de materiais de expediente, com a participação de dez órgãos, e obteve uma economia de aproximadamente 50% dos itens, adquirindo produtos sustentáveis com mesmo preço e em alguns casos mais baratos que os convencionais.

8. Considerações finais

As políticas públicas estão cada vez mais imersas em um universo de grande complexidade, no qual conhecimento e a diversidade de interesses dos atores sociais confluem para a configuração de um processo decisório que pode ou não contribuir para o bem-estar das futuras gerações. As políticas públicas para a gestão ambiental estão engendradas em um campo de forças em que residem questões conflitantes de ordem econômica, político-institucional, ecológica e social.

A dimensão político-institucional do processo decisório ambiental influi diretamente na efetividade da política ambiental no Brasil. Nela, encontram-se atores com uma configuração de interesses conflituosa, que podem usar ou não o conhecimento técnico e/ou científico existente na implementação das políticas públicas para a gestão ambiental. A fragilidade político-institucional existente no cenário de formulação das políticas públicas para a gestão ambiental impede que estas sejam implementadas efetivamente para gestão sustentável dos recursos naturais.

O Estado sofreu uma série de transformações decorrentes de suas reformas administrativas, influenciando diretamente a política ambiental que, após a Constituição Federal de 1988, a publicação da Política Nacional de Meio Ambiente em 1981, a realização da RIO-92 e outros marcos históricos, trouxe uma crescente perspectiva da descentralização. Ocorre que os órgãos ambientais estaduais e municipais estão totalmente despreparados para atender com eficácia as demandas de fiscalização e licenciamento das atividades produtivas. Com isso, a descentralização da política ambiental no Brasil fica comprometida em sua qualidade. Isso é agravado pelo fato de o setor produtivo possuir uma perspectiva imediatista que leva industriais, madeireiros e latifundiários a utilizar os recursos naturais pensando apenas no seu próprio lucro, em detrimento do bem-estar das futuras gerações; e a fragilidade político-institucional é um fator que contribui para esse cenário.

Certamente, o Brasil ainda carece de vultosos investimentos em pesquisa na área ambiental, que está em flagrante descompasso em relação à gigantesca biodiversidade existente. Com o ritmo da exploração econômica, muito dessa riqueza poderá ser perdida antes mesmo de ser conhecida. A lógica econômica não é compatível com a lógica da ecologia. Isso leva a cortar o máximo possível de floresta e o mais rápido possível, comprometendo o seu valor no longo prazo. Hoje já se sabe que a floresta em pé tem mais valor que abatida.

Os conflitos de interesses entre os atores envolvidos, muitas vezes pautados pela predominância dos interesses econômicos e políticos de curto prazo, contribuem para que as políticas ambientais sejam contextualizadas sem o nível de conhecimento técnico e/ou científico satisfatório. Ademais, é notável a baixa capacidade institucional existente nos órgãos ambientais no Brasil nos diferentes entes federativos, revelada pela insuficiência quantitativa e qualitativa de recursos humanos, materiais, financeiros, tecnológicos, organizacionais, gerenciais e de informação.

Nota-se também a intensificação de um debate sobre a desregulamentação da legislação ambiental, principalmente para "flexibilizar" as exigências de licenciamento para obras de infraestrutura. No processo de formulação e implementação das políticas ambientais é fundamental o diálogo entre empresas, sociedade e governo, visando conciliar os interesses sociais e ambientais. Os interesses econômicos que procuram inviabilizar a transversalidade constituem o grande obstáculo para promoção de uma política ambiental integrada para o desenvolvimento sustentável.

Os formuladores de políticas e tomadores de decisão devem priorizar o fortalecimento das instituições. De nada adianta ter uma legislação ambiental avançada, políticas públicas bem elaboradas, se não há instituições fortalecidas para implementá-las. Esse fortalecimento pressupõe vontade política e visão estratégica para dotar o Estado do aporte necessário de recursos humanos e materiais.

A promoção do desenvolvimento sustentável deve orientar-se pela busca de uma sociedade socialmente justa e ecologicamente correta, o que supõe uma série de ações estratégicas que reúnam esforços conjuntos do Estado, mercado e sociedade civil, nos níveis local, regional e nacional.

É importante observar que o horizonte temporal dos políticos e empresários é, geralmente, de curto prazo. Os políticos têm mandatos curtos e os empresários almejam maior lucro em menor período possível. As políticas ambientais exigem um horizonte de longo prazo. Elas não devem ser vistas como um entrave ao crescimento, e sim como elementos constitutivos do desenvolvimento. Devem ser pensadas a partir do interesse nacional de longo prazo, orientadas para o desenvolvimento sustentável, visando, sobretudo, ao atendimento das necessidades das futuras gerações.

SAÚDE É DESENVOLVIMENTO

Ana Maria Costa

Este capítulo objetiva analisar aspectos dos contextos políticos relacionados à saúde durante os governos Lula e no atual governo Dilma Rousseff, não apenas identificando variações nas agendas políticas em relação a governos anteriores, mas também apontando avanços, impasses e desafios para a garantia do direito universal à saúde.

Propositadamente não serão discutidos de forma exaustiva os programas e políticas específicos do período relacionados ao complexo processo de implementação do Sistema Único de Saúde (SUS) – que avança ao longo dos últimos 25 anos –, salvo nos casos de destacada inovação adotada. Interessa, de fato, refletir sobre o papel da saúde no desenvolvimento econômico e social em curso, analisando e contextualizando suas aproximações com o projeto político constitucional relativo à saúde, formulado no bojo da mobilização pela reforma sanitária que ocorreu nos anos 1980 no país.

As análises conjunturais relativas ao período analisado não podem se dissociar dos outros fatos ou processos que, com contradições e tensões, conseguiram romper algumas barreiras políticas, possibilitando o avanço na institucionalização do SUS. Os permanentes avanços observados na implementação do SUS devem ser creditados à robusta e longa trajetória de um movimento de profissionais, gestores, organizações sociais e outros atores, que alimentam um processo contra-hegemônico pela saúde a partir da conquista representada pela introdução do projeto político para a saúde na Constituição de 1988. Esse projeto de reforma sanitária sustenta a concepção de Estado forte e comprometido com a seguridade social, os direitos e as políticas sociais, no qual a inserção da saúde está aliada à democratização dos direitos sociais e é resultado de políticas sociais e econômicas convergentes para o desenvolvimento.

1. Saúde no projeto de desenvolvimento nacional

Até o início dos anos 1980, a Seguridade Social – incluindo benefícios, aposentadorias e assistência médica – cobria apenas trabalhadores vinculados ao mercado formal.

A atenção à saúde, a cargo do Instituto Nacional de Assistência Médica da Previdência Social (Inamps), dispunha de serviços próprios ou conveniados. A cobertura irrisória da assistência médica previdenciária excluía a maior parcela da população, que era então assistida pelos precários serviços básicos da saúde pública e da rede filantrópica.

Essa condição de desigualdade e exclusão fomentou o vitorioso Movimento Sanitário na luta pelo direito universal à saúde e pela responsabilidade do Estado em sua garantia, tal como configurado na proposta da Reforma Sanitária, plasmada na Constituição de 1988, sob a forma de um Sistema de Seguridade Social baseado no tripé assistência social, previdência e saúde. O conceito de saúde forjado pelo movimento sanitário se vale da determinação social da saúde, ou seja, o nível de saúde de um grupo social dependerá das condições de vida dos indivíduos nele integrados. Portanto, saúde não se restringe à assistência médico-sanitária. Um bom nível de saúde é decorrência de múltiplas intervenções intersetoriais, realizadas pelo conjunto das políticas sociais voltadas à melhoria na qualidade de vida. Não se limita à oferta de um sistema de atenção e de cuidados à saúde, mas, ao mesmo tempo, inclui esse sistema em suas pautas políticas e reconhece sua importância.

A Constituição brasileira definiu a saúde como direito universal e dever do Estado, no contexto da seguridade social, e também ressaltou que esse direito seria "garantido mediante políticas sociais e econômicas que visem à redução do risco de doença e de outros agravos"[1]. Foi também criado o Sistema Único de Saúde para atendimento das necessidades e demandas assistenciais e sanitárias da população, regido pelos princípios de universalidade, integralidade e participação da comunidade. Tais princípios determinam a natureza do SUS: público, gratuito, integral e de qualidade, com participação e controle social.

Saúde, em seu conceito ampliado, é resultado da acumulação social de direitos e de qualidade de vida, portanto sua conquista deve ser configurada como uma produção social. O processo de determinação social da saúde é fartamente evidenciado por estudos de vulnerabilidade e risco de adoecimento e de morte, que demonstram que as condições de saúde de determinados grupos sociais estão correlacionadas às desigualdades e iniquidades presentes na sociedade, associadas à classe social, raça, etnia, gênero, moradia, entre outras variáveis.

De fato, as recentes mudanças ocorridas no padrão de distribuição de renda na sociedade brasileira ocasionaram impactos reais sobre a saúde, particularmente quanto ao indicador de mortalidade infantil, que é altamente sensível às mudanças nas políticas sociais associadas à qualidade de vida, como renda, segurança alimentar, educação, saneamento e trabalho. A redução da mortalidade infantil, tida para o período como um dos oito Objetivos do Milênio (ODM) estabelecidos pela Organização das Nações Unidas (ONU), foi atingida rapidamente e a expectativa é de que, até 2015, continue em queda, apesar do menor ritmo de mudanças constatado para as regiões Nordeste e Norte[2]. Em contraponto, a meta de redução da taxa de mortalidade mater-

---

[1] Brasil, *Constituição da República Federativa do Brasil* (1988), art. 196, Brasília, 2010.

[2] Fundação Oswaldo Cruz (Fiocruz), *A saúde no Brasil em 2030: diretrizes para a prospecção estratégica do Sistema de Saúde Brasileiro* (Rio de Janeiro, Fiocruz/Ipea/Ministério da Saúde/Secretaria de Assuntos Estratégicos da Presidência da República, 2012).

na ainda não foi alcançada no rol dos desafios dos Objetivos do Milênio. Esse indicador é altamente dependente do acesso universal e da qualidade da assistência oferecida ao pré-natal, parto e puerpério pelo sistema de saúde.

Nenhum país pode ser considerado desenvolvido enquanto houver precariedade das condições de saúde de sua população. A defesa da visão ampliada da saúde como um direito social constitui uma premissa, inclusive ética, para a definição do desenvolvimento justo e adequado ao país. É, pois, enganoso e falacioso sustentar argumentos que vinculam as responsabilidades públicas para com a saúde ao crescimento econômico e, mais ainda, para justificar limitações a políticas universais e restrições ao gasto em saúde. Por outro lado, já não são mais admitidos os falsos dilemas, demasiadamente difundidos no passado, baseados em uma dimensão econômica restrita para tratar o tema do desenvolvimento.

Nessa perspectiva, é fundamental adotar como diretriz política a inclusão da saúde como eixo do projeto de desenvolvimento do país – e, para isso, romper o insulamento existente hoje do setor saúde. O consenso atual é de que só serão alcançadas melhorias se as transformações ultrapassarem o setor saúde e abarcarem outras áreas comprometidas com as necessidades e os direitos sociais, em uma concepção alargada de seguridade social envolvendo previdência social, assistência social, educação, segurança alimentar, habitação, urbanização, saneamento e meio ambiente, segurança pública, emprego e renda. Assim, a saúde, na qualidade de direito instituído, poderá instituir-se como fator básico para a cidadania e parte inerente e estratégica da dimensão social do desenvolvimento.

Diversos autores destacam outras dimensões da inserção da saúde no projeto de desenvolvimento nacional. Do ponto de vista econômico e tecnológico, a saúde alavanca mais de 8% do Produto Interno Bruto (PIB), e em função dela se articulam a geração e a difusão de tecnologias avançadas. Por outro lado, representa uma dimensão democratizadora do desenvolvimento por objetivar a equidade do direito social e dispor de uma forte institucionalização da participação popular na sua gestão sob as formas dos conselhos e conferências. Finalmente, a saúde pode representar fator de desenvolvimento regional, já que a base territorial de organização dos serviços de saúde condiciona e apoia o desenvolvimento regional[3].

Dados do Instituto de Pesquisa Econômica Aplicada (Ipea) de 2011 mostram o impacto dos programas sociais e seu efeito multiplicador sobre o crescimento econômico. Um incremento no valor dos gastos públicos sociais da ordem de 1% do PIB gera, ao final de um ciclo, crescimento de 1,37% do PIB. Em seu conjunto, o gasto social gera um efeito multiplicador de 1,85 na renda dos beneficiados[4].

Como resultado convergente das políticas de trabalho e assistência social, ocorreram, entre outras, importantes mudanças no padrão da distribuição da renda no país.

---

[3] Carlos Augusto Grabois Gadelha e Laís Silveira Costa, "Saúde e desenvolvimento nacional: a gestão federal entre 2003 e 2010", em Cristiane Vieira Machado, Tatiana Wargas de Faria Baptista e Luciana Dias de Lima (orgs.), *Políticas de saúde no Brasil, continuidades e mudanças* (Rio de Janeiro, Editora Fiocruz, 2012), p. 61-90.

[4] Instituto de Pesquisa Econômica Aplicada (Ipea), "Gastos com a política social: alavanca para o crescimento com distribuição de renda", *Comunicados do Ipea*, Brasília, n. 75, fev. 2011.

Nesse contexto, reduziram-se desigualdades sociais, e o coeficiente de Gini – que mede a concentração de renda na população – caiu de 0,580, em 2003, para 0,538, em 2009. O efeito das políticas sociais é evidente na mudança observada e reafirma o poder da contribuição positiva do gasto social para a redução das desigualdades[5].

O fortalecimento do Complexo Industrial da Saúde deve ser objeto da atenção do desenvolvimento tecnológico e da inovação não apenas pela crescente necessidade de utilização dos principais insumos industriais, como medicamentos, vacinas, soros, hemoderivados, kits diagnósticos e equipamentos, mas pelo fato de existir no país uma estrutura industrial complexa, e em alguns casos competitiva, aliada à notável capacidade instalada da pesquisa acadêmica[6]. Além disso, deve ser considerado que o atendimento adequado das necessidades em saúde exige um máximo de capacitação tecnológica mediante a internalização de atividades de pesquisa, desenvolvimento, inovação e produção industrial nesse setor[7]. Houve reconhecimento, na geração de emprego e renda, por parte do segundo governo Lula quanto à relevância da saúde, entretanto esta ainda precisa ser reconhecida pelo grande potencial que tem na geração de inovações, uma vez que é, sabidamente, um dos setores que mais investem em pesquisas e desenvolvimento no mundo.

Para analisar as possibilidades nacionais atuais para o projeto da reforma sanitária brasileira é necessário também verificar o impacto sobre a saúde do fenômeno da globalização. Regida pelo capital e pelo mercado, a globalização vem produzindo e agravando desigualdades e assimetrias, impondo um modelo de revolução tecnológica e acirrando a condição de dependência e de atraso entre países, com importantes repercussões para a saúde. Atualmente, o movimento registrado de migração de trabalhadores da saúde dos países pobres para o mercado de trabalho de países centrais do capitalismo é um exemplo da força que impulsiona para a persistência dessas desigualdades.

A economia capitalista neoliberal está impregnada do caráter especulativo, no qual os bens de produção não estão voltados a suprir as necessidades coletivas, mas marcados pelo aprofundamento das desigualdades. A hegemonia neoliberal baseia sua expansão na manutenção da ordem econômica e política regional, nacional e transnacional que a favoreça, interessada em globalizar uma visão de desenvolvimento que lhe permita uma progressiva e acelerada concentração de capital. Na saúde pública, esse poder hegemônico se traduz na comercialização da vida, numa propriedade intelectual que beneficia a indústria médica, no controle da mídia e dos meios de comunicação – que se encarregam de criar necessidades baseadas na insegurança – e no desprestígio dos sistemas públicos de saúde, ou seja, na manipulação da sociedade civil em suas múltiplas formas de violência e outras sórdidas estratégias de colonização do pensamento coletivo.

---

[5] Idem.

[6] Reinaldo Guimarães, Luís Eugênio Portela Fernandes de Souza e Leonor Maria Pacheco Santos, "Ciência, tecnologia e pesquisa em saúde" em L. Giovanella et al. (orgs.), *Políticas e sistemas de saúde no Brasil* (2. ed. rev. e ampl., Rio de Janeiro, Editora Fiocruz, 2012), p. 239-58.

[7] Reinaldo Guimarães, "Bases para uma política nacional de ciência, tecnologia e inovação em saúde", *Ciência & Saúde Coletiva*, Rio de Janeiro, v. 9, n. 2, abr.-jun. 2004. Disponível em: <http://ref.scielo.org/nv2kgt>. Acesso em 14 jan. 2013.

Nesse contexto o Brasil enfrenta, de forma acumulada, novas e velhas condições e situações que alimentam, reproduzem e agravam o círculo vicioso entre dependência, atraso e iniquidade, sem que ocorram mudanças significativas na estrutura produtiva e econômica do país. Quando a saúde está relacionada com o crescimento econômico, ela deve ser tomada em suas múltiplas dimensões, e não apenas em relação às suas importantes funções econômicas de produção. Entre as dimensões para a compreensão da saúde, devem ser valorizados e incorporados os aspectos históricos e estruturais de nossa sociedade. O passado escravista e colonial do país tem responsabilidade na conformação da sociedade desigual contemporânea, aliada à perversa cultura – a ser desconstruída – do preconceito, da discriminação e da "naturalização" da exclusão social.

A inserção do Brasil no plano internacional tem como um dos desafios a presente situação assimétrica do progresso tecnológico, da produção do conhecimento e da educação e formação da força de trabalho. A matriz do pensamento da reforma sanitária se ajusta à tarefa de articular essa realidade em um contexto desenvolvimentista para o qual um imperativo ético se impõe no questionamento sobre as reais condições de saúde da população brasileira que, mesmo depois de toda injeção das políticas distributivas propiciadas pelos últimos governos, ainda apresenta elevados níveis de pobreza, alto grau de dependência, crônicas desigualdades, desemprego e precárias condições de trabalho, além da dificuldade de acesso ao conhecimento.

Considerar a saúde como resultante da qualidade de vida implica pensar em sua conexão estrutural com o desenvolvimento econômico, a equidade, a sustentabilidade ambiental e a mobilização política da sociedade. Significa torná-la parte endógena, e não periférica, da discussão de um modelo social e econômico de desenvolvimento, de forma que uma agenda para a saúde avance para além do debate setorial e insulado e adentre efetivamente como orientação do padrão do desenvolvimento brasileiro.

2. Aspectos institucionais, de gestão e políticos da saúde

A promulgação da Constituição de 1988 passou a conferir à saúde a condição de direito universal, que deve ser garantido e efetivado em decorrência de múltiplas políticas sociais e econômicas. O SUS é criado para dar conta da assistência e do cuidado, ou seja, promover e recuperar a saúde. Entretanto, o direito à saúde tem sido violado, postergado e utilizado como artifício para favorecer interesses particulares, sejam eles político-partidários, do mercado ou mesmo de gestores públicos.

A despeito da Constituição Cidadã, o Brasil viveu, entre 1990 e 2002, uma institucionalidade francamente neoliberal para as políticas sociais, com predominância das forças de mercado na política econômica, voltada à liberalização da economia, à estabilização monetária, ao ajuste fiscal e à redução do papel do Estado, tanto no âmbito da produção como na prestação de serviços[8].

Nesse mesmo período são introduzidas no país as bases neoliberais da autorregulação e desregulamentação dos mercados, com a predominância do capital financei-

---

[8] Ana Luiza D'Ávila Viana e Hudson Pacífico da Silva, "Desenvolvimento e institucionalidade da política social no Brasil", em Cristiane Vieira Machado, Tatiana Wargas de Faria Baptista e Luciana Dias de Lima (orgs.), *Políticas de saúde no Brasil: continuidade e mudanças*, cit., p. 37.

ro orientando o padrão do desenvolvimento capitalista. Insere-se nesse contexto a ideia da promoção individual do bem-estar humano pautado na institucionalização voltada a promover os direitos à propriedade privada e ao livre mercado e comércio. Sob essa orientação o Brasil desfigurou sua recém-nata Constituição no que tange aos consagrados direitos sociais.

O desvio do uso dos recursos do Orçamento da Seguridade Social para outras áreas de governo, ocorrido no início dos anos 1990, foi o prenúncio de decisões voltadas à não implementação das conquistas constitucionais que eram regulamentadas nas leis orgânicas da saúde, vetadas substancialmente. A implementação do SUS conduzida pelo Ministério da Saúde, que requeria a extinção do Inamps, foi protelada, impossibilitando e retardando o avanço do projeto constitucional da Reforma Sanitária. Mais tarde, enquanto a institucionalidade da saúde era implementada, a gestão do SUS foi sacrificada pela Reforma do Estado, cujo interesse era substituir o modelo burocrático da administração pública por um modelo gerencial com ênfase nos resultados[9].

A governança, ou seja, o dimensionamento do Estado, o fortalecimento de seu papel regulador e de sua capacidade de implementar, de forma adequada, as políticas públicas, aliada ao conceito de governabilidade como capacidade política do estado para governar, conforma o norte daquele modelo de reforma de Estado[10]. Ao serem adotadas, essas referências constrangeram ainda mais o processo da implementação do SUS e orientaram a criação das agências reguladoras do setor – a Agência Nacional de Vigilância Sanitária (Anvisa) e a Agência Nacional de Saúde Suplementar (ANS). Além da criação dessa modalidade organizacional, na mesma época foram introduzidos os novos formatos das Organizações Sociais (OS) e das Organizações da Sociedade Civil de Interesse Público (Oscip), tanto para o exercício das funções executivas como para contribuir na transformação do Estado intervencionista em Estado regulador.

A criação dessas modalidades organizacionais impactou fortemente a saúde, cuja arquitetura institucional está baseada em serviços públicos, penalizada pela transferência de equipamentos públicos para essas instituições de natureza privada. Os moldes que orientaram a criação das agências reguladoras do setor, com autonomia política e de gestão para regular e fiscalizar o mercado e as empresas, fragilizaram ainda mais a possibilidade de que o SUS conduzisse o sistema de saúde com a autonomia necessária para garantir a primazia do interesse público da saúde.

A mudança de governo em 2003 elevou as expectativas em relação às políticas sociais, particularmente a saúde, cuja situação real se distanciava significativamente do projeto constitucional. A expectativa central era de que seriam rompidas as bases neoliberais pela ampliação e pelo fortalecimento da presença do Estado nas políticas sociais, proporcionando bem-estar e promovendo os direitos sociais. Entretanto, no caso da saúde, até o presente momento, as políticas implementadas não desestabilizaram o núcleo da agenda liberal, que avança e ameaça o direito universal à saúde.

---

9 Brasil, "Plano diretor da reforma do aparelho do Estado" (Brasília, Presidência da República, 1995). Disponível em: <http://www.bresserpereira.org.br/Documents/MARE/PlanoDiretor/planodiretor.pdf>. Acesso em 10 jan. 2013.

10 Luiz Carlos Bresser-Pereira, "Reforma do Estado dos anos 90: lógica e mecanismos de controle", *Cadernos MARE*, Brasília, Ministério da Administração Federal e Reforma do Estado, n. 1, 1997.

É certo que o SUS conta com a simpatia e o interesse de diversos setores da sociedade, em virtude de serem estes beneficiados pelo projeto universalista da saúde, como no caso das indústrias do setor ou dos prestadores de serviços filantrópicos e privados. Mas o SUS que interessa a esses setores certamente não é o mesmo aspirado pela população, que demanda serviços eficientes e de qualidade, com acesso disponível e facilitado. Esse cenário de diversidade de interesses em relação ao SUS tem impedido qualquer movimento eficaz para reverter o imobilismo, ocasionado pelo subfinanciamento, pelas deficiências de gestão e, particularmente, pela ausência ou fragilidade reguladora das relações entre o setor público e o setor privado da saúde.

Na análise da aparente convergência de interesses é necessário distinguir as agendas envolvidas no jogo político. Tais distinções devem ser ressaltadas e discriminadas de forma que seja possível reconhecer os diferentes modos de inserção da saúde no projeto de desenvolvimento. Para reafirmar uma agenda não liberal para a saúde, um conjunto de mudanças deverá ocorrer na relação entre a saúde e a economia e em suas interfaces com o modelo de saúde que vem sendo adotado no Brasil – não necessariamente comprometido com a totalidade dos princípios éticos, políticos e organizacionais do SUS. O modelo escolhido desde o período explicitamente neoliberal ainda prevalece. Sua característica central é responder a um grupo de problemas da oferta de serviços e, ao mesmo tempo, alimentar as necessidades do mercado.

A despeito do muito que foi feito, ao longo dos 25 anos de implementação do SUS produziu-se um sistema sobrevivente às contradições. Criado para ser universal, ele é usado essencialmente pelas populações cuja renda ou inserção no mercado de trabalho não permite acesso aos serviços oferecidos pelos planos privados. A parcela da população que usa o SUS tem baixa capacidade política de vocalização por melhorias do acesso ou pela qualidade dos serviços. Nesse contexto, tal como na agenda liberal, a busca por atenção à saúde é operada como um direito individual ou de grupos que ascendem ao direito a um plano privado por meio das negociações corporativas ou trabalhistas.

Os trabalhadores formais, que antes da criação do SUS estiveram vinculados à Previdência Social com garantia de assistência médica pelo Inamps, hoje migraram para os planos privados de saúde subsidiados pelas empresas e, especialmente, pelo Estado por meio da renúncia fiscal. O restante da população, antes excluída da assistência previdenciária, hoje dispõe do SUS. Isso é muito, mas a situação da assistência à saúde oferecida pelo SUS continua sendo ineficaz, de baixa qualidade, com cobertura limitada e distante dos anseios e necessidades da população.

Para os 73% da população que dependem exclusivamente do SUS, o modelo de saúde tem priorizado a oferta de tecnologias de baixo custo, com foco na atenção primária e implementado sob a responsabilidade do contexto local municipal. Como resultado, o SUS oferecido é desfalcado da integralidade conferida pela oferta dos diversos tipos de cuidados assistenciais e caracterizado pela baixa qualidade, sem riscos de competição com o mercado privado da saúde. Não se trata aqui de rejeitar os benefícios da atenção primária, desde que devidamente assegurada sua articulação e acesso aos demais serviços e níveis de complexidade para atender às necessidades de cuidado à saúde da população.

O país já se acostumou com o fato de a saúde despontar como principal problema identificado pelos brasileiros nas pesquisas e enquetes pré-eleitorais. A população sabe que o SUS, tal como hoje está configurado, não atende às suas necessidades. A saúde não tem feito parte dos projetos governamentais. Os sucessivos governos, mesmo defendendo o SUS, preferem o senso comum do tratamento do assunto como despesa e problema, sem reconhecer a saúde como um impulso para o desenvolvimento. Mas como a população poderá usufruir dos benefícios do crescimento sem saúde?

O projeto político não liberal para a saúde deve valorizar uma relação entre saúde e desenvolvimento que promova e ao mesmo tempo não se restrinja ao elemento constitutivo dos direitos sociais ou individuais básicos. Esse projeto deve reconhecer que a saúde também gera efeito indireto sobre o crescimento econômico, decorrente de sua dimensão social, o que implica a melhoria das condições de vida dos trabalhadores e do ambiente geral para os investimentos. Essa compreensão fortalecerá o argumento do gasto em saúde como investimento, pois a saúde é fator indireto de crescimento. A armadilha colocada pelo projeto de oposição a esse caminho busca restringir o debate sobre saúde e desenvolvimento à dimensão dos recursos requeridos para financiar o sistema, à incapacidade gerencial do setor público e à responsabilidade e dimensão do Estado, articulados aos interesses do mercado.

Tal como nos governos anteriores, o gasto público em saúde continua sendo muito baixo, menos de 300 dólares *per capita*. Na composição do gasto total com saúde em 2008, o gasto público contribuiu apenas com 44%. No ano 2000 essa parcela era de 40%, ou seja, não ocorreram mudanças significativas. Não existe nenhum país com projeto de política universal de saúde com esse nível de gasto público. Dados da Organização Mundial da Saúde (OMS) mostram que na Organização para Cooperação e Desenvolvimento Econômico (OCDE), em 2008, o gasto público com saúde foi de 73,1% do gasto total em saúde. Em relação ao gasto total do governo com o conjunto das ações e políticas, na OCDE em 2008, o investimento para a saúde foi de 15,7%, enquanto no Brasil não ultrapassou 6%[11].

O conjunto das dimensões analíticas para a situação da saúde converge para a necessidade de maior investimento público no setor. A aprovação da regulamentação da Emenda Constitucional 29 definiu o gasto em saúde, mas não estabeleceu mudanças no padrão de financiamento para o SUS. Isso significa que o financiamento setorial continuará incompatível com as necessidades e demandas coletivas em saúde.

A persistência do subfinanciamento do sistema público de saúde provoca uma interrogação sobre o compromisso real dos governos pós-constitucionais, incluindo os mais recentes, em implementar a saúde e o sistema assistencial universal nos moldes preconizados pela Constituição – ou seja, um SUS capaz de promover maior equidade de acesso a serviços qualificados. As decisões relacionadas, adotadas pelos sucessivos governos, parecem orientadas a inibir a real universalização do direito à saúde.

O fortalecimento da capacidade institucional do Estado é essencial para a garantia da saúde. A gestão federal da política de saúde deve ser fortalecida para o cumpri-

---

[11] Carlos Augusto Grabois Gadelha e Laís Silveira Costa, "Saúde e desenvolvimento nacional: a gestão federal entre 2003 e 2010", cit.

mento do papel do Estado e das instituições públicas, mas também para a expansão da proteção social e geração de oportunidades[12]. O estabelecimento do Ministério da Saúde como autoridade sanitária reserva atribuições exclusivas ao órgão, entre as quais se destacam: inserir a saúde no novo modelo de desenvolvimento econômico e social, no bojo de um sistema de proteção social; garantir as condições favoráveis para a melhoria da saúde da população em todo o território nacional; contribuir efetivamente para a redução das desigualdades sociais e de saúde; exercer a coordenação federativa da política de saúde; e promover a articulação internacional no contexto da saúde global no qual os temas da vigilância epidemiológica e sanitária, a comercialização de produtos ou a regulamentação da migração dos profissionais de saúde delineiam um vasto campo de desafios[13].

Nos anos 1990 houve um enfraquecimento do desempenho do Ministério da Saúde na formulação de políticas e na coordenação nacional do SUS, que pode ser explicado como consequência, entre outros fatores, da ausência de pessoal permanente e qualificado para o exercício do papel formulador e indutor de políticas esperado para aquele órgão. As mudanças ocorridas nesse cenário após 2003, com a incorporação de novos profissionais concursados, não foram suficientes para resolver o grave problema da força de trabalho permanente, o que contribuiu para dificultar mudanças no Ministério da Saúde, permanecendo o caráter burocrático de organização, que opera por meio de ações fragmentadas e desarticuladas, com baixa capacidade técnica normativa e de indução de políticas.

Sob o ponto de vista da política de saúde, a opção do primeiro governo Lula foi pela continuidade da implementação da atenção primária em todo o território nacional, que passou a incluir as ações de saúde bucal do Programa Brasil Sorridente e, apesar dos persistentes problemas gerenciais encontráveis em todos os estados, teve sua cobertura significativamente ampliada. O fortalecimento da rede de atenção especializada e de hospitais de médio porte, fundamental para a retaguarda e garantia do cuidado integral, continua como desafio.

Nesse período, a assistência farmacêutica – que desde a criação, na década de 1960, da Central de Medicamentos (Ceme) não integrou o conjunto das prioridades dos governos – passou a contar com uma política robusta de ampliação da oferta de medicamentos para a rede do SUS, com acesso universalizado pelo programa da Farmácia Popular.

O atendimento a casos de urgência iniciado no governo anterior ganhou centralidade e foi expandido com a implementação da Política Nacional de Atendimentos às Urgências, com o início da operação do Serviço de Atendimento Móvel de Urgência (Samu) e a criação das Centrais de Regulação Médica das Urgências, garantindo o socorro pronto e imediato e a internação requerida em casos de urgência[14].

[12] Fundação Oswaldo Cruz, *A saúde no Brasil em 2030: diretrizes para a prospecção estratégica do Sistema de Saúde Brasileiro*, cit.

[13] Idem.

[14] Ana Luiza D'Ávila Viana e Hudson Pacífico da Silva, "Desenvolvimento e institucionalidade da política social no Brasil", cit.

O reordenamento e a reorganização do sistema ganharam a atenção do Ministério da Saúde, que convocou os diversos atores estaduais e municipais para debaterem novas estratégias de descentralização e gestão da política de saúde, esgotada pela ausência de metas sanitárias, pela fragilização das relações interfederativas e pela fragmentação do financiamento e repasse dos recursos federais. Esse processo resultou na formulação do Pacto pela Saúde, baseado em instâncias de gestão participativa de pactuação e negociação, envolvendo o Ministério da Saúde e as secretarias estaduais e municipais. Para Viana e Silva, o Pacto pela Saúde inaugura um novo ciclo de descentralização do SUS, por fortalecer e garantir a função do planejamento regional com a consequente incorporação das demandas do território. Sob o governo atual de Dilma Rousseff, novas luzes são lançadas para aperfeiçoar a arquitetura e o reordenamento do sistema, com a definição das ações de saúde constantes da regulamentação da EC29 e das bases para a regionalização de saúde[15].

As iniciativas de mudanças nas modalidades de gestão do sistema ou de suas instituições no período foram barradas por interesses corporativos, como no caso da criação das fundações de direito público, propostas para solucionar graves situações da gestão pública que dificultavam melhorias na oferta de serviços à população. De fato, o aumento da complexidade e da pressão de demanda que verificamos atualmente pressiona o Estado pela incorporação de tecnologias, informatização e modernização administrativa, incluindo estratégias de gestão de recursos humanos comprometidos com os serviços e com a assistência à população[16].

A participação social e política na saúde é um dos princípios do SUS e está institucionalizada sob a forma dos conselhos de saúde e das conferências. No período Lula, o Conselho Nacional de Saúde foi ampliado em suas representações, e foi instituída a presidência do colegiado por meio de eleição, passando a não ser mais prerrogativa do gestor federal. O modelo de participação social da saúde inspirou outros setores e, sob o ponto de vista institucional, está consolidado. No entanto, o aspecto político e de efetividade ainda tem um longo percurso pela frente. O intenso debate sobre a saúde na sociedade e sua expressão significativa nos órgãos executivos, nos parlamentos e até nos tribunais ainda não foram suficientes para absorver sua real importância na vida das pessoas. Os conselhos de saúde, criados para formular e aprovar políticas e acompanhar a gestão do SUS, acumulam problemas e dificuldades, particularmente relacionadas a suas atribuições e funcionamento[17].

A frequência das conferências nacionais, como modelo de convocatória da sociedade civil para discutir de forma conjunta com o governo as diretrizes para as políticas sociais, aumentou na gestão de Fernando Henrique Cardoso, mas adquiriu maior

---

[15] Brasil, Decreto n. 7508, de 28 de junho de 2011. Disponível em: <www.planalto.gov.br/ccivil_03/_ato2011-2014/2011/decreto/D7508.htm>. Acesso em 9 jan. 2013.

[16] Lenir Santos, "Da reforma do Estado à reforma da gestão hospitalar federal: algumas considerações", *Seminário III: OS, OSCIP* (São Paulo, Fundação Estatal de Saúde/Cepam/Gov. Estado de São Paulo, 2007).

[17] Soraya Vargas Cortes et al., "Conselho Nacional de Saúde: histórico, papel institucional e atores estatais e societais", em *A participação e saúde no Brasil* (Rio de Janeiro, Editora Fiocruz, 2009).

dimensão nos dois governos Lula, o qual convocou e realizou 62 conferências. É mérito deste último a ampliação da abrangência e da heterogeneidade das representações da sociedade, incluindo movimentos sociais, sindicatos, ONGs, empresários e entidades diversas. Da mesma forma, são notoriamente ampliados os setores de políticas sociais que se servem do método das conferências para definir suas diretrizes.

O impacto das conferências não é homogêneo e alguns setores, como no caso das secretarias de igualdade racial, direitos humanos e políticas para as mulheres, destacam-se na atenção aos resultados das conferências para o direcionamento de suas políticas. Entretanto, a influência das conferências nacionais não se limita ao poder executivo, como ficou demonstrado por meio do estudo que analisou o impacto das conferências na produção legislativa brasileira ao longo do período pós-1988, mostrando evidências de que a produção legislativa foi acionada pelos resultados do processo participativo das conferências nacionais[18]. A ampliação da prática participativa e deliberativa das conferências fortalece a democracia representativa, mas em termos de eficácia deve ser considerado que a produção de recomendações e diretrizes é sistematicamente desconsiderada na formulação de planos e políticas. Na vigência dos governos Lula houve incentivo à participação popular em todas as políticas públicas, com predomínio da inserção da sociedade no aparelho do Estado para garantir as demandas sociais. A identidade e proximidade política entre o governo e a maioria dos movimentos sociais, mediante a baixa incorporação das demandas sociais, merece ser mais bem analisada.

Há um consenso entre demógrafos e epidemiologistas sobre a explosão do consumo de serviços de saúde para as próximas décadas, fruto do flagrante envelhecimento populacional e suas consequências diretas para o setor. O modelo da atenção primária e da promoção da saúde que vem sendo implementado no país poderá impactar processos assistenciais no futuro, particularmente sobre o conjunto das doenças infecciosas em geral, que ainda contribuem com alta carga de morbidade ou tem potencial epidêmico[19]. Mas essa estratégia não será suficiente para conter a demanda por atenção especializada para doenças crônico-degenerativas. Nesse contexto, é fundamental advertir que a ausência de uma base produtiva da saúde e o incipiente estágio das indústrias nacionais agravarão fortemente a capacidade do sistema para responder às demandas sociais. Nessa perspectiva, é preciso que o país se prepare, fortalecendo sua base produtiva com mecanismos da gestão moderna, com alta capacidade de produção de conhecimento e incorporação de tecnologias, tanto no que diz respeito às alternativas terapêuticas como no caso das diagnósticas, ou mesmo em relação aos serviços assistenciais. O desvio desse caminho compromete a universalidade e terá, no futuro, um custo alto para o país.

Em 2007, Viana e Elias alertavam sobre os riscos da frágil capacidade de produção nacional de equipamentos, insumos e medicamentos para a saúde, gerando alta

---

[18] Thamy Pogrebinschi et al., *Entre representação e participação: as conferências nacionais e o experimentalismo democrático brasileiro* (Rio de Janeiro, Instituto Universitário de Pesquisas do Rio de Janeiro, 2010).

[19] Fundação Oswaldo Cruz, *A saúde no Brasil em 2030: diretrizes para a prospecção estratégica do Sistema de Saúde Brasileiro*, cit.

dependência externa, o que, na prática, configura um dos maiores empecilhos à consolidação do sistema de cunho universal. Subjacente a essa dependência deve ser considerada a ameaça à soberania nacional e, consequentemente, a vulnerabilidade econômica e social face ao caráter estratégico dessa modalidade de indústria que integra o complexo médico industrial da saúde[20].

Deve ser reconhecida a existência de um movimento virtuoso de fortalecimento da produção e inovação tecnológica na saúde com o Programa de Aceleração do Crescimento (PAC) da Saúde, que ficou conhecido como "Mais Saúde", criado no segundo governo Lula. Mas esse movimento é ainda insuficiente para provocar mudanças na evolução da balança comercial do complexo econômico industrial da saúde, cuja evolução negativa é marcante: de 3,00, em 2003, para 9,51 bilhões de dólares, em 2010[21].

O cenário dos interesses públicos e privados, mercantis e capitalistas, enredados nas políticas de saúde oferece importantes elementos para a identificação das contradições dos espaços de ação regulatória do Estado. Um estudo realizado em 2012 por Ligia Bahia[22], sobre as relações público/privado nos últimos anos no Brasil, adverte ser ilusória a aparente estabilidade da demanda populacional por planos de saúde privados, que vem se mantendo em torno dos 25% da população. A autora chama a atenção para a grave financeirização do setor, que hoje se consolidou como um mercado cujos movimentos alteraram a magnitude e os regimes de propriedade das empresas, configurando a real privatização setorial.

A pesquisadora identifica uma radical mudança de atitude das empresas, que, no primeiro governo Lula, não pouparam críticas às tentativas de intervenção do Estado na garantia aos segurados de coberturas assistenciais dos planos ou mesmo em relação aos reajustes autorizados pelo governo. Essa tensão imobilizou parte das iniciativas governamentais, mas em 2007 começaram a ser divulgados os elevados lucros e o crescimento do capital dessas empresas e, gradualmente, foram criados oligopólios cuja estratégia era o deslocamento para os territórios nacionais de maior renda, em franca disputa de mercados. A Agência Nacional de Saúde Suplementar não ofereceu resistências às negociações de compra e venda, incluindo a entrada de capital internacional. Aos poucos, as empresas assumiram o comando dos cargos mais importantes daquela instituição reguladora[23].

A partir das regras de convivência entre os setores público e privado foi definido um mecanismo de ressarcimento dos gastos realizados pelo SUS aos segurados de planos privados, que nunca se cumpriu efetivamente. Apesar de a Constituição brasileira designar que a assistência à saúde é um direito social universal e que os recursos devem ser alocados com base nas necessidades de utilização e não na capacidade de

[20] Ana Luiza D'Ávila Viana e Paulo Eduardo M. Elias, "Saúde e desenvolvimento", *Ciência & Saúde Coletiva*, v. 12 (suplemento), p. 1765-77, nov. 2007.

[21] Fonte: Alice-Web/MDIC, 2011, citado em Carlos Augusto Grabois Gadelha e Laís Silveira Costa, "Saúde e desenvolvimento nacional: a gestão federal entre 2003 e 2010", cit.

[22] "Financeirização da assistência médico-hospitalar no governo Lula", em Cristiane Vieira Machado, Tatiana Wargas de Faria Baptista e Luciana Dias de Lima (orgs.), *Políticas de saúde no Brasil: continuidade e mudanças*, cit., p. 91-113.

[23] Idem.

pagamento, parte dos cidadãos tem a cobertura dos planos privados de saúde e, ao mesmo tempo, usam os serviços do SUS. Essa situação configura uma espécie de injusta dupla cobertura para aqueles que podem pagar ou são financiados pelos empregadores[24]. É preciso que fique claro que o problema reside no fato de os planos de saúde receberem as contribuições dos segurados e não assegurarem os serviços correspondentes oportunamente. A utilização do SUS, nesse quadro, configura mais um subsídio público (oculto) ao setor privado.

3. Algumas interrogações e desafios

Os objetivos setoriais deparam com barreiras e contradições no interior do próprio modelo de desenvolvimento do país. O agravamento da crise atual impõe fortalecer a defesa da saúde como direito social universal, enfrentando as contradições e empecilhos do projeto de desenvolvimento em curso no país. A ausência de alternativas vigorosas, com o acirramento das contradições impostas atualmente à efetivação do direito universal à saúde, encaminha para a irreversibilidade da mercantilização e financeirização da saúde, aproximando o Brasil do perverso modelo norte-americano, excludente e deficiente para os pobres, tecnológico, sofisticado e resolutivo para os que podem pagar.

A busca por eficiência dos gastos em saúde não pode se sobrepor ao enfrentamento de mudança do modelo de assistência com efetiva integração das redes assistenciais. Não pode haver diferenciação na qualidade do atendimento às necessidades de cuidados à saúde entre as populações cobertas e não cobertas pelos planos privados de saúde. Devem ser garantidos o acesso, a presteza e o uso definidos de acordo com a necessidade dos usuários, e não pela lógica da capacidade de pagamento[25]. As redes, que não deveriam ser organizadas por patologia, mas com base na população do território, devem proporcionar a integração dos serviços de assistência no espaço territorial, com vistas ao atendimento resolutivo integral das necessidades e demandas daquela população, operando de forma integrada horizontal e verticalmente e envolvendo os diversos níveis de complexidade dos serviços de saúde. A recente implementação do Cartão Nacional de Saúde poderá oferecer contribuição efetiva ao necessário gerenciamento articulado do setor público e entre este e o setor privado[26].

É urgente a retomada da reforma sanitária e de uma agenda política para a saúde, de modo a evitar desfechos que hoje ameaçam insidiosamente o SUS e conduzem o setor público de saúde ao retorno ao passado, quando era guardião exclusivo da saúde dos pobres. Esse modelo foi atualizado para servir o setor privado e garantir mais lucros a ele, o que ocorre por meio da cobertura de procedimentos e medicamentos de alto custo ainda não incorporados ao rol dos procedimentos obrigatórios dos planos de saúde e também de subsídios concedidos ao setor privado por mecanismos de despesas tributárias e elisões fiscais camufladas[27]. A atualização dos objetivos e estratégias

---

[24] Carlos Octávio Ocké-Reis, *SUS, o desafio de ser único* (Rio de Janeiro, Editora Fiocruz, 2012).

[25] José Noronha, "Financiamento da saúde: o SUS e as serpentes que já saíram dos ovos". Disponível em: <http://www.cebes.org.br/verBlog.asp?idConteudo=2585&idSubCategoria=30>. Acesso em 10 jan. 2013.

[26] Idem.

[27] Idem.

nacionais da saúde requer, para sustentar-se, a construção de novos consensos e arranjos sociais e políticos. Para seguir a trilha constitucional, esse processo deve produzir novas alternativas de política econômica e tributária, bem como o redirecionamento do processo de desenvolvimento.

O foco do processo de desenvolvimento deve ser deslocado dos interesses do mercado e do consumo para os objetivos das políticas sociais básicas[28]. O grande desafio envolve a formação de uma massa crítica que avance nas bases estruturais necessárias à consolidação dos direitos sociais.

Na trajetória do desenvolvimento brasileiro nas últimas décadas ocorreu uma forte substituição de importações, mas, ao mesmo tempo que tal mudança engendrou elevadas taxas de crescimento, ela resultou no acirramento das desigualdades sociais e regionais, agravadas pela ausência de capacitação tecnológica endógena ao longo desse período. Nesse contexto, é desafiador avançar em um projeto político democrático para a saúde. Esse projeto é incompatível com o capitalismo brasileiro, que não consegue se sustentar: excludente do ponto de vista social e dependente no que tange ao conhecimento e à capacidade de inovação. A (re)construção do Estado para aproximar e atualizar os avanços da Constituição de 1988 precisa dar respostas a algumas perguntas.

Como reverter a lógica de favorecimento ao mercado setorial, que desde 1968 recebe benefícios por meio da renúncia fiscal? Ou seja, como inverter a ajuda que o Estado brasileiro oferece ao crescimento e fortalecimento do setor privado em benefício do setor público?

Como resolver o problema do financiamento sustentável e suficiente para o SUS quando a sociedade brasileira, desde a classe média governante, desconhece o SUS ou tem informações sobre ele apenas por meio da imprensa – que sabidamente age na contra-hegemonia dos direitos sociais ou explicitamente defende a privatização do setor?

Como ampliar a presença política da sociedade, dos trabalhadores e das organizações sociais na saúde a fim de ampliar a consciência sanitária e política sobre direitos?

Como mudar o perfil do Estado na regulação do setor privado, preservando os interesses públicos? Como reverter a lógica capitalista dos subsídios e da renúncia fiscal a serviço do mercado de planos de saúde, hoje vinculados ao capital financeiro internacionalizado, em favor dos interesses públicos?

Como ampliar a governabilidade do Estado sobre o setor privado de saúde, para além do que vem sendo realizado pela ANS, a partir das bases preconizadas pela Constituição, de forma a tornar o Sistema de Saúde realmente único, considerando o desequilíbrio atual devido à dependência do setor privado em relação ao Estado brasileiro?

---

[28] Carlos Octávio Ocké-Reis, *SUS, o desafio de ser único*, cit.

A PROCURA DA IGUALDADE: DEZ ANOS DE POLÍTICA EDUCACIONAL NO BRASIL

Pablo Gentili e Dalila Andrade Oliveira

> Eu sinto um orgulho – e nesse caso é um orgulho muito pessoal, até um pouco de vaidade –, que é o de passar para a história como o único presidente sem diploma universitário, mas o que criou mais universidades neste país. [...] Ontem eu recebi uma carta de um cara, motorista de ônibus, que agradece não apenas a formação do filho dele, em Biomedicina, mas também sua formação em Direito. Os dois pelo Prouni. Essas coisas aconteceram porque, na sua sabedoria, o povo conseguiu, depois de tanto medo, depois de tanto preconceito, testar um deles para governar este país.
>
> *Luiz Inácio Lula da Silva, entrevista realizada por Emir Sader e Pablo Gentili*

Depois de uma década de governo do Partido dos Trabalhadores (PT), muitas mudanças aconteceram na educação brasileira. O presidente Lula, cuja história é semelhante à de muitos brasileiros, operário metalúrgico, sindicalista e migrante nordestino em São Paulo, destacou sempre que uma das marcas de seu governo devia ser a ampliação das oportunidades de acesso e permanência no sistema educacional dos mais pobres, dos ignorados e postergados pelas políticas de privilégio e exclusão que as elites construíram em boa parte da história brasileira. Uma política educacional de qualidade para os excluídos, que faça do direito de todos à escola seu horizonte e seu desafio. Uma política educacional em busca da igualdade negada ao povo brasileiro. Os grandes méritos da ação governamental no campo educacional durante a última década devem ser interpretados à luz desse objetivo inspirador e promotor de iniciativas, programas e planos que se multiplicaram, mudando a fisionomia da educação brasileira. Também à luz dessa grande meta é que se deve realizar um balanço do que aconteceu na política educativa desde o início do mandato do presidente Lula, tanto suas conquistas como seus limites.

No campo educacional, o programa de governo que levou Luiz Inácio Lula da Silva à Presidência da República foi chamado "Uma escola do tamanho do Brasil". Após mais de uma década de reformas neoliberais, na sequência de mais de vinte anos de ditadura militar, muitos eram os anseios por justiça social e democracia. A educação, considerada pela esquerda como um direito social indispensável ao gozo de outros direitos, estava no centro do debate. O PT, na sua campanha, recolheria e reafirmaria essa bandeira, associando-a à luta contra a desigualdade, pela necessidade de uma transformação radical da injusta distribuição de renda e por uma imperiosa retomada do crescimento econômico no país. A educação não era apenas reconhecida como uma política pública fundamental para a construção da democracia, um discurso que o governo de Fernando Henrique Cardoso afirmava defender, porém no marco de um intenso programa de ajuste estrutural, privatizações e alta concentração de renda. A educação era entendida como um bem público necessário para a ampliação de uma esfera de direitos historicamente negada ao povo brasileiro. Construir uma escola "do tamanho do Brasil" significa instituir no país um espaço público promotor de justiça social, direitos cidadãos, participação e igualdade. Uma escola cada vez mais democrática em uma nação que fosse mesmo de todos os brasileiros e brasileiras, não daqueles que dizem interpretar suas necessidades e nunca governaram em seu nome.

Nesse sentido, o governo democrático-popular iniciado por Lula reverteu significativamente o processo de desinvestimento social que tinha caracterizado o governo neoliberal do seu antecessor. De fato, durante os dois governos de Fernando Henrique Cardoso, as políticas sociais sofreram cortes significativos, sobretudo aquelas de caráter universal, perseguindo a focalização em grupos específicos e empurrando setores médios para o mercado[1]. A partir de 2003, as políticas públicas orientadas para promover uma melhor distribuição de renda e o acesso dos mais pobres a uma ampla esfera de direitos aumentaram significativamente. O aumento progressivo e sistemático do gasto público social durante os dois governos do presidente Lula é uma clara evidência disso, chegando a R$ 638,5 bilhões, 15,24% do Produto Interno Bruto (PIB).

Durante a última década, a educação como política social sofreu importantes mudanças que marcaram definitivamente a sociedade brasileira. Essas mudanças têm sido originadas em processos complexos, às vezes ambivalentes ou mesmo contraditórios. Seja como for, nesses pouco mais de dez anos, importantes iniciativas foram tomadas para ampliar e assegurar o direito à educação, especialmente no que se refere à universalização da educação básica e sua melhoria e à democratização do acesso à educação superior.

Na educação básica, merece destaque a ampliação da obrigatoriedade escolar, por meio da Emenda Constitucional n. 59, de 11 de novembro de 2009, que alterou os artigos 208, 211, 212 e 214 da Constituição Federal brasileira, estabelecendo a obrigatoriedade e gratuidade da educação básica para os indivíduos entre quatro e dezessete anos de idade, assegurando inclusive sua oferta gratuita para todos os que

---

[1] Ver Pierre Salama e Jacques Valier, *Pobrezas e desigualdades no terceiro mundo* (São Paulo, Nobel, 1997), e Sônia Draibe, "A política social no período FHC e o sistema de proteção social", *Tempo Social* (São Paulo), v. 15, n. 2, p. 63-102, nov. 2003.

a ela não tiveram acesso na idade própria. A educação básica no Brasil compreende três etapas: educação infantil, ensino fundamental e ensino médio. É responsabilidade primeira dos municípios a oferta da educação infantil e do ensino fundamental, e dos estados o ensino médio. Essa expansão da obrigatoriedade escolar tem representado um grande desafio para os estados e municípios no Brasil, pois a ampliação da cobertura se dá nas duas pontas do nível básico de ensino, a educação infantil e o ensino médio, justamente as etapas que mais foram penalizadas nas políticas neoliberais dos anos 1990, já que o financiamento público estava focalizado no ensino fundamental.

Outra medida que merece destaque veio também com uma Emenda Constitucional, a n. 53, de 19 de dezembro de 2006, que atribui nova redação ao § 5 do artigo 212 da Constituição Federal e ao artigo 60 do Ato das Disposições Constitucionais Transitórias. Por meio dessa emenda, o governo criou o Fundo de Manutenção e Desenvolvimento da Educação Básica e de Valorização do Magistério (Fundeb). A iniciativa foi regulamentada pela Medida Provisória n. 339, de 28 de dezembro de 2006, e depois pela Lei n. 11.494, de 20 de junho de 2007. Esse fundo, com duração prevista para catorze anos, representou uma importante ampliação em relação ao Fundo de Financiamento e Manutenção do Ensino Fundamental e de Valorização do Magistério (Fundef), por estabelecer e compreender o financiamento das três etapas constitutivas da educação básica: educação infantil, ensino fundamental e ensino médio. Essas duas medidas, promovidas a partir de alterações significativas na Constituição Federal, contaram com atuação decisiva do governo federal.

Como consequência de tais mudanças, após décadas de lutas constantes em busca de sua valorização, os docentes de educação básica no Brasil obtiveram uma importante conquista: a instituição do Piso Salarial Profissional Nacional (PSPN), por meio da Lei n. 11.738/2008. A instituição do PSPN, ainda que em patamares muito baixos, representou o reconhecimento dos docentes como profissionais que desempenham importante papel na sociedade brasileira, obrigando os 26 estados da federação e o Distrito Federal, bem como os 5.564 municípios existentes, a pagar um mesmo valor mínimo para os que ingressam ou atuam na educação básica pública. A instituição do PSPN recupera e reforça, ainda, a noção de carreira profissional, enfraquecida em razão da degradação sofrida pelas condições de trabalho nas redes públicas estaduais e municipais nas últimas décadas do século passado.

1. A democratização do ensino superior

Durante seus dois mandatos, o presidente Lula buscou também desenvolver políticas de ampliação do acesso à educação superior, processo que ganhou especial força desde que Fernando Haddad assumiu a gestão do Ministério da Educação (MEC), em 2005. A presidenta Dilma Rousseff deu continuidade a esse processo.

A primeira ação mais incisiva nessa direção foi a criação do Programa Universidade para Todos (Prouni), por meio da Lei n. 11.096/2005, que concede bolsas de estudo integrais e parciais (50%) em instituições privadas de ensino superior, em cursos de graduação e sequenciais de formação específica, a estudantes brasileiros de baixa renda. O Prouni é direcionado a um público específico, os egressos do ensino médio em situação de pobreza. Os aspirantes a bolsas integrais devem comprovar renda bruta familiar, por pessoa, de até 1,5 salário-mínimo. Para as bolsas parciais (50%), a renda bruta familiar deve ser de até 3 salários-mínimos por pessoa. Até 2012 Prouni atendeu mais de 1 milhão de estudantes, sendo 67% deles com bolsa integral, como se pode ver na Tabela 1[2].

Tabela 1: Evolução do número de bolsas ofertadas pelo Prouni (2005 a 2012)

Ano	Tipo de bolsa		
	Integral	Parcial	Total
2005	71.905	40.370	112.275
2006	98.698	39.970	138.668
2007	97.631	66.223	163.854
2008	99.495	125.510	225.005
2009	153.126	94.517	247.643
2010	125.922	115.351	241.273
2011	129.672	124.926	254.598
2012	150.870	133.752	284.622

Fonte: MEC.

A expressiva expansão das oportunidades de acesso ao ensino superior para a população mais pobre foi, em boa medida, garantida mediante um aproveitamento socialmente mais justo das vagas disponíveis nas universidades privadas cuja ampliação foi produto das políticas de mercantilização educacional promovidas durante o governo de Fernando Henrique Cardoso. De fato, na gestão do ministro da Educação do governo FHC, Paulo Renato Souza, a quantidade de instituições de ensino superior privadas passou de 684, em 1995, a 1.442, em 2002. Ou seja, um crescimento de mais de 200%. As instituições públicas, por sua vez, passaram de 210, em 1995, a 195, em 2002. O crescimento dos alunos matriculados no ensino superior privado foi também significativo, passando de 1.059.163, em 1995, a 2.428.258, em 2002. Um aumento de quase 230%. Os estudantes das instituições de ensino superior públicas passaram de 700.540, em 1995, a 1.051.655, em 2002; ou seja, um crescimento de cerca de 50%, muito inferior ao das instituições privadas.

[2] Conferir o site do Prouni: <siteprouni.mec.gov.br/o_prouni.php>.

Em suma, o Prouni foi uma iniciativa do governo Lula que, embora muito criticada por alguns setores, contribuiu para democratizar e dinamizar o acesso a um conglomerado de instituições que tinham se beneficiado da generosidade privatizadora e desregulamentadora do governo FHC. Ainda com suas limitações, o Prouni não fez outra coisa senão dotar de sentido público e social um segmento do sistema educacional marcado por prebendarismo, especulação, baixa qualidade, interesse de lucro e falta de controle estatal. Da mesma forma, põe em evidência o interesse colocado pelo governo Lula e pela gestão do seu ministro da Educação, Fernando Haddad, de fazer uso de todos os meios ao seu alcance para promover a democratização da educação como instância iniludível no processo de democratização da sociedade brasileira. Com essa ação, o governo Lula optou por disciplinar e regular a educação superior privada no país ao mesmo tempo que possibilitou que mais de 1 milhão de jovens pobres se tornassem a primeira geração de estudantes nas suas respectivas biografias familiares. O que o governo Fernando Henrique privatizou no campo universitário o governo Lula tentou dotar de conteúdo social e potencial democratizador. Não parece ter sido pouco: o crescimento da matrícula universitária promovida pelo Estado (no subsistema privado) foi espetacular nos últimos dez anos. A diferença do crescimento experimentado no período de 1995 a 2002 foi resultado de um aumento na distribuição de oportunidades para os setores historicamente excluídos, em vez de uma expansão em busca do lucro.

Outra importante ação do governo Lula, dirigida à ampliação da educação superior, foi a criação do Programa de Apoio a Planos de Reestruturação e Expansão das Universidades Federais (Reuni), que teve como principal objetivo ampliar o acesso e a permanência nas instituições universitárias federais. O governo incentivou, por meio do Reuni, as universidades públicas nacionais a promover a expansão física, acadêmica e pedagógica da rede federal de educação superior. O programa foi instituído pelo Decreto n. 6.096, de 24 de abril de 2007, constituindo uma das ações que integram o Plano de Desenvolvimento da Educação (PDE). Suas iniciativas contemplam o aumento de vagas nos cursos de graduação, a ampliação da oferta de cursos noturnos, a promoção de inovações pedagógicas e o combate à evasão, entre outras metas orientadas a diminuir as desigualdades sociais e educacionais no país[3], como demonstram as Figuras 1 e 2.

Paralelo ao Reuni, outros programas e medidas foram desenvolvidos com o objetivo de democratizar o acesso à educação superior de setores historicamente excluídos. O resultado dessas políticas pode ser observado na mudança significativa do perfil dos alunos das universidades federais no Brasil. É o que demonstra um recente estudo realizado pela Associação Nacional dos Dirigentes das Instituições Federais de Ensino Superior (Andifes), como pode ser constatado nas Tabelas 2 e 3.

---

3 Conferir o site do Reuni: <reuni.mec.gov.br/index.php?option=com_content&view=article&id=25&Itemid=28>.

Figura 1: Evolução do número de instituições de ensino superior federal (2003-2010)

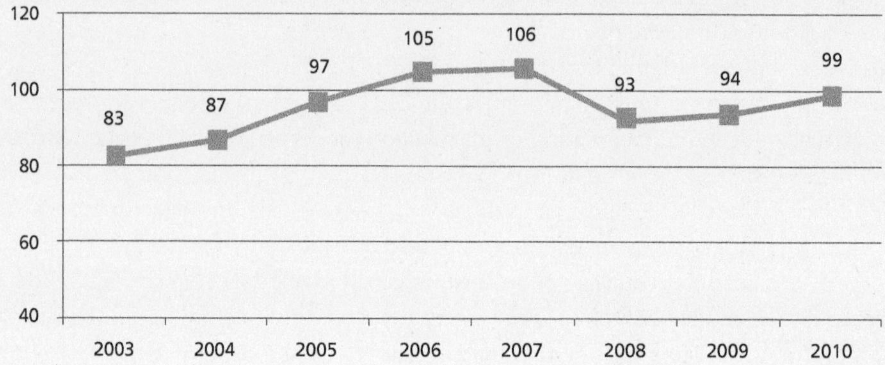

Fonte: MEC/Inep.

Figura 2: Evolução do número de matrículas nas instituições de ensino superior federal (2003-2010)

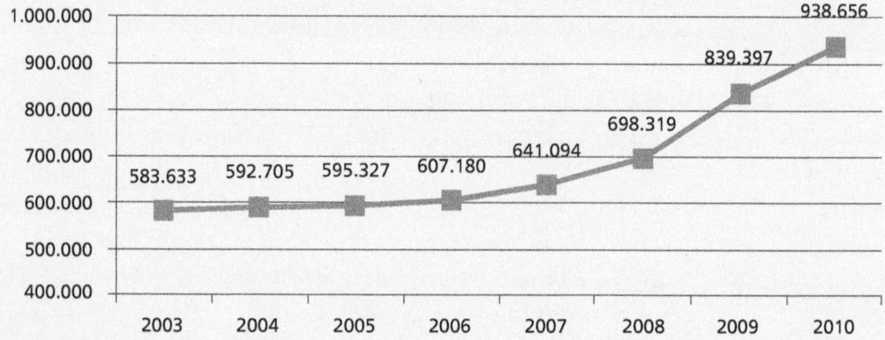

Fonte: MEC/Inep.

Tabela 2: Percentual de estudantes por raça/cor/etnia em 2003-2004 e 2010

Raça/cor/etnia	Pesquisa 2003-2004 (%)	Pesquisa 2010 (%)
Branca	59,4	53,93
Preta	5,9	8,72
Indígena	2	0,93
Amarela	4,5	3,06
Parda	28,3	32,08

Fonte: Andifes e Fórum Nacional de Pró-Reitores de Assuntos Comunitários e Estudantis (Fonaprace), 2004 e 2010.

Tabela 3: Tipo de escola de ensino médio cursado majoritariamente pelo estudante em 1996-1997, 2003-2004 e 2010

Escola (integralmente ou maior parte)	Pesquisa 1996-1997 (%)	Pesquisa 2003-2004 (%)	Pesquisa 2010 (%)
Pública	45,04	46,2	50,39
Privada	54,96	52,9	49,61
Não se aplica		0,9	

Fonte: Andifes e Fonaprace, 1997, 2004 e 2010.

As políticas de promoção da igualdade no ensino superior ganharam força e um grande potencial com a aprovação e regulamentação da Lei n. 12.711/2012, instituindo cotas nas universidades públicas federais e nos institutos técnicos federais. A nova lei consolidará um processo de expansão universitária iniciado há dez anos. Os governos de Lula e Dilma serão reconhecidos como aqueles que promoveram a maior democratização do ensino superior na história do Brasil.

2. Os avanços no segundo mandato do presidente Lula

Vale destacar também que o primeiro mandato do presidente Lula foi marcado pelos obstáculos e pela dificuldade de ruptura com a reforma educacional herdada do seu antecessor. A troca de dois ministros, primeiro Cristovam Buarque (2003-2004) e depois Tarso Genro (2004-2005), limitou a possibilidade de desenvolver ações regulares e estruturais, dando origem a iniciativas esparsas e a um grande número de programas especiais, dirigidos a um público focalizado[4], basicamente a população infantil ou jovem mais pobre. Ainda assim, a contribuição da educação para a promoção de uma política social mais justa foi relevante. A taxa de miséria caiu 8% em 2004 com relação a 2003, primeiro ano do mandato do presidente Lula. No mesmo ano, mais de 8 milhões de pessoas saíram da pobreza. Nesse sentido, a educação cumpriu importante papel na promoção de políticas sociais dirigidas aos mais vulneráveis, o Bolsa Família e os programas para a juventude, como o ProJovem[5] e o Primeiro Emprego[6], dentre outros, foram importantes ações para distribuir renda entre os segmentos economicamente mais vulneráveis.

Todavia, as mudanças mais significativas para a educação ocorreram no segundo mandato do presidente Lula. A que merece maior destaque é a instituição, por meio de um decreto, do Plano de Desenvolvimento da Educação (PDE), constituindo-se na reunião de dezenas de programas que abarcam da educação básica – compreendendo

[4] Dalila A. Oliveira, "As políticas educacionais no governo Lula: rupturas e permanências", *Revista Brasileira de Política e Administração da Educação* (Recife), v. 25, n.2, maio-ago. 2009.

[5] A Lei n. 11.129, de 30 de junho de 2005, instituiu o Programa Nacional de Inclusões de Jovens (ProJovem), programa emergencial e experimental destinado a executar ações integradas que propiciem aos jovens brasileiros, na forma de curso previsto no artigo 81 da Lei n. 9.394, de 20 de dezembro de 1996, elevação do grau de escolaridade visando à conclusão do ensino fundamental.

[6] A Lei n. 10.748/2003 criou o Programa Nacional de Estímulo ao Primeiro Emprego para os Jovens.

suas etapas e modalidades – à educação superior. Criado por meio do Decreto n. 6.094, de 24 de abril de 2007, o Plano de Metas Compromisso Todos pela Educação constitui-se em um instrumento orientado a regulamentar o regime de colaboração entre a União, os estados e os municípios, envolvendo ainda a participação das famílias e da comunidade, mediante programas e ações de assistência técnica e financeira, destinados à mobilização social pela melhoria da qualidade da educação básica.

A instituição do PDE veio acompanhada da criação do Índice de Desenvolvimento da Educação Básica (Ideb), um indicador de qualidade na educação. O Ideb mede o desempenho do sistema, estabelecendo uma escala que vai de 0 a 10. O índice, elaborado pelo Instituto Nacional de Estudos e Pesquisas Educacionais Anísio Teixeira (Inep), pretendeu mostrar as condições efetivas de ensino no Brasil, estabelecendo uma meta a ser atingida até 2022: a fixação da média 6 na educação básica brasileira, equiparando-se ao resultado obtido pelos países da Organização para a Cooperação e o Desenvolvimento Econômico (OCDE) no Programa Internacional de Avaliação de Estudantes (Pisa)[7].

A partir da análise dos indicadores do Ideb, o MEC ofereceu apoio técnico e financeiro aos municípios com índices insuficientes de qualidade de ensino. O aporte de recursos foi realizado quando da adesão ao Compromisso Todos pela Educação e da elaboração do Plano de Ações Articuladas (PAR). Por meio do PAR, o governo federal presta assistência técnica e apoio aos municípios, buscando estabelecer parcerias para melhorar a qualidade do ensino. A partir desse instrumento, o MEC traçou metas de desempenho bianuais para cada escola e cada rede até 2022. Com o Ideb, os sistemas municipal, estadual e federal de ensino passaram a ter metas de qualidade para atingir. Isso porque tais sistemas comprometeram-se com o plano de metas estabelecido em que o padrão de qualidade é o Ideb.

Concomitante a essas medidas, nos últimos anos, o Conselho Nacional de Educação (CNE) reformulou as diretrizes para a educação básica, compreendendo que o acolhimento à diversidade no sistema educacional pressupõe difícil equilíbrio entre a flexibilidade curricular e o respeito a exigências que devem contemplar todos os cidadãos brasileiros. Foram aprovadas as Diretrizes Curriculares Nacionais (DCN) para a educação infantil; para o ensino fundamental; para o ensino médio e para a educação profissional e técnica de nível médio.

Sem dúvida, a definição das DCN e a fixação de parâmetros de eficiência definidos no Ideb têm criado e criarão uma tensão na gestão da política educacional do governo popular: como adequar os projetos pedagógicos à realidade local e, ao mesmo tempo, responder aos patamares fixados nos resultados gerais do Ideb? Da mesma forma, resulta ambivalente a necessária política de valorização docente, procurando incentivar políticas que contribuam para a melhoria da formação, das condições de

[7] O Pisa é destinado à avaliação de estudantes de quinze anos de idade, fase em que, na maioria dos países, os jovens terminaram ou estão terminando a escolaridade mínima obrigatória. As avaliações do Pisa abrangem os domínios de leitura, matemática e ciências, numa apreciação ampla de conhecimentos, habilidades e competências inseridos em diversos contextos sociais, sendo aplicadas a cada três anos.

trabalho e das remunerações dos trabalhadores da educação, quando a carreira docente permanece a cargo dos estados e municípios que são os responsáveis pela educação básica pública.

Observa-se que a atratividade da carreira docente passou a ser preocupação constante do MEC desde o governo do presidente Lula. Nesse sentido, o governo federal buscou desenvolver políticas, algumas aqui já mencionadas, que assegurassem, no plano legal, maiores direitos e garantias aos profissionais da educação básica, contudo algumas delas padecem da incapacidade ou mesmo do desinteresse dos gestores estaduais e municipais em efetivá-las. Um bom exemplo é o descumprimento da lei que estabelece o piso salarial profissional nacional. Em tabela recentemente publicada pela Confederação dos Trabalhadores da Educação (CNTE), observa-se que dezoito estados ainda não cumprem a lei, ou porque não pagam o valor do piso como vencimento base ou porque não respeitam a destinação do limite máximo de dois terços da carga-horária para o desempenho de atividades de interação com os educandos, devendo um terço ser dedicado a atividades extraclasse[8].

A Lei n. 11.738/2008, que institui o piso salarial profissional nacional, conforme já comentado, e a criação do Plano Nacional de Formação de Professores da Educação Básica (Parfor) e do Profuncionário são políticas desenvolvidas durante o governo Lula, com vistas à valorização dos profissionais da educação, e que merecem destaque.

Por meio do Decreto n. 6.755, de janeiro de 2009, o MEC instituiu a política nacional de formação dos profissionais do magistério da educação básica, com a finalidade de organizar os planos estratégicos da formação inicial e continuada, com base em arranjos educacionais acordados nos fóruns estaduais permanentes de apoio à formação docente. Coube à Coordenação de Aperfeiçoamento de Pessoal de Nível Superior (Capes) a responsabilidade pela indução, pelo fomento e pela avaliação dos cursos no âmbito do Parfor. O Parfor é apresentado como "resultado de um conjunto de ações do MEC, em colaboração com as secretarias de educação dos estados e municípios e as instituições públicas de educação superior neles sediadas, para ministrar cursos superiores gratuitos e de qualidade a professores em exercício das escolas públicas sem formação adequada pela Lei de Diretrizes e Bases da Educação Nacional (LDB) de dezembro de 1996"[9].

Os funcionários de escola foram incluídos na política nacional de formação dos profissionais da educação por meio do Decreto n. 7.415, de 30 de dezembro de 2010, que instituiu sua política nacional de formação e dispôs sobre a formação inicial em serviço dos funcionários da escola. Entre seus objetivos fundamentais está a valorização do trabalho desses profissionais da educação, por meio da oferta de cursos de formação inicial em nível técnico proporcionados pelo Profuncionário.

Contudo, a despeito da Resolução n. 2, de 28 de maio de 2009, que fixa diretrizes nacionais para os planos de carreira e remuneração dos profissionais do magistério da educação básica pública, a carreira continua sendo matéria dos estados e municípios

---

8 Ver o site do CNTE: <www.cnte.org.br>.

9 "Decreto n. 6.755", *Diário Oficial da União* (Brasília), 29 de janeiro de 2009.

que a organizam segundo as suas capacidades e as forças políticas presentes em cada realidade local. Sem uma carreira estável que garanta as condições de trabalho e as relações de emprego dignas para os docentes, pouca eficácia terão os processos de avaliação e de formação para a melhoria almejada pelos governos dos presidentes Lula e Dilma para os sistemas públicos de educação.

Uma das mais significativas iniciativas democráticas que a gestão do presidente Lula teve no âmbito educacional, em relação ao seu predecessor, foi a criação de um amplo e produtivo espaço de diálogo entre o governo e a sociedade civil. A instituição de grupos de trabalho no âmbito do MEC, envolvendo um conjunto de entidades diretamente interessadas em assuntos específicos, para discutir as políticas antes de implementá-las; a constituição de Comitês de Governança em que a representação da sociedade organizada estava garantida para monitorar uma determinada ação política; e, por fim, a realização da Conferência Nacional de Educação (Conae), no último ano do seu mandato, são alguns exemplos desse canal de diálogo aberto e coerente com os fundamentos de uma democracia substantiva.

A Conae significou um amplo movimento estimulado em grande medida pelo MEC e por ele financiado. Ocorrida em Brasília, entre os dias 28 de março e 1º de abril de 2010, pretendeu ser um processo democrático, aberto pelo poder público, que possibilitasse a ampla participação de setores ligados à educação brasileira nos seus distintos níveis, modalidades, interesses e finalidades, da educação infantil à pós-graduação. A Conae foi precedida de conferências municipais e intermunicipais, estaduais e distrital, que com base em um documento referencial orientaram o debate sobre a agenda da educação brasileira para um período de dez anos. Com o tema "Construindo um sistema nacional articulado de educação: Plano Nacional de Educação, suas diretrizes e estratégias de ação", unificou diferentes setores em torno de uma agenda para a educação brasileira que respondesse às expectativas da sociedade.

O documento para a I Conae foi debatido nas conferências preparatórias e acrescido de emendas resultantes dessas argumentações nas conferências precedentes, constituindo-se no documento-base, objeto de discussão e deliberação durante a realização do evento e resultando em seu documento final. A expectativa do conjunto de entidades que participou ativamente do processo que culminou na realização da I Conae era de que esse documento final pudesse ser convertido em projeto de lei para o novo PNE, já que a vigência da Lei n. 10.172/2001 expirava em janeiro de 2011. Tal expectativa não se cumpriu, o PL n. 8.035 apresentado ao Congresso Nacional em dezembro de 2010, último ato do presidente Lula no que se refere à educação, lamentavelmente não continha importantes aspectos aprovados na I Conae, desde a vinculação do PIB, que naquele documento previa 10% e no PL n. 8.035/2010 apenas 7%, até a perda de centralidade na constituição de um Sistema Nacional de Educação.

No mesmo ato em que o presidente Lula apresentou o PL n. 8.035/2010 ao Congresso, em 14 de dezembro de 2010, também foi instituído o Fórum Nacional de Educação (FNE), por meio da Portaria Ministerial n. 1.407, no âmbito do MEC, "com a finalidade de coordenar as conferências nacionais de educação, acompanhar e avaliar a implementação de suas deliberações e promover as articulações necessárias aos correspondentes fóruns de educação dos estados, do Distrito Federal e dos municípios"[10]. O FNE pretende ser esse espaço de diálogo entre as entidades que representam os interesses de importantes setores da sociedade civil em matéria educacional e governo. O FNE tem sido destacado papel na tramitação do PNE no Congresso Nacional, manifestando-se em momentos decisivos por meio de notas públicas.

A década passada será reconhecida como uma das mais produtivas e democráticas na história da educação brasileira. Para além das medidas, dos programas e das ações de governo, as gestões dos presidentes Lula e Dilma têm contribuído para colocar a educação como um direito humano fundamental, um bem público que não pode ser sonegado, discriminado ou alienado da vontade popular. Pode-se reconhecer que um dos grandes méritos desses dois governos tem sido reverter as tendências à privatização e a permanente criminalização da educação pública que tinham caracterizado o governo de Fernando Henrique Cardoso. Ainda há um enorme caminho por percorrer na construção de uma educação pública de qualidade para todos os brasileiros e brasileiras. Nesses dez anos, sem dúvida nenhuma, avançamos um longo trecho.

[10] "Projeto de Lei n. 8.035", *Diário Oficial da União* (Brasília), 2010.

UMA DÉCADA DE AVANÇO EM CIÊNCIA, TECNOLOGIA E INOVAÇÃO NO BRASIL

Sergio Machado Rezende

No programa do Partido dos Trabalhadores (PT) para a ciência, tecnologia e inovação (C,T&I), apresentado à sociedade em 2002, constatava-se que, apesar da falta de tradição do país no setor, o sistema brasileiro de C,T&I tinha dimensão invejável e apresentava alguns resultados expressivos, como a pesquisa e produção de petróleo em alto-mar, a produção de soja em larga escala no Cerrado, a construção de hidrelétricas baseada no emprego de engenharia civil pesada, o Programa Brasileiro do Álcool, o desenvolvimento dos setores de siderurgia e informática e a implantação de uma indústria aeronáutica e aeroespacial.

Entretanto, na década de 1990, o sistema brasileiro de C,T&I tinha sido relegado a um plano muito baixo na política do governo federal. As verbas para o fomento da pesquisa caíram drasticamente, os novos pesquisadores e grupos emergentes não conseguiam financiamento para instalar uma infraestrutura mínima para pesquisa, os níveis de remuneração de pesquisadores, docentes e bolsistas eram os menores em uma década e inexistia uma política clara para que o sistema produtivo se desenvolvesse com base no emprego de técnicos e profissionais qualificados.

O documento reconhecia que o Ministério da Ciência, Tecnologia e Inovação (MCTI) havia descoberto uma engenhosa forma de obter recursos adicionais para financiar o sistema de C,T&I, os *fundos setoriais*. Criados por várias leis que estabeleciam contribuições compulsórias de setores específicos do sistema produtivo, os fundos setoriais tinham o mérito de aumentar substancialmente os recursos públicos para a C,T&I, que haviam atingido níveis extremamente baixos com a desativação do Fundo Nacional de Desenvolvimento Científico e Tecnológico (FNDCT). Entretanto, eles não estavam inseridos em uma política de desenvolvimento consistente, não contemplavam a pesquisa básica nem importantes setores do conhecimento e, o que era muito grave, eram em grande parte contingenciados pela área econômica do governo federal para contribuir para o superávit primário do tesouro.

O documento apresentava uma proposta de diretrizes para uma nova política de C,T&I voltada para o desenvolvimento soberano do país. A política proposta era baseada em três premissas essenciais, todas ainda atuais. A primeira premissa era o fato de que ciência e tecnologia são fatores determinantes do desenvolvimento econômico e do bem-estar social das nações e na distinção de seu papel no mundo, pois têm crescente influência nas condições de competir no mercado internacional e nos mecanismos internos de formação da renda e de desenvolvimento econômico e social.

A segunda premissa era que o desenvolvimento científico e tecnológico não é privilégio dos países centrais, que já têm tradição secular de pesquisa e contam com mecanismos de incorporação de seus resultados pelo sistema produtivo. Nos países que conseguiram romper a barreira do subdesenvolvimento, a criação de um sistema de C,T&I articulado com o sistema produtivo revelou-se fundamental. Somente investindo pesadamente em educação, saúde, ciência, tecnologia industrial e agropecuária, o Brasil conseguiria reverter os índices de analfabetismo e de mortalidade infantil, possibilitando redefinir a inserção do povo brasileiro na divisão internacional do trabalho e priorizar a substituição de tecnologia importada e a realização, no maior grau possível, do esforço de pesquisa e desenvolvimento no interior da nossa sociedade.

A terceira premissa básica era que o desenvolvimento científico e tecnológico de cada país depende diretamente de políticas, atitudes e ações de seus governos que exigem determinação, continuidade e investimento regulares. Em países sem tradição nesse setor, com grandes limitações de recursos e enormes necessidades de curto prazo, é necessário, ao mesmo tempo, desenvolver sistemas universitários e de pesquisa básica de qualidade e implantar políticas e ações assentadas em atitudes inovadoras, que levem seu complexo científico-tecnológico a contribuir para que a sociedade possa usufruir dos benefícios oriundos do conhecimento.

Passada uma década, é com orgulho e satisfação que podemos constatar que o quadro de C,T&I no Brasil mudou completamente. Durante os primeiros quatro anos do governo do presidente Lula, as questões de C,T&I ganharam centralidade, o que possibilitou o desenvolvimento e a implantação de uma Política Nacional de Ciência, Tecnologia e Inovação (PNCTI), com seus eixos estratégicos: a aprovação de novos marcos regulatórios para a pesquisa científica no país, a incorporação de novos instrumentos de financiamento à inovação através da subvenção econômica e o aumento dos recursos federais para investimento em CT&I.

O segundo mandato do presidente Lula foi marcado por um avanço ainda maior no setor, com a elaboração e execução bem-sucedida do Plano de Ação em Ciência, Tecnologia e Inovação para o Desenvolvimento Nacional (2007-2010), também conhecido como o "PAC da Ciência", ou simplesmente Pacti. O Pacti marcou a história do setor no país não apenas pelo êxito em sua execução, mas também por conta de suas qualidades e pelo processo coletivo que caracterizou sua elaboração. Diferentemente dos planos básicos de desenvolvimento científico e tecnológico dos anos 1970, o Pacti não foi apenas um conjunto de intenções, foi um plano concreto de ações, com prioridades claras, institucionalidade, programas, metas e orçamento. Ele não foi simplesmente um plano do MCTI, por determinação do presidente da República. Foi um instrumento do governo federal como um todo, executado em forte articulação com os estados e com as principais entidades e associações científicas e empresariais.

A marca do Pacti foi construída no processo de sua elaboração em 2007, pois contou com a participação ativa de muitos ministérios e órgãos do governo federal e da sociedade civil e foi bastante discutida pelo Conselho Nacional de Ciência e Tecnologia (CCT). Ao final de 2010, o orçamento do governo federal para o custeio (sem despesas de pessoal) e o capital previsto para o Pacti, totalizando R$ 41,2 bilhões para o período 2007-2010, foi integralmente executado. O sucesso do Pacti foi reconhecido durante a IV Conferência Nacional de C,T&I, realizada em 2010, e teve repercussão internacional, merecendo artigos densos nas mais importantes revistas de ciência no mundo, como a britânica *Nature* e a norte-americana *Science*.

O Pacti proporcionou muitos avanços no cenário de C,T&I do país, porém é preciso destacar os três mais importantes: o grande aumento nos recursos financeiros federais para C,T&I, que alavancou os recursos de governos estaduais, possibilitando ampliar a formação de recursos humanos e o financiamento adequado da pesquisa básica e aplicada em todas as áreas do conhecimento e em todos os níveis da estrutura do Sistema Nacional de C,T&I, desde os projetos de pesquisadores individuais e de grupos de pesquisa até programas de redes de pesquisa e de grandes instituições; o grande avanço no marco legal de C,T&I promovido por leis aprovadas pelo Congresso Nacional e por Assembleias Legislativas Estaduais, por decretos presidenciais e portarias de ministérios, que, com a forte articulação entre o governo federal e os governos estaduais, contribuiu para a consolidação do Sistema Nacional de C,T&I; e o notável progresso no ambiente para inovação tecnológica nas empresas, proporcionado pela criação de um amplo leque de instrumentos para financiar projetos de empresas, operados pela Financiadora de Estudos e Projetos (Finep) e pelo Banco Nacional de Desenvolvimento Econômico e Social (BNDES), por novos incentivos fiscais, pela criação do Sistema Brasileiro de Tecnologia (Sibratec) e pela mobilização de empresas e entidades empresariais.

O Pacti tinha quatro prioridades estratégicas, norteadas pela Política Nacional de C,T&I: expansão e consolidação do sistema nacional de ciência, tecnologia e inovação; promoção da inovação tecnológica nas empresas; pesquisa, desenvolvimento e inovação em áreas estratégicas; e ciência, tecnologia e inovação para o desenvolvimento social. Essas prioridades estão expressas em 21 linhas de ação que compreendem 87 programas, todos com objetivos claros, institucionalidade, metas e orçamentos.

Os resultados alcançados, de acordo com as quatro prioridades, foram expressivos. Os principais resultados foram: forte aumento da articulação entre o governo federal e os estados, contribuindo para consolidar o Sistema Nacional de C,T&I; ampliação das ações e iniciativas de cooperação internacional em C,T&I; aumento considerável no número de bolsas de estudo e de pesquisa do CNPq e da Capes; ampliação dos recursos e das modalidades de financiamento da pesquisa científica e tecnológica, com boa distribuição geográfica; implementação da conexão à internet em alta velocidade em todas universidades, escolas técnicas e instituições de pesquisa do país por meio da Nova Rede Nacional de Pesquisa (RNP).

Contribuíram muito para a abrangência e capilaridade das ações do MCTI e de suas agências a articulação e as parcerias com os estados, por meio, principalmente, de suas Secretarias de Ciência e Tecnologia e Fundações de Amparo à Pesquisa. As principais ações e iniciativas executadas em cooperação com os estados foram: a celebração de acordos de cooperação técnico-científica com todos os estados; o fortalecimento do Programa de Núcleos de Excelência (Pronex); o lançamento do programa de Institutos Nacionais de Ciência e Tecnologia (INCT), cujo edital contou com o maior volume de recursos estaduais disponibilizados até hoje para parcerias; a ampliação do Programa de Apoio à Pesquisa na Pequena Empresa (Pappe), em parceria com as Fundações de Amparo à Pesquisa (FAP), para a concessão de subvenção econômica para empresas. Adicionalmente, foram feitos esforços para os estados implementarem suas *leis estaduais de inovação*, existentes hoje na maioria dos estados.

Para a consolidação do Sistema Nacional de C,T&I, o MCTI dedicou grande esforço para promover e facilitar a interação entre os diversos segmentos que o compõem. Destacam-se, aqui, a intensa articulação com, dentre outras, a Academia Brasileira de Ciências (ABC), a Sociedade Brasileira para o Progresso da Ciência (SBPC), a Associação Nacional dos Dirigentes das Instituições Federais de Ensino Superior (Andifes), o Conselho Nacional de Secretários Estaduais para Assuntos de C,T&I (Consecti), o Conselho Nacional das Fundações de Amparo à Pesquisa (Confap), o Fórum dos Secretários Municipais de Ciência e Tecnologia, a Confederação Nacional da Indústria (CNI) e diversas associações empresariais setoriais.

No âmbito federal o Pacti articulou-se com a Política de Desenvolvimento Produtivo (PDP), o Plano de Desenvolvimento da Educação (PDE), a Política de Desenvolvimento da Agropecuária (PDA), o programa Mais Saúde e a Política Nacional de Defesa. É importante destacar também os avanços na interação do Pacti com o programa de pesquisa e desenvolvimento da Petrobras e com os programas de apoio à inovação do BNDES, mediante os instrumentos da PDP.

Importante registrar também que a revitalização do CCT, antigo pleito da comunidade científica e uma das próprias metas do Pacti, contribuiu para que o diálogo entre os atores se desse em nível estratégico. Sua atribuição de acompanhar os resultados do Pacti, conferida pelo presidente da República, provocou discussões sobre o aperfeiçoamento da política de C,T&I.

No que se refere à cooperação internacional, o Brasil tomou iniciativas relevantes e atendeu às demandas intensas nas atividades, hoje estratégicas, de cooperação internacional em ciência, tecnologia e inovação em diversas áreas do conhecimento. Fortaleceram-se os laços da colaboração Sul-Sul, em especial com Mercosul, América do Sul e América Latina. Foram ampliados os contatos e programas no âmbito da cooperação América do Sul-países árabes (Aspa) e com países africanos, em particular com a Comunidade de Países de Língua Portuguesa, especialmente na formação de recursos humanos e cooperação na construção de infraestrutura de pesquisa. O Fórum Ibas e as relações com seus países (Índia, Brasil e África do Sul) avançaram consideravelmente, com a diversificação dos programas de trabalho. A cooperação com a China, além do bem-sucedido programa espacial, mobilizou novas áreas. Intensificou-se o trabalho conjunto com os países desenvolvidos, com destaque para Alemanha, França, União Europeia, Estados Unidos, Reino Unido, Finlândia, Suíça, além de muitos outros, em programas essenciais de interesse mútuo.

Um dos resultados importantes dentro da primeira prioridade do Pacti foi o considerável aumento do número de bolsas do CNPq e da Capes para estudantes, desde a iniciação científica até a pós-graduação, e também para pesquisa. Como mostra a Figura 1, o número de bolsas das duas agências evoluiu de 77.579, em 2001, para 149.579, em 2009, e os recursos correspondentes passaram de R$ 813 milhões para R$ 2 bilhões no mesmo período. Cabe notar que as linhas na Figura 1 representam as projeções do Pacti, enquanto os símbolos representam os números efetivamente implementados. Vê-se que a execução do CNPq tem sido aquém do planejado em 2007, porém isso foi compensado pelo expressivo aumento do número de bolsas da Capes. Ao final de 2010 foi alcançada a meta de 160 mil bolsas estabelecida no Pacti.

Figura 1: Número de bolsas por ano do CNPq, Capes e total

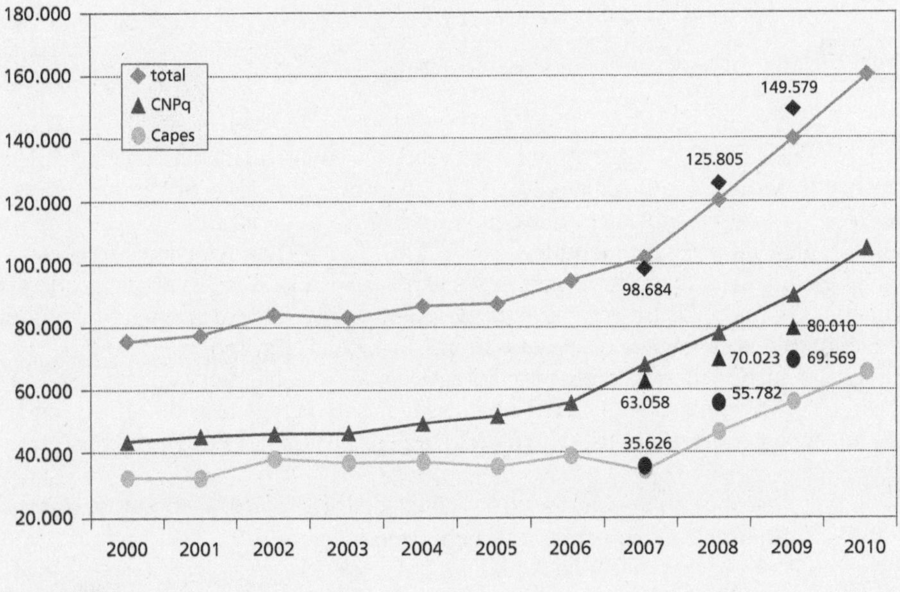

Fonte: MCTI.

Outro dado importante diz respeito ao contínuo crescimento na formação pós-graduados, com titulação de mestre e doutor, mostrado na Figura 2. Chama a atenção o fato de que, em 22 anos, o número de mestres e doutores cresceu anualmente por um fator dez, passando de cerca de 5 mil, em 1987, para 50 mil, em 2009. Isso é decisivo para a expansão da comunidade científica que até 1960 era insignificante e atingiu cerca de 150 mil pesquisadores em atividade em 2008, sendo 85 mil doutores. Vale frisar, entretanto, que o número de pesquisadores por habitantes é ainda cerca de 8 por 10 mil habitantes, o que corresponde a um terço da proporção nos países industrializados e apresenta ao Brasil um grande desafio para a próxima década.

Figura 2: Número de mestres e doutores titulados por ano

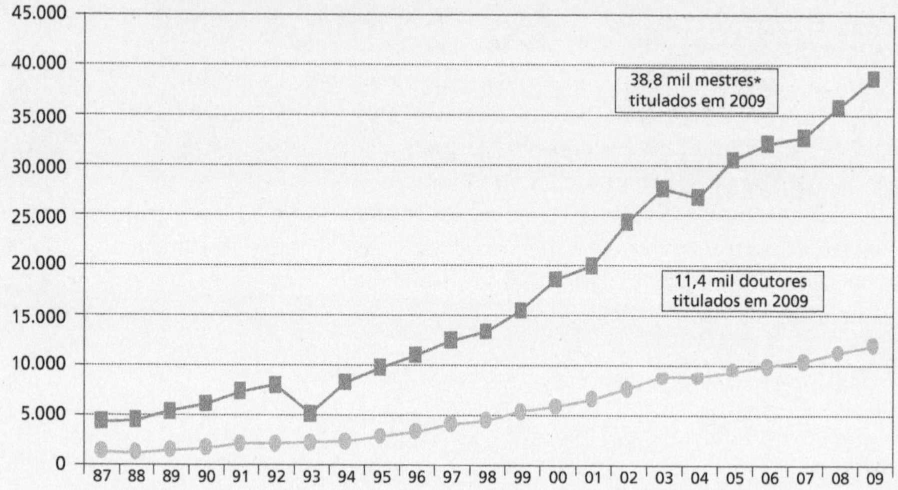

Fonte: Capes. * Inclui o mestrado profissional a partir de 1999.

A Tabela 1 mostra a distribuição dos doutores em atividade nas universidades e centros de pesquisa no Brasil em 2009. São 253 universidades e 113 centros de pesquisa ou institutos tecnológicos que contavam com 85 mil doutores em 2009. Um dos desafios mais importantes identificados em 2007 para o Pacti foi a ampliação dos recursos e a organização e sistematização dos vários instrumentos para financiar adequadamente a melhoria da infraestrutura de pesquisa e a realização de projetos de pesquisa científica e tecnológica, de pesquisadores individuais, grupos de pesquisa, redes temáticas e instituições maiores. É com satisfação que constatamos que esse desafio foi vencido com a ampliação dos recursos e a articulação das agências do MCTI, Finep e CNPq com a Capes, ministérios e entidades federais, além das FAPs estaduais.

Tabela 1: Distribuição de doutores nas universidades e centros de pesquisa no país (compiladas somente instituições com mais de dez doutores)

	Quantidade	Doutores
Universidades	253	77.463
Federais	77	39.737
Estaduais	39	24.236
Municipais	6	542
Privadas	131	12.948
Centros de Ciência e Pesquisa e Desenvolvimento	103	8.099
Federais	62	4.003
Estaduais	31	3.787
Outras	10	309

Fonte: CGEE, 2009.

Dois programas foram criados em 2009 pelo CNPq. O Programa Jovens Pesquisadores apoia projetos de pesquisa e de instalação de infraestrutura apresentados por jovens pesquisadores, dando a eles oportunidade de obter financiamento sem concorrer com pesquisadores mais experientes. O Programa Primeiros Projetos tem por objetivo apoiar a aquisição, instalação, modernização ou recuperação da infraestrutura de pesquisa nas instituições públicas de ensino e pesquisa, visando dar suporte à fixação de jovens pesquisadores e à nucleação de novos grupos, em quaisquer áreas do conhecimento, por meio de convênios firmados entre o CNPq e entidades estaduais de fomento à pesquisa.

Além desses editais transversais, o CNPq passou a lançar uma grande variedade de editais para selecionar projetos em temas específicos, numa vasta gama de áreas de ciência e tecnologia, apoiados com recursos dos fundos setoriais e também do orçamento próprio. Também há editais para selecionar propostas para realização de eventos, intercâmbio de pesquisadores em programas de cooperação internacional e divulgação e melhoria do ensino de ciências. No total, entre 2007 e 2010, o CNPq lançou 198 editais, disponibilizando R$ 2,53 bilhões, com cerca de 40 mil propostas selecionadas.

Um importante programa criado na década de 1990 que foi revigorado e ampliado pelo CNPq é o Programa de Apoio a Núcleos de Excelência (Pronex), que apoia núcleos de pesquisa formados por grupos de reconhecida excelência e articulados em redes temáticas. Em 2008, ele foi ampliado com recursos do FNDCT e passou a ser executado em parceria com FAPs estaduais, que também aportam recursos de contrapartida e lançam os editais. Atualmente há 250 núcleos de excelência financiados em 15 estados com recursos aprovados que totalizam R$ 162,7 milhões.

O maior programa da história do CNPq foi criado em 2008. Trata-se dos Institutos Nacionais de Ciência e Tecnologia (INCTs), selecionados em processo competitivo para substituir os Institutos do Milênio. O programa Institutos do Milênio, criado em 2001, visava promover a formação de redes de pesquisa em todo o território nacional, e a excelência científica e tecnológica e o fortalecimento de grupos de pesquisa em qualquer área do conhecimento, assim como em áreas definidas como estratégicas. Por diversas razões os Institutos do Milênio não chegaram a ter a importância e a dimensão planejadas. Por isso, e como decorrência do Pacti, eles deram lugar aos INCTs, caracterizados por uma sede em instituição de excelência na pesquisa e no ensino e atuando em rede temática com instituições em outras regiões. O programa, coordenado pelo CNPq, foi articulado e cofinanciado com Finep, Ministério da Saúde, Capes, BNDES, Petrobras, e FAPs de SP, RJ, MG, SC, PA, AM, PI e RN. O edital do CNPq de 2008 selecionou 122 INCTs, com recursos totalizando R$ 609 milhões. Esses INCTs congregam os melhores grupos de pesquisa em áreas de fronteira da ciência e em áreas estratégicas para o desenvolvimento do país e estão contribuindo para tornar a pesquisa científica e tecnológica brasileira mais competitiva internacionalmente. A Figura 3 mostra o número de sedes de INCTs por estado e demonstra a boa distribuição geográfica deles.

Figura 3: Distribuição das sedes de INCTs por estado

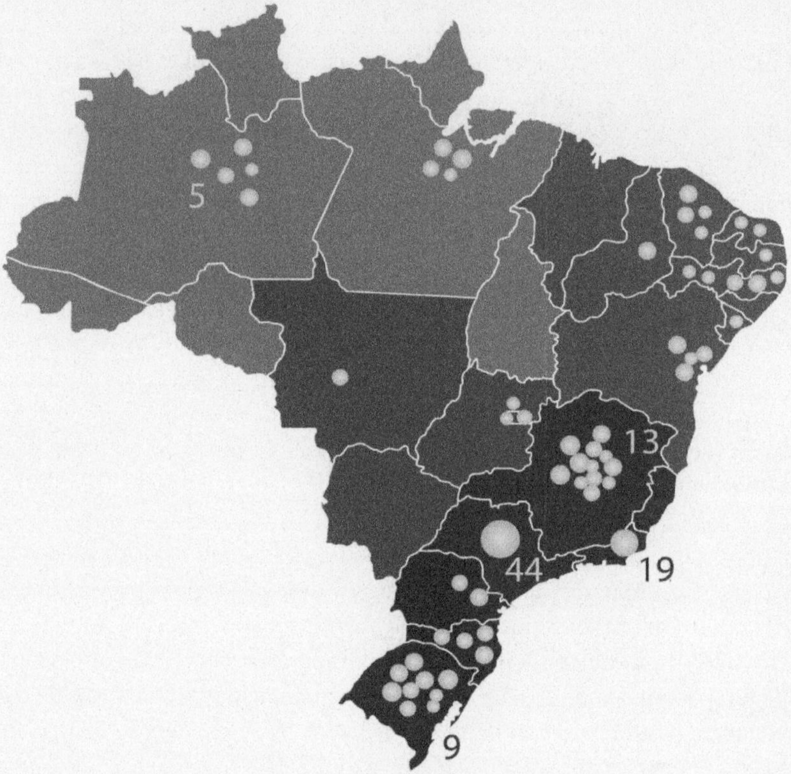

Fonte: CNPq.

A Figura 4 apresenta a evolução anual dos recursos do CNPq e do FNDCT investidos nos programas de apoio à pesquisa mencionados. No caso do INCT, não estão incluídos os recursos dos parceiros Ministério da Saúde, Capes, BNDES, Petrobras e FAPs. Sem dúvida, a ampliação dos recursos para financiar a pesquisa científica e tecnológica foi formidável nos oito anos.

O financiamento de projetos de pesquisa e de infraestrutura, também feito pela Finep com recursos do FNDCT, deu-se primordialmente com seleção de propostas através de editais. Enquanto o CNPq concedia recursos a indivíduos, com compromissos firmados por meio de termos de concessão, a Finep financiava instituições por meio de convênios. No período 2007-2009 a Finep lançou 64 editais do FNDCT/fundos setoriais, tendo contratado até o momento 1.011 projetos com recursos que totalizam R$ 1,82 bilhão. Dentre os editais destacam-se aqueles que fazem parte do Programa de Modernização da Infraestrutura das ICTs (Proinfra), financiado com recursos do CT-Infra. A Figura 5 mostra o expressivo aumento dos recursos disponíveis a partir de 2004, com destaque para 2008 e 2009, cujos editais disponibilizaram R$ 360 milhões. Se forem considerados os recursos totais disponibilizados para os diversos editais de apoio à infraestrutura de pesquisa, verifica-se que de 2003 a 2009 eles cresceram mais de 600%.

Figura 4: Evolução dos recursos de programas de apoio à pesquisa em todas as áreas do conhecimento

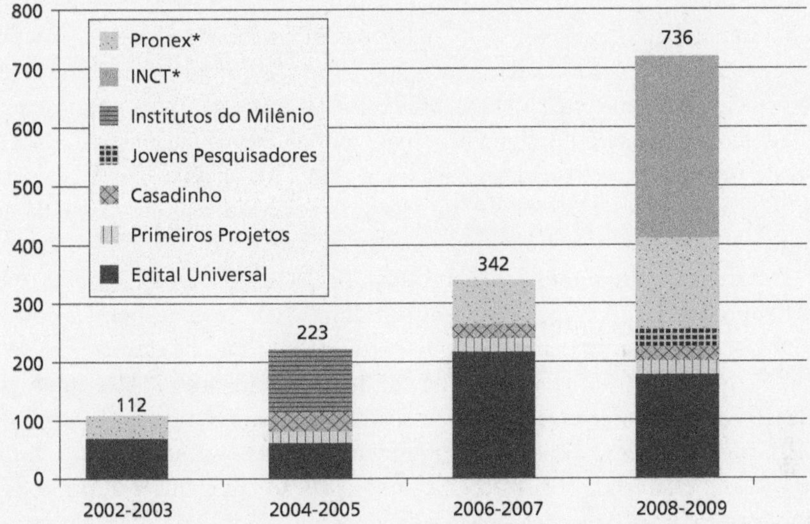

Fonte: MCTI. * Somente recursos do MCTI.

Figura 5: Evolução dos investimentos em infraestrutura de pesquisa em instituições públicas

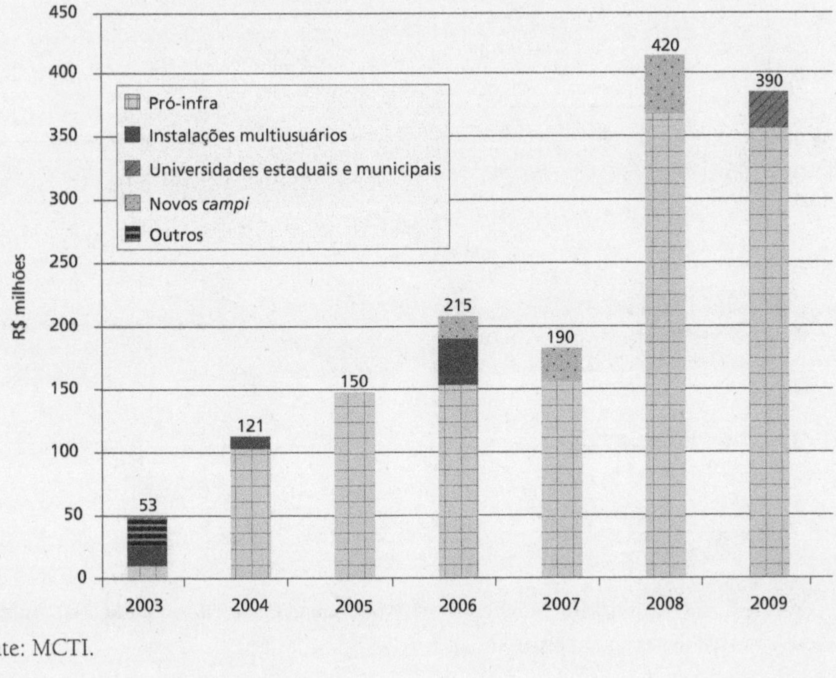

Fonte: MCTI.

Outro resultado importante do Pacti diz respeito à RNP, primeira rede de acesso à internet no Brasil implantada no início da década de 1990. Em 2004 sua taxa máxima de transmissão era de 622 mbps. Com a implantação da Nova RNP, a taxa máxima passou para 10 gbps possibilitando aplicações inovadoras em áreas como educação (Universidade Aberta do Brasil e educação a distância), saúde (Rede Universitária de Telemedicina – Rute) e cultura (TVs universitárias, por exemplo). O aumento da velocidade no *backbone* da RNP foi acompanhado da implantação de redes metropolitanas de fibra óptica, chamadas Redecomep. Em 2010 havia 21 cidades com redes metropolitanas conectadas à RNP, interligando cerca de 600 entidades de ensino e pesquisa à internet.

O Pacti contribui muito para consolidar e expandir os resultados alcançados pelo Brasil em relação à sua produção científica. Em 2010 o país respondia por 2,7% da produção científica mundial, tendo sua participação mundial dobrado entre 2000 e 2009. No mesmo período o número de publicações aumentou 205%, atingindo cerca de 32.100 artigos indexados na base de dados National Science Indicators (NSI). Em 2008, alcançou a 13ª colocação no *ranking* mundial da produção científica, ultrapassando Rússia e Holanda, países com grande tradição em ciência. O ritmo de crescimento da produção científica brasileira tem se mostrado bem mais elevado do que aquele da produção mundial, como mostra a Figura 6.

Figura 6: Crescimento relativo da produção científica no Brasil e no mundo

Fonte: Base de dados National Science Indicators (NSI), editada pela Thomson, Reuters Scientific INC, 2009; a partir de tabulação especial Capes.

Enfim, pode-se constatar que apesar do início tardio na formação de mestres e doutores, o Brasil avançou muito em seu sistema de C,T&I. Nossa comunidade científica já tem cerca de 150 mil pesquisadores. Nossa produção científica cresce há três décadas mais que o do restante do mundo. O número de artigos publicados em revistas indexadas, que, em 1981, era de 0,44% do total do mundo, atingiu 2,7%, em 2009.

No entanto, a inovação tecnológica nas empresas brasileiras ainda é tímida. Segundo o IBGE, das 70 mil empresas industriais existentes em 2005 somente 3% tinham introduzido um produto novo no mercado. Menos de 5% dos pesquisadores brasileiros atuavam em empresas. Essa situação decorre da falta de cultura de inovação no ambiente empresarial e também da pouca articulação das políticas industrial e de C,T&I. Até recentemente, o principal instrumento para apoiar a inovação nas empresas era a linha de crédito da Finep com taxa de juros de longo prazo de mais de 5%.

Por essa razão, a segunda prioridade do Pacti, a promoção da inovação tecnológica nas empresas, constituiu um de seus grandes desafios. A inovação nas empresas passou a ser a principal prioridade comum da PDP e do Plano de Ciência, Tecnologia e Inovação 2007-2010. Por outro lado, as entidades empresariais, federações de indústria, associações setoriais e o Serviço Brasileiro de Apoio às Micro e Pequenas Empresas (Sebrae) abraçaram a causa de colocar a inovação na agenda das empresas nacionais e têm liderado iniciativas importantes nessa direção.

Hoje, especialmente a partir da Lei de Inovação, aprovada em 2004, e da Lei do Bem, de 2005, há um novo cenário para a inovação no país, permitindo às empresas a utilização de um leque de instrumentos bem mais amplo e efetivo e estimulando a criação de novas empresas baseadas em tecnologia, as *start-ups*. A subvenção econômica, prevista na Lei de Inovação, administrada pela Finep, viabilizou que recursos não reembolsáveis de cerca de R$ 2 bilhões sejam concedidos às empresas inovadoras, por meio de três programas: edital nacional da Finep, Programa de Apoio à Pesquisa em Empresas (Pappe) e Programa Primeira Empresa Inovadora (Prime) (os dois últimos em parceria com os estados).

Os Editais Nacionais de Subvenção passaram a ser anunciados anualmente a partir de 2006. Até 2010 um total de R$ 1,566 milhão de recursos não reembolsáveis foram aportados para 825 projetos de empresas selecionados entre 8.890 propostas. Os editais abordaram diferentes áreas tecnológicas, sendo priorizados os setores mais diretamente vinculados com a PDP, como biotecnologia, nanotecnologia, tecnologias de informação e comunicação (TIC), TV digital, fármacos e medicamentos, energias renováveis e aeroespacial. A partir de 2007, a área de desenvolvimento social, que antes estava inserida na parcela de "temas gerais", ganhou destaque específico.

O Pappe aportou recursos financeiros para as pequenas e médias empresas, por meio da operação com parceiros estaduais, para o desenvolvimento de atividades de inovação em setores importantes para o desenvolvimento local. Catorze estados lançaram editais para a contratação de projetos, tendo selecionado mais de 404 empresas. Os investimentos nessa modalidade da subvenção chegaram a R$ 265 milhões, sendo R$ 150 milhões do FNDCT e R$ 115 milhões de contrapartida de FAPs, Sebrae e Federações da Indústria. Em linhas gerais, são beneficiadas empresas que faturem até R$ 10,5 milhões ao ano, com financiamentos entre R$ 200 mil e R$ 400 mil.

O Prime, que entrou em operação no início de 2009, concedeu subvenção econômica para *start-ups*. A operacionalização do Prime foi feita em parceria com dezessete incubadoras de empresas pré-selecionadas, e já apoia 1.381 empresas selecionadas por meio de editais regionais. Cada empresa recebeu, em 2009, R$ 120 mil de subvenção, totalizando um aporte de R$ 166 milhões. Essas empresas poderão, no segundo ano, receber mais R$ 120 mil em recursos reembolsáveis com juros subsidiados do programa Juro Zero. E, muito importante, existem hoje mais de trinta fundos de capital de risco, criados com apoio da Finep e do BNDES, com mais de R$ 3 bilhões para investir nas novas empresas inovadoras.

Além das operações não reembolsáveis já assinaladas, a Finep concede apoio à inovação nas empresas por meio de operações reembolsáveis, a saber: Inova Brasil e Juro Zero. Substituindo o antigo Pró-Inovação, o Inova Brasil (programa de Incentivo à Inovação nas Empresas Brasileiras) constitui-se em financiamento com encargos reduzidos para a realização de projetos de pesquisa, desenvolvimento e inovação nas empresas brasileiras, como suporte à PDP. Desde 2007, já foram apoiados 166 projetos, com recursos que totalizam R$ 2,8 bilhões, passando de R$ 557,8 milhões, em 2007, para R$ 1,7 bilhão, em 2009.

O programa Juro Zero constitui-se em modalidade de financiamento para apoio a projetos ou planos de negócios desenvolvidos por micro e pequenas empresas inovadoras, em um período máximo de dezoito meses, e que representem inovação em seu setor de inovação, seja nos aspectos comerciais, de processos ou de produtos e serviços. Desde 2007, foram apoiados 47 projetos de empresas com recursos de R$ 36,7 milhões.

De janeiro de 2007 a agosto de 2010, o desembolso do BNDES por meio das linhas de financiamento, dos programas de apoio à inovação e do crédito à aquisição de bens de capital de micro e pequenas empresas já totalizou R$ 5,2 bilhões. Entre 2007 e 2009, esse desembolso cresceu na ordem de 36%. A carteira atual de operações nas linhas e programas de apoio à inovação apresenta um montante de R$ 7,3 bilhões, incluindo-se nesse grupo as operações ativas contratadas – saldo a desembolsar, aprovadas, em análise, enquadradas, com consulta e em perspectiva.

Por sua vez, a Lei do Bem concede incentivos fiscais para empresas que realizem atividades de pesquisa tecnológica e de inovação. Relativo ao ano de 2006, 130 empresas declararam investimentos de aproximadamente R$ 2,2 bilhões. Já em 2007 saltaram para 300 empresas, declarando mais de R$ 5,1 bilhões. Em 2008 o número de empresas saltou para 460 e os investimentos atingiram R$ 8,8 bilhões. Nesse mesmo período, o investimento em pesquisa e desenvolvimento das empresas que se beneficiaram da Lei do Bem evoluiu de R$ 2,1 bilhões (0,09% do Produto Interno Bruto – PIB), em 2006, para R$ 8,1 bilhões (0,28% do PIB), em 2008, quase quadruplicando em três anos. Dos recursos investidos em 2008, aplicaram-se R$ 0,35 bilhão em bens de capital e R$ 7,76 bilhões em despesas operacionais de custeio.

O Programa Nacional de Apoio às Incubadoras de Empresas e Parques Tecnológicos (PNI), criado em 2004, é outra importante iniciativa para a promoção do desenvolvimento tecnológico e da inovação das micro e pequenas empresas, estimulando iniciativas de instalação e consolidação de incubadoras de empresas e parques tecnológicos. Em 2009, cerca de 8 mil empresas inovadoras, instaladas em 400 incubadoras de empresas localizadas em todo o Brasil, geraram 35 mil empregos com faturamento total de cerca de R$ 3,5 bilhões. Os parques tecnológicos, por sua vez, são complexos de desenvolvimento econômico e tecnológico que fomentam e promovem sinergias nas atividades de pesquisas científicas e tecnológicas e de inovação entre as empresas e instituições científicas e tecnológicas, públicas e privadas, com forte apoio institucional e financeiro entre os governos federal, estadual e municipal, além da comunidade local e setor privado. Em 2009, existiam 74 iniciativas de parques tecnológicos, sendo 25 em operação, 17 em implantação e 32 em projeto.

O Programa RHAE-Pesquisador na Empresa é uma ação do CNPq para prover bolsas para pesquisadores, mestres e doutores atuarem em empresas. Em 2008, 131 empresas foram contempladas, possibilitando a inserção de 195 mestres e doutores, além de 180 técnicos para composição da equipe de trabalho. Com o acréscimo dos recursos no programa, em 2009, as 172 empresas selecionadas absorveram 312 mestres e doutores e 378 técnicos. De 2008 a 2010, os recursos destinados ao programa foram de R$ 76 milhões e para 2011 estão previstos mais R$ 40 milhões.

Um importante estímulo para inovação nas empresas veio da Lei n. 12.349, sancionada pelo presidente da República em dezembro de 2010. Ela alterou a Lei n. 8.666, que regulamenta as licitações públicas no país. Os novos dispositivos abriram a possibilidade de conceder margem de preferência nas licitações estatais às empresas brasileiras, especialmente àquelas que investem em pesquisa e desenvolvimento no país, em até 25%. Esse instrumento é considerado central no desenvolvimento produtivo e tecnológico de setores como saúde, TIC, defesa e aeronáutica. A Lei n. 12.349 representa o alcance de uma das metas do Pacti e da PDP para possibilitar ao Estado a utilização de seu poder de compra para impulsionar o desenvolvimento de produtos e processos nas empresas brasileiras.

Para fomentar a imprescindível interação universidade-empresa, o governo federal implantou o Sibratec. Ele é formado por 56 redes de grupos e núcleos de pesquisa e desenvolvimento articuladas nacionalmente, sendo 14 redes de centros de inovação, 20 de serviços tecnológicos e 22 de extensão – estas organizadas estadualmente. O Sibratec é coordenado pelo MCTI, mas tem a participação ativa de vários ministérios e entidades federais como Finep, BNDES e Instituto Nacional de Metrologia, Qualidade e Tecnologia (Inmetro). As redes de extensão têm a missão primordial de apoiar a inovação nas micro e pequenas empresas e por isso mesmo têm uma articulação crescente com o Sebrae. As redes de serviços tecnológicos fazem com que a metrologia de qualidade e laboratórios de análise de conformidade de produtos e processos deem suporte à produção no complexo campo das disputas comerciais.

A projeção internacional do Brasil em C,T&I, somada ao nosso desenvolvimento econômico acelerado, tem contribuído para atrair a instalação de centros de pesquisa e desenvolvimento de empresas multinacionais no país. Somente em 2010 anunciaram suas decisões de instalar centros mundiais de pesquisa as americanas General Electric e IBM e a sueca SAAB.

Ainda há um longo caminho a ser percorrido, porém, é certo que passos importantes têm sido dados na direção correta e existem sinalizações claras de que os empresários vêm gradativamente incorporando o conceito de inovação nas suas agendas de investimentos. Enfim, a inovação tecnológica entrou definitivamente na agenda de nossas empresas e certamente contribuirá para torná-las mais competitivas, lucrativas e em condições de conquistar novos mercados. E finalmente o Brasil começa a formar uma nova geração de empresários empreendedores em tecnologia.

Enquanto as primeira e segunda prioridades do Pacti tinham caráter transversal, no sentido que cobriam todas as áreas do conhecimento e setores da economia, a terceira prioridade, pesquisa, desenvolvimento e inovação em áreas estratégicas, era voltada para o desenvolvimento de treze áreas estratégicas: áreas portadoras de futuro (biotecnologia e nanotecnologia); tecnologias da informação e comunicação; insumos para a saúde; biocombustíveis; energia elétrica, hidrogênio e energias renováveis; petróleo, gás e carvão mineral; agronegócio; biodiversidade e recursos naturais; Amazônia e semiárido; meteorologia e mudanças climáticas; programa espacial; programa nuclear; e defesa nacional e segurança pública.

Essa prioridade, com seus 59 programas, representou 68% das atividades do Pacti, que receberam do MCTI, entre 2007 e 2009, incluindo o FNDCT, recursos financeiros que totalizaram cerca de R$ 3 bilhões. Os resultados desses programas são bastante amplos e variados e mostram que todas as áreas tiveram seu desenvolvimento acelerado em razão do Pacti, podendo destacar alguns.

No âmbito das TIC o principal resultado foi a retomada do desenvolvimento na microeletrônica. Essa área, estratégica por conta de sua transversalidade em todos os setores industriais, foi praticamente abandonada nas políticas de C,T&I e industrial da década de 1990. O Programa Nacional de Microeletrônica, implantado em 2003, foi consolidado com a expansão do CI-Brasil, programa que está formando centenas de projetistas de circuitos integrados em dois centros de treinamento e dezoito centros e *design houses* em todo o país, e com a criação da empresa pública Centro Nacional de Tecnologia Eletrônica Avançada (Ceitec S. A.), em Porto Alegre, vinculada ao MCTI. A Ceitec S. A. foi implantada com investimentos do MCTI de cerca de R$ 500 milhões, para a construção, aquisição e instalação de equipamentos para um centro de projetos e uma fábrica de circuitos integrados, a primeira da América do Sul.

Entre os avanços conquistados na área de biocombustíveis merecem destaque a implantação da Rede de Bioetanol e a criação do Centro de Ciência e Tecnologia do Bioetanol (CTBE), instalado no campus do Laboratório Nacional de Luz Síncrotron, atualmente Centro Nacional de Pesquisa em Energia e Materiais, com objetivo de contribuir para a manutenção da liderança brasileira na produção sustentável de bioetanol da cana-de-açúcar. O CTBE recebeu investimentos de cerca de R$ 100 milhões e está realizando pesquisas com foco nos entraves agrícolas e tecnológicos dessa cadeia produtiva, tais como mecanização de baixo impacto para o plantio direto de cana-de-açúcar, com vistas à preservação do solo e à redução de custos no plantio e na colheita, e hidrólise enzimática da biomassa ligno-celulósica, além de modelagem, a exemplo da biorrefinaria virtual, e de estudos sobre sustentabilidade da produção de bioetanol.

Também deve ser destacada a criação da Rede Brasileira de Pesquisa sobre Mudanças Climáticas (Rede Clima), instituída pelo MCTI em 2007, com o objetivo de gerar e disseminar conhecimento e tecnologia para que o Brasil possa responder às demandas e desafios representados pelas causas e efeitos das mudanças climáticas globais e embasar políticas brasileiras de prevenção, adaptação e mitigação. A abrangência da Rede Clima é nacional, envolvendo dezenas de grupos de pesquisa em universidades e institutos, e seu enfoque científico cobrirá todas as questões relevantes das mudanças climáticas, sejam referentes a setores ou sistemas: agricultura, biodiversidade, desastres naturais, energias renováveis, megacidades, políticas públicas, recursos hídricos, saúde humana e zonas costeiras. O MCTI investiu R$ 30 milhões em três anos para a implantação da Rede Clima, além de ter contribuído com R$ 35 milhões, em conjunto com a Fapesp, para aquisição de um supercomputador para o Instituto Nacional de Pesquisas Espaciais (Inpe), que entrou em operação em 2011. O novo supercomputador ampliou em mais de 50 vezes a capacidade de processamento no Inpe e foi fundamental para o desenvolvimento e implementação do Modelo Brasileiro do Sistema Climático Global. Também estão sendo investidos R$ 7,2 milhões no INCT para Mudanças Climáticas, o qual reúne cerca de 400 pesquisadores, estudantes e técnicos, de 76 grupos de pesquisa brasileiros e 19 estrangeiros.

Nos resultados da quarta prioridade do Pacti os principais destaques foram a Semana Nacional de Ciência e Tecnologia e a Olimpíada Brasileira de Matemática das Escolas Públicas (Obmep). A Semana Nacional de Ciência e Tecnologia, realizada desde 2004, é a principal iniciativa de popularização da ciência e tem contado com mobilização crescente em todo o Brasil. Durante a Semana, em geral a segunda ou terceira do mês de outubro a cada ano, entidades de ensino e/ou pesquisa promovem atividades de divulgação da ciência, em suas instalações ou em espaços públicos.

Outro programa que chama atenção pelo êxito alcançado é a Obmep, a principal ação para a melhoria do ensino de ciências. A Obmep foi criada em 2005 para atender uma demanda do presidente Lula, formulada quando tomou conhecimento que na tradicional Olimpíada de Matemática, realizada desde a década de 1970, a participação de alunos de escolas públicas era insignificante, pois estes "não tinham coragem de enfrentar os alunos mais bem preparados das escolas privadas". Naquele ano a Obmep teve a participação de cerca de 10 milhões de estudantes e desde então o número de inscritos tem aumentado continuamente. Em 2010 a Obmep teve quase 19,7 milhões de alunos inscritos, de 44.717 escolas em 99,4% dos municípios brasileiros. As provas da Obmep são feitas em três níveis, cobrindo desde a 5ª série do ensino fundamental até o ensino médio e são realizadas em duas etapas, a primeira de múltipla escolha e a segunda discursiva, esta para os 5% melhores classificados na primeira etapa. A realização da Obmep só é possível com a participação de um exército de 120 mil professores voluntários. Os alunos com as melhores notas recebem 3 mil medalhas, 300 de ouro, 900 de prata e 1.800 de bronze, e bolsas de iniciação científica júnior do CNPq para estudar matemática em programas extraclasse conduzidos por 200 centros de ensino em todo o Brasil. A Obmep tornou-se um grande programa mobilizador do ensino de matemática e que está tendo grande impacto na melhoria do ensino de ciências nas escolas públicas.

O Pacti contribuiu decisivamente para a ampliação do orçamento do MCTI, que como mostra a Figura 7 aumentou continuamente no governo Lula. Contribuiu para tal aumento o notável crescimento dos recursos efetivamente desembolsados pelo FNDCT, como mostrado na Figura 8. Esse crescimento resulta não apenas do aumento das receitas dos fundos setoriais, mas sobretudo pela decisão do presidente Lula de gradualmente eliminar seu contingenciamento, medida praticada pela área econômica desde a criação dos fundos.

Figura 7: Evolução do orçamento de custeio e capital do MCTI, em milhões de reais correntes (não inclui despesas com pessoal)

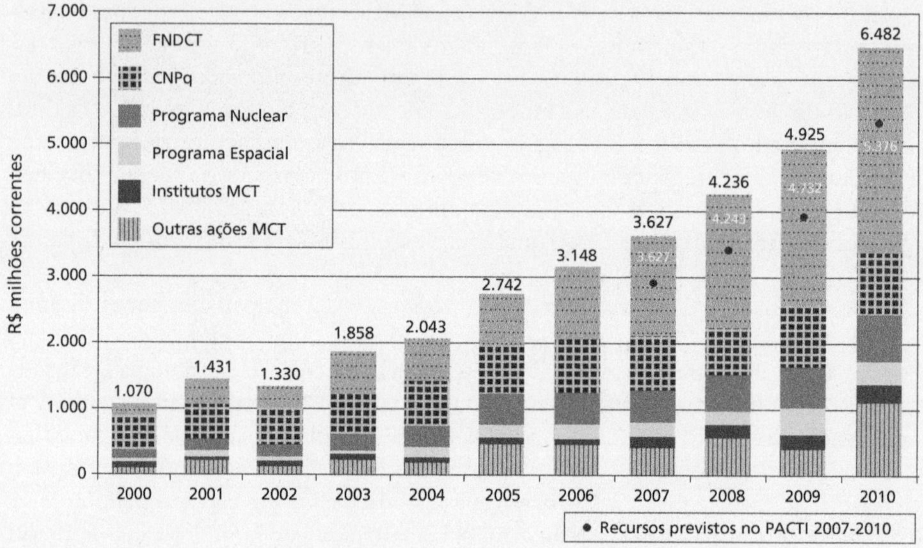

Fonte: MCTI.

Figura 8: Evolução do orçamento do FNDCT (em bilhões de reais constantes, corrigidos pelo IPCA no período 1971-2006, e bilhões de reais correntes em 2007-2010; valor de 2010 é o aprovado na Lei Orçamentária Anual)

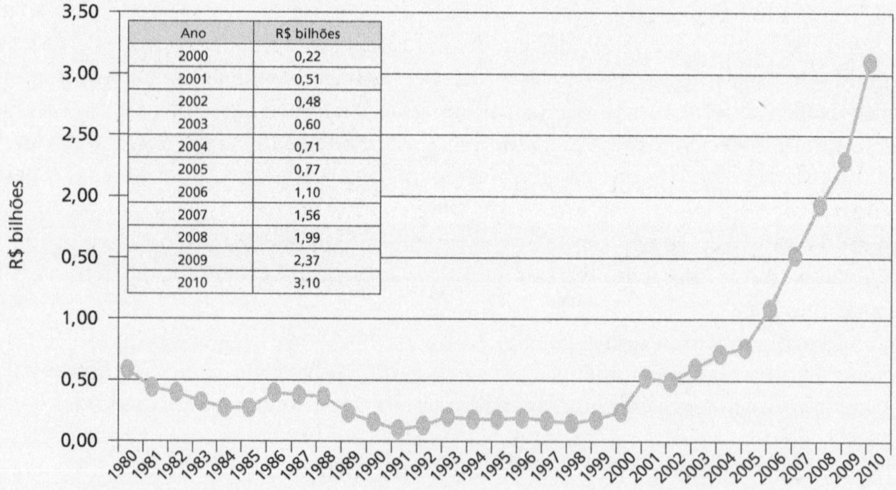

Fonte: MCTI.

A ampliação dos recursos federais para C,T&I, associada aos inúmeros programas articulados com os estados, estimula e viabiliza o aumento gradativo dos investimentos estaduais. O dispêndio nacional em pesquisa e desenvolvimento, somados os investimentos públicos, federal e estaduais com os das empresas privadas, apresenta crescimento contínuo, demonstrando sua importância relativa na economia brasileira. Os dispêndios em pesquisa e desenvolvimento em relação ao PIB, que historicamente no Brasil foram inferiores ou por volta de 1%, em 2007, alcançaram 1,25%, em 2010. Essa taxa é inferior à meta de 1,5% do PIB prevista em 2007 para o Pacti por inúmeras razões. Uma delas é que ela foi concebida com base em valores do PIB divulgados à época, os quais eram menores do que os revisados posteriormente pelo IBGE. A outra foi a expansão aquém do previsto nos investimentos das empresas privadas.

Vale ressaltar que os recursos federais planejados para execução do Pacti no período de 2007 a 2010 serão quase integralmente disponibilizados até o final do ano. A Figura 9 mostra a previsão de execução orçamentária dos recursos federais do Pacti durante sua vigência, construída com dados da execução orçamentária de 2007 a 2009 para atividades ligadas ao Pacti (67% do total originalmente previsto) e com dados que constam da Lei Orçamentária Anual para a previsão de execução em 2010. Ela mostra que deveremos alcançar uma execução global de 98% da previsão inicial, fato sem dúvida auspicioso considerando nossa pouca tradição de cumprir planos plurianuais.

O sucesso obtido na execução do Pacti indica o acerto no processo de sua formulação e na escolha das prioridades estratégicas, linhas de ação e programas. A execução

Figura 9: Orçamento executado do MCTI e de outros órgãos federais em programas do Pacti (2007 a 2009) e previsto (2010) (em milhões de reais correntes e entre parênteses o percentual executado em relação ao previsto em 2007; não inclui pessoal, encargos sociais e despesas financeiras e obrigatórias)

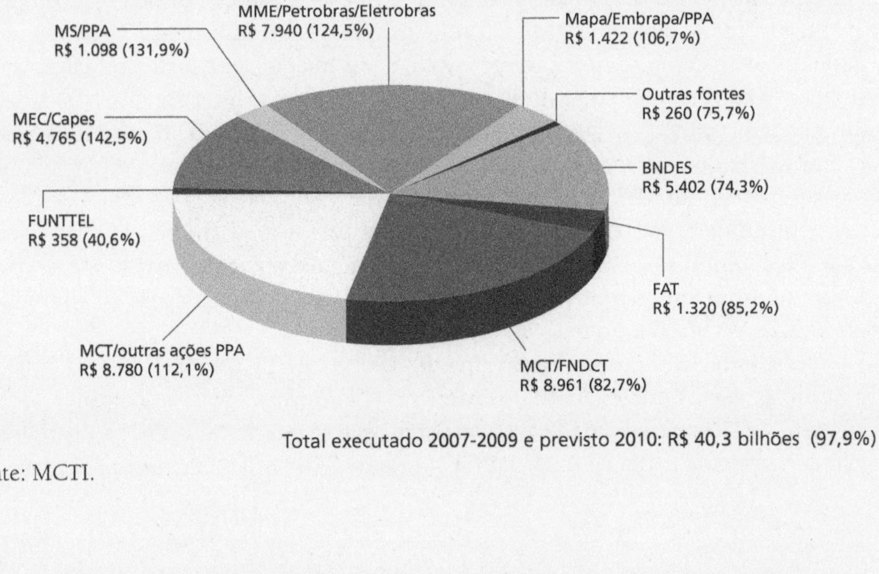

Fonte: MCTI.

do plano, de forma articulada, com antigos e novos parceiros do sistema, resultou na construção de um arco de alianças que fortaleceu a posição central que ciência, tecnologia e inovação devem ocupar no processo de desenvolvimento do Brasil.

A aceleração no desenvolvimento científico e no processo de assimilação da necessidade em promover à inovação tecnológica nas empresas, proporcionado pelo Pacti, contribuiu para aumentar a percepção da sociedade brasileira do fato que a C,T&I é, no cenário mundial contemporâneo, um componente essencial para o desenvolvimento, o crescimento econômico, a geração de emprego e renda e a democratização de oportunidades. O trabalho de cientistas, engenheiros e de técnicos e o engajamento das empresas são fatores determinantes para a consolidação de um modelo de desenvolvimento sustentável, capaz de atender às justas demandas sociais dos brasileiros e ao permanente fortalecimento da soberania nacional. Essa é uma questão de Estado, que ultrapassa os governos.

É preciso reconhecer que os anos de 2011 e 2012 não foram tão favoráveis à Ciência e Tecnologia quanto os anteriores. Apesar de o governo federal ter reafirmado a prioridade ao setor, explicitada na Estratégia Nacional de Ciência, Tecnologia e Inovação, formulada e anunciada em 2011, a crise econômica mundial afetou o financiamento do setor. Os orçamentos executados pelo MCTI em 2011 e 2012 foram inferiores ao de 2010. A principal razão foi a queda do FNDCT, que voltou a ser contingenciado. Isso contribui para a contração do financiamento de muitos programas do MCTI e mesmo a paralisação de alguns. Esse quadro deve mudar no ano de 2013, pois o governo anunciou que não contingenciará o FNDCT, cujo orçamento previsto é de R$ 4,46 bilhões, valor superior em 43% ao recorde histórico de 2010.

Apesar das dificuldades orçamentárias, dois avanços importantes ocorreram em C,T&I em 2011 e 2012. O mais importante foi sem dúvida a criação do programa Ciência sem Fronteiras, que busca promover a consolidação, expansão e internacionalização da C,T&I e da competitividade brasileira por meio do intercâmbio e da mobilidade internacional. A iniciativa é fruto de esforço conjunto dos Ministérios da Ciência, Tecnologia e Inovação e do Ministério da Educação (MEC), por meio de suas respectivas instituições de fomento – CNPq e Capes –, e Secretarias de Ensino Superior e de Ensino Tecnológico do MEC. O programa prevê a utilização de até 101 mil bolsas em quatro anos para promover intercâmbio, de forma que alunos de graduação e pós-graduação façam estágio no exterior com a finalidade de manter contato com sistemas educacionais competitivos em relação à tecnologia e inovação. Além disso, busca atrair pesquisadores do exterior que queiram se fixar no Brasil ou estabelecer parcerias com os pesquisadores brasileiros nas áreas prioritárias definidas no programa, bem como criar oportunidade para que pesquisadores de empresas recebam treinamento especializado no exterior. O Ciência sem Fronteiras está em execução plena e está se constituindo no programa mobilizador de maior sucesso nas últimas décadas, com grande repercussão no Brasil e no Exterior.

Outra iniciativa importante do governo Dilma foi a criação da Empresa Brasileira de Pesquisa e Inovação Industrial (Embrapii). Ela deverá institucionalizar o Sistema Brasileiro de Tecnologia criado para acelerar o processo de inovação industrial, articulando o sistema nacional de pesquisa e desenvolvimento com as empresas.

Muitos desafios ainda se apresentam para tornar a C,T&I um componente efetivo do desenvolvimento nacional. Em grande parte eles decorrem da falta de tradição do Brasil no setor, afinal nosso sistema de ensino de pós-graduação que forma os pesquisadores em C,T&I foi criado apenas na década de 1960. Porém, é inegável que a década de 2003-2012 foi aquela que mostrou o maior avanço no setor. O país está muito próximo de ver as ações em ciência, tecnologia e inovação tratadas como estratégicas, objetos de uma política de Estado, com a ampliação continuada dos investimentos no setor, o aumento no número de instituições de pesquisa e de pesquisadores, com o aperfeiçoamento do marco legal existente, e criando um ambiente favorável à inovação e ao desenvolvimento sustentável.

CULTURA: POLÍTICAS PÚBLICAS E NOVAS VISIBILIDADES

Glauber Piva

> É outra – e é nova – a visão que o Estado brasileiro tem, hoje, da cultura. Para nós, a cultura está investida de um papel estratégico, no sentido de construção de um país socialmente mais justo e de nossa afirmação soberana no mundo. Porque não a vemos como algo meramente decorativo, ornamental. Mas como base da construção da preservação de nossa identidade, como espaço para a conquista plena da cidadania, e como instrumento para a superação da exclusão social.
>
> *Luiz Inácio Lula da Silva*[1]

> Para a esquerda, a cultura é a capacidade de decifrar as formas da produção social da memória e do esquecimento, das experiências, das ideias e dos valores, da produção das obras de pensamento e das obras de arte e, sobretudo, é a esperança racional de que dessas experiências e ideias, desses valores e obras surja um sentido libertário, com força para orientar novas práticas sociais e políticas das quais possa nascer outra sociedade.
>
> *Marilena Chaui*[2]

O Brasil é um país histórica e tradicionalmente desigual, e nossa gente carrega há séculos a marca da exclusão, a marca do impedimento ao acesso aos bens materiais e à produção e fruição de bens culturais. Somos um país que, nas últimas seis décadas, se acostumou à forja da TV aberta, estruturada para produzir conteúdos de forma centralizada e veiculá-los por uma rede quase passiva de retransmissoras regionais, como

---

1 "Programa cultural para o desenvolvimento do Brasil" (Brasília, Ministério da Cultura, 2006). Disponível em: <http://www.cultura.gov.br/upload/programa%20cultural%20para%20desenvolvimento%20do%20brasil_1174326644.pdf >. Acesso em 27 mar. 2013.

2 *Cidadania cultural: o direito à cultura* (São Paulo, Fundação Perseu Abramo, 2006).

principal vetor de promoção de nossa cultura, de propagação de nossa língua e de difusão de nossa produção audiovisual. Soma-se a isso a conhecida penalização da cultura como item alegórico e periférico das políticas oficiais.

Essa constatação, porém, não anula outra bastante evidente: de que governos e governantes não são todos iguais. Ao contrário. Os governos petistas, com a participação de partidos aliados e forças sociais de várias origens, têm liderado grandes avanços no âmbito das políticas públicas de cultura no país nos últimos anos. Essa talvez seja a principal motivação deste balanço: entre 2003 e 2012, o Brasil viu ser estabelecida a ideia de cultura como política pública, ambiente no qual ela não se reduziu à mera gestão do balcão de um *bom negócio*, mas se afirmou como mobilizadora de valores, práticas e crenças antes invisibilizados pela lógica de mercado que presidia as ações do Ministério da Cultura até então.

Buscou-se, nesse período, a afirmação da cultura como instrumento da luta contra-hegemônica, uma ferramenta questionadora dos grandes consensos que se cristalizaram em torno das políticas culturais de ausência promovidas pelo Estado brasileiro: do uso da cultura como medida assistencialista, da fórmula de financiamento privado e da pasteurização oferecida pela *cultura de massas*. Assim, o legado deixado por Lula, e imaginado definitivo, é a recuperação e o redimensionamento do papel do Estado brasileiro no estímulo às práticas culturais e na consolidação da cultura como política pública, portanto, distante do império do privado.

A promoção do diálogo entre a gestão de cultura no país com a própria ideia de política pública, tão abertamente negada pelo período neoliberal, permitiu a afirmação de que a cultura não se reduz ao supérfluo nem é privilégio de uns que deva ser levado ao conhecimento de outros, mas é direito de todos. Nessa linha, pode-se dizer que, sob Lula, o Estado brasileiro buscou assegurar os meios para o reconhecimento efetivo da cultura como direito. Em consonância com esse princípio de cidadania cultural, ofereceu ao país a perspectiva da institucionalidade da cultura nos aparatos governamentais, com a criação de órgãos gestores, conselhos e conferências de cultura, a aprovação do Plano Nacional de Cultura, a tramitação de vários projetos de lei e, principalmente, o início da constituição do Sistema Nacional de Cultura.

Ainda que seja eloquente e francamente positivo o saldo dessa caminhada de dez anos, é forçoso reconhecer que a topografia foi acidentada, houve lacunas, indecisões, retrocessos em alguns momentos e disputas pelo sentido dela. No período, foram quatro ministros no comando do Ministério da Cultura (MinC): Gilberto Gil, entre 2003 e 2008, Juca Ferreira, que esteve com Gil desde o começo e o sucedeu, Ana de Hollanda, nomeada por Dilma Rousseff no início de seu governo, em 2011, e sua sucessora Marta Suplicy, cuja gestão teve início no final do último ano de nosso período de análise (2012) e, por isso, será pouco comentada aqui.

Assim, esses dez anos comportaram dois blocos bastante definidos, ainda que com irregularidades dentro deles. O primeiro bloco, que ocupou todo o governo Lula, é claramente hegemônico aos olhos do público e da crítica e o responsável pelos principais avanços. O segundo, sob o comando de Ana de Hollanda, representou, de maneira geral, um passo atrás.

Antes, porém, é preciso considerar que a chegada do PT ao governo federal é, por si só, um elemento indutor dos avanços sentidos no *mundo da cultura*. O PT, ao nascer, já se impôs como um fenômeno cultural. Hamilton Pereira nos diz que

> a fundação formal do Partido dos Trabalhadores, no Colégio Sion, produziu algo além do encontro de diferentes vertentes do pensamento e das lutas das esquerdas e de diferentes gerações de militantes socialistas: formulou um *pacto político* capaz de unificar a ação dessas distintas vertentes e distintas gerações e deu corpo a um instrumento que contribuiu – em grande medida – para definir os rumos do país nos anos seguintes: o PT.[3]

Desde então, foi um ator determinante para a retomada e consolidação da democracia no país, fazendo emergir lideranças e forças políticas desde sempre condenadas à exclusão e se estabelecendo como um vetor fundamental para uma nova cultura política.

O PT e Lula, para chegarem à Presidência da República, acumularam forças ao lado de diversos setores da sociedade brasileira que lutaram pela democracia. Foi assim também com os militantes da cultura, que, em grande parte, engrossaram o sonho de ver um metalúrgico na presidência e, com isso, romper com a lógica elitista e privatista que, desde sempre, dominava as políticas culturais no país. Com isso, a própria vitória de Lula, pelo que representava e pelo que foi sua história pessoal até ali, teve uma dimensão cultural que já servia como plataforma de lançamento para o ministério que se instalava. Como se isso já não bastasse, Gilberto Gil, com sua trajetória, força e carisma, assumiu o Ministério da Cultura.

Neste texto, procuro compreender as principais forças e ideias que se somaram na composição desse período vitorioso. Evitando o didatismo cronológico ou a exegese de cada ação do ministério, tento, num primeiro momento, compreender o que se encontrou como herança e quais foram os documentos e propostas centrais que balizaram conceitualmente o período. Depois, procuro identificar como o ministério se organizou em torno de polos específicos, algumas vezes complementares e, em outras, concorrentes. Por fim, busco apontar lacunas não superadas e desafios que ainda se postam no horizonte.

1. O vazio como herança

A democracia e a cultura no Brasil nem sempre mantiveram relações íntimas. O MinC nasceu em 1985, no governo Sarney; antes a área de cultura frequentou diferentes escaninhos. A partir dos anos 1930 esteve subordinada ao Ministério de Educação e Saúde. Em 1953 passou a nominar um ministério, o de Educação e Cultura, no qual, em 1981, foi criada a Secretaria de Cultura. Somente com o fim da ditadura militar se tornou um ministério específico. Albino Rubim nos mostra que essa irregularidade institucional explicita as tensões vividas entre o setor e o governo no seu período inicial.

> O ministério foi criado em 1985, desmantelado por Fernando Collor e transformado em secretaria em 1990, e recriado em 1993 por Itamar Franco. Tancredo Neves, antes de morrer, resolveu criar o ministério. José Sarney instalou o órgão, mas simultaneamente tomou medidas políticas, como a inauguração da lógica das leis de incentivo, que fragili-

[3] Hamilton Pereira, "Regressar ao lado esquerdo do peito", *Teoria e Debate*, Fundação Perseu Abramo, n. 86, jan.-fev. 2010.

> zaram o ministério em seu processo de implantação. Fernando Collor, no primeiro e tumultuado experimento neoliberal no país, praticamente desmontou a área de cultura no plano federal. Acabou com o ministério, reduziu a cultura a uma secretaria e extinguiu inúmeros órgãos.[4]

É exatamente a combinação das ações de Sarney e Collor com as políticas do período Fernando Henrique Cardoso que originou políticas culturais marcadas por ausências e instabilidades, compondo o cenário de vazio deixado.

Historicamente, a direita brasileira lida com a cultura como algo apartado da vida cotidiana, devendo ser oferecida ao consumidor como dádiva, mercadoria ou, então, como produto a ser protegido de sua ignorância. Essas ideias foram e continuam sendo amplamente alardeadas pelos governos tucanos e seus parceiros, que habitualmente promovem a divisão entre cultura de elite e popular e tratam as culturas tradicionais como algo congelado no tempo.

Essa concepção tradicional foi severamente criticada por setores da esquerda brasileira, o que alimentou a elaboração do conceito de *cidadania cultural*[5], que há muito serve de base conceitual aos programas culturais do PT e, também, às próprias experiências vivenciadas a partir de 2003.

Ao longo dos anos, os governos tucanos acrescentaram a essa noção ideias conservadoras ainda mais perversas. É recorrente a privatização da gestão de equipamentos e projetos, delegados a organizações sociais que não têm qualquer vínculo com o movimento cultural, em uma espécie de reinvenção do clientelismo, mascarado por um discurso de modernização da gestão. Esses governos também se dedicaram a um insulamento do poder, impedindo a participação dos movimentos culturais e dos cidadãos no debate e na formulação das políticas públicas, num esforço para manter os campos rentáveis da indústria cultural nas mãos de empresas, em especial, de conglomerados transnacionais que operam a partir da detenção e domínio dos *copyrights*.

Nessa perspectiva, foi na área da cultura que, no governo FHC, a concepção neoliberal do *Estado mínimo* mais avançou. O Ministério da Cultura ficou encolhido, se omitiu e transferiu para o mercado papéis que seriam de sua responsabilidade como órgão gestor. Transferiu, inclusive, praticamente toda a responsabilidade pela decisão sobre o uso dos recursos públicos federais. Os resultados dessa política foram desastrosos para o país. A concentração dos recursos aprofundou as desigualdades e o elevado grau de exclusão aos meios de produção e difusão de conteúdos culturais. A consequência mais grave dessa visão elitista e marqueteira foi a conformação de um discurso que serviu de sustentação à *cultura do medo*, quando deveria ser ferramenta de forjar esperanças. O *slogan* cunhado no governo FHC, em 1995, "Cultura é um bom negócio", resume a herança deixada pelos tucanos para Gilberto Gil. Uma herança que conforma um robusto vazio no que foram as políticas culturais em âmbito federal.

---

[4] Antonio Albino Canelas Rubim (org.), *As políticas culturais e o governo Lula* (São Paulo, Fundação Perseu Abramo, 2011, Coleção Brasil em Debate, v. 5).

[5] Principalmente a partir das análises da filósofa Marilena Chaui, que entre 1989 e 1992 foi secretária de Cultura da cidade de São Paulo.

2. Afluência das ideias

Como um rio caudaloso que nasce de um olho-d'água e vai encorpando durante seu curso, esses dez anos de governos petistas na cultura não aconteceram como um jorro definido desde o princípio, mas como fruto de um somatório de afluências: os partidos políticos, principalmente PT e PCdoB; os grupos ligados a Gilberto Gil e Ana de Hollanda; os movimentos culturais que se fortaleceram ao longo do processo, notadamente aqueles ligados aos temas da diversidade, os Pontos de Cultura, o Fora do Eixo e os de Cultura Digital; a incipiente, mas fundamental, articulação de gestores municipais e estaduais de cultura; e artistas, produtores de cinema e intelectuais com suas mais diferentes vinculações.

Lula, antes de chegar à presidência e escolher Gilberto Gil como seu ministro da cultura, percorreu territórios tão diversos quanto diversos foram os atores e setores que juntaram suas forças a ele. Desde meados dos anos 1970, a vida política brasileira contou com a participação ativa de intelectuais, artistas, estudantes, religiosos e personagens de todo o mundo da cultura. Na época, militaram em favor da redemocratização do país e pelo reconhecimento da importância da cultura no âmbito governamental. Nessa luta, muitos se juntaram ao PT e com ele seguiram, alguns mais e outros menos próximos, até a primeira vitória nacional.

Nesse período, o Ministério da Cultura foi criado, desmantelado e recriado, Lula perdeu três eleições, diferentes governos eleitos exibiram e puseram em prática suas concepções de cultura e o PT, quase sempre com o apoio de outros partidos, teve tempo e acúmulo de experiências para organizar suas propostas, com a cultura assumindo uma perspectiva transformadora e emancipadora e convocando à cena os que, quase sempre, estiveram condenados à invisibilidade. É bem verdade, porém, que, embora a cultura tenha alcançado relevância em várias administrações petistas e o partido tenha contado com artistas e intelectuais já na sua fundação, sua organização interna e as resoluções políticas não haviam revelado jamais essa importância[6].

Em 2002, a candidatura de Lula, alimentada por essa história, apresentou ao país seu quarto programa de governo para a Cultura: "A imaginação a serviço do Brasil". Talvez se possa dizer que os eixos conceituais principais valorizavam a ideia da cidadania cultural, da diversidade e da inclusão das políticas de cultura num novo projeto nacional. Assim, como se depreende do documento, as dimensões social, democrática e nacional da cultura deveriam servir como pano de fundo para a afirmação do seu caráter transversal e para a implantação de um sistema nacional de cultura no país. Nesse sentido, havia propostas concretas, sendo as mais divulgadas a criação de um Conselho Nacional de Políticas Culturais (CNPC), a realização de Conferências Nacionais de Cultura, a revisão da política de fomento público à cultura, o fortalecimento do Fundo Nacional de Cultura e, principalmente, a criação do Sistema Nacional de Cultura (SNC).

---

[6] Vale dizer que o PT apenas criou sua Secretaria Nacional de Cultura em 2003, já iluminado pela vitória de Lula e à sombra da liderança de Gil. Com isso, o partido fez transbordar para sua base organizada uma série de debates e reflexões antes ocorridas exclusivamente nos momentos eleitorais. Embora em um processo diferente, o PCdoB também só criou sua secretaria de cultura depois de compor a equipe do Ministério da Cultura no governo Lula.

Apesar da grande esperança e mobilização que marcou a eleição de Lula, a montagem do governo tornou o ambiente tenso pelos lados da cultura. A militância petista foi surpreendida pela escolha de Gilberto Gil, um inegável quadro artístico e político, mas sem contatos efetivos no partido. Gil, que nunca esteve sob a liderança do PT, quando assumiu o MinC levou consigo uma rede de personalidades com várias origens: desde o Partido Verde, partido ao qual era filiado e pelo qual havia sido deputado estadual (BA) e secretário municipal em Salvador, até a Fundação Movimento Onda Azul, que presidiu, tendo Juca Ferreira como seu vice, passando por artistas, intelectuais e membros do PCdoB, além de petistas indicados pelo partido.

Em seu discurso de posse, Gil não ignorou as propostas eleitorais, mas apontou para outra direção. Ele reconheceu a dimensão cultural da vitória de Lula e chama pra si a responsabilidade de mudança no setor:

> A eleição de Luiz Inácio Lula da Silva foi a mais eloquente manifestação da nação brasileira pela necessidade e pela urgência da mudança. Não por uma mudança superficial ou meramente tática no xadrez de nossas possibilidades nacionais. Mas por uma mudança estratégica e essencial, que mergulhe fundo no corpo e no espírito do país. O ministro da Cultura entende assim o recado enviado pelos brasileiros, através da consagração popular do nome de um trabalhador, do nome de um brasileiro profundo, simples e direto, de um brasileiro identificado por cada um de nós como um seu igual, como um companheiro. É também nesse horizonte que entendo o desejo do presidente Lula de que eu assuma o Ministério da Cultura.[7]

Ao final, revelando sua pouca intimidade com a ênfase na institucionalização da cultura dada pelo PT, propôs "uma espécie de *'do-in'* antropológico, massageando pontos vitais, mas momentaneamente desprezados ou adormecidos, do corpo cultural do país".

As tensões derivadas da surpresa da nomeação de Gil e da composição plural do MinC revelaram que o programa eleitoral não seria suficiente para abarcar e referenciar o processo que se impunha naquele momento e, portanto, deveria resultar na formulação de um novo plano para a gestão que aproveitasse o programa eleitoral e agregasse novos elementos e propostas. Desde o começo ficou evidente a enormidade da tarefa. Seria preciso instalar um ministério, que naquele momento não passava de um pequeno balcão de negociação de renúncia fiscal, buscar um orçamento público gerido pelo próprio governo, e não pelos gerentes de *marketing* das grandes empresas, criar uma política nacional para as artes, incorporar, no escopo de atuação do MinC, centenas de iniciativas da sociedade brasileira que não cabiam na lógica da Lei Rouanet (Lei n. 8.313, de 23 de dezembro de 1991), localizar e potencializar os pontos de contato das políticas de cultura com educação e comunicação e fazer transbordar essa importância da cultura para outros níveis de governo. Como vemos, não bastava superar o estilo tucano. Seria necessário dar efetividade e abrangência ao ministério e superar a tradição do Estado brasileiro de tratar a cultura a partir de sua própria ausência, com irregularidade e sob o domínio do autoritarismo[8].

---

[7] Gilberto Gil, *Discursos do ministro da Cultura Gilberto Gil* (Brasília, Ministério da Cultura, 2003-2007).

[8] Antonio Albino Canelas Rubim, *As políticas culturais e o governo Lula*, cit.

Para tanto, desde o início de seu mandato o ministro Gilberto Gil se dedicou a fazer de seus discursos um instrumento de anúncio de seu programa, atualizando o documento eleitoral à medida que a dinâmica do governo concebia novas prioridades. Se é verdade que esse exercício legitimou o ministério em relação à sociedade, também podemos dizer que despertou novos atores.

Para as eleições de 2006, dois documentos apresentados revelaram o clima do momento. A coordenação da campanha de Lula publicou seu programa para a cultura com o título "Brasil: cultivar a memória e inventar o futuro", no qual havia a defesa das realizações na primeira gestão e um elenco de propostas que estavam em sintonia com o programa geral. Dois temas merecem destaque: o projeto de associação das políticas de cultura, educação e comunicação; e a criação do Programa de Cultura do Trabalhador, que depois ganhou o nome de Vale-Cultura.

Uma semana após a vitória, o próprio Ministério da Cultura publicou o "Programa cultural para o desenvolvimento do Brasil", uma atualização programática combinada com prestação de contas. Mais extenso, mostrava sintonia com o programa eleitoral, mas ia além, já que tinha por função disputar o futuro e legitimar a continuidade da gestão e das políticas em operação. Somados, os dois documentos são o registro de um vértice importante do período Gil/Juca.

Em 2010, para a campanha de Dilma, o programa eleitoral foi severamente reduzido, as negociações entre PT e PCdoB foram mais tensas e os debates públicos se deram mais em torno do binômio continuidade ou não continuidade do que em torno de um programa propriamente dito. Assim, a saída de Juca Ferreira e a chegada de Ana de Hollanda se deu em meio a um debate público vincado mais pela discussão de nomes, simpatias e antipatias do que de propostas.

Independente de calendário e programas eleitorais, o dinamismo do mundo da cultura permitiu que ele próprio se constituísse como força política alternativa, com pauta própria e altivez surpreendente. Assim, movimentos como Fora do Eixo, Cultura Digital, Culturas Populares e Tradicionais e Pontos de Cultura formaram uma grande malha de afluentes para o encorpado rio em que se transformou o Ministério da Cultura brasileiro. Autônomos entre si, mas absolutamente conectados em suas pautas pró-cidadania cultural – e, dessa forma, com uma visão de cultura mais abrangente que a tradicional –, compuseram uma nova circunstância na qual a cultura ocupava um lugar de destaque na cena contemporânea.

Um importante elemento da cultura brasileira, porém, não se constituiu como afluente relevante desse rio: as artes e seus agentes. Acostumados a se relacionar com o Estado a partir de suas deliberadas ausências e, de maneira combinada, com políticas de clientelismo, dependências e privilégios, artistas e produtores mantiveram uma relação irregular com o MinC durante os últimos dez anos. O ministério, por sua vez, na maior parte das vezes afincado em seu compromisso de ampliação da noção de cultura, não conseguiu adotar políticas suficientes para as artes a fim de pavimentar esse caminho.

Com isso, no final do segundo governo Lula, uma das principais críticas feitas ao MinC serviu de combustível para a substituição de Juca Ferreira: a ausência de uma política contemporânea para as artes. O alimento a essa crítica tinha duas origens. Por um lado, a observação de que a busca da ampliação da noção de cultura não reservou energia suficiente para a efetividade das políticas para as artes. A Fundação Nacional de Artes (Funarte), nascida durante a ditadura militar, com graves problemas estruturais e políticos no início da década, foi marcada por instabilidades administrativa, programática e orçamentária desde o começo. Nos últimos anos, embora tenha tentado dar um caráter nacional e abrangente às suas ações, não alcançou resultados e legitimidade equivalentes ao sucesso do conjunto do ministério. E isso vitaminou a segunda origem das críticas. Alguns setores ligados aos movimentos artísticos fizeram ecoar alto o descontentamento quanto à relação do ministério com o mundo digital, o que seria, na visão deles, o referendo do Estado brasileiro à "pirataria" de obras de arte e, por conseguinte, à exploração do artista.

Exibindo intimidade com as pautas (e com a própria instituição) do Escritório Central de Arrecadação e Distribuição de Direitos Autorais (Ecad), relação até então desconhecida, Ana de Hollanda assumiu o ministério propondo um novo tipo de raciocínio e, assim, um novo afluente. No discurso de posse, anunciou que em seu rio os criadores teriam lugar privilegiado: "a partir deste momento em que assumo o Ministério da Cultura, cada artista, cada criadora ou criador brasileiro, pode ter a certeza de uma coisa: o meu coração está batendo por eles. E o meu coração vai saber se traduzir em programas, projetos e ações"[9]. Dessa maneira, uma nova visão de política cultural foi se insinuando sobre a Esplanada e entre a militância cultural no país.

Em suma. Durante os dez anos de governos petistas, a gestão da cultura se ofereceu permeável a diferentes tipos de contribuições: o próprio PT, que se manifestou principalmente por meio dos programas de governo de três eleições, os discursos e documentos do período Gilberto Gil e Juca Ferreira, as contribuições dos chamados *movimentos sociais da cultura* e Ana de Hollanda e os defensores de uma legislação de direitos autorais mais restrita.

3. Sedução e dissenso

A dinâmica do primeiro governo (2003-2006) evidenciou que Gil e equipe organizaram o ministério sob a bandeira do papel ativo do Estado como indutor de um protagonismo efetivo dos fazedores de cultura esparramados por todo o país, com as mais diversas formas de expressão. Como quando a restauração de matas faz surgir nascentes de água que inundam novos territórios, a sociedade brasileira respondeu ao chamamento do governo federal revelando o vigor de sua produção cultural para além do que a indústria instalada já mostrava. O MinC, em todo o período Lula, era um caldeirão de propostas e ideias em ebulição. Assim, de maneira dialética e dinâmica, não exatamente planejada nem totalmente pacífica, o ministério foi conformando quatro polos de atuação que disputavam o sentido do projeto.

Houve um grupo de gestores mais dedicados à institucionalização da cultura. Eles se empenharam pela constituição do SNC e de diferentes instrumentos de parti-

---

9 Discurso de posse de Ana de Hollanda disponível em: <http://www.cultura.gov.br/site/2011/01/03/discurso-de-posse-da-ministra-da-cultura-ana-de-hollanda/>. Acesso em 27 mar. 2013.

cipação social (conselho, conferência, câmaras e colegiados setoriais), pela recuperação da Funarte e do Instituto do Patrimônio Histórico e Artístico Nacional (Iphan) e pela criação do Instituto Brasileiro de Museus (Ibram), que ocorreria apenas no segundo mandato, e do Instituto Nacional do Livro e Leitura, ainda em projeto. Esse grupo estabeleceu muito rapidamente o diálogo com setores já organizados da sociedade: partidos políticos, associação de produtores e criadores, entidades de classe, gente ligada à universidade e gestores estaduais e municipais de cultura.

Esse segmento foi o que percorreu o caminho mais acidentado e apenas no final do período pôde ver sedimentadas suas vitórias. No primeiro mandato de Lula, embora Gil demonstrasse simpatia com a proposta de criação do SNC, a máquina do MinC não se apropriou dela, que ficou restrita aos núcleos mais petistas da casa. Apesar das dificuldades e ambivalências, em 2005 foi realizada a primeira Conferência Nacional de Cultura (devidamente precedida de etapas municipais, regionais, setoriais e estaduais); houve a criação do CNPC (ainda que instalado apenas no ano seguinte); em 2010 foi aprovado o Plano Nacional de Cultura (após volume gigantesco de atividades em todo o país e supervisão do CNPC); e, em 2012, enfim, foi aprovada a criação do SNC, que, ao nascer, já contava com a adesão de grande quantidade de estados e municípios.

Vale ainda mencionar o estabelecimento de um sistema permanente de estatísticas culturais, em conjunto com o Instituto Brasileiro de Geografia e Estatística (IBGE), para geração de dados, e com o Instituto de Pesquisa Econômica Aplicada (Ipea), para a análise desses dados, de modo a superar a insuficiência e a dispersão de informações que impediam a análise socioeconômica aprofundada dos diversos setores que compõem os elos da produção cultural em seus diversos níveis e registros, além de impedir a comparação do perfil econômico das atividades culturais desenvolvidas no Brasil e em outros países.

Das principais pautas relacionadas ao que chamo aqui de *institucionalidade da cultura*, conforme apresentadas desde o início da gestão Gil, ao menos duas carências ainda persistem: a aprovação de uma vinculação orçamentária para a cultura que garanta que, em todos os níveis de governo, ao menos 1% do orçamento público seja disponibilizado para suas políticas públicas[10]; e a revisão do sistema público de financiamento à cultura no país, em especial as leis de incentivo fiscal.

Outra área importante reuniu os esforços de quem se dedicou à *massagem dos pontos vitais de nosso corpo cultural*, explícita e surpreendentemente num modelo que recusava o arranjo federativo que compunha o SNC proposto e em formulação pelo próprio MinC. Cabe citar, contudo, que os programas que lideraram esse movimento estavam diretamente referenciados no programa que Gilberto Gil e Juca Ferreira conformavam e anunciavam a cada discurso e publicação.

A valorização de Pontos de Cultura espalhados pelo país – o que, por si só, já era a negativa da prática concentradora regional, política e economicamente do MinC até então – e de manifestações de cultura popular tão diversas que ganharam

[10] Desde 2003 tramita, no Congresso Nacional, a Proposta de Emenda Constitucional n. 150, que prevê vinculação orçamentária mínima de 1% para os órgãos de cultura.

visibilidade e políticas específicas, representaram o afloramento, no âmbito do Estado brasileiro, da dimensão simbólica da cultura. Considerando que eram experiências sem precedentes, várias dificuldades legitimaram os muitos questionamentos quanto à eficiência da gestão, sobretudo quanto à forma como foram definidos e distribuídos os recursos e quanto à capacidade de governança e condições de governabilidade de seus responsáveis.

Embora tenham sido identificados problemas, sobretudo se considerarmos a inabilidade e imprevisibilidade com que alguns chamamentos públicos lidaram com o despreparo de grupos culturais para o trato com as exigências burocráticas do Estado, com a proposta de uma política cultural que abarcasse a dimensão simbólica da cultura o MinC passou a fomentar os "signos construtores das identidades" e a "usina de símbolos de cada comunidade e de toda a nação", nas expressões utilizadas pelo então ministro Gilberto Gil[11].

Essas ações evidenciaram a imensa inadequação da burocracia da administração pública às práticas culturais, uma vez que seus procedimentos não foram determinados tendo por base a sua natureza específica, mas apenas reproduziram normas e preceitos aplicáveis aos tipos de bens e serviços que o Estado costuma contratar, sem considerar a especificidade da cultura. Da mesma forma, o distanciamento dessas políticas com as propostas de constituição do SNC revelaram os dissensos internos quanto ao modelo de participação social e pacto federativo em questão. Embora a proposta previsse um sistema nacional de cultura que servisse de suporte legal, político e institucional entre os órgãos públicos e o fluido mundo da cultura e, além disso, entre os próprios fazedores de cultura, garantindo perenidade e vigor a essa malha, outros setores do MinC optaram por defender uma articulação em redes que prescindisse de um pacto federativo mais claro.

Se falar em políticas públicas de cultura é, por si só, um avanço no plano conceitual e no plano da governança, a proposta de SNC pretendia assumir-se como um complemento relevante: ser uma articulação federativa em rede que se interligasse com novas redes e se oferecesse como suporte à autonomia e liberdade dos processos criativos e distributivos do mercado e da sociedade justamente por lhes conferir a segurança institucional que tanto falta ao campo da cultura. Sem a menor dúvida, o *do-in antropológico* foi absolutamente eficaz e rápido nessa articulação em redes, mas os aspectos institucionais, por sua vez, caminharam mais lentamente.

Mesmo assim, é preciso dizer que provavelmente são referentes às propostas gestionadas por esse polo do ministério os maiores avanços de uma política pensada numa perspectiva de superação da exclusão social, eliminação das desigualdades e discriminações e estímulo à apropriação do sentimento de pertencimento. Por esse caminho, invisíveis históricos ganharam visibilidade também histórica.

O terceiro polo presente no corpo diretivo do ministério aproximou os debates da cultura com os de comunicação. Ainda que as tensões entre a Secretaria do Audiovisual e a Agência Nacional do Cinema (Ancine) nunca tenham se resolvido plenamente, em nenhum momento o Ministério da Cultura deixou de reconhecer que a aproxima-

[11] "Cadernos do *do-in* antropológico" (dez. 2003), *Discursos do Ministro da Cultura Gilberto Gil*, cit.

ção das políticas de comunicação e cultura seriam vitais para a inclusão da cultura na pauta do desenvolvimento e da democracia do país. Ao negar a cultura como acessório e inseri-la no rol dos direitos, os governos petistas reafirmaram seu vínculo com a ampliação do acesso à produção de bens culturais, reconheceram que todo cidadão e cada comunidade eram produtores de cultura e, ao menos à luz de algumas políticas propostas pelo MinC, induziram a democratização dos meios de comunicação e a regionalização de sua produção[12].

Considerando que a aproximação entre comunicação e cultura não se restringiu às políticas de fomento da produção audiovisual, mas também esteve presente na regulação das televisões, no diálogo com a academia, no estímulo à organização de cineclubes, nas políticas de preservação de nossa memória audiovisual e na ativa solidariedade com o fortalecimento de uma cultura digital no país, pode-se dizer que aqui também se trabalhou pela ampliação do leque das políticas de cultura para novos públicos, novas práticas e novos valores.

Não há dúvida de que a ideia de *cultura digital* é algo bastante fluido, mas é, sobretudo, reconhecimento e estímulo à horizontalidade da produção e fruição cultural no ambiente de novas tecnologias. Consequentemente, tais práticas se configuram também como garantia de maior transparência na gestão pública. Assim, tanto para a elaboração do Sistema Nacional de Informações e Indicadores Culturais (SNIIC)[13], para a qual a sociedade foi convidada a participar na coleta e na organização das informações por meio de *data crowdsourcing*, quanto para os processos das Conferências de Cultura previstas no PNC, as novas tecnologias estimulam novos comportamentos políticos, pretendendo que vivenciemos um novo tipo de diálogo com o Estado e com a democracia, provocando, portanto, uma nova cultura política. *Cultura digital*, por esse prisma, passou a ser também uma forma de ver e se comportar no mundo e de dar nova qualidade à democracia, projetando os patamares da cidadania cultural a outros territórios e com outros públicos.

Por fim, o quarto polo que arregimentou setores do MinC é aquele ligado às políticas de patrimônio e memória. Nesse caso, tinham como pautas principais a criação de uma política nacional de museus e a redefinição de políticas para o patrimônio material, sobretudo nas cidades históricas, mas também para o imaterial, recuperando a relação entre a memória de nosso povo e a percepção viva de nossa diversidade cultural, étnica e social.

Os governos petistas se afastaram da tendência à valorização do patrimônio edificado como expressão única da memória cultural. Sem se perder desse caminho, vide a solidez do Programa Monumenta (financiado pelo Banco Interamericano de Desenvolvimento) e do PAC das cidades históricas, ampliaram-se os horizontes para incorporar

---

[12] Aqui, refiro-me diretamente à Lei n. 12.485/2011, que garante espaço inédito e significativo para a produção independente e regional nas TVs pagas; e ao Fundo Setorial do Audiovisual, criado pela Lei n. 11.437/2006, mas bastante revigorado com a lei para as televisões pagas. Para tal, ver <http://fsa.ancine.gov.br/>. Acesso em 27 mar. 2013.

[13] Proposta presente no programa eleitoral de 2006 e derivada diretamente dos convênios do Ministério da Cultura com IBGE e Ipea, aqui já comentadas, e das proposições de elaboração de um Plano Nacional de Cultura e do Sistema Nacional de Cultura.

as expressões populares materiais e imateriais e os seus sítios como patrimônio cultural constitutivo da diversidade das culturas brasileiras. Dessa maneira, estabeleceu-se uma relação dialógica entre a restauração do patrimônio histórico, que passou a ser diretamente associada à revitalização urbana e ao desenvolvimento cultural, turístico e econômico das cidades, e a política de reconhecimento, registro e proteção do patrimônio imaterial que diz respeito aos nossos saberes, fazeres, tradições, lugares, ritmos e linguagens[14].

Vale registrar, contudo, uma disputa importante em torno da política de museus. Em São Paulo, sob o comando do PSDB, adotou-se um princípio de transferência da gestão dos espaços públicos a organizações sociais, reduzindo o peso e a proximidade dos órgãos governamentais e, principalmente, a transparência para com a sociedade. Com isso, os museus paulistas se tornaram forças resistentes à Política Nacional de Museus.

Essa divergência ilustra bem os dois diferentes modelos de gestão cultural presentes no Brasil. Um, que embalou o governo Lula e, na maioria das vezes, acompanha gestores de esquerda em todos os níveis de governo, concebe a cultura como elemento estratégico para o desenvolvimento e o alargamento da democracia, recusando, portanto, os formalismos típicos de certo elitismo brasileiro. O outro dedica os esforços do Estado à transferência de seus espaços à gestão privada, ou seja, reproduz na gestão de museus e centros culturais o mesmo princípio já adotado quando da aprovação e regulamentação (parcial) da Lei Rouanet. Com isso, usam o espaço que seria destinado à gestão pública de cultura como ferramenta de agudização da lógica privatista que dilapidou o país e, assim, revelam seus preconceitos com o Estado e com o próprio espaço público.

4. Pausa dramática

Não há mais dúvida sobre a importância das políticas públicas de cultura para o país, tanto do ponto de vista estético e simbólico quanto das perspectivas do seu desenvolvimento. Já nos anos 1980, quando o Ministério da Cultura foi criado, a cultura mudou sua condição, mas apenas nos anos 2000 ela começou a superar a insignificância a que sempre foi relegada nos governos da direita mais conservadora e, também, a função auxiliar no projeto midiático que assumia nos governos da direita neoliberal.

O Partido dos Trabalhadores, ainda que não isoladamente, tem grande responsabilidade sobre esse avanço, pois foi em seus governos que se iniciaram experiências e foram produzidas as reflexões mais consistentes sobre as políticas culturais. Foi exatamente em governos petistas, de diferentes níveis federativos, que a cultura foi guindada ao plano das políticas públicas.

Não há dúvidas de que os avanços teóricos e institucionais devem ser amparados pelo enfrentamento de desafios conjunturais e estruturais. Mas não nos iludamos: sempre há desafios e sempre há obstáculos a superar. Para isso, é preciso circunscrevê-los, mas não reduzi-los.

Há conquistas que, de tão exitosas, se inscreveram para além das teorias, fixando-se no plano de deliberações internacionais. A consolidação do conceito de diversida-

[14] Luiz Inácio Lula da Silva, "Programa cultural para o desenvolvimento do Brasil", cit.

de cultural como algo que deve ser promovido e protegido impôs-se como tarefa aos Estados nacionais a partir de uma articulação de vários governos, inclusive, e com destaque, do Ministério da Cultura brasileiro, com a Organização das Nações Unidas para a Educação, a Ciência e a Cultura (Unesco)[15]. Nesse caso, apesar de consagrado o tema no âmbito dos debates políticos, ainda se faz necessário sedimentá-lo no território das prioridades orçamentárias.

No Brasil, ao contrário da dimensão simbólica, ainda pouco se avançou na consolidação de políticas para o conjunto da dimensão econômica da cultura, permitindo que ela esteja ainda muito concentrada e dependente do Estado. Para enfrentar tais desafios, é preciso superar entraves típicos de um modelo estatal concebido sem considerar a natureza específica da atividade cultural e que importou de maneira acrítica procedimentos que correspondem a outros tipos de atividade.

Embora a qualidade dos gastos públicos com cultura tenha melhorado exponencialmente, o modelo de fomento ainda está, majoritariamente, calcado sobre mecanismos de incentivo. Atualmente, o sistema federal de financiamento da cultura no Brasil está assentado sobre três mecanismos com finalidades distintas: o mecanismo do apoio direto do Estado a fundo perdido praticado por meio do Fundo Nacional de Cultura (FNC); o mecanismo da renúncia fiscal, para que empresas ou pessoas físicas apliquem parte do seu Imposto de Renda devido em projetos culturais em troca de divulgação de suas marcas; e o mecanismo do fundo de financiamento e dos certificados de investimento, que permitem utilizar recursos advindos do benefício fiscal para investir em projetos culturais em troca de participação nos resultados e exposição de marca.

O sistema de financiamento com ênfase na renúncia fiscal foi impulsionado pela defesa da necessidade de se criar no Brasil uma cultura de patrocínio privado, que derivou de um discurso ideológico sobre a capacidade do Estado de gerir os investimentos em cultura. Este foi resultado de dois movimentos contíguos: do neoliberalismo contra o Estado do início da década de 1990; e da memória aos abusos do Estado autoritário dos anos 1970 e 1980, atribuindo ao mercado a decisão sobre *onde* e *como* investir. Em pouco tempo, dois tipos de distorções graves se estabeleceram. Foram criados institutos e fundações que sobreviveram à luz do dinheiro público e, além disso, o próprio Estado percebeu uma forma de – ele também – se beneficiar de tal recurso para realizar os seus projetos, considerando as dificuldades e contingenciamentos de seu orçamento próprio[16]. Mesmo nesse período de pós-neoliberalismo, o Ministério da Cultura fez uso de recursos renunciados em favor de seus projetos, o que é, no mínimo, sinal da esquizofrenia institucional que sobrevive.

---

[15] Em 2005 a Unesco propôs a adoção de uma Convenção para a Proteção e Promoção da Diversidade das Expressões Culturais. Para isso, contou com a liderança de Brasil e Canadá. O texto reconhece a relação entre cultura e desenvolvimento, buscando criar uma plataforma para a cooperação internacional. Um de seus aspectos é a reafirmação da soberania dos países para a elaboração de suas políticas culturais. Depois de assinada pelos países membros, e gerando grande polêmica com Estados Unidos e Israel, a convenção foi publicada em março de 2007.

[16] Foi aí que se intensificou o uso das organizações sociais "chapas-brancas" para a gestão dos espaços públicos, e das sociedades de amigos de entidades públicas para toda sorte de subterfúgios, transformando-os em grandes captadores de recursos por meio da Lei Rouanet.

Ainda que apenas para um segmento específico, aos poucos vai se instituindo um modelo diferenciado de fomento por meio do Fundo Setorial do Audiovisual (FSA), que combina concessão de crédito, apoio a fundo perdido para pesquisa e desenvolvimento e investimento estatal em obras e projetos. Com a promulgação da Lei n. 12.485/2011, esse modelo ganhou novo fôlego com aportes significativos de recursos oriundos das empresas de telecomunicação, o que, aliado à reserva de uma cota para conteúdos audiovisuais brasileiros nas programações de televisão paga, tende a gerar a sinergia entre fontes de financiamento, ferramentas para circulação de conteúdo, demanda efetiva e desconcentração e potencialização da capacidade produtiva, alimentando um ciclo virtuoso para todos os elos da cadeia do audiovisual.

O que fica claro, porém, é que as soluções precisam ser sistêmicas, e não pontuais. O Brasil, atualmente, possui políticas de cultura bastante fortalecidas, mas ainda é preciso fazer mudanças na legislação para que o fomento à cultura saia definitivamente do território da disputa entre as elites e seja consolidado o processo já iniciado de democratização e inclusão no reparto dos recursos públicos, descentralização regional, arranjos produtivos locais e políticas para o acesso.

As tecnologias atuais têm impactado na aceleração das mudanças dos modos de produção e o campo da cultura já desenvolve padrões de produção e circulação de valores que resultam em novos paradigmas, não só para a cultura, mas para o conjunto da economia. É preciso elaborar distintas modalidades de fomento que garantam eficiência e transparência e ampliem as possibilidades de operação. Tal diversidade de mecanismos não deve implicar a dispersão da governança, muito pelo contrário. Uma possibilidade seria criar um agente financeiro subordinado ao Ministério da Cultura que permitisse adotar procedimentos e metodologias específicas mais aderentes aos processos produtivos e distributivos típicos da Cultura e que, ao mesmo tempo, concentrasse e racionalizasse a gestão dos mecanismos de fomento em articulação com os sistemas de fomento dos estados e municípios, dando efetividade ao pacto federativo que estrutura o Sistema Nacional de Cultura e deixando ao ministério e aos outros entes federados o papel estratégico de elaborar as diretrizes de política pública.

Outro território no qual é preciso avançar com mais efetividade é o da política para as artes. Não resta dúvida de que, se quiser manter coerência com os avanços do governo Lula, o Ministério da Cultura não poderá mais repelir a *cultura digital*, como, na prática, aconteceu sob Ana de Hollanda. Para palmilhar esse território, é preciso reconhecer que os desafios são mais complexos.

Ao longo dos oito anos do governo Lula, ocorreram algumas tentativas de estruturar programas de estímulo à circulação e difusão das artes, como foi o caso da revitalização do Projeto Pixinguinha na Funarte. Mas o esforço não foi suficiente para lhe dar escala e musculatura, o que gerou um resultado pequeno diante das necessidades do país. Além disso, faltaram políticas robustas de formação, estruturação de coletivos criativos e promoção do diálogo entre produção e circulação artística com estímulo à pesquisa ou princípios de economia solidária[17], por exemplo. O que aconteceu de

---

[17] Sobre o tema, recomendo a leitura do artigo de Luana Vilutis, "Pontos de cultura e economia solidária: aproximações e possibilidades" (Rio de Janeiro, Fundação Casa de Rui Barbosa, 2012). Disponível em: <http://www.casaruibarbosa.gov.br/dados/DOC/palestras/Politicas_Culturais/II_Seminario_Internacional/FCRB_LuanaVilutis_Pontos_de_cultura_e_economia_solidaria.pdf>. Acesso em 27 mar. 2013.

efetivo nesse campo surgiu, principalmente, da mobilização da sociedade, como os festivais de música Fora do Eixo ou a retomada do movimento cineclubista. Com a escassez de programas voltados para o desenvolvimento e circulação da artes, o MinC viu nascer áreas de atrito com diversos setores artísticos durante os debates de reformulação da Lei Rouanet e da Lei do Direito Autoral[18].

Na gestão Ana de Hollanda, se os debates em torno da Lei de Incentivo à Cultura foram dedicados ao parlamento, a Lei do Direito Autoral ganhou manchetes e mobilizou paixões. Com a retirada do selo *creative commons* do portal do ministério logo no início de seu mandato, Ana se recusou à direção proposta pelo governo anterior e, na prática, consagrou seus poucos discursos como ferramentas de defesa dos intermediários (gravadoras, editoras e escritórios de arrecadação de direitos), e não dos criadores. Assim, nesse debate, o MinC retrocedeu naquilo que parecia intocável: a indução à ampliação da cidadania cultural, com valorização do poder do criador sobre sua criação e democratização do acesso aos bens culturais. O que talvez ela não tenha percebido é que não adiantava inverter a posição da bússola, pois o rio seguiria para o mar.

Gestão pública é, fundamentalmente, uma tarefa política, um exercício permanente de sedução e dissenso. Quando a luta das esquerdas, no Brasil e no mundo, afirma que a grande questão que determinará o futuro de nossas sociedades está no plano dos valores, faz isso por meio da composição de seus programas políticos, de uma relação dialógica com as forças sociais e da qualificação de seus discursos. Gil e Juca, além dos documentos substantivos que os balizaram, ofereceram-se ao debate com a sociedade por saberem que é a instauração e o exercício da retórica que concebem a *política* e, portanto, a própria noção de espaço público. Ao fazerem isso, por talento e reconhecimento de que a cultura ainda é um tema que se insinua no debate da grande política, incorporaram o território da palavra no exercício de governar.

A política surge quando as pessoas, coletivamente, investem seu tempo para fazer com que seu direito de falar seja reconhecido e suas palavras não se percam no ruído. Em alguma medida, tal investimento permite uma redistribuição permanente dos lugares e das identidades, do visível e do invisível. Esse conjunto de coisas vai configurar o que Jacques Rancière chama de espaço do sensível[19]. Essa "divisão do sensível" é uma espécie de subjetividade política, um modo negociado de visibilidade que permite ver quem pode tomar parte no que é entendido como "comum". A política, então, é o que organiza as condições possíveis de reação em relação ao que nos afeta.

Nos anos seguintes, com Ana, curiosamente o ministério não demonstrou capacidade de elaborar um discurso sobre o seu projeto, exibindo-se indeciso em disputar o sentido da política e, portanto, de promover um diálogo efetivo com os diferentes atores de nossa cultura em torno da política. Foi um tempo de insegurança e tensões, o que, concretamente, resultou em manifestações públicas de descontentamento, em novas articulações em rede e na demonstração de que a cidadania cultural se efetiva à

[18] Lei n. 9610, de 19 de fevereiro de 1998. Altera, atualiza e consolida a legislação sobre direitos autorais no Brasil.

[19] Jacques Rancière, *A partilha do sensível: estética e política* (São Paulo, EXO experimental org./ Editora 34, 2005).

medida que as pessoas assumem a palavra e disputam o sensível. Para além das realizações, a ausência de retórica deixou a lembrança de uma pausa dramática num espetáculo que continuou.

5. O Brasil reconhece o Brasil

Nesses dez anos vivemos uma situação nova no país. Pela primeira vez combinamos democracia, crescimento econômico e redução das desigualdades. Nunca havíamos vivido tal experiência, e isso não pode ser minimizado ou esquecido. Essa combinação carrega uma carga de valores que têm acompanhado todas as ações do governo federal. Como se sabe, a questão permanente para a esquerda é a dura tarefa da travessia para uma sociedade que não restrinja a ideia de liberdade de expressão aos limites impostos pelo capital. Liberdade de expressão, nesse sentido, tem relação direta com a própria ideia de direito à comunicação e à cultura, por um lado, e, por outro, com a ideia de participação na cena política[20].

Ao oferecer visibilidade e estimular a participação social e política de um "sem-número de experiências que passam a ser protagonistas da sua memória e da sua visão própria do presente e do futuro", reconhece que a cultura é, sobretudo, o encontro de muitas éticas e estéticas. Assim, afirma que "a centralidade que a cultura requer só se torna possível quando o centro é promovido por muitos e não sempre pelos mesmos"[21].

As políticas públicas de cultura no Brasil buscaram estimular tal centralidade, induzindo à visibilidade os que foram condenados à invisibilidade pelas políticas neoliberais. Fez isso com a pluralidade de nossa cultura e com parcelas do próprio Estado, também bastante acostumado à sombra de seu formalismo tecnocrático. O saldo desse período é a afirmação prática de que a dimensão dos direitos culturais antecede a dimensão econômica da cultura e, ainda que não se contraponha nem se subordine a ela, tem primazia no alargamento da própria tenda democrática. As conquistas, portanto, não estão naquilo que o Estado pretensamente fez pela cultura, mas sim na relação dialógica, dinâmica e respeitosa que se estabeleceu.

Nesses termos, o universo da cultura está se oferecendo à própria reinvenção da política, isto é, à ideia de que é preciso inventar coletivamente o futuro e disputar o espaço público. Esse futuro não está posto *a priori*, porque não há manuais ou modelos preconcebidos que definam o que será ou não visível. A invenção do futuro é a própria concepção contínua e intermitente de novos modelos, de novos arranjos e de uma nova cultura política, ou seja, é a reinvenção permanente da própria democracia.

Para o Brasil, nesses dez anos o Ministério da Cultura, mesmo que trafegando por um terreno acidentado, sedimentou a convicção de que a cultura tem raia própria quando se trata de políticas públicas: não deve ser reduzida às políticas assistencialistas; não deve ser alienada a um improvável economicismo cultural; e não deve se confundir com a lógica do entretenimento, do turismo e do negócio, ainda que dialogue com ela.

---

[20] Sobre isso, ver Glauber Piva, "Regulação da comunicação e liberdade de expressão no Brasil", *Margem Esquerda: Ensaios Marxistas*, n. 19, 2012.

[21] Ver Marta Porto, "Visibilidade e participação", texto escrito para o prêmio Cultura Viva, como membro do Conselho Propositivo do Prêmio, 2007.

Restam muitos desafios. O reconhecimento da cultura como direito e, portanto, a alocação das políticas federais na herança conceitual de cidadania cultural impõem ao Brasil a responsabilidade de que suas políticas públicas enfrentem as grandes causas de nosso tempo. Assim, a agenda, a estrutura e o orçamento da cultura devem incorporar as mudanças em curso na sociedade contemporânea e as exigências de novas gerações de brasileiros.

Como disse Marilena Chaui, "afirmar a cultura como um direito é opor-se à política neoliberal que abandona a garantia dos direitos, transformando-os em serviços vendidos e comprados no mercado e, portanto, em privilégios de classe"[22]. A síntese desses dez anos seguramente é esta: no Brasil pós-neoliberal, cultura é direito e, assim, traduz-se na esperança de que haja um sentido libertário nas novas práticas sociais e políticas que experimentamos.

[22] Marilena Chaui, *Cidadania cultural: o direito à cultura*, cit.

UM OLHAR DOS TRABALHADORES: UM BALANÇO POSITIVO, UMA DISPUTA COTIDIANA E MUITOS DESAFIOS PELA FRENTE

Artur Henrique

1. Introdução

Quando Emir Sader me convidou para participar deste projeto de sistematizar a política trabalhista dos dez anos de governos pós-neoliberais no Brasil, não pude fugir da inevitável comparação com os oito anos de resistência do movimento social e sindical do período imediatamente anterior, os oito anos do governo neoliberal de Fernando Henrique Cardoso/PSDB/DEM (PFL).

Ao mesmo tempo, me fez refletir sobre o quanto avançamos nesses últimos dez anos com resultados concretos do projeto político representado pelo Partido dos Trabalhadores (PT), seja em termos de desenvolvimento econômico e social, seja no tema da participação dos trabalhadores ou mesmo da necessidade de sistematizar essa rica e positiva experiência de aliar o processo de mobilização e da ação sindical com o diálogo e a negociação, no cotidiano de um governo em disputa com outros atores sociais, e principalmente como um processo de reflexão sobre o quanto ainda temos de avançar.

A primeira imagem que me veio à cabeça foi o dia da posse, em 1º de janeiro de 2003. Chegamos a Brasília pela manhã e ao nos dirigir para a Esplanada dos Ministérios, um sentimento de euforia e felicidade foi tomando conta das pessoas. As bandeiras vermelhas da Centro Única dos Trabalhadores (CUT) e do PT, o verde e amarelo da bandeira do Brasil, as pessoas caminhando felizes, cantando, se dirigindo ao Palácio do Planalto. Pessoas simples, do povo, trabalhadores e trabalhadoras, donas de casa, sindicalistas, crianças. Enfim, uma festa popular.

Logo em seguida vieram os pensamentos de quanto seria difícil a tarefa de governar um país com a herança maldita do governo neoliberal de FHC/PSDB/DEM, do preconceito das elites e da mídia, da desconfiança do tal "mercado", mesmo com a Carta aos Brasileiros que procurava "tranquilizá-los" de que os contratos seriam mantidos.

E também da dificuldade em governar com uma política de alianças ampla, que ia da esquerda ao centro. Uma aliança configurada pela presença de Lula, um metalúrgico, operário, sindicalista, fundador da CUT e do PT, como presidente da República e tendo como vice-presidente um dos maiores empresários do setor têxtil brasileiro, José Alencar.

Estava claro que ia ser um governo em disputa, com muitas contradições e com muitos desafios para romper com a lógica de quinhentos anos de dominação da classe dominante sobre a classe trabalhadora, sobre o povo. Mas não havia tempo para preocupações desse tipo naquele momento. Afinal, comemorávamos, vinte anos depois da redemocratização, a chegada de um operário à Presidência da República.

Foi em 26 de novembro de 1983, em frente ao estádio do Pacaembu em São Paulo, que uma manifestação em defesa das Diretas Já tomou conta da maior cidade do país, dando continuidade à proposta do então senador Teotônio Vilela de realizar atos por todo o país com essa bandeira. Havia começado naquele ano, em 31 de março, no recém-emancipado município de Abreu e Lima em Pernambuco. Quantas coincidências! Em 1983, mesmo ano que nascia a CUT; o primeiro ato das diretas em 31 de março, data que marca o golpe de 1964 que levou o país a uma ditadura militar de vinte anos; e numa cidade de Pernambuco, Caetés, onde nasceu aquele que viria a ser o 35º presidente da República Federativa do Brasil.

Esses vinte anos passaram voando. Quem poderia imaginar que apenas vinte anos depois, estaríamos ali na posse de Lula como presidente. Depois de ter realizado os maiores atos das Diretas Já durante todo o ano de 1984 como o da Candelária no Rio de Janeiro, na Praça da Sé em São Paulo; depois da derrota da emenda Dante de Oliveira no Congresso Nacional; a eleição indireta de Tancredo Neves que faleceu antes de tomar posse; da posse de José Sarney; da memorável campanha do PT/Lula "sem medo de ser feliz" (1989), derrotado pelo candidato da TV Globo, Fernando Collor de Mello; dos caras-pintadas e do *impeachment* de Collor; das derrotas para Fernando Henrique Cardoso em 1994 e da reeleição comprada em 1998. E de tantos planos econômicos que invariavelmente causaram enormes prejuízos à classe trabalhadora: congelamento da poupança, Plano Bresser, Plano Verão, Plano Real e sua Unidade de Referência de Preços (URP) etc.

E depois de tudo isso, finalmente em 2002, a esperança venceu o medo e começava ali, naquela festa popular da posse, o mandato de um presidente que faria mudanças profundas na sociedade brasileira. Sem rupturas e com diálogo, negociação e alianças, com contradições e muitos momentos difíceis. Mas, como Lula disse à sua sucessora, Dilma Rousseff, "nesses momentos difíceis, quando tiver que decidir e estiver em dúvida, fique com a vontade do povo".

2. O desafio de enfrentar a relação central sindical, partido político e governo

Para os sindicalistas, no início, havia certa confusão sobre qual deveria ser o papel da central, do partido e do governo. Apesar de inúmeras vitórias para governadores e prefeitos em todo o país, era a primeira vez que nosso projeto chegava ao chamado Poder Central. Aqui reside a primeira lição, aprendida a duras penas: ganhamos a eleição e não o poder.

Alguns sindicalistas acreditaram que o governo Lula promoveria mudanças automaticamente, não levando em consideração a correlação de forças, a existência de um

Congresso Nacional amplamente conservador, o papel da mídia e do Poder Judiciário, as alianças feitas para chegar à vitória. Essa visão, além de equivocada, poderia levar à acomodação. Afinal de contas, a luta de classes não acabou com a vitória de Lula.

No âmbito do governo, alguns integrantes, inclusive com origem no movimento sindical, chegavam a sugerir que o movimento deveria ser mais "moderado" nas cobranças e reivindicações, em nome de garantir a governabilidade e preservar o projeto. Outra visão equivocada, já que para avançar nas mudanças estruturais é necessário pressão e mobilização para disputar as propostas, ainda mais numa correlação de forças desfavorável.

Por sua vez, o partido não podia se confundir com o governo, mesmo sendo o partido do governo, que tem como tarefa debater e defender as propostas do Executivo, mas que possui uma bancada no Congresso Nacional, governadores e prefeitos eleitos e milhões de filiados que compõe sua base social. Ou seja, o partido tinha de ter voz e não podia abdicar de sua tarefa estratégica de refletir sobre os rumos das mudanças dentro do seu projeto político para a sociedade.

Era preciso, portanto, considerar a diferença de papéis que cada um de nós passava a assumir a partir daquele momento, mesmo sendo parte de um mesmo projeto político.

Para quem está no governo, cabe executar o Plano de Governo aprovado nas urnas, olhando para toda a população, não se esquecendo de sua base social. Ao partido, cabe defender as propostas do seu governo, mas sempre tencionando para que as alianças com outros partidos caminhem em direção das transformações da sociedade. E ao movimento sindical cabe defender os interesses imediatos e históricos da classe trabalhadora, organizando, mobilizando e pressionando pelo aprofundamento das mudanças.

3. Um governo em permanente disputa

O que caracterizou esse último período foi, e continua sendo, um processo de permanente disputa de ideias, de projetos, de interesses, de conflitos, de análise da correlação de forças, dentro e fora do governo.

Dentro do governo, fruto da política de alianças que levou à vitória, depois de três derrotas consecutivas, a própria indicação dos membros do primeiro escalão reflete os vários interesses dos partidos políticos e da base social que eles representam. Assim, o Ministério da Agricultura, por exemplo, é ocupado por alguém com trânsito junto aos grandes proprietários de terra. Por sua vez, o Ministério do Desenvolvimento Agrário deve ser alguém ligado aos movimentos da agricultura familiar. Assim acontece com os empresários no Ministério da Indústria e Comércio, e com os trabalhadores no Ministério do Trabalho. E as políticas de cada área vão refletindo a capacidade de pressão, de mobilização, ou mesmo de *lobby* dos vários interesses em jogo. Mesmo com uma condução centralizada na figura do presidente ou presidenta e do Plano de Governo aprovado nas urnas; no dia a dia, as coisas só acontecem com muita pressão.

Existe, por exemplo, nos órgãos da administração federal – na chamada burocracia estatal – gestores públicos, de carreira, que têm uma enorme dificuldade em "fazer o novo", de fazer as coisas "diferentes", de enxergar outras prioridades. Um caso que simboliza essa disputa se deu quando da instituição do Fundo de Investimento dos recursos do patrimônio próprio do Fundo de Garantia por Tempo de Serviço (FI-FGTS). A proposta, de iniciativa da CUT, pretendia incluir nas condições para acesso a esses recursos, por parte de investidores privados, as chamadas contrapartidas sociais, trabalhistas e ambientais. A resposta, na época, de alguns gestores públicos de carreira da Caixa Econômica Federal foi explícita: quanto às exigências de democratização das relações de trabalho, de negociação com os sindicatos, de não demissão de dirigentes sindicais, de respeito às normas da Organização Internacional do Trabalho (OIT) etc. entendemos que devemos cobrar compromissos para que os interessados cumpram a legislação, mas não devemos criar condições que "onerem" demais os termos do financiamento, sob pena de não se tornarem atrativos. Para eles, parece que no capitalismo só existe o capital. Ao trabalho cabe simplesmente cobrar o "cumprimento da lei". *Afinal, sempre foi assim.*

No Congresso Nacional, por sua vez, a pauta dos trabalhadores tem muita dificuldade em avançar, mesmo com períodos de intensa mobilização. A chamada bancada ruralista, por exemplo, atua no sentido de dificultar qualquer avanço democrático. A composição dos eleitos para a Câmara dos Deputados e o Senado Federal mostra uma grande maioria ligada a empresários, proprietários de terra, capital financeiro e de grandes empresas, e uma minoria ligada aos movimentos sociais e de trabalhadores, o que acaba por conduzir a dinâmica e as prioridades de votação nas duas casas.

Reforça a necessidade, por um lado, de mais mobilização e mais pressão sobre o atual Congresso; mas também, de outro, de que essa mobilização seja capaz de aglutinar forças em torno do tema da reforma política para garantir o financiamento público de campanha, acabando ou pelo menos reduzindo a influência do capital e obviamente de seus interesses, nas campanhas eleitorais.

Muitas das propostas do movimento sindical esbarravam nos "limites do orçamento"; na análise fria, e na maioria das vezes imediatista, dos números da área econômica; no conflito de interesses entre as nossas propostas para o campo como a reforma agrária, o fortalecimento da agricultura familiar, o limite de propriedade da terra ou mesmo a atualização dos índices de produtividade e, de outro lado, a defesa do modelo agrário exportador, do agronegócio, defendido pelos grandes proprietários de terra.

A permanente disputa entre o fortalecimento de um sistema de proteção social universal e público, que tem como um de seus principais pilares a definição, na Constituinte de 1988, de um sistema de Seguridade Social, envolvendo as áreas da Previdência Social, da saúde e da assistência social e outras, e aqueles que continuam defendendo o fortalecimento de um sistema privado de previdência e saúde, garantindo recursos públicos apenas para os "que mais necessitam", atentando assim à aplicação das políticas públicas e sociais.

Os embates em torno do tema da educação mostraram toda a complexidade dos interesses dos vários atores da sociedade. Não conheço um cidadão ou cidadã que não considere a educação uma prioridade. De políticos de todos os partidos a empresários, de estudantes a professores, de economistas a sociólogos, de pessoas de dentro e de fora dos governos, todos consideram a educação uma prioridade. Porém, bastou o movimento social, e o movimento sindical em particular, empunhar a bandeira pela aprovação do Piso Salarial do Magistério, como forma de melhorar a remuneração dos professores e a qualidade do ensino, para que governadores e prefeitos viessem a público dizer que não tinham dinheiro para pagar o piso. Bastou levantar a bandeira dos 10% do Produto Interno Bruto (PIB) e 50% dos recursos do pré-sal para a educação, para aqueles que antes consideravam a educação uma prioridade começassem a falar sobre outras prioridades.

Esses são exemplos que demonstram que só a organização dos trabalhadores e trabalhadoras, a partir dos locais de trabalho e de moradia, e sua aliança com outros setores do movimento social organizado, podem se constituir num poderoso instrumento de mobilização social que influencie os rumos das políticas públicas.

4. A disputa com aqueles que não se conformaram com a derrota

Além da disputa dentro e fora do governo, dos vários interesses em jogo, havia outra disputa, mais forte ainda: a que diz respeito aos que nunca se conformaram com a derrota eleitoral e de projetos para o Brasil e que vivem constantemente tentando impor a "agenda dos derrotados".

E quando isso parece ficar mais distante, porque a grande maioria da população começa a perceber a diferença de projetos, as prioridades de cada um e principalmente os resultados concretos, a única alternativa que lhes resta é o golpe.

Não mais como infelizmente assistimos em nossa região – a América Latina, com um histórico de golpes e ditaduras militares –, mas golpes muito mais "sofisticados", provenientes de uma articulação política entre alguns grandes veículos de comunicação, parte da estrutura do poder judiciário, de alguns partidos políticos derrotados, e das elites que viam sérios riscos ao seu projeto hegemônico de dominação de quase quinhentos anos.

Alguns deles avaliavam que Lula e o PT não ganhariam a eleição; se ganhassem, não teriam competência para governar; se governassem, não conseguiriam resolver os problemas e se começassem a resolver os problemas e tivessem sucesso no governo, seria preciso tirá-los de lá. E tentaram.

A crise política de 2005, iniciada a partir da denúncia do presidente de um dos partidos da chamada "base aliada" de que não havia recebido o dinheiro prometido para pagar as dívidas de campanha de seu partido, e da reportagem de um funcionário dos correios recebendo propina, tinha como objetivo atacar os principais membros do governo e do PT para chegar ao presidente da República. O objetivo não era resolver os problemas de caixa-dois das campanhas eleitorais de todos os partidos políticos, que acontece historicamente no Brasil, ou o de denunciar mais um caso de corrupção. Os meses de campanha contra Lula, contra o PT e contra o governo foram de massacre de parte da mídia e da direita inconformada com os rumos do governo. Produziram inúmeras baixas, desilusões e até mesmo avaliações de companheiros, que levados pelas notícias dos jornais e da TV, chegaram a propor que Lula deveria fazer um "acordo" com a oposição: uma trégua até o fim do mandato em troca da garantia de que ele não seria candidato a reeleição em 2006. Nesse momento, alguns companheiros da CUT, a partir de uma ideia lançada pelo vice-presidente, José Lopez Feijóo, resolveram promover um grande ato em defesa do PT, do Lula, do governo, marcando para a quadra do Sindicato dos Bancários de São Paulo a filiação de mais de quinhentos simpatizantes petistas que ainda não eram filiados ao partido.

A partir daquele ato simbólico, a campanha "Lula É meu Amigo, Mexeu com Ele Mexeu Comigo" ganhou a adesão de outras centrais sindicais e movimentos sociais, como a União Nacional dos Estudantes (UNE), o Movimento dos Trabalhadores Rurais Sem Terra (MST), a Central de Movimentos Populares (CMP), e se alastrou por todo o Brasil ganhando as ruas em várias manifestações. O risco de não saber o que poderia acontecer na sociedade brasileira, caso eles continuassem a levar o projeto de derrubar o governo, através de um golpe, fez com que a direita jogasse suas fichas no processo eleitoral de 2006.

O que eles ainda não tinham percebido é que algumas das políticas públicas e sociais implementadas no primeiro mandato do governo Lula começavam a surtir efeito nas camadas mais pobres e mais numerosas da população: o combate à fome, o salário-mínimo, o Bolsa Família, o Luz para Todos, o fim das filas na Previdência Social etc. transformaram-se num excelente cabo eleitoral, que, aliados ao carisma e à liderança de Lula e à sempre aguerrida militância petista e cutista, fizeram o projeto ser reeleito, em segundo turno, em 2006.

Esse período demonstrou que é preciso ter claro que partido é partido, governo é governo e central sindical é central sindical; mas, ao mesmo tempo, quando estão em disputa projetos políticos para o país, nós temos lado nessa disputa, que é o lado dos trabalhadores e das trabalhadoras.

5. Exemplos de vitórias conquistadas a partir da mobilização e da negociação

Nos últimos dez anos, são inúmeros os exemplos de mudanças significativas que foram implementadas no país a partir de propostas dos movimentos sociais. Mas, na maioria das vezes, elas somente se tornaram realidade com muita pressão e mobilização.

O primeiro grande embate foi em torno do salário-mínimo. A expectativa era grande às vésperas do anúncio sobre o novo salário-mínimo, que até então acontecia sempre no 1º de Maio. De um lado, entre todos que desejaram a eleição de um governo capitaneado por Lula, a maioria, muito provavelmente, não esperava nada que não fosse um consistente aumento a partir da decisão presidencial. De outro, o sistema financeiro e seus analistas conservadores, e um setor produtivo ainda reticente, a espera do que seriam os acertos ou desacertos do tão temido governo, trabalhavam contra a hipótese de aumento real.

Lula, sob forte controvérsia, aprovou o reajuste pela inflação e um aumento real menos que tímido, de 1,69%, seguindo a indicação contida no orçamento recebido do governo anterior. Em 2004, houve novamente um aumento frágil. A CUT cobrava R$ 300, mas o governo anunciou apenas R$ 260, apenas R$ 20 a mais que o salário-mínimo em vigor.

Tempos depois, naquele mesmo ano, numa sala na sede do Sindicato dos Metalúrgicos do ABC, em São Bernardo do Campo, dirigentes conversavam sobre como romper este impasse: garantir um aumento maior no ano seguinte, mostrando o vigor da base social cutista para apoiar uma bandeira que Lula sempre empunhou, mas que enfrentava oposição de setores do governo, de governadores e de prefeitos. O então presidente da CUT, Luiz Marinho, abraçou a ideia de realizar uma marcha no final do ano, não apenas para cobrar um aumento pontual, mas a construção de uma trajetória de recuperação gradual do poder de compra do salário-mínimo e a atualização da tabela do imposto de renda.

Sob inspiração das grandes mobilizações como a Marcha dos Cem Mil, realizada para protestar contra as políticas neoliberais de FHC, e incorporando elementos simbólicos das marchas da luta pela terra e pela reforma agrária, a primeira marcha nacional pelo salário-mínimo entrou na Esplanada dos Ministérios por volta do meio-dia de 15 de dezembro de 2004, com milhares de trabalhadores de todas as regiões e setores de atividade do país, após 40 km e três dias de caminhada pela estrada. As outras centrais convidadas participaram, mas com delegações bem menores. No mesmo dia, após longa negociação, o governo anunciou o mínimo de R$ 300, aumento real de 8,23% acima da inflação, e também a correção da tabela do imposto de renda em 10%.

Estava ali lançada uma forma de mobilização que se repetiria nos anos seguintes, em busca de um mecanismo que garantisse o fortalecimento permanente do salário-mínimo e outras reivindicações da classe trabalhadora brasileira. Mas o aspecto fundamental daquela mobilização foi o ganho político, a mudança de patamar em torno do tema. Pela primeira vez na história, as centrais sindicais, com a CUT à frente, tinham a oportunidade de se colocarem como interlocutoras e negociadoras em nome de toda a classe trabalhadora e para tratar de um tema antes relegado aos debates no Congresso e ao proselitismo dos governos, sem resultado prático na vida dos trabalhadores(as).

Outro importante fato político é que estávamos tratando de um tema em relação ao qual uma imensa parcela da classe trabalhadora não organizada sindicalmente, formada por trabalhadores e trabalhadoras informais, domésticos, autônomos, tinha interesse e testemunhou seu salário de referência ser defendido pelo movimento sindical, o que possibilitaria incluir nesses segmentos da sociedade a importância da mobilização. Representava, assim, uma oportunidade do movimento sindical se aproximar de mais brasileiros e brasileiras.

Mas foi apenas na terceira marcha, em 2006, que uma política permanente de valorização do salário-mínimo foi conquistada. Em 6 de dezembro, com céu claro, sol forte e muitos dirigentes sindicais se acotovelando por um lugar de destaque atrás da faixa que trazia inscrita a pauta da mobilização e ia sendo carregada diante de cinegrafistas e fotógrafos, a marcha percorreu as ruas de Brasília, do Estádio Mané Garrincha até o Congresso Nacional.

Com os efeitos do novo salário-mínimo já sendo percebidos e a clara disposição do governo em avançar no tema, outros pontos da pauta, como o fim do fator previdenciário, a redução da jornada de trabalho para 40 horas semanais e a ratificação das convenções 151 e 158 da OIT, foram ganhando mais destaque que nos anos anteriores.

Em 20 de dezembro, a negociação com o então ministro do Trabalho, Luiz Marinho, durou oito horas e adentrou a madrugada. Os debatedores chegaram a um valor de R$ 380. Para poder encerrar a reunião, Marinho ligou para o presidente Lula, que já havia se deitado mas atendeu o telefone e ouviu atentamente o relato do seu ministro, e perguntou se a CUT e as demais centrais estavam fechadas com o acordo e autorizou o anúncio do novo valor.

Em meados de janeiro de 2007 foram acordados os termos da Política Permanente de Valorização do Salário-mínimo, que trazia a inovação de incorporar o crescimento real da economia ao valor do salário-mínimo; ou seja, ficou garantido que em janeiro de todos os anos o valor do salário-mínimo seria reajustado pela inflação mais um percentual de aumento real equivalente à variação do Produto Interno Bruto (PIB).

A partir da sua aprovação até 2010, a fórmula de remuneração do salário-mínimo era aplicada por medidas provisórias, pois o Congresso não aprovara a lei que criava a nova política. O vazio legal, que representava um risco no cenário de disputa político eleitoral e no embate com o Congresso, só seria superado em fevereiro de 2011 quando das negociações entre as centrais, o Congresso Nacional e a presidenta Dilma Rousseff. Por meio de decreto presidencial, a política de valorização permanente e o reajuste da tabela do imposto de renda foram aprovados e garantidos até 2015.

6. Aumento da renda como instrumento fundamental de desenvolvimento econômico e social

O resgate desse processo das negociações envolvendo o salário-mínimo tomou boa parte deste artigo porque este foi o elemento central de demonstração de que estava em curso um inédito processo de mobilidade social: da ascensão da miséria e da pobreza para uma situação de consumo.

A Pesquisa Nacional por Amostragem de Domicílios (Pnad/IBGE), realizada em setembro de 2007, dava amostras irrefutáveis de que o combate à miséria e à pobreza ocorria em todas as regiões do país e não, como acontecia historicamente, concentrado nas regiões Sul e Sudeste do Brasil. Além disso, o salário-mínimo fortalecido pressionou também os pisos salariais de várias categorias, demonstrando que, em 2006 e 2007, o índice de aumento real do mínimo ultrapassou o que todas as categorias haviam conseguido nas negociações salariais, elevando o padrão de reivindicação salarial como um todo.

O Departamento Intersindical de Estatística e Estudos Socioeconômicos (Dieese), órgão de assessoria econômica do movimento sindical, já havia indicado essa tendência ao apontar que nesses dois anos as campanhas salariais tinham sido as melhores dos últimos dez anos, com mais de 93% de todas as categorias alcançando aumentos reais de salário acima da inflação.

Esse processo de aumento da renda, combinado com as políticas públicas de combate à fome, os programas de transferência de renda, como o Bolsa Família, e de aumento do crédito através dos bancos públicos, como o Programa Nacional da Agricultura Familiar (Pronaf), o programa Luz para Todos e o Programa de Aceleração do Crescimento (PAC), foram os responsáveis pela significativa mobilidade social verificada nesses últimos dez anos de governos pós-neoliberais no Brasil.

Quem melhor me descreveu esse processo foi um companheiro do interior do Ceará, ao me explicar o que tinha acontecido na sua cidade: "O sujeito vendeu o jegue e comprou uma bicicleta velha, quem vendeu a bicicleta velha comprou uma nova, quem vendeu a nova, comprou uma moto velha, quem vendeu comprou uma moto nova, quem vendeu a moto nova, comprou um carro velho, quem vendeu comprou um carro novo". Isso se chama economia real. Para uma melhor percepção, o valor do salário-mínimo injetou só em 2012 R$ 50 bilhões nessa economia real.

7. O Fórum Nacional do Trabalho

A luta por um novo modelo de sindicalismo no Brasil é antiga. Mais do que a própria CUT. Aliás, a busca por essa renovação foi o principal motivo para que a central fosse fundada, em 28 de agosto de 1983. Sintetiza todas as demais razões que nortearam sua criação: redemocratizar o país, distribuir renda, garantir e ampliar direitos dos trabalhadores e trabalhadoras, promover igualdade, politizar a classe assalariada e dar-lhe protagonismo no processo decisório.

A estrutura oficial, construída na década de 1930, durante o esforço de industrialização do Brasil, tem pelo menos três pilares que a CUT considera nefastos para a plena liberdade de organização dos trabalhadores: o imposto sindical, a unicidade sindical e o poder normativo da justiça do trabalho nos conflitos coletivos.

A busca por essas mudanças concentrou-se no governo Lula, com a instituição do Fórum Nacional do Trabalho (FNT), convocado em 2003, para, em princípio, debater as reformas sindical e trabalhista. Consciente de que a estrutura sindical e a correlação de forças existentes colocariam os trabalhadores em posição desfavorável frente aos patrões num debate sobre a reforma trabalhista, cujo objetivo principal era e continua sendo a flexibilização dos direitos trabalhistas, a CUT e as demais centrais sindicais conseguiram convencer os demais participantes, empresários e governo de que seria mais produtivo debater em primeiro lugar a reforma sindical e depois, a reforma trabalhista.

A lógica da proposta era a seguinte: precisamos fortalecer o processo de livre negociação entre sindicatos e patrões, sem interferência do Estado e da Justiça do Trabalho; e, para isso, era necessário primeiro fortalecer a representatividade dos atores na negociação, construir sindicatos fortes, representativos, que pudessem celebrar contratos coletivos nacionais por ramo de atividade, acabar com os interditos proibitórios que impediam o direito constitucional de greve, acabar com o julgamento dos dissídios coletivos quando o setor empresarial se recusava a negociar a pauta dos trabalhadores e também acabar com o imposto sindical obrigatório, instituindo a taxa da negociação coletiva aprovada em assembleia pelos próprios trabalhadores como forma de sustentação financeira democrática e livre das organizações sindicais.

O primeiro grande desafio naquele momento foi o de construir unidade entre as centrais sindicais para enfrentar a bancada dos empregadores. Apesar das nossas diferenças de concepção, era preciso trabalhar afinados, porque os empresários, por mais diferentes interesses que tivessem, na hora de debater mudanças em seus próprios benefícios fechariam posição, na maioria das vezes contra os interesses dos trabalhadores.

Ao término do FNT, em março de 2005, finalizou-se a proposta de emenda constitucional (PEC) n. 869/2005, na época chamada de Reforma Sindical. O ponto positivo do Fórum foi, dialeticamente, o seu ponto negativo. A proposta "sustentava-se de pé", com seus pilares fundamentais: organização sindical, financiamento, negociação coletiva, direito de greve e sistema de solução de conflitos. Mas, dada a complexidade de conciliar tantas concepções diferenciadas, resultou no gigantismo de um projeto com 283 artigos para regulamentar as necessárias mudanças constitucionais.

Essa PEC continua parada no Congresso Nacional, e a estratégia adotada então foi a de tentar fazer a reforma sindical de forma fatiada. Primeiro, o reconhecimento das centrais sindicais, o que levou a uma situação contraditória, pois a fim de garantir recursos para a sustentação das centrais foi aprovado na mesma lei o repasse de 10% do imposto sindical para as centrais que atingissem os índices de representatividade.

Apesar do compromisso assumido pelos presidentes das seis centrais sindicais de acabar com o imposto e aprovar uma contribuição vinculada à negociação coletiva e aprovada em assembleia pelos próprios trabalhadores, até hoje esse acordo não foi cumprido, levando a CUT a realizar uma grande campanha pelo fim do Imposto Sindical em 2011-2012, e um abaixo-assinado pela Ratificação da Convenção 87 da OIT – liberdade e autonomia sindical, que pretende recolher milhares de assinaturas a serem entregue ao Congresso Nacional quando dos trinta anos da CUT em agosto de 2013.

8. A Previdência Social

O tema da Previdência Social esteve presente desde os primeiros anos do governo Lula. Em 2003, a proposta do governo foi estabelecer como principal mudança um teto para que os trabalhadores do serviço público continuassem a receber, após aposentados, os mesmos vencimentos da ativa. Quem estivesse nos limites do teto não sofreria mudança alguma. Os que estivessem acima do teto passariam a contribuir com um fundo de previdência complementar.

A CUT, mesmo sabendo que a parcela do funcionalismo que ficaria fora do novo limite correspondia a aproximadamente 20% do total, em sua maioria composta por servidores da magistratura, registrou sua posição contrária à Reforma da Previdência proposta pelo governo Lula, em especial porque no ano anterior, fruto de um amplo debate no interior da central, foi aprovada uma resolução na qual defendia a necessidade de unificar os vários sistemas de previdência (público e privado), com aumento do teto para vinte salários-mínimos, cujo valor hoje estaria em torno de dez salários-mínimos, se levarmos em consideração a política de valorização do salário-mínimo já referenciada anteriormente. Como o governo não assumiu a proposta de unificar os sistemas com aumento do teto, a CUT se posicionou contra a Reforma da Previdência proposta pelo governo Lula.

Portanto, quando a CUT foi convidada a participar do Fórum Nacional da Previdência, em 2007, setores do movimento sindical, inclusive de dentro da CUT, temiam por uma armadilha.

A central, porém, aceitou o desafio. A opinião pública era disputada por meio de publicações, de artigos em jornais e revistas e na realização de seminários, com a colaboração acadêmica do Dieese e do Centro de Estudos Sindicais e de Economia do Trabalho da Universidade Estadual de Campinas (Cesit/Unicamp). Havia uma disputa clara de modelo em discussão naquele fórum. Empresários, que queriam fortalecer o sistema privado de poupança e previdência, e analistas conservadores, que defendiam o modelo chileno fracassado, ou seja, a destinação das políticas públicas e sociais para um número restrito dos "mais necessitados", relegando a grande maioria da população a pagar se quisessem receber os benefícios.

A grande novidade foi introduzida pela bancada dos trabalhadores com o conceito do chamado bônus demográfico. O Brasil vivia à época, e ainda vive, uma condição inédita: por questões como a queda na taxa de fecundidade da população e a diminuição do número de filhos, a quantidade de pessoas em melhores condições de trabalhar, na casa dos 20 aos 45 anos, é a maior num período de quatro décadas. Isso representava, e ainda representa, uma enorme oportunidade.

O raciocínio é simples: se essas pessoas forem incluídas no mercado de trabalho formal, a Previdência teria maiores chances de se sustentar financeiramente e a inclusão de mais pessoas na cobertura previdenciária ainda teria o efeito de dinamizar a economia. Os resultados desses dez anos demonstraram que estávamos certos: a taxa de formalização da população economicamente ativa (PEA) saiu de 63%, em 2002, para 72%, em 2011, e o número de contribuintes para a Previdência Social saltou de 45,5%, em 2002, para 53,6%, em 2011.

Após seis meses de trabalho, o fórum terminou sem propor a retirada de um único direito adquirido dos trabalhadores, para desespero daqueles que acreditavam e faziam disputa nas nossas bases, dizendo que a CUT iria abrir mão de direitos; e ainda terminou com propostas de medidas inclusivas e abrangentes a serem empreendidas a partir dali, como a necessidade de separar a contabilidade das contas da Previdência Social, mostrando claramente para a sociedade a situação da Previdência do setor público, do setor privado e apontando para as diversas legislações que garantem imunidade no pagamento da Previdência Social, como no caso de clubes de futebol, igrejas etc.

Além disso, foi aprovada por unanimidade entre representantes dos setores empresariais, do governo e dos trabalhadores, a realização da Conferência Nacional de Seguridade Social, envolvendo as áreas da saúde, previdência e assistência social, como forma de retomar o importante debate ocorrido em 1998, quando da Assembleia Nacional Constituinte, da importância de um sistema de proteção social universal, gratuito e de boa qualidade como uma das bases do nosso modelo de desenvolvimento sustentável.

9. Em defesa dos direitos – a luta contra a Emenda 3

Apesar de vivermos uma conjuntura mais favorável, com o mercado de trabalho em recuperação e salários em movimento de alta, isso não significou nem de longe que a tarefa foi fácil. Empresários e oposição, e por vezes até mesmo setores do campo democrático e popular, ora lançavam balões de ensaio por meio da imprensa, ora despejavam pesadas cargas contra direitos adquiridos.

Nada comparado ao período da criminalização do movimento sindical e social levado a efeito durante o governo FHC, a começar pela truculenta reação à greve dos petroleiros em 1995, a absoluta falta de diálogo e negociação nos processos criminosos da privataria tucana e as inúmeras propostas de flexibilização dos direitos trabalhistas aprovadas pela maioria de um Congresso servil aos ocupantes do Poder Central.

Mesmo assim, a resposta da CUT e das demais centrais sindicais e entidades do movimento social foi rápida e firme. Mobilização, manifestações públicas e diálogo com negociações foram usados simultaneamente para travar essa disputa. Um dos episódios mais representativos de ataque aos direitos trabalhistas, por sua amplitude e pela quantidade de apoiadores, foi a criação da chamada Emenda 3, que pretendia facilitar a contratação de pessoas jurídicas, ou seja, garantia ao empresário "convidar" o trabalhador a abrir uma empresa, com o único objetivo de não pagar os direitos trabalhistas. A emenda ainda impedia que fiscais da receita e da previdência pudessem autuar empresas que utilizassem esses subterfúgios. Por solicitação da CUT e das demais centrais sindicais, Lula vetou essa emenda que havia sido incluída no projeto de criação da Super Receita. Mas a bancada do Congresso que defendia a emenda ameaçava derrubar o veto do presidente. Munidos do lema "trabalhador não é empresa", a CUT organizou mobilizações com outras centrais, movimentos sociais e organizações como a Organização dos Advogados do Brasil, que acabou se juntando à luta contra a emenda, e o tema foi retirado da pauta do Congresso. A vitória selava o fim do embate.

10. Os trabalhadores não vão pagar pela crise do modelo neoliberal

A partir de setembro de 2008, logo após a quebra do Banco Lehman Brothers, a CUT já concentrava seus esforços em ações para impedir que a classe trabalhadora fosse a única prejudicada pela irresponsabilidade do sistema financeiro internacional, desregulado e sem supervisão dos Estados Nacionais.

Naquele mês, protestos diante de sedes de bancos cobravam do sistema financeiro a liberação do crédito que de repente havia sumido da praça, apesar das medidas do governo, como diminuição do depósito compulsório e a redução dos juros por parte dos bancos públicos. A central igualmente passou a cobrar a redução dos *spreads* bancários, algo que a futura presidenta Dilma abraçaria em abril de 2012.

Em novembro de 2008, a direção nacional da CUT aprovou a Resolução "os trabalhadores não pagarão pela crise" (lema que seria utilizado na quinta Marcha da Classe Trabalhadora Brasileira), contendo propostas como a renegociação das dívidas dos micro e pequenos empresários, a adoção de taxas múltiplas de câmbio, o fim do superávit primário, para que o dinheiro estocado para lastrear a rolagem da dívida pública fosse usado para irrigar a economia real.

Não faltaram vozes para defender que os trabalhadores deveriam ceder parte de seus direitos para evitar que o pior acontecesse. O ministro da Justiça, num evento empresarial ao lado do ex-presidente FHC, disse que era hora de mudanças na legislação trabalhista – foi imediatamente contestado pela nota da CUT: "O Ministro perdeu uma grande chance de ficar calado". O então presidente da rentável e lucrativa Vale do Rio Doce tampouco seria poupado quando defendeu flexibilização temporária dos direitos trabalhistas em nome da crise. Resposta na lata do ex-presidente da CUT: "Isso é oportunismo".

A CUT sabia que não adiantava simplesmente dizer não às demissões e a essas propostas oportunistas, era preciso romper flancos no campo adversário e construir alianças. Em reunião do Conselho de Desenvolvimento Econômico e Social (CDES), defendi o emprego e o salário para fortalecer o mercado interno como forma de enfrentamento da crise. Na mensagem de final de ano, o presidente Lula fez um pronunciamento em cadeia nacional de rádio e televisão, convocando a população a consumir, porque assim o comércio venderia mais, a indústria produziria mais, geraria mais emprego e mais renda, e com isso mais gente poderia consumir e seria esse ciclo virtuoso que nos permitira enfrentar a crise.

A despeito desses episódios, o tom pessimista ainda permaneceu e no início de 2009, quando o presidente de uma das mais influentes entidades empresariais do país, em entrevista a um jornal paulistano, defendeu a urgência de corte de salários e de jornada de trabalho para evitar aquilo que ele prenunciava como um vendaval de dezenas de milhares de demissões que a crise financeira internacional produziria no

Brasil em poucos dias, foi seguido por alguns dirigentes sindicais que passaram a fazer coro com a proposta do "empresário" e propondo uma reunião para tratar do tema. A CUT se antecipou e divulgou uma nota à imprensa com a chamada "CUT não vai a esse encontro e não concorda com essas propostas". Convocou uma reunião de emergência com os dirigentes dos principais sindicatos de São Paulo e anunciou a primeira grande manifestação de rua para o dia 20 de janeiro de 2009. Mais de 15 mil operários reunidos nos estacionamentos de diferentes montadoras de automóveis na região do ABC realizaram assembleias, atrasaram a troca de turnos em mais de uma hora e aprovaram proposta de greve se ocorressem demissões. No mesmo dia, o Sindicato dos Metalúrgicos de Taubaté, filiado à CUT, fechou acordo que garantia a contratação de 650 trabalhadores antes temporários.

Outras centrais começaram a se deslocar da aventura proposta pela Federação das Indústrias do Estado de São Paulo (Fiesp), enquanto a CUT ampliava sua estratégia de negociações setoriais. Fechou protocolos de entendimento com a Associação Brasileira de Máquinas e Equipamentos (Abimaq) e com o Sindicato das Micro e Pequenas Indústrias (Simpi), apontando desonerações pontuais e com prazo determinado em troca da manutenção do nível de emprego e qualificação profissional nesses setores. Cobrou postura de governadores e prefeitos que até então, em sua grande maioria, permaneciam inertes frente à crise.

A experiência dos protocolos de entendimento aglutinou outras lideranças empresariais em torno de uma alternativa de melhorar a competitividade e expandir a produção, ao contrário do sugerido pela Fiesp, que se isolou. Em Manaus, acordo semelhante foi fechado entre a CUT-Amazonas, o governo estadual e os fabricantes de motocicletas e indústria de plástico.

Novas manifestações de rua se alastraram por todo o país e a CUT convocou o Dia Nacional de Lutas em Defesa do Emprego e do Salário, assim como foram realizadas manifestações em conjunto com os movimentos sociais e as centrais sindicais numa impressionante demonstração de vigor e retorno da unidade em defesa dos trabalhadores e trabalhadoras. No centro da estratégia de lutas estava a concepção de que o enfrentamento da *crise possibilitaria ampliar a luta de classe e organizar a transição para um novo modelo de desenvolvimento*, ambientalmente sustentável, socialmente equitativo e geopoliticamente equilibrado, assentado na valorização do trabalho e na participação popular.

11. A construção dos compromissos nacionais da cana-de-açúcar e da construção civil

A seguir, tratarei de dois exemplos de como a luta, aliada ao diálogo e à negociação, produz resultados concretos que permitem avançar na democratização das relações e na melhoria das condições de trabalho.

Numa das reuniões do CDES, o então presidente Lula falava sobre a importância do etanol brasileiro diante das mudanças climáticas e da necessidade de utilizar um combustível que emitisse menos gases de efeito estufa. Foi seguido pelos empresários do setor, que defendiam que a utilização da cana-de-açúcar, diferentemente do etanol de milho produzido nos Estados Unidos, não competia com a produção de alimentos.

O então presidente da União da Indústria de Cana-de-Açúcar (Unica), também conselheiro do CDES, uma das entidades que representam os interesses empresariais, reclamava que na disputa internacional pelo mercado de venda de etanol, ele não conseguia compreender por que as entidades do movimento social e sindical faziam propaganda contra o produto brasileiro, fazendo coro com as multinacionais estrangeiras. Expliquei a ele as razões do nosso posicionamento: a primeira, a produção de etanol brasileiro continuava sendo feito com base no trabalho escravo, nos acidentes e mortes por estafa durante o corte de cana; e a segunda, que o avanço da plantação de cana-de-açúcar, para produzir etanol, estava sendo feito em terras que antes eram utilizadas para produção de alimentos. Portanto não se tratava de fazer propaganda contra, mas sim uma constatação da realidade vivida pelos trabalhadores e trabalhadoras do setor.

Lançamos então um desafio: se vocês querem um posicionamento diferente, façam as mudanças acontecerem. Propusemos então a criação de um grupo de trabalho no âmbito do CDES para discutir um compromisso nacional de melhoria das condições de trabalho e as regras para realizar um mapeamento social, econômico e ambiental das áreas onde seria permitido o plantio de cana-de-açúcar. Resultado: dois anos depois, a Secretaria Geral da Presidência da República, junto às entidades representativas de trabalhadores e empregadores, assinaram um compromisso voluntário para melhoria das condições de trabalho no plantio da cana-de-açúcar. A partir disso, caberia aos sindicatos de trabalhadores incentivarem os que ainda não aderiram, cobrar o cumprimento dos compromissos e principalmente exigir de bancos públicos que não financiassem aqueles que não assinaram.

Quando os jornais e emissoras de televisão de todo o Brasil mostraram as imagens de ônibus sendo queimados nas obras das usinas hidrelétricas de Jirau e Santo Antônio, sabíamos que se tratava de uma crise anunciada. Meses antes, uma disputa sindical naquela região distante, no Norte, em Rondônia, mostraria uma tendência a ser seguida em várias outras obras de construção civil, espalhadas pelo país. A CUT estadual foi procurada por alguns operários que reclamaram das condições de trabalho e da ausência de um sindicato que defendesse suas reivindicações. Iniciou-se um processo de mobilização que viria a desembocar numa audiência na Delegacia do Trabalho, quando então descobrimos que havia ali naquela região um advogado que era "dono" de mais de doze sindicatos. Eram cartas sindicais de "gaveta", com o único objetivo de receber os milhões de reais do imposto sindical que viria a ser arrecadado de cada trabalhador que trabalhasse na obra.

O Ministério Público interviu. Obrigou a realização de eleições sindicais e a chapa da CUT venceu as eleições. Mas os problemas dos trabalhadores continuaram. Condições de trabalho degradantes, transporte precário, fossas abertas ao lado de restaurantes, calor, "baixadas" (período em que os trabalhadores têm direito a voltar para casa) muito longas etc. A piora das condições de trabalho aumentou a tensão no canteiro de obras. O consórcio responsável pela construção alegava que não havia o que fazer, pois as empresas eram terceirizadas. Bastou um dos motoristas dos ônibus começar uma briga com um dos operários para que a revolta tomasse conta do canteiro.

A CUT reivindicou a intervenção da Secretaria Geral da Presidência da República e do Ministério do Trabalho exigindo providências, já que a obra era financiada com dinheiro público do Banco Nacional de Desenvolvimento Econômico e Social (BNDES) e que boa parte de seu orçamento (40%) era repassado pelo Fundo de Amparo ao Trabalhador (FAT). Montou-se uma mesa de negociação entre as maiores construtoras do país, as entidades empresariais e as centrais sindicais e suas confederações. Dois anos depois de muita negociação, foi aprovado o Compromisso Nacional para Aperfeiçoar Condições de Trabalho na Indústria da Construção. Um documento extenso, que firmava compromissos como a contratação dos trabalhadores, procurava acabar com os "gatos" (intermediadores de mão de obra) e garantir saúde e segurança, alimentação e regras mais benéficas para as baixadas. O mais importante: a garantia da instalação da Organização por Local de Trabalho (OLT), cujo objetivo era eleger representantes dos trabalhadores em cada obra, realizar reuniões mensais com os responsáveis pela obra e as empresas terceirizadas para tratar dos problemas do cotidiano.

Esse compromisso de caráter voluntário se estendeu a todas as obras de construção que vêm sendo realizadas (Copa do Mundo, Obras de Infraestrutura, Minha Casa Minha Vida etc.). Agora, cabe aos sindicatos de trabalhadores cobrarem o cumprimento dos compromissos e ampliarem os direitos dos trabalhadores.

12. Muitas lutas, vitórias e conquistas

A limitação de espaço de páginas me impede de descrever com detalhes outros exemplos de lutas e conquistas tão importantes quanto as descritas anteriormente. Vou apenas citá-las na esperança de que possamos continuar, em algum momento, esse esforço de sistematização:

- O encaminhamento ao Congresso Nacional, por parte do governo Lula, atendendo reivindicações da Marcha da Classe Trabalhadora, da Ratificação das Convenções da OIT números 158, que trata das regras contra despedida arbitrária e que ainda não foi votada pelo Congresso, e 151, que trata da garantia da negociação coletiva para os trabalhadores do setor público, já aprovada pelo Congresso e aguardando projeto de regulamentação para ser colocada em prática.
- A aprovação da lei, proposta pela CUT, de eleição direta de um representante dos trabalhadores para o Conselho de Administração das Empresas Estatais.
- A aprovação da PEC do trabalho escravo, depois de onze anos de tramitação no Congresso Nacional.
- A aprovação de importantes mudanças na área da saúde e segurança no trabalho como o Fator Acidentário de Prevenção (FAP), o Nexo Técnico Epidemiológico e a Política Nacional de Saúde do Trabalhador.
- As inúmeras negociações, acordos e greves realizados pelo funcionalismo público federal durante os dez anos de governo do PT. De 2002 a 2010, segundo dados do Sistema de Acompanhamento de Greves do Dieese (SAG), foram realizadas 248 greves na esfera pública federal, enquanto durante os oito anos de FHC foram 133 greves.

- A intervenção da CUT, da Federação Única dos Petroleiros (FUP) e da Federação Nacional dos Urbanitários (FNU) no debate sobre temas fundamentais que necessitariam de outro artigo, dada sua dimensão estratégica como energia, petróleo e gás, água e saneamento.
- A luta que ainda continua em defesa da redução da jornada de trabalho para 40 horas semanais e a luta contra a terceirização que precariza as condições de trabalho.
- A democracia participativa, o diálogo e a participação social em inúmeras conferências, conselhos, seminários, oficinas, que com certeza serão objeto de sistematização por parte de alguns outros atores deste livro. Mas quero destacar a primeira Conferência Nacional de Emprego e Trabalho Decente realizada no Brasil em 2012 que, apesar da atitude dos empresários de se retirar no último dia, aprovou um conjunto de medidas e propostas fundamentais para avançar na luta contra o trabalho escravo, o trabalho infantil, na igualdade de direitos entre homens e mulheres, no fortalecimento do diálogo social e da negociação coletiva, entre outras.
- Recentemente, a mudança econômica histórica implementada pela presidenta Dilma com a política de redução da taxa real de juros, que caiu de 14,7%, em 2002, para 1,7%, em 2012.
- O coeficiente de Gini, que mede a desigualdade, é o menor desde a década de 1960, passando de 0,597, em 2000, para 0,536, em 2010. E acontece em todas as regiões do país, como no Nordeste onde caiu de 0,612, em 2000, para 0,555, em 2012, ou no Centro Oeste, de 0,621 para 0,546.
- A expectativa de vida do brasileiro que em 1992 era de 67,3 anos chegou a 71 anos, em 2002, e 73,4 anos, em 2012.
- A mortalidade infantil em 2000 era 29,7% e cai para 15,6%, com surpreendente queda na região Nordeste, de 44,7% em 2000 para 18,5% em 2010.

13. Muitos desafios pela frente

Apesar de todos os avanços conquistados nos últimos dez anos, ainda existem muitos desafios como alcançar a democratização das relações de trabalho, eliminar a miséria e a pobreza, reduzir as desigualdades sociais e regionais e construir um novo modelo de desenvolvimento que seja realmente sustentável, do ponto de vista econômico, social, ambiental e político. E, especialmente, aprimorar a interlocução entre movimento sindical e o governo para que os grandes temas sejam debatidos, efetivamente, com a classe trabalhadora.

Quando falamos de um novo modelo de desenvolvimento, estamos reafirmando a necessidade de encarar a questão econômica não apenas olhando para os interesses do capital, mas para os interesses dos trabalhadores e trabalhadoras. Enquanto os lucros, a produtividade e a remuneração de vários setores econômicos aumentam a cada ano no Brasil, a renda dos trabalhadores não tem acompanhado essa mesma "evolução". Apesar do aumento da renda média e da massa salarial dos trabalhadores verificada nos últimos dez anos, a participação dos trabalhadores na riqueza nacional continua estagnada. Em 1980, os salários respondiam por 50% da renda nacional, mas em 2000 haviam caído para 38% e atualmente estão em torno de 46%.

Quando explicitamos que é preciso tratar com a mesma prioridade os aspectos econômicos e os sociais desse modelo de desenvolvimento, colocamos como elemento central a melhoria da qualidade de vida das pessoas, a inclusão social e a diminuição das desigualdades sociais – pressupostos de qualquer projeto de desenvolvimento nacional e regional.

Trata-se de ouvir e respeitar a opinião da população local, dos indígenas, dos trabalhadores, de planejar com muito mais antecedência os investimentos em determinadas áreas e territórios e de estudar mudanças profundas nos editais de obras públicas e privadas, que não devem apenas prever obras compensatórias, mas também alternativas de projetos que não podem ficar sempre à mercê do "resultado da licitação pelo menor preço", causando os conhecidos problemas que temos atualmente.

E entender a questão ambiental em toda sua complexidade e abrangência, nas obras e no entorno delas. Seus efeitos, suas consequências para a natureza, mas também para as pessoas, para os trabalhadores, para os moradores.

E, por fim, a questão política como pilar fundamental desse processo de mudança de modelo, porque é imprescindível a participação política e social dos cidadãos e dos trabalhadores e trabalhadoras na definição dos projetos, no acompanhamento de sua execução, assim como é fundamental a democratização dos orçamentos públicos.

14. Avançar nas reformas estruturais

Para aprofundar as mudanças é necessário avançar nas reformas estruturais que ainda não foram feitas no Brasil, por exemplo:

- A Reforma Tributária, alterando o atual sistema de impostos, profundamente injusto, complexo e regressivo, no qual quem ganha mais paga *menos* imposto do que aqueles que ganham menos. No qual a tributação é feita sobre o consumo e não sobre a renda e a propriedade, como na maioria dos países chamados desenvolvidos. No qual ainda não há imposto sobre fortunas e heranças regulamentado em lei.
- A Reforma Política, que não se trata apenas de mudanças nas regras eleitorais, que são muito importantes como o financiamento público de campanha, o voto em lista etc., mas principalmente a ampliação e facilitação da utilização dos mecanismos de democracia direta como o plebiscito e o referendo.
- A Reforma Agrária, como elemento fundamental para garantir as necessárias mudanças no modelo agrário brasileiro.
- A democratização da comunicação, acabando com a enorme concentração de poder de algumas poucas famílias que controlam tudo que se lê, se ouve e a que se assiste no país.
- A Reforma do Estado Brasileiro, o qual os anos de governos neoliberais tentaram, e quase conseguiram, destruir, ou seja, tentaram fazer com que esse Estado existisse apenas para servir aos seus interesses.

E, por fim, os avanços que ainda estão por vir no mundo do trabalho, apesar das conquistas verificadas nos últimos dez anos, descritos a seguir.

14.1. Rotatividade da mão de obra

O exemplo mais significativo da enorme caminhada que ainda temos pela frente diz respeito à rotatividade da mão de obra. Se por um lado devemos comemorar o fato de termos gerado um saldo positivo de mais de 13 milhões de novos empregos com carteira assinada nesses dez anos e ter atingido uma taxa de desemprego de 5,8% (de acordo com o IBGE em maio de 2012), a mais baixa da série histórica, por outro lado, o número de trabalhadores demitidos por ano continua sendo um escândalo, uma das maiores taxas do mundo. E o setor empresarial ainda diz que no Brasil as regras do mercado de trabalho são muito rígidas. Ao contrário, são uma das mais flexíveis do mundo, com ampla liberdade para o setor empresarial contratar e demitir.

14.2. Liberdade sindical e fortalecimento da negociação coletiva

Não existe liberdade de organização sindical no Brasil. A grande maioria dos sindicatos não tem acesso aos locais de trabalho. Organiza-se do portão da fábrica, do comércio, da indústria para fora. Não tem direito a organização por local de trabalho, a comissões de fábrica etc. Os empresários têm medo de que os trabalhadores administrem a empresa no seu lugar ou que haja uma greve por dia se estivermos organizados dentro dos locais de trabalho.

Ocorre que as mudanças no mundo do trabalho acontecem de forma muito rápida e se dão no chão da fábrica, na organização da produção ou do comércio. As experiências mostram que onde tem sindicato representativo, organizado a partir dos locais de trabalho, é justamente onde existem menos processos judiciais contra as empresas, porque os conflitos são resolvidos, na maioria das vezes, pelo diálogo e pela negociação.

A negociação coletiva no Brasil á absolutamente descentralizada, por empresa, não se admitindo a contratação coletiva nacional por ramo de atividade, bandeira histórica da CUT e existente hoje apenas em alguns setores, como no setor bancário.

14.3. As contrapartidas

A luta pela implementação das contrapartidas sociais, trabalhistas e ambientais nos contratos de empréstimos de bancos públicos, investimentos de estatais ou de fundos de pensão tem sido uma prioridade. Não se trata apenas de cumprir a lei ou introduzir cláusulas de combate ao trabalho escravo e infantil, o que é fundamental, dada a realidade que ainda vivemos, mas de avançar muito mais, de fazer o novo, o diferente, de cobrar compromissos de respeito aos trabalhadores e trabalhadoras e suas entidades representativas, de fomentar o diálogo social e a negociação coletiva como parte das suas obrigações como administradores e tomadores de recursos públicos.

15. Conclusão

Tudo que conquistamos – e não foi pouco – foi fruto desse processo de mobilização e de pressão, como também reflexo da existência de um governo que não é inimigo dos trabalhadores e que tem sensibilidade para as causas sociais. Esses dez anos já mostraram que sem luta, sem organização e sem mobilização não há conquista, pois nada vem de graça.

As políticas desencadeadas nesses dez anos de governos pós-neoliberais acentuaram uma nova direção para o Brasil, mas ainda com obstáculos reais para uma nova hegemonia. O quadro moveu-se à esquerda com o enfrentamento da crise internacional em 2008-2009, com as políticas antiliberais e, desde então, vem configurando uma vitória estratégica e a supremacia do nosso projeto para o Brasil, com novos avanços de desenvolvimento, distribuição de renda, soberania nacional, sustentabilidade e democracia. Abriu-se um novo período político que deve ser marcado por avanços democráticos na construção do Brasil que tanto almejamos.

O movimento sindical, e em especial a CUT, representando milhões de trabalhadores(as), somado a outros atores sociais fazem parte do leque de forças sociais que lutam pelas mudanças e transformações da sociedade capitalista em que vivemos. Durante esses dez anos, convivemos e fizemos a disputa, diariamente, contra os ataques e críticas de setores da extrema esquerda que apostavam no "quanto pior, melhor", e que acabavam se aliando a setores da direita e da mídia que nos acusavam de "governistas", "vendidos", "chapa branca" etc.

Os trabalhadores e trabalhadoras sabem que o grande desafio é caminhar entre os extremos: daqueles que acreditam que o governo deve ser combatido em qualquer situação; ou daqueles que consideram que o movimento deve ser apenas uma correia de transmissão dos interesses do governo e/ou do partido. Nem uma coisa, nem outra. Vamos continuar mobilizando apoios quando as propostas forem favoráveis aos trabalhadores e criticar quando as propostas forem contra os nossos interesses.

Um amigo, Fernando "Manso", da Central Sindical Uruguaia (PIT-CNT), me disse certa vez que "ser independente não é ser indiferente". Penso que essa frase simboliza o aprendizado desses momentos que passamos no Brasil. Manter a necessária independência e autonomia do movimento sindical frente a um governo que esse mesmo movimento ajudou a construir e, ao mesmo tempo, mostrar, na prática, que ser independente não é ser indiferente.

Por isso, ao pensar o futuro, não temos dúvida em reafirmar: é preciso impedir o retrocesso e a volta dos governos neoliberais; ao mesmo tempo, é preciso fortalecer a mobilização social para avançar no processo de mudanças.

DEZ ANOS DE POLÍTICA PARA AS MULHERES: AVANÇOS E DESAFIOS[1]

Eleonora Menicucci de Oliveira

O advento da Nova República trouxe o diálogo entre a sociedade civil e o Estado e, com o protagonismo do movimento de mulheres e feminista, culminou com a criação do Conselho Nacional dos Direitos da Mulher (1985) e a participação na Constituição democrática de 1988, tornando-se um marco da maior importância na trajetória da conquista de direitos básicos pelas mulheres brasileiras.

A Constituição de 1988 demarcou a ruptura com o governo militar e autoritário instalado no Brasil a partir de 1964. Trouxe um novo ordenamento político, jurídico e legislativo. O marco da participação feminina foi expresso na *Carta das mulheres brasileiras aos constituintes*, que indicava o conjunto das reivindicações do movimento feminista e de mulheres. Ela resultou na incorporação de parte significativa das reivindicações à Carta Magna brasileira. Assegurou-se que constasse no texto constitucional que "homens e mulheres são iguais em direitos e obrigações, nos termos desta Constituição" (art. 5º, I) e que "os direitos e deveres referentes à sociedade conjugal são exercidos pelo homem e pela mulher" (art. 226, §5º). Esses artigos, sem dúvida, garantiram a condição de equidade de gênero, bem como a proteção dos direitos humanos das mulheres. Porém, foram neutralizados pelos parâmetros discriminatórios do Código Civil, em vigor desde 1916, que legitimava a relação de dominação de gênero e a condição de subalternidade da mulher dentro do casamento civil.

Os reflexos da Constituição Federal de 1988 nas décadas seguintes redirecionaram a atuação do Estado brasileiro, não apenas no seu corpo administrativo e de gestão,

[1] Agradeço as contribuições, valiosas e atentas, de Lourdes M. Bandeira (secretária executiva da SPM), Linda Goulart (chefe de gabinete da ministra da SPM), Aparecida Gonçalves (secretária nacional Para o Enfrentamento à Violência contra as Mulheres/SPM) e Hildete Pereira de Melo M. de Araújo (coordenadora de Educação e Cultura/SPM), além de Nei Bomfim (coordenador de Comunicação da SPM) pela revisão final.

mas, sobretudo, na elaboração e efetivação de políticas públicas mais igualitárias; em outras palavras, o modelo de política econômica e social adotada a partir da gestão do presidente Luiz Inácio Lula da Silva (2003-2010) teve como um de seus princípios a participação e a inclusão social, uma opção oposta às dos governos anteriores, nos quais predominava uma base de exclusão. Nesse novo contexto, a mudança de vetor da política de Estado possibilitou a inovação ao incorporar a perspectiva de gênero e de raça. A vontade política de introduzir a dimensão de gênero nas políticas públicas e a de romper com a concepção de direitos humanos que mantinha a dimensão de neutralidade e da cidadania universal coloca-se como um dos pontos estruturantes dessa gestão.

Desde o início do governo Lula, é necessário destacar a importância que assumem algumas áreas sociais priorizadas no Plano Plurianual da União (PPA 2004-2007) e estruturadas como novas políticas, ancoradas em novas instituições e concretizadas na ação governamental. São exemplos a Política Nacional de Segurança Alimentar e Nutricional consubstanciada no programa Fome Zero; a Política de Promoção da Igualdade Racial, coordenada pela Secretaria de Políticas de Promoção da Igualdade Racial (Seppir); a Política da Promoção da Igualdade de Gênero, impulsionada pela Secretaria de Políticas para as Mulheres (SPM)[2]. Essas políticas têm sido ampliadas no governo da presidenta Dilma, com destaque para o Brasil sem Miséria, Bolsa Família – no qual mais de 70% dos beneficiários são mulheres que afirmam ter adquirido autonomia e poder de escolha em desde o que comprar no supermercado até se continuam com suas relações afetivas.

As mulheres têm destacada importância no desenvolvimento de três eventos, entre outros, no século XXI: o progresso na educação e no mercado de trabalho; o processo de desenvolvimento nacional; e o reconhecimento de suas múltiplas desigualdades.

Um novo modelo de política pública se implanta fomentado pela força da longa história das mulheres brasileiras, reconhecida a partir do movimento para a Constituição de 1988. Ao mesmo tempo, o êxito dos ganhos constitucionais foi da maior importância na trajetória de suas conquistas, uma vez que ampliou seus direitos individuais e sociais e consolidou sua cidadania no espaço público e na vida privada. Assegurou-lhes os direitos na área da saúde, incluindo a saúde sexual e reprodutiva, bem como os direitos sexuais e reprodutivos, a segurança, a educação, a titularidade da terra e o acesso à moradia, o trabalho, a renda e a previdência social, além do acesso aos direitos civis e políticos.

1. As mulheres transformam o cenário político: a SPM

A SPM foi criada em 2003 pelo presidente Lula e consolidada no governo da presidenta Dilma. Foi fundada com a missão de erradicar todas as formas de desigualdade que atingem as mulheres, as quais ainda são partes constitutivas das populações ditas "vulneráveis". Portanto, instaura-se outro paradigma institucional para as políticas públicas

[2] Quando de sua criação, a SPM foi denominada Secretaria Especial de Políticas para as Mulheres. Em 2010, perdeu a condição de especial, pois se alçou à condição de ministério, e, assim, passou a chamar-se Secretaria de Políticas para as Mulheres. Sua titular é denominada ministra de Estado Chefe da Secretaria de Políticas para as Mulheres.

centrado na inclusão, na participação e no investimento social, pelo reconhecimento de que, em uma sociedade democrática, a condição de igualdade entre homens e mulheres é o princípio fundador dos direitos humanos. Esse novo olhar faz toda a diferença. Seja como uma peça estratégica no contexto do novo governo, seja na promoção da igualdade social e de gênero, ambas articuladas ao processo de crescimento econômico.

A criação da SPM, além de incorporar a temática de gênero nas políticas públicas, representa um espaço inaugural no Estado brasileiro, centrado no reconhecimento de que a desigualdade de gênero altera a estrutura de sustentação do desenvolvimento socioeconômico, político e cultural e responde a uma visão republicana. Buscou-se, portanto, assegurar que os braços do Estado fossem suficientemente longos para neutralizar as profundas tradições culturais conservadoras, que continuam relegando as reivindicações das mulheres à esfera privada. Assim, fica esquecido, no passado, o perfil autoritário e conservador do Estado brasileiro, que também se traduzia na maneira como tradicionalmente eram pensadas as políticas públicas, evidentemente, com a não inclusão das mulheres.

Na sua atuação cotidiana, a SPM propõe estratégias de igualdade para o desenvolvimento a partir das demandas e iniciativas da sociedade civil. E propõe, pela primeira vez, um conjunto de políticas públicas voltadas para a eliminação de todas as formas de discriminação de gênero. As políticas públicas para as mulheres representam estratégias para o governo e para a sociedade, pois envolvem a transversalidade das áreas e ações ministeriais, abrangendo também a multiplicidade de agentes públicos, assim como os diversos poderes.

Esse entendimento político pode se concretizar, de forma clara, no compromisso com as mulheres e com a igualdade de gênero, assim como em trabalhar a temática transversalmente com os demais ministérios. Dessa maneira, acabou por se constituir em um espaço de formulação, coordenação e implementação de políticas públicas.

No novo cenário, as mulheres se tornaram finalmente protagonistas da construção de um novo caminho a ser seguido em direção a um futuro de independência, autonomia e igualdade cidadã. Ao longo de uma década de caminhada, muitos desafios e obstáculos foram enfrentados, mas elas conquistaram o direito de caminhar lado a lado com todos os ministérios e de contribuir com ideias, histórias, capacidades e lutas na consolidação de um Brasil que seja para todos e todas.

Na sua trajetória, a secretaria convocou e realizou três conferências nacionais que resultaram no lançamento do Plano Nacional de Políticas para Mulheres (PNPM). A segunda edição foi publicada em 2008, e a terceira está prevista para 2013. Esses planos são elaborados a partir das diretrizes emanadas das conferências nacionais, que tiveram ampla participação da sociedade civil e dos movimentos sociais. Sua elaboração demarca um novo momento no campo das políticas públicas para as mulheres, uma vez que tentam responder a suas demandas. Estes planos são executados por ministérios e secretarias reforçando, assim, o princípio da gestão transversal e interinstitucional.

A implementação dos compromissos firmados no II PNPM é coordenada pela SPM e desenvolvida por 22 ministérios e secretarias. O plano é composto por 11 eixos, que orientam a atuação e o estabelecimento de metas quantificáveis. Estas significaram a execução de R$ 17 bilhões na efetivação de 388 ações distribuídas pelos temas: autonomia econômica e igualdade no trabalho; educação inclusiva; saúde das mulheres, direitos sexuais e reprodutivos; enfrentamento da violência contra as mulheres; participação das mulheres nos espaços de poder e decisão; desenvolvimento sustentável; direito à terra, moradia e infraestrutura social; cultura, comunicação e mídia igualitárias; enfrentamento do racismo, sexismo e lesbofobia; enfrentamento das desigualdades geracionais; gestão e monitoramento.

As ações implementadas a partir do II PNPM foram fruto dessa construção coletiva e garantiram unicidade e articulação entre todo o governo federal no campo das políticas para as mulheres. Em 2010, o governo federal transformou a SPM em ministério, consolidando e legitimando o seu caráter de órgão essencial da Presidência da República.

2. A perspectiva da transversalidade de gênero nas políticas da SPM

As desigualdades de gênero expressam as relações hierárquicas e de poder entre homens e mulheres na sociedade e estão profundamente institucionalizadas. Seus desdobramentos refletem-se também nas diferenças e discriminações relativas à condição racial e etária das mulheres. Portanto, um dos principais fatores da cegueira para a introdução da perspectiva de gênero nas políticas públicas do passado relaciona-se, exatamente, a pressupostos e formas de pensar que fazem as relações entre homens e mulheres se apresentarem através de um espectro positivista da condição humana.

Ele se contrapõe às perspectivas holísticas e das leituras plurais que se interrogam e se fecundam mutuamente, admitindo a presença da diferença, do heterogêneo, do complexo, da alteridade, explicitamente situados à margem, e, portanto, nem sempre alçados ao nível do olhar dirigido à formulação das políticas públicas. Ao se tornar parte também das políticas para as mulheres, poderiam se conjugar os elementos particulares e singulares – gênero, raça, classe, regionais e idade, entre outros – com os direitos universais republicanos, propiciando uma articulação histórica e política.

O conceito de transversalidade remete à ideia de pensá-la como uma estratégia para as políticas públicas relativas à perspectiva de gênero inscrita na *episteme*, cuja origem, o adjetivo "transversal", vem do latim e significa retornar, voltar-se ao redor, olhar a obliquidade, o que indica olhares e ações transversais, opondo-se às ações apenas lineares, longitudinais, horizontais ou verticais que, no geral, excluem a todos que estão na margem. A ideia do transversal tem sido apropriada como uma estratégia de ação política pela busca da inclusão e da igualdade. No âmbito da governabilidade, remete a processos de gestão institucional não mais centrados em paradigmas positivistas em relação às políticas para as mulheres. Envolve verticalmente os três níveis federativos e ações intersetoriais no nível horizontal; ao mesmo tempo, articula uma percepção compartilhada de interdependência, interdepartamentalidade e interinstitucionalidade.

O olhar transversal implica, necessariamente, aceitar nuances qualitativas e heterogêneas, acentuando a polissemia a outros olhares. Nesse sentido, a institucionalização de racionalidades plurais – multirreferenciais – opõe-se à supremacia ou predomínio de uma razão única – produção e compartilhamento de conhecimentos, experiências, recursos, técnicas e gestões acumulados por diferentes instituições e atores em convergência. Em especial, aqueles voltados para grupos sociais demarcados pelo preconceito e discriminação e pelas violações de direitos, como as mulheres, sobretudo as mulheres negras. Esses grupos têm dificuldades maiores para incluir legitimamente suas demandas na agenda de políticas públicas.

Na perspectiva dos direitos humanos para as mulheres, a transversalidade torna-se uma *démarche* que se compromete a realizar outras leituras em relação à normatividade estabelecida para a condição de gênero, com a criação de fóruns horizontais de diálogo e tomada de decisões (fóruns, comitês, conferências, estruturação de redes, relações de confiança e reciprocidade). Sabe-se que a prevalência de seu oposto – o modelo burocrático-departamental – é resistente a inovações. Portanto, uma gestão transversal constitui-se num desafio.

Com essa perspectiva de uma política de transversalidade de gênero, a SPM tem desenvolvido como ação política a busca de melhoria efetiva das políticas públicas, evidenciando a importância da condição das relações de gênero tantos nos processos e ações, como nos resultados. A perspectiva da transversalidade de gênero possibilita um processo de revisão dos elementos conceituais para compreender mais adequadamente uma sociedade em que a perspectiva de gênero esteja presente em todas as instituições, práticas e ações sociais. Em outras palavras, seria evidenciar a maneira como a relação de gênero tem importância nas vivências institucionais, antes vistas como algo restrito e irrelevante. Tem servido para facilitar a implementação de uma estratégia para obtenção da igualdade/equidade entre os gêneros, assim como uma tendência de melhoria significativa nas políticas públicas destinadas a homens e mulheres.

Há muitas formas de expressar esse compromisso no âmbito da governabilidade, por meio de vários procedimentos e estratégias. Uma delas seria propor uma mudança que implica, necessariamente, a reorientação dos paradigmas existentes em relação às políticas, como a inclusão da questão geracional, uma vez que a categoria mulher é, no geral, vista como homogênea, tendo como marco divisório exclusivamente sua condição biológico-reprodutiva ou não. Outra seria propor mudanças nos processos de planejamento e de tomada de decisões, uma vez que a prioridade é posta na busca da igualdade entre os sexos naquela área ou domínio específico. Nesse sentido, as mudanças recaem, sobretudo, nas políticas já estabelecidas que não tenham priorizado a perspectiva de gênero.

Por fim, deve-se enfatizar que as pautas que reivindicam a estratégia da transversalidade de gênero devem estar conectadas umas com as outras no âmbito de toda a rede de governabilidade do Estado. Nessa direção, resumidamente, Sylvia Walby[3] indica alguns pontos que, incorporados nas ações da SPM, nos conduzem às ações políticas:

- O reconhecimento da condição de igualdade real pressupõe uma efetiva equivalência entre homens e mulheres, em relação às suas atividades sociais, assim como em suas demandas e interesses em todos os âmbitos necessários, que deve pressupor a estratégia de transversalidade de gênero.
- As políticas públicas de igualdade – estratégia da transversalidade de gênero – são aquelas impulsionadas de distintos espaços/âmbitos públicos com a fina-

[3] Sylvia Walby, *Gender Transformations* (Londres, Routledge, 1997).

lidade de promover a igualdade, removendo obstáculos e resistências, barreiras estruturais e culturais que discriminam as mulheres, erradicando as desigualdades existentes entre homens e mulheres.

O reconhecimento de que a desigualdade de gênero altera a base de sustentação do processo de desenvolvimento econômico social ocorre não só porque as mulheres eram excluídas, mas também, sobretudo, porque sua inclusão se dá na perspectiva de que elas são um pouco mais de 50% da população. Se as políticas públicas, construídas sobre uma perspectiva universal, não trazem à tona a especificidade da condição de gênero, o gestor sem sensibilidade quanto a essa questão termina por desenvolver um trabalho inadequado tanto do ponto de vista econômico quanto cultural. A gestão transversal é um longo caminho que deve ser percorrido visando ampliar o acesso das mulheres aos seus direitos. A SPM tem trabalhado com esses desafios, considerados estratégicos e orientadores das políticas para as mulheres.

3. Direito a viver livre de violências: a Lei Maria da Penha

Apesar do reconhecimento da igualdade dos sexos estar presente na Constituição Federal de 1988, a experiência cotidiana registra inúmeros casos de violência contra as mulheres, denúncias alarmantes e crescentes. O maior número de violências são as cometidas contra meninas e mulheres, no geral dentro de suas próprias casas, pelas mãos de pais e maridos ou (ex-)companheiros, fazendo dessas situações um número superior a 70% das denúncias, como demonstra o Mapa da Violência, baseado nas ligações da Central de Atendimento à Mulher – Ligue 180, iniciativa da SPM na luta contra a violência doméstica.

No geral, as motivações que levam aos atos de homicídios contra as mulheres estão relacionadas aos chamados crimes passionais, diferentes daqueles cometidos contra os homens (tráfico, acerto de contas, vingança, brigas), muito embora a condição de pobreza, falta de acesso a serviços essenciais, baixo nível de escolaridade e precário acesso à saúde sejam indicadores presentes na grande maioria dos casos.

Também são elevados os índices da prostituição, assim como do tráfico de mulheres, outra causa do aumento do assassinato de mulheres.

A Lei Maria da Penha (Lei n. 11.340/2006), em vigência desde 22 de setembro de 2006, instaurou, no cenário político e jurídico nacional, mecanismos para coibir e prevenir a violência contra as mulheres em situação familiar e em relações afetivas, em todas as suas expressões e em qualquer contexto socioeconômico. Assim, algumas questões importantes ganharam destaque, como a legitimidade e validade jurídica dessa lei, a importância de uma nova maneira de administração legal de conflitos interpessoais, da judicialização das relações pessoais e da vida afetiva e familiar, inovando em relação à estrutura existente. O Estado brasileiro, que permaneceu omisso por décadas, recuperou seu protagonismo com a implementação da Lei Maria da Penha.

Ela estabelece a tipificação da violência, veda a aplicação de penas pecuniárias e retira o conteúdo, anteriormente previsto no Código Penal, que atenua a pena para o agressor "sob o domínio de violenta emoção" ou para o "crime por motivo de relevante valor social ou moral". Decorre da incorporação do princípio da igualdade entre homens e mulheres e, nos termos do parágrafo 8º do artigo 226 da Constituição Federal de 1988, determina competir ao Estado assegurar a assistência à família mediante mecanismos que coíbam a violência no âmbito de suas relações. Portanto, essa lei é resultado do amplo debate realizado na esfera pública, coordenado pela SPM, que reafirma o reconhecimento dos direitos humanos fundamentais de proteção e participação das mulheres vítimas de violência no Brasil.

Há consenso de que a Lei Maria da Penha veio para responder à impropriedade da Lei n. 9.099/1995. Mediante a adoção dessa lei, ratificada como constitucional pelo Supremo Tribunal Federal, em fevereiro de 2012, o Brasil cumpre obrigações contraídas com a ratificação da Convenção de Belém do Pará (1994) e define a natureza desse crime. Prevê a obrigação de o Estado atuar preventivamente no combate à violência contra as mulheres, por meio da inclusão das agredidas em programas sociais, reconhecendo as distintas vulnerabilidades existentes. O Estado deve facilitar o acesso das vítimas à justiça e responsabilizar-se pelas necessárias medidas protetivas de urgência, muitas delas no campo do direito de família, para deter a escalada da violência contra as mulheres e estabelecer iniciativas inéditas para enfrentá-la, como a criação de uma vara judicial para atender mulheres agredidas, interferindo na área da segurança pública e no judiciário, buscando contribuir para mudar práticas institucionais de atuação no enfrentamento da questão.

A violência contra a mulher não é um evento considerado excepcional, uma vez que as pesquisas mostram que, para cada quatro mulheres, uma já sofreu algum tipo de violência. Trata-se de uma prática que redimensiona ou renegocia os pactos domésticos, com elementos distintivos entre as mulheres agredidas, que envolvem classe, raça/etnia, escolaridade, idade e outros. Historicamente, a violência contra as mulheres sempre foi tratada pelo senso comum de maneira trivial e remetida, sobretudo, à vida privada, restrita apenas às partes envolvidas.

É sabido que a violência de gênero não é um fenômeno novo. No entanto, apenas na última década tornou-se objeto de criação de uma lei própria, que reconheceu o fenômeno como um demarcador da condição de ser mulher. Ela representou um significativo avanço das reivindicações do movimento feminista e dos direitos das mulheres, materializado em procedimentos legais e jurídicos e efetivada por uma política pública que torna crime todo ato de violência física, moral, patrimonial, psicológica e sexual contra as mulheres na esfera das relações domésticas e familiares.

A persistência da violência contra a mulher advém, dentre outras causas, do fundo ideológico sexista, religioso e conservador presente na cultura heteronormativa e viril, inscrita na sociedade brasileira com traços ainda prevalentes do sistema patriarcal, que impede o reconhecimento das mulheres enquanto sujeitos de direitos, em suas ideias, ações, sentimentos e corpos. O exercício pleno da cidadania das mulheres em situação de violência torna-se, então, cerceado na prática, pois a violência atinge os mais diversos estratos sociais, em condições sociais e culturais distintas, evidenciando que as possibilidades de construir uma vida sem violência dependem de mudanças profundas nas relações sociais em todos os âmbitos. Daí o maior compromisso dos Estados com a efetivação de políticas públicas de enfrentamento à violência – através da implementação do pacto, proposto pela SPM, com as 27 unidades da federação.

O maior desafio é institucional e se apresenta em dois níveis: primeiro, atingindo as mentalidades, os valores e as ideias relativos aos processos de mudança nos paradigmas disciplinares no campo jurídico de formação universitária e profissional; segundo, o da constituição de uma vontade política em direção à democratização das relações sociais de gênero no campo da atuação dos direitos humanos para as mulheres, o qual, certamente, trará consequências benéficas à atuação na área jurídica.

A falta de recursos humanos e financeiros e de treinamento e sensibilização dos operadores do direito para lidar com as mulheres vítimas de violência doméstica é outro desafio à implementação da lei. Inversamente, em proporções similares, está a dificuldade de a mulher romper com a violência e de o homem romper com o papel idealizado de dominação sobre a mulher, porque "só quando fica insuportável é que a mulher quebra a barreira do silêncio e denuncia". Tais inovações da Lei Maria da Penha trouxeram consequências imediatas, sendo destacado o aumento da denúncia e da própria visibilidade da denúncia, que costumava ser inibida pelo medo das ameaças e chantagens do agressor ou por falta de conhecimento sobre os serviços existentes.

3.1. A rede de atendimento às mulheres em situação de violência

A constituição e o fortalecimento da rede de atendimento às mulheres em situação de violência devem ser compreendidos no âmbito do I e II PNPM e, em especial, da Política e do Pacto Nacional de Enfrentamento à Violência contra as Mulheres, que estabelecem os conceitos, as diretrizes e as ações de prevenção e combate à violência.

No período anterior à criação da SPM, a atuação governamental não se traduzia, de fato, em uma política de enfrentamento à violência, estando concentrada em delegacias especializadas de atendimento à mulher (DEAM) e no encaminhamento das vítimas às casas-abrigo. A infraestrutura social de atendimento às mulheres em situação de violência era ainda muito precária, tanto na quantidade de serviços ofertados quanto pela inexistência de uma articulação entre os serviços que propiciasse a constituição de uma rede.

Com a SPM, foram garantidos recursos para a criação de serviços e para a implementação de políticas públicas integradas em todo o território nacional. Assim, as ações mudaram de enfoque e ganharam nova envergadura, com a formulação da Política Nacional de Enfrentamento à Violência contra as Mulheres. Esta indica diretrizes para uma atuação coordenada dos organismos governamentais nas três esferas da federação, com a estratégia de formação de redes articulando todos os serviços à disposição das vítimas.

Em 2007, foi dado mais um passo importante com o lançamento do Pacto Nacional pelo Enfrentamento à Violência contra as Mulheres, que conta hoje com a adesão de todas as unidades da federação e o Distrito Federal. Ele consolida a necessidade de uma rede articulada de atendimento à mulher, assim como a capacitação de agentes públicos para prevenção e atendimento. Foram criadas também normas e padrões de atendimento e aperfeiçoada a legislação. Além de apoiar financeira e institucionalmente os Estados e o DF, a SPM incentiva permanentemente a constituição de redes de serviços e incentiva projetos educativos e culturais de prevenção à violência, bem como a ampliação do acesso das mulheres à justiça e aos serviços de segurança pública.

Em 2005, foi criada a Central de Atendimento à Mulher – Ligue 180. Seu objetivo é orientar as mulheres em situação de violência sobre seus direitos e sobre os serviços disponíveis. Funciona 24 horas por dia, com atendentes capacitadas para ouvir as denúncias e fazer os encaminhamentos adequados. A central é um número de utilidade pública, que pode ser acessado gratuitamente por mulheres de todo o país. Em 2012, a central recebeu em média 20 mil ligações por dia.

O serviço atende ainda brasileiras sofrendo violência em outros países – Portugal, Espanha e Itália –, com demanda crescente para sua implantação em vários outros. Entre o segundo semestre de 2012 e fevereiro de 2013, duas redes internacionais de tráfico de mulheres foram desbaratadas na Espanha graças a denúncias feitas ao 180 e à articulação da SPM com o Ministério da Justiça e a Polícia Federal.

A central é uma importante porta de entrada para o atendimento. Ela representa um elo com a Rede de Atendimento às Mulheres em Situação de Violência, ao lado de serviços como casas-abrigo, centros de referência de atendimento à mulher e delegacias de polícia, além de dar maior visibilidade aos serviços da rede de atendimento para a população em geral e para as mulheres em situação de violência. Funciona ainda como instrumento de monitoramento da atuação das instituições em cada Estado, sendo, portanto, fonte de informações sobre a qualidade do serviço oferecido, subsidiando a avaliação das políticas públicas no que diz respeito à rede.

A rede de enfrentamento tem por objetivos efetivar os quatro eixos previstos na Política Nacional de Enfrentamento à Violência contra as Mulheres – combate, prevenção, assistência e garantia de direitos – e dar conta da complexidade do fenômeno da violência contra as mulheres.

Integram a rede vários serviços especializados e instituições:

- centros de atendimento à mulher em situação de violência (centros de referência de atendimento à mulher, núcleos de atendimento à mulher em situação de violência, centros integrados da mulher);
- casas-abrigo;
- casas de acolhimento provisório (casas de passagem);
- delegacias especializadas de atendimento à mulher (postos ou seções da Polícia de Atendimento à Mulher);
- núcleos da mulher nas defensorias públicas, promotorias especializadas, juizados especiais de violência doméstica e familiar contra a mulher;
- central de Atendimento à Mulher – Ligue 180;
- ouvidoria da Mulher;
- serviços de saúde voltados para o atendimento aos casos de violência sexual e doméstica;
- Posto de atendimento humanizado nos aeroportos (tráfico de pessoas) e Núcleo de Atendimento à Mulher nos serviços de apoio ao migrante.

A SPM deu um novo passo para o aperfeiçoamento da rede, repactuando com os Estados e o Distrito Federal novas metas e o compromisso de integrar a rede especializada, facilitar o acesso e oferecer um atendimento mais qualificado. Essa integração deverá incluir atores relevantes para o enfrentamento da violência e a punição dos agressores: as defensorias, o Ministério Público, o Judiciário, a segurança pública e a assistência social.

Todas as informações registradas pelo Ligue 180 são indicativas de que, mesmo após grandes conquistas no enfrentamento à violência, esta ainda é persistente, assim como o desafio de ampliar e aprimorar o atendimento para amparar as mulheres que vivem em tal condição. Em relação à expansão de serviços, por exemplo, o levantamento realizado pela Pesquisa de Informações Básicas Municipais (Munic/IBGE/2009) identificou a existência, hoje, de 262 municípios com casas-abrigo, 397 com 475 delegacias especializadas de atendimento à mulher (sendo que, em 2003, eram 200), 469 com núcleos especializados de atendimento à mulher nas defensorias públicas e 274 com juizados de violência doméstica e familiar contra a mulher. Embora tais serviços atendam uma rede mais ampla do que a definida pelo território municipal, é fato que há necessidade de maior oferta e fortalecimento das instituições implantadas recentemente. A Rede de Enfrentamento à Violência Contra as Mulheres é o desafio para incorporar a intersetorialidade e a transversalidade como diretriz das políticas públicas federais.

Sendo a violência uma violação dos direitos humanos e um fenômeno de caráter multidimensional, que requer a implementação de políticas públicas amplas e articuladas nas mais diferentes esferas da vida social (educação, trabalho, saúde, segurança pública, assistência social, entre outras), é preciso enfatizar aqui a importância da transversalização da perspectiva de gênero nas políticas desenvolvidas pelo governo federal. Isso significa que a principal função da SPM não é executar as políticas, mas atuar ao lado das mulheres, no âmbito local, para que o Plano Nacional de Políticas para as Mulheres seja concretizado na ponta.

Dando sequência à implementação da Lei Maria da Penha, a presidenta Dilma lançou em 13 de março de 2013 um exemplar e vultoso programa que consolida a política pública de Estado para o enfrentamento à violência de gênero, intitulado "Mulher: viver sem violência". Do programa constam várias ações: ampliação da Central de Atendimento 180; Casa da Mulher Brasileira; adequação e humanização dos serviços de saúde e segurança para a cadeia da coleta da prova; ampliação e melhoria dos núcleos especializados nas fronteiras secas; e campanhas educativas de caráter permanente.

As Casas da Mulher Brasileira serão implantadas em cada capital e no DF até 2014, onde concentrarão todos os serviços voltados para o atendimento à mulher em situação de violência, buscando qualificar e melhorar o acesso das mulheres aos serviços do sistema judiciário, de segurança pública, de defensorias, de atendimento psicossocial, de alojamentos, de transporte, de brinquedotecas e de atendimento multiprofissional para a inserção ou a reinserção das mulheres ao mundo do trabalho. Para esse programa, o governo federal aportou R$ 266 milhões para o ano de 2013 e 2014.

4. O campo político: ampliação da presença de mulheres nos espaços de poder e de decisão

Há um quadro de sub-representação de mulheres nos espaços da política. A redemocratização e adoção de uma política de cotas tiveram destaques na tentativa de ampliar esse espaço. Em 1996, o Brasil adotou uma política de cotas, mas apenas em 2009 aprovou uma lei, tentando obrigar o seu preenchimento pelos partidos. O resultado foi sofrível; contudo, a eleição presidencial de 2010 contou com duas mulheres candidatas à presidência entre os três candidatos mais competitivos. Uma delas foi eleita. Dilma Rousseff tornou-se a primeira mulher presidenta da República, com um efeito político estimulador para fortalecer a presença feminina em todas as esferas de poder. Isso já pode ser observado na 8ª edição do Prêmio Construindo a Igualdade de Gênero (SPM/CNPq e

MEC), no qual cerca de 40% das mais de 4 mil redações da categoria estudantes de ensino médio fez referência à presidenta Dilma, como paradigma feminino a ser seguido.

O baixo índice de participação feminina nos espaços de tomada de decisão é, possivelmente, um dos fatores que mais contribuem para a manutenção da situação desfavorável em que vivem as brasileiras. Numa dimensão histórica, as relações de gênero assentadas na sociedade patriarcal definem esse padrão de comportamento subordinado das mulheres e sua exclusão da vida política. Um exemplo é o fato de que o enfrentamento à violência de gênero só foi incorporado efetivamente às políticas de Estado quando se criou uma institucionalidade com a atribuição de elaborar e executar políticas para as mulheres. Outro é a baixa representação política nos cargos executivos e legislativos do país.

Desta forma, é fundamental definir estratégias para ampliar a representatividade feminina nos espaços de poder. Os últimos dez anos consolidaram a cidadania no Brasil e as ações afirmativas desnudaram a sub-representação feminina e trouxeram para a agenda política os desafios da inclusão democrática[4]. Nessa perspectiva, a SPM, em 2008, lançou a campanha Mais Mulheres no Poder, com caráter permanente. Em 2009, foi instalada uma comissão tripartite para discutir a legislação eleitoral em relação às cotas por sexo. A comissão foi formada por representantes do Executivo Federal, sociedade civil, Congresso Nacional (bancada feminina) e o Fórum de Instâncias de Mulheres de Partidos Políticos (participavam dezesseis partidos brasileiros). As propostas emanadas dessas discussões foram responsáveis pelos avanços (ainda que pequenos) da presença das mulheres no tecido político nacional nas últimas eleições.

Como se vê, ainda há muito trabalho pela frente. A construção de um Brasil livre da desigualdade de gênero não é tarefa para um só governo ou uma só geração. É preciso garantir que o Estado brasileiro siga dialogando com as mulheres, legitimando as suas demandas e garantindo o espaço e os recursos necessários para que os seus direitos sejam garantidos e aprofundados.

Por isso, a SPM incentiva a criação de órgãos de políticas para as mulheres (OPM) nos âmbitos municipais e estaduais para que as políticas públicas traçadas na esfera federal possam atingir todo o território. Só assim faremos do Brasil um país de todos e de todas.

5. As mulheres e o desenvolvimento: educação, diversidade e trabalho

O debate de gênero provocado pela redemocratização foi determinante para a incorporação pelo Estado brasileiro dessa agenda nos espaços da política educacional. A vitória das mulheres é inegável, pois há paridade entre os sexos no acesso e progressão escolar, embora ainda permaneça uma desigualdade educacional entre as mulheres urbanas e rurais ou desigualdade salarial entre os homens e mulheres com o mesmo nível educacional[5].

A partir da criação da SPM, em 2003, até o momento, as políticas de gênero no campo educacional ganharam impulso. Em 2004, foi criada no Ministério da Educação (MEC)

[4] Cidadania, Estudo, Pesquisa, Informação e Ação (Cepia) e ONU-Mulheres, *O progresso das mulheres no Brasil. 2003-2010* (Rio de Janeiro/Brasília, CEPIA/ONU-Mulheres, 2011). Disponível em: <www.cepia.org.br/progresso.pdf>. Acesso em 4 abr. 2013.

[5] Ibidem, p. 394.

a Secretaria de Educação Continuada, Alfabetização e Diversidade (Secad). Em 2011, com a reestruturação organizacional do MEC, transformou-se em Secretaria de Educação Continuada, Alfabetização, Diversidade e Inclusão (Secadi). As conferências nacionais de políticas para as mulheres, o lançamento do Plano de Desenvolvimento da Educação (MEC), em 2007, da Conferência Nacional de Educação (Conae) em 2010, e do Plano Nacional de Educação (PNE 2011-2020) inauguram uma nova gestão nesse campo.

Assim, a institucionalização da SPM e da Secadi/MEC possibilitou o desenvolvimento e a transversalidade de uma política educacional com perspectiva de gênero. A SPM induziu e apoiou a formulação de políticas para as mulheres, e a Secadi/MEC ficou com atribuição de difundir no interior do ministério a temática da diversidade de forma ampla.

Os primeiro, segundo e terceiro planos nacionais de políticas para as mulheres (PNPM), formulados pelo governo e sociedade civil por meio das conferências, incluíram objetivos específicos para a educação. Embora a execução de tais políticas seja quase totalmente de responsabilidade do MEC, a SPM, mesmo sendo um órgão articulador dessas políticas, tem buscado, ao longo dos anos, desenvolver projetos pontuais, como o Programa Mulher e Ciência, os cursos a distância – Gênero e Diversidade na Escola (GDE) e em Gestão em Políticas Públicas de Gênero e Raça (GPP-GeR).

O grande desafio da secretaria é introduzir no sistema educacional brasileiro a temática da igualdade entre mulheres e homens nos currículos escolares, como forma de mudar a cultura e a mentalidade de futuras gerações em relação a gênero, favorecendo a transformação da sociedade.

Em 2012, foi dado mais um passo importante para a política para as mulheres, num novo marco na história da SPM: a criação da Coordenação Geral da Diversidade, que reafirma o compromisso com a promoção de políticas públicas para as mulheres negras, indígenas, lésbicas, jovens, idosas e com deficiência. Pretende-se, assim, garantir políticas que contemplem as especificidades e diferenças das mulheres, promovendo o combate à discriminação e aos preconceitos. É sempre bom lembrar que elas se incluem nos grupos mais fragilizados e marginalizados, enfrentando toda sorte de dificuldades no seu cotidiano. Dar-lhes voz, facilitar o acesso, criar e implementar ações que respeitem suas realidades, inclusão, acesso aos bens e serviços em condição de igualdade para que vivam com dignidade e plenamente.

Com a política traçada pelos planos nacionais, a SPM busca garantir a igualdade no mundo do trabalho com foco na corresponsabilidade da sociedade e do Estado pela reprodução da vida. As atividades relacionadas à reprodução e manutenção da vida humana têm recaído, histórica e exclusivamente, sobre as mulheres. A realização das tarefas domésticas e de cuidados com marido/companheiro, filhos/as e os/as doentes acabam por se tornar fatores de seu *aprisionamento* no âmbito doméstico. Com o progressivo aumento da participação feminina no mercado de trabalho, elas têm somado cada vez mais atribuições. Como resultado, as taxas de fecundidade já se encontram abaixo do nível de reposição populacional, e as pesquisas apontam um grave quadro de adoecimento feminino, cada vez mais frequente e precoce, derivado da exposição cotidiana ao estresse e à sobrecarga de trabalho. É urgente que o Estado e a sociedade reconheçam a reprodução da vida como responsabilidade coletiva, bem como a função social da maternidade, sob o risco de que haja um colapso em nosso processo de crescimento.

Paradoxalmente, embora as mulheres recebam salários em torno de 30% inferiores aos dos homens,

> declarar ou não uma atividade remunerada ou uma profissão, distinguir o fato de ocupar um emprego das funções domésticas ou estritamente familiares é se afirmar como membro de uma sociedade econômica. A delimitação do trabalho é uma linha vermelha para entender o lugar das mulheres nas sociedades contemporâneas, pois, a despeito do que possa ter sido dito sobre o declínio do *valor-trabalho*, a atividade profissional continua sendo uma experiência social importante.[6]

Não surpreende, portanto, que aflorassem novos focos de conflito social. Tanto há mais mulheres trabalhando quanto se revelam as desigualdades de gênero no trabalho como noutras dimensões da participação social. A rapidez com que as atividades extradomiciliares surgiram, predispondo-as a maior autonomização pessoal, não seria acompanhada, porém, de mudanças substanciais nos padrões das relações familiares e interpessoais, em especial com os homens, o que se traduziu na revelação dos dramas de violência familiar decorrentes, em parte, desse descompasso.

Outra dimensão a considerar nessa esfera diz respeito às mudanças que vêm ocorrendo na estrutura familiar. Combinadas, afetam a disponibilidade e a qualidade da atenção à criança pequena e aos filhos menores e pré-adolescentes. Além disso, prejudicam as condições em que os jovens chegam ao momento – não raro precocemente – da maior inserção social. Tais assimetrias, no fundo, são parecidas e estão associadas às que introduzem outros tipos de conflitos na passagem para a juventude. Podem ser apontadas inúmeras dificuldades para isso, como a de articular a instrução (educação formal escolar) com a aquisição de qualificações – ainda na acepção fordista de organização da produção – e de competências que vão além dessa qualificação – o novo desafio posto pela reestruturação produtiva nos anos 1990. Outras a se lembrar seriam as dificuldades para obter emprego de qualidade e/ou escapar da precarização lindeira da marginalidade e da ilegalidade. E, ainda, para ganhar maturidade e chegar à constituição de nova família, de novas redes de sociabilidade e para exercitar plenamente a cidadania.

O fenômeno da "feminização da pobreza" passou a ter destaque no início do século XXI, embora acompanhado da entrada massiva das mulheres no mercado de trabalho, ainda que em empregos precários e da presença de um significativo aumento do número de mulheres chefes de família. Paradoxalmente, porém, emergiram novas dinâmicas de ação, ao articular a distribuição de responsabilidades pelo bem-estar das mulheres entre Estado, mercado, a comunidade e a família, resultando em uma significativa alteração na gestão pública, envolvendo novas parcerias como as organizações não governamentais (ONGs), igrejas, comunidades e com as próprias

---

[6] Margaret Maruani e Monique Meron, "Histórias mal contadas sobre o trabalho das mulheres", *Le Monde Diplomatique Brasil*, n. 66, 2013. Disponível em: <http://diplomatique.org.br/artigo.php?id=1332>. Acesso em 4 abr. 2013.

mulheres, individualmente. Disso resultou o aumento do papel desempenhado por essas instituições, assim como na redefinição do padrão de atuação do Estado[7].

Uma importante conquista do governo, liderada pela SPM, foi o trabalho conjunto com a deputada Benedita da Silva, relatora da Proposta de Emenda à Constituição (PEC) das Trabalhadoras Domésticas, que prevê o aumento dos direitos dessas trabalhadoras, e culminou com aprovação em dois turnos na Câmara dos Deputados.

Sente-se a força da sociedade brasileira que está realizando a descentralização com a ocupação de novos espaços físicos e disputas, decisões, e com novos atores sociais. Ao mesmo tempo, romper com os papéis tradicionais de mulheres e homens tornou-se um desafio crítico no país.

6. Desafios postos para a SPM

Dentre os muitos desafios mencionados ao longo do texto, podemos ressaltar alguns mais urgentes como:

- introduzir no sistema educacional brasileiro a temática da igualdade de gênero no currículo das escolas brasileiras e, dessa forma, transformá-lo;
- adaptar as políticas públicas aos novos desafios impostos para a construção de uma sociedade igualitária, com a criação e o fortalecimento de um conjunto de ações voltados para as áreas em que o progresso tem sido relativamente mais lento;
- consolidar uma rede nacional integrada para o enfrentamento à violência contra a mulher;
- dispensar especial atenção para a redução da mortalidade neonatal, a promoção do aleitamento materno exclusivo, a expansão do acesso ao saneamento básico e a redução drástica da proporção de crianças sem registro de nascimento;
- diminuir drasticamente a mortalidade materna e readequar os serviços de atendimento às mulheres em situação de violência sexual;
- reconhecer as desigualdades entre mulheres e homens e suas implicações em elaborações e resultados de políticas;
- reconhecer que os papéis de gênero são variados na família, assim como na esfera pública, no mundo do trabalho e na comunidade;
- reconhecer que não é apenas na esfera reprodutiva feminina que se instalam as desigualdades entre os gêneros.

Finalmente, resta destacar que os desafios a serem enfrentados pela SPM vão muito além dos aqui mencionados, pois se trata de evidenciar a necessidade de mudanças profundas em relação à erradicação das desigualdades entre homens e mulheres, uma vez que os seus custos sociais, econômicos e políticos acabam por onerar não apenas as mulheres, mas toda a sociedade brasileira, e, sobretudo, comprometer as futuras gerações.

---

[7] Bila Sorj e Carla Gomes, "O gênero da 'nova cidadania': o programa Mulheres da Paz", em *Revista Sociologia & Antropologia* (PPGSA/UFRJ, v. 1-2, 2011). Disponível em: <http://revistappgsa.ifcs.ufrj.br/pdfs/ano1v2_artigo_bila-sorj-carla-gomes.pdf>. Acesso em 4 abr. 2013.

DIREITOS HUMANOS E O FIM DO ESQUECIMENTO

Paulo Vannuchi

O marco de mais alto impacto na área dos direitos humanos alcançado nos últimos dez anos se materializa na investigação que hoje avança sob a responsabilidade da Comissão Nacional da Verdade. Previsto para meados de 2014, seu relatório final aglutina enormes esperanças e poderá viabilizar políticas públicas consistentes para assegurar os imperativos do Nunca Mais no Brasil.

Fim do esquecimento é o título muito feliz escolhido pelo cineasta e ex-preso político Renato Tapajós para seu recente documentário, no qual atualiza com novos depoimentos seu já clássico *Em nome da segurança nacional*, realizado em 1984 para denunciar a truculência da ditadura de 1964 e sua doutrina militar reacionária.

Fim do esquecimento é o capítulo de hoje na novela que se arrasta há quase cinquenta anos, sem que seus diretores e roteiristas consigam escrever os episódios conclusivos, em que o Brasil decidirá que futuro dar às atrocidades de seu passado ditatorial recente.

A escolha está entre prosseguir na trilha do recalque e da interdição de qualquer debate, que condena ao eterno retorno e à repetição, ou encarar de modo corajoso um processamento que pode ser incômodo e até doloroso, mas que valerá como única chance para propiciar um desejável anseio de reconciliação.

Terá o mais alto impacto, porque vale como liberação de um impulso que seguirá crescendo e já demonstra força suficiente para romper muitos bloqueios da mídia e abalar trincheiras e casamatas dos sequestradores de arquivos, além de silenciar as velhas ameaças terroristas conjurando fantasmas do revanchismo como pretexto para advogar a impunidade e a amnésia.

Falar em alto impacto não significa afirmar que, nos governos Lula e Dilma, essa tenha sido a mudança mais profunda e abrangente na consolidação histórica dos direitos humanos. Todos os conhecedores do assunto sabem que, em sua acepção ampla, esses direitos foram alargados de múltiplas formas pelo êxito incontestável de programas como o Bolsa Família, Fome Zero, Programa Universidade para Todos (Prouni), Territórios da Cidadania, Luz para Todos, Minha Casa Minha Vida, e vários outros.

As políticas públicas de combate à pobreza e à desigualdade na distribuição de renda – tratadas adequadamente em outros artigos deste livro – valeram como uma espécie de redescoberta do Brasil perante os olhos céticos de todos os analistas adictos à droga do pensamento elitista que fez da exclusão seu *leitmotiv* durante cinco séculos.

Essas políticas públicas promoveram um avanço aos direitos humanos econômicos, sociais e culturais – chamados direitos de segunda geração por alguns estudiosos –, fazendo emergir, para participação ativa na construção nacional, milhões de pessoas que compunham o subsolo de um mercado interno asfixiado e de uma cidadania política recusada.

As mudanças não se limitaram ao terreno econômico e social. Em seus primeiros dias de governo, Lula contrariou o velho estigma com que alguns cientistas políticos buscaram carimbar as forças de esquerda, acusando-as de subestimarem o papel das instituições na arena política, e anunciou a criação de três secretarias ministeriais – Direitos Humanos, Igualdade Racial e Políticas para as Mulheres –, voltadas para monitorar a observância dos preceitos firmados na Declaração Universal de 1948.

Foi ousado e até pioneiro se observado o cenário mundial em que pouquíssimos países são dotados de mecanismos desse porte e com tal força política. O Estado brasileiro, ampliado na acepção gramsciana pela irrupção de forças políticas de índole popular e democrática, incorporava no próprio corpo ministerial uma instância direcionada exclusivamente ao trabalho de proteger e promover os direitos humanos. Subvertia-se, dessa forma, a longa tradição histórica internacional em que cabia ao Estado unicamente o papel de perpetrador das violações.

Lula apostou nos três novos ministérios como instâncias de intervenção horizontal permanente junto às dezenas de áreas de governo nas quais os temas universais dos direitos humanos devem ser equacionados e protegidos – justiça, educação, saúde, cultura, trabalho, previdência, cidades, desenvolvimento agrário, desenvolvimento social, meio ambiente, defesa, muitas outras.

Os novos organismos passaram a existir também como instâncias de interação colaborativa com os demais poderes republicanos e entes federados, valendo como verdadeiras janelas de diálogo permanente com os movimentos sociais. Para que não houvesse dúvida, as três secretarias especiais foram alocadas no âmbito da Presidência da República para reforçar sua autoridade no trabalho interministerial.

1. Cenário geral

Alguns conceitos fundamentais sobre os direitos humanos precisam ser aqui lembrados, bem como precisam ser recuperados os traços específicos da formação histórica brasileira, para que se atinja uma compreensão adequada dos saltos recentes.

No plano conceitual, cabe enfatizar que os direitos humanos são concebidos hoje muito mais como "construção histórica" do que em sua antiga abordagem filosófica como "direitos naturais". Durante séculos, os pensadores se separavam em variantes teológicas ou racionalistas de uma mesma vertente jusnaturalista. Adjetivos como "intrínseco" e "imanente" eram utilizados à exaustão e até de forma redundante na tentativa de fundamentar ontologicamente o que seriam, afinal de contas, os chamados direitos humanos.

No século XX, Norberto Bobbio e Hannah Arendt despontaram entre os mais reconhecidos formuladores de uma importante atualização conceitual. O pensador italiano sintetizou toda a sua ampla releitura dos clássicos envolvidos nessa edificação teórica, lançando uma proposição clara e angular: o problema fundamental dos direitos humanos em nossos dias já não está em fundamentá-los, e sim em efetivá-los. Seu raciocínio trazia ecos da célebre frase de Marx, registrando que os filósofos tinham interpretado o mundo de diferentes formas, quando se trata na verdade de transformá-lo.

Nessa mesma direção de concretude histórica avançou Hannah Arendt ao introduzir uma revolução no enfoque do chamado direito natural, sugerindo outra leitura. Para a pensadora judia alemã, exilada nos Estados Unidos, o embasamento conceitual pertinente aos direitos humanos corresponde a uma construção política programática. Em nenhum lugar do planeta os seres humanos nascem livres e iguais em dignidade e direitos, como reza a sentença lapidar que encabeça os trinta artigos da Declaração Universal de 1948. Para Arendt, tornamo-nos livres e iguais porque assim decidimos conscientemente. É a comunidade humana que, avançando em sua caminhada civilizatória, atinge a etapa de proclamar, pela via política, uma decisão coletiva e programática de caminhar no rumo da afirmação histórica dos ideais de igualdade e liberdade.

No século XXI brasileiro, os direitos humanos não teriam por que debutar trajando as vestes elegantes de uma nação ou Estado que já tivesse avançado satisfatoriamente na prolongada construção democrática que países como a Inglaterra, Estados Unidos e França, por exemplo, haviam trilhado desde as primeiras revoluções liberais.

Todo o contrário. No Brasil, a democracia nunca tinha passado de um lamentável mal-entendido, conforme a ironia chocante de Sérgio Buarque de Holanda. Em nossa formação histórica, a escravidão se alastrou e fixou raízes ao longo de quase 350 anos, adquirindo dimensões provavelmente superiores as de qualquer outro país, como chaga social, cultural e como peso decisivo no processo produtivo.

Como falar em direitos humanos numa terra onde os escravos eram comprados como objetos, às dúzias, ao desembarcarem da África como sobreviventes dos fétidos porões do navio que o poeta baiano amaldiçoou com sua força de gênio, invectivando o auriverde pendão de seu mastro? País onde o pelourinho era instrumento cotidiano de tortura, em praça pública, para castigar ou disciplinar?

Todo o contrário também porque, ao lado dos horrores da escravidão, cumpriu-se um permanente genocídio de nações indígenas, com poucos paralelos no mundo, sendo os primeiros brasileiros que Cabral avistou dizimados numa cifra que pode atingir 5 milhões. Esse extermínio atravessou séculos e foi operado tanto pelo bacamarte português dos anos 1500 quanto pela saga inglória dos bandeirantes, que hoje são glorificados nos nomes de rodovias, avenidas e escolas – entre eles até mesmo o de assassinos.

Em pleno século XXI, ainda são noticiadas ocupações ilegais em terras indígenas por grileiros assassinos ou por segmentos retrógrados do agronegócio, que deixam um rastro sangrento e marcas de um Judiciário omisso, para dizer o mínimo, que termina convalidando a impunidade.

Todo o contrário porque o inconformismo e as diferentes lutas pela liberdade ou por um pouco de igualdade, ao longo de nossa história – Cabanagem, Balaiada, Canudos, Contestado, tantas outras –, tiveram o sabre como única forma de diálogo. Ou então o "legislador Comblain", figura utilizada por Euclides da Cunha ao denunciar o extermínio dos seguidores de Antônio Conselheiro, mencionando o fabricante belga das carabinas levadas pelo Exército ao sertão baiano, em 1897, para cuspir fogo em cinco mil miseráveis que clamavam por terra e justiça.

Sendo essa a nossa verdadeira formação histórica – muito diferente do mito róseo da Carta de Pero Vaz Caminha ou dos romances de Alencar –, o Brasil que entrou no século XX já podia ser comparado a um vasto túmulo dos direitos humanos. O ambiente econômico, social, político e cultural do país podia ser resumido de corpo e alma pelo simples título de duas obras consagradas entre os grandes intérpretes: *Coronelismo, enxada e voto*, de Victor Nunes Leal, e *Quatro séculos de latifúndio*, de Alberto Passos Guimarães.

Sua leitura deixa claro que a paisagem rural era dominada pelo poder monocrático do grande proprietário de terra, que avocava para sua pessoa todo-poderosa as funções legislativas, judiciárias e executivas; pelo patrimonialismo; pelas farsas eleitorais grotescas, pelo clientelismo e pela corrupção sistêmica; pela proliferação de forças armadas particulares; pela eliminação de vidas humanas de forma banal; pelo exercício até mesmo do direito medieval de dormir a primeira noite com toda noiva que se casasse em seus domínios.

Como se não bastasse, naquele mesmo século do Holocausto o Brasil ainda sofreria o peso de duas longas ditaduras que modernizaram a intolerância repressiva dos séculos anteriores, introduzindo uma delirante paranoia política de aversão ao comunismo e a todos os seus fantasmagóricos perigos. Nesse ciclo mais recente, cuidou-se de satanizar o inimigo comunista, ampliando o seu escopo para incluir nele até mesmo a pregação do padre que repetia o Sermão da Montanha, a pressão do militar que exigia a entrada do Brasil na guerra contra Hitler, a manifestação do estudante que pedia uma universidade melhor, a rebeldia do artista que se debatia para romper as algemas da censura.

A tarefa histórica de Lula e Dilma nada tinha de simples, portanto. Nem era cabível sonhar com a perspectiva de resolver da noite para o dia todos os problemas, quitar dívidas históricas e superar ódios e preconceitos que se arrastam há cinco séculos. É verdade que, desde outubro de 1988, quando Ulysses Guimarães declarou promulgada a Constituição, num discurso histórico em que homenageou Rubens Paiva e condenou seus carrascos, o Brasil já vinha trilhando duas décadas de uma promissora alvorada democrática. Mas o avanço institucional não era acompanhado, nem de longe, de um correspondente impulso no plano dos abismos da desigualdade.

É possível que o historiador do futuro registre como principal mérito dos governos Lula e Dilma terem inaugurado a concretagem dos alicerces econômicos e sociais da construção democrática. Em 2003, a democracia já havia avançado bastante em seus aspectos institucionais desde o final da ditadura. Mas ninguém tinha cuidado de introduzir nesse processo acumulativo um conjunto elementar de requisitos materiais da igualdade, palavra que vale como fio condutor de toda a ideia democrática.

O passo a ser dado era promover a erupção dos mais pobres na arena da política, sendo chamados com rotina para opinar na formulação das políticas públicas. E isso só se tornaria realmente viável num país onde todos tivessem o que comer, onde morar, como estudar, condições dignas para trabalhar e remuneração.

Tão drástico era o cenário de violações ocorridas diariamente em todos os cantos do Brasil como a pesada herança de quinhentos anos de autoritarismo político e exclusão social que o novo governo não poderia se dar ao luxo ou cometer o erro de subordinar as políticas de proteção aos direitos humanos ao jogo das disputas políticas e partidárias que formam a rotina da vida democrática.

Por isso, escapando à regra geral em que tantos apoiadores incondicionais dos governos Lula e Dilma consideram seus êxitos como vetores de uma reviravolta completa em relação a todas as políticas e diretrizes do governo anterior, os responsáveis pela área de direitos humanos entre 2003 e 2012 sempre cuidaram de conceber suas propostas específicas como verdadeiras políticas de Estado.

Em outras palavras, tratava-se, é claro, de introduzir as mudanças prescritas pelas urnas de 2002, mas mantendo sempre em vista que a construção histórica dos direitos humanos tem de ser projetada no tempo à maneira de uma nau que atravessará governos de distintas orientações partidárias nos anos e décadas seguintes, sendo inadmissível que cada um deles faça terra arrasada do que foi edificado no período anterior.

Ao ser apresentado como o primeiro dos ministros dos direitos humanos, ainda antes da posse de Lula, Nilmário Miranda declarou à imprensa que daria continuidade e aperfeiçoaria as inúmeras iniciativas positivas do governo anterior. A Comissão Nacional da Verdade não teria sido aprovada no Legislativo, em 2011, pela quase unanimidade das duas casas, sem que esse empenho suprapartidário tivesse sido enfaticamente reiterado nos anos seguintes, incluindo o esforço decisivo da ministra Maria do Rosário no trabalho de convencimento parlamentar.

De fato, a história é povoada por paradoxos e contradições que raramente são captados pelas mentes obtusas que se espalham no cenário político da direita à esquerda. Um paradoxo claro pode ser localizado no que ocorreu com a consciência pertinente aos direitos humanos durante a ditadura de 1964. Qualquer pesquisa junto aos documentos que registrem mobilizações sindicais, greves, lutas operárias e forças comunistas trará como resultado a descoberta surpreendente de que o assunto praticamente não existia antes do golpe militar. Os textos e as campanhas abordam salários, reforma agrária, nacionalização, imperialismo, exploração, mais-valia e revolução. Nunca direitos humanos. Ou quase nunca.

Foi da violação sistemática promovida pelo Estado ditatorial, especialmente no tocante aos chamados direitos de primeira geração – liberdade de pensamento, opinião, manifestação, censura, voto, organização sindical, participação política, repressão e torturas –, que brotaria um novo impulso mobilizador e uma nova consciência duradoura sobre o tema.

Segmentos de esquerda, que haviam se mantido afastados e desconfiados de um ideário que incorporava tantos preceitos do liberalismo político, passaram a mudar de atitude, romper dogmas ideológicos e mergulhar no esforço de afirmação dos direitos humanos, reconhecendo, finalmente, que essa construção política assimila e até ultrapassa muitos dos horizontes utópicos vislumbrados pelo pensamento socialista de todas as épocas.

Paradoxo diferente desse, mas igualmente paradoxo, pode ser detectado num balanço desarmado dos oito anos de Fernando Henrique Cardoso. Se, por um lado, seu governo abraçou ou pelo menos se deixou seduzir pelo chamado Consenso de Washington, propiciando aos historiadores do futuro lembrarem seus mandatos como anos dourados da privataria e da flexibilização de direitos sociais, cabe reconhecer que nesse mesmo intervalo foram encetados alguns passos muito importantes na permeação do Estado brasileiro à observância dos preceitos universais de respeito aos direitos humanos.

Seja por sua sensibilidade como intelectual e sociólogo, que foi exilado político e amigo de muitas vítimas do terror de Estado exercido durante a ditadura de 1964, seja pela influência de colaboradores próximos que já eram reconhecidos como expoentes da luta em defesa dos direitos humanos – José Gregori, Paulo Sérgio Pinheiro, Celso Lafer, este último aluno e tradutor de Arendt –, coube a Fernando Henrique o mérito de iniciar a pavimentação de uma estrada que vinha de antes, talvez de 1988, mas que ostentava contornos precários e segmentados.

Merecem destaque maior, como saldo do período FHC, três importantíssimos avanços: a própria criação de uma secretaria de direitos humanos no âmbito do Ministério da Justiça; a formulação por decreto presidencial das duas primeiras versões do Programa Nacional de Direitos Humanos (PNDH) (1996 e 2002), sugerida pela ONU na Conferência de Viena (1993); e a elaboração e aprovação das Leis n. 9.140 e 10.559.

Através da primeira, o Estado brasileiro passou a reconhecer formalmente sua responsabilidade pelas atrocidades cometidas durante o regime ditatorial, ao mesmo tempo em que foi criada a Comissão Especial sobre Mortos e Desaparecidos Políticos. A segunda determinou a criação, no Ministério da Justiça, de uma Comissão da Anistia destinada a promover a reparação administrativa, financeira e simbólica de milhares de brasileiros que a ditadura perseguiu como inimigos. Já no primeiro mandato de Lula essa Comissão começou a percorrer o Brasil em caravanas que resgatavam a verdade histórica, pediam desculpas oficialmente pelas violências praticadas pelo Estado brasileiro, homenageavam os que lutaram pela liberdade e mobilizavam jovens que eram informados pela primeira vez sobre uma história que lhes foi subtraída durante a formação escolar.

Passo muito importante do período FHC foi o reconhecimento, em 1998, da competência da Corte Interamericana de Direitos Humanos, da Organização dos Estados Americanos (OEA), sediada em São José, Costa Rica, para examinar e decidir sobre episódios de violação ocorridos no Brasil.

Conforme será resenhado nas páginas seguintes, Lula e Dilma avançaram e garantiram importantes saltos na construção dessa estrada interminável que se dirige a um Brasil do futuro, onde os direitos humanos passarão a ser respeitados satisfatoriamente.

Depois desses dois presidentes – que assim seja – caberá aos governantes posteriores agregar novos avanços, como deve ocorrer sempre na construção democrática que reinventa a política num processo sem fim.

2. Avanços de 2003 a 2012

Os leitores haverão de perdoar o ritmo de resenha apressada que este artigo assumirá a partir de agora, para não deixar de mencionar rapidamente nenhuma das muitas linhas de trabalho que foram desenvolvidas no âmbito da Secretaria Especial de Direitos Humanos, cada uma delas merecedora de textos narrativos específicos. Essa aceleração é necessária para que se possa reservar algum fôlego à abordagem pausada do polêmico PNDH-3, cujo linchamento, na virada de 2009 para 2010, promovido pelas forças da mídia e da ressentida direita brasileira, representou o mais forte ataque ideológico sofrido pelo governo Lula em seus oito anos de mandato.

A evolução institucional da Secretaria Nacional de Direitos Humanos, Secretaria de Direitos Humanos (SEDH) a partir de 2010, pode começar a ser resumida pelo registro de seus avanços orçamentários, de seu contingente funcional, de sua ramificação expansiva nos desenhos de organograma. Quando adquiriu caráter ministerial, no primeiro dia de mandato de Lula, ela tinha como orçamento disponibilizado cerca de R$ 28 milhões. Esse montante cresceria, ano a ano, até atingir cerca de R$ 190 milhões em 2012, quase sete vezes a cifra inicial.

Seu contingente humano, composto de coordenadores, assessores e funcionários que, em sua maioria, se dedicam à causa dos direitos humanos como verdadeira militância política – varando noites, trabalhando em casa, sacrificando finais de semana, percorrendo cansativas e perigosas viagens –, saltou de 173 para quase 400, entre 2003 e 2010.

Registre-se também que, ao final de difíceis negociações que exigiram quase dois anos e a persistente dedicação do secretário-executivo Rogério Sottilli, hoje secretário de Direitos Humanos da Cidade de São Paulo, a Secretaria de Direitos Humanos da Presidência da República passou a dispor de uma ampla sede própria, livrando-se dos limites e problemas que decorriam do fato de estar antes abrigada nas instalações do Ministério da Justiça, induzindo a imprensa a informações erradas, atribuindo àquela pasta o mérito ou a responsabilidade por ações que deviam ser creditadas à SEDH.

Com vocação de espaço privilegiado para interação e diálogo entre Estado e movimentos sociais, a secretaria coordena e dá suporte a sete órgãos colegiados nacionais que reúnem na mesma mesa poderes públicos e sociedade civil: Conselho de Defesa dos Direitos da Pessoa Humana (CDDPH); Conselho dos Direitos da Criança e do Adolescente (Conanda); Conselho dos Direitos da Pessoa com Deficiência (Conade); Conselho Nacional dos Direitos do Idoso (CNDI); Conselho Nacional de Combate à Discriminação (CNCD); Comissão Nacional de Erradicação do Trabalho Escravo (Conatrae); Comitê Nacional de Prevenção e Combate à Tortura (CNPCT); Comissão Especial sobre Mortos e Desaparecidos Políticos (CEMDP); Comitê Nacional de Educação em Direitos Humanos (CNEDH).

Em dez anos, seu organograma evoluiu de um desenho relativamente simples para algo mais complexo, no qual o gabinete do ministro é guarnecido por uma Secretaria Executiva (um vice-ministro de fato), assessoria de imprensa, Ouvidoria Nacional de Direitos Humanos, assessoria internacional e assessorias especiais. Seguem-se quatro secretarias bem estruturadas: Criança e Adolescente; Promoção e Defesa dos Direitos Humanos; Gestão (e cooperação internacional); Pessoas com Deficiência, sendo esta uma conquista do último ano do governo Lula, quando a Secretaria perdeu o termo "especial" e adquiriu *status* definitivo como órgão essencial da Presidência da República, afastando riscos de supressão com a chegada de algum presidente pouco sensível ao tema.

Essa estrutura se empenhou na viabilização de quinze das oitenta conferências nacionais que o Brasil passou a realizar como nova rotina institucional a partir de 2003. Essas conferências envolvem a mobilização direta de milhares (e até milhões) de pessoas nos níveis municipal, regional e estadual, no transcurso de vários meses de articulações e debates que preparam uma etapa final celebrada em Brasília durante dois ou três dias. Nesse coroamento, o grande encontro nacional conta quase sempre com a presença do(a) presidente(a) da República e vários ministros vinculados especificamente à matéria, aprovando-se um conjunto de novas diretrizes que são levadas a exame dos chefes de governo, fortalecidas pelo sopro de legitimidade que a presença plural de lideranças regionais e de cada segmento das lutas populares assegura como um todo.

Nomeadamente, foram elas a V, VI, VII, VIII e IX Conferência Nacional da Criança e do Adolescente; I, II e III Conferência das Pessoas com Deficiência; I, II e III Conferência dos Direitos do Idoso; merecendo registro à parte a I e II Conferência Nacional dos Direitos de Gays, Lésbicas, Bissexuais, Travestis e Transexuais. Foi a primeira e única experiência mundial de um evento desse gênero convocado por decreto oficial da Presidência da República, configurando uma clara abertura do Estado a segmentos vulneráveis e até odiados por força de preconceitos ainda fortemente enraizados na sociedade brasileira.

A XI Conferência Nacional dos Direitos Humanos, que aprovou em dezembro de 2008 o esqueleto geral do PNDH-3, a ser abordado adiante, foi a segunda em que o Executivo Federal assumiu papel protagonista, coroando uma longa série iniciada em 1996 sob coordenação conjunta, até sua oitava edição, da Comissão de Direitos Humanos da Câmara dos Deputados e de um fórum de entidades nacionais da sociedade civil que militam nesse campo.

Registre-se, ainda, que o movimento social ligado aos temas de Saúde Mental praticamente exigiu, em 2010, que a Secretaria de Direitos Humanos fosse corresponsável pela preparação e condução da IV Conferência Nacional de Saúde Mental, anteriormente sob a responsabilidade exclusiva do Ministério da Saúde, no polo governamental.

Passando à abordagem individualizada dos organismos colegiados, o CDDPH é o mais antigo mecanismo institucional criado no Brasil para proteger os direitos humanos, por meio de uma lei aprovada duas semanas antes do golpe de 1964. Demorou anos a ser instalado e, durante a ditadura, foi manipulado pelo regime para acobertar toda a violência exercida nos porões de tortura. Casos de assassinato e desaparecimento de opositores políticos (Odijas Carvalho de Souza, Stuart Angel, Olavo Hansen, Rubens Paiva e muitos outros) foram examinados em suas reuniões, que sempre concluíam pelo arquivamento das denúncias como improcedentes.

Reinstalado a partir de 1985 pelo ministro da Justiça Fernando Lyra, passou a funcionar com alguma regularidade nos anos seguintes e, a partir do governo Lula, realizou sessões praticamente mensais, discutindo e apurando inúmeros episódios de graves violações de direitos humanos em todos os cantos do território nacional. Em 2010, foi lançado um volumoso e bem cuidado livro que resgata toda a trajetória desse colegiado, que há vários anos pressiona o Legislativo para aprovar um projeto de lei que tramita há quase vinte anos e determina sua transformação em Conselho Nacional dos Direitos Humanos, dotado de maior estrutura e mais autoridade. Esse livro pode ser obtido na Secretaria de Direitos Humanos da Presidência da República.

O primeiro destaque das atividades do CDDPH na última década foi o seu enfrentamento das práticas de trabalho escravo em vários estados brasileiros, nascendo de suas discussões e apurações a proposta de constituir a Conatrae, implantada em 2003. Outro destaque foi o empenho persistente do Conselho, a partir de 2005, gestão de Nilmário Miranda, na investigação de dezenas de episódios de grupos de extermínio em vários estados brasileiros, incluindo um caso grave que envolvia uma rede de farmácias em Fortaleza, no Ceará.

Foram também atividades marcantes do CDDPH nos últimos dez anos:

- Deslocamento até a "Divisa do Medo", entre a Paraíba e Pernambuco, para enfrentar o grupo de extermínio que matou mais de noventa pessoas, em total impunidade, como reação ao assassinato de Manoel de Mattos, defensor de direitos humanos e vice-presidente estadual do PT em Pernambuco. O caso permitiu que os membros do colegiado obtivessem no Supremo Tribunal de Justiça uma vitória histórica ao concretizar o primeiro caso de federalização de crimes contra os direitos humanos de repercussão nacional e internacional, mecanismo que havia sido introduzido com a reforma do Judiciário de 2005, sem nunca ter sido efetivado, nem mesmo no episódio da execução da missionária norte-americana Dorothy Stang, no Pará.
- Reunião itinerante no Espírito Santo para pressionar os poderes públicos locais a porem fim ao descalabro presente em seu sistema prisional (seres humanos recolhidos em contêineres, mortes e esquartejamentos, condições absolutamente insalubres, espancamentos etc.), com repercussão junto a organismos de proteção aos direitos humanos da ONU e da OEA.
- Mesmo tipo de pressão e inúmeras viagens a Rondônia exigindo do poder público local o cumprimento de decisões da OEA a respeito do presídio Urso Branco, palco de inomináveis violações.
- Deslocamento até o morro da Providência, no Rio de Janeiro, após três jovens terem sido presos por um tenente do Exército e, em seguida, entregues a uma facção do crime organizado, que promoveu bestial trucidamento de todos, com o abandono dos corpos em um lixão.
- Pressão junto ao Governo Estadual do Rio Grande do Sul e ao Ministério Público Estadual, acusados de atos de criminalização de movimentos sociais, marcadamente após um episódio de dura repressão contra trabalhadores rurais sem-terra em São Gabriel.
- Gestões tentando proteger os moradores da ocupação Pinheirinho, em São José dos Campos, alertando o Judiciário local e o Governo de São Paulo para a necessidade de buscar alternativas de solução pacífica do conflito, como esforço para impedir as cenas intoleráveis de violência que acabariam de fato ocorrendo em janeiro de 2012.

- Dezenas de missões ao Mato Grosso do Sul para defender os guarani-caiouás, submetidos a graves violências em localidades como Antonio João (Ñanderu-Marangatu), Dourados (Passo Pirajú) e muitas outras, onde se repetem ainda hoje assassinatos de lideranças indígenas por pistoleiros provavelmente contratados por grandes fazendeiros ocupantes das terras.
- Prolongada investigação das violações de direitos humanos durante a construção de barragens e hidrelétricas, solicitada pelas lideranças do Movimento de Atingidos por Barragens (MAB), concluída em 2010 com o lançamento público de um consistente relatório com dezenas de recomendações aos poderes públicos com vistas à reparação e à não repetição.

Não há espaço para narrar, nos limites deste artigo, outras atividades igualmente importantes desenvolvidas pelo CDDPH *pari passu* a seu processo de reuniões regulares e fortalecimento institucional.

Quanto ao Conanda, órgão colegiado e paritário que zela pela observância de todos os dispositivos do Estatuto da Criança e do Adolescente (ECA), devem ser registrados também indiscutíveis avanços nos últimos dez anos, mensuráveis no vigor crescente de suas conferências nacionais, que são antecedidas de grandes encontros locais e estaduais, mobilizando conselheiros tutelares, ONGs, especialistas e poderes públicos relacionados à área.

Contribuiu para isso a atuação eficiente da Secretaria Nacional dos Direitos da Criança e do Adolescente – da estrutura da SEDH –, que abriga e dá suporte ao Conanda, trabalhando em sinergia com ele sem prejuízo das naturais e desejáveis tensões democráticas que devem mesmo ocorrer entre quem representa os organismos do Estado e aqueles que falam em nome da sociedade civil organizada.

Marcos importantes dessa década foram:

- Formulação definitiva do Sistema Nacional do Atendimento Socioeducativo (Sinase) voltado à proteção dos adolescentes em conflito com a lei.
- Elaboração e aprovação do Plano Nacional de Promoção, Proteção e Defesa dos Direitos de Crianças e Adolescentes à Convivência Familiar e Comunitária, que dispõe sobre condicionantes para a adoção e prioriza a alternativa de manutenção dos filhos em convivência com os pais biológicos.
- Campanhas sistemáticas de combate à exploração sexual de crianças e adolescentes, com mobilizações especiais nas grandes cidades no período de carnaval;
- Ações diversificadas para fortalecimento da rede nacional de Conselhos Tutelares e dos Conselhos Estaduais e Municipais de Direitos da Criança.
- Aprovação na IX Conferência Nacional de um Plano Decenal de Defesa dos Direitos desse segmento vulnerável.
- Parceria com a Organização Internacional do Trabalho (OIT), o Ministério do Desenvolvimento Social e o Ministério do Trabalho no enfrentamento sistemático do trabalho infantil.

- Preparação e coordenação, em parceria com o Itamaraty, Fundo das Nações Unidas para a Infância (Unicef) e ONGs internacionais, incluindo a que é liderada pela rainha Sílvia, da Suécia, do III Congresso Internacional de Enfrentamento da Exploração Sexual de Crianças e Adolescentes, realizado no Riocentro, em 2008, com a presença de 170 países e 3.500 pessoas, o maior evento já realizado no mundo com essa finalidade.
- Mobilização persistente junto ao Legislativo para combater os repetidos ciclos de investida conservadora para reduzir a maioridade penal para dezesseis anos;
- Proposição de uma lei para coibir castigos físicos de crianças, em parceria com Unicef e a rede "Não bata, eduque", ligada à apresentadora Xuxa. Quando o anteprojeto de lei foi enviado por Lula ao Legislativo, a maior parte dos órgãos de imprensa preferiu desqualificar e ridicularizar a proposta, batizando-a como "lei da palmadinha".

Os direitos das pessoas com deficiência também obtiveram grande avanço no decorrer dos governos Lula e Dilma. A criação da Secretaria Nacional de Promoção dos Direitos da Pessoa com Deficiência, em 2010, por elevação de categoria da antiga coordenação, atendeu a uma antiga reivindicação do segmento, que envolve cerca de 40 milhões de pessoas em condição vulnerável.

A coordenadora dessa área na SEDH teve papel de destaque em todo o debate internacional rumo à aprovação pela ONU da Convenção sobre os Direitos da Pessoa com Deficiência, em 2006, sendo o Brasil um dos primeiros países a assinar sua adesão, no dia de seu lançamento em Nova York. Sua ratificação pelo Legislativo ocorreu em 2008, obtendo-se nessa votação o quórum qualificado nas duas Casas, conferindo a seus artigos a força de norma constitucional, conforme previsto com a introdução da Reforma do Judiciário em 2005.

O Conselho Nacional do setor, Conade, por sua vez, desenvolveu uma abrangente campanha nacional intitulada "Acessibilidade: siga essa ideia", que promoveu a adesão pública de instituições e governos locais, além de personalidades, artistas e ídolos populares num esforço conjunto de sensibilização para eliminar barreiras físicas, urbanas, arquitetônicas e, principalmente, preconceitos, que dificultam e até impedem a participação na vida em sociedade de milhões de pessoas com deficiência ou mobilidade reduzida.

Em treze partidas de futebol envolvendo os principais times brasileiros, as equipes entraram em campo com a marca da campanha estampada nos uniformes, enquanto gigantescas faixas com o *slogan* da acessibilidade deram a volta no gramado sob as vistas de 49 milhões de espectadores na televisão e longas explicações dos comentaristas esportivos, no que pode ser visto como uma operação gigante da chamada educação em direitos humanos.

A área dos direitos do idoso na SHD, sempre em estreita interação com o CNDI, além de conceber e coordenar todo o processo de convocação das conferências nacionais sobre o tema, realizadas em 2006, 2009 e 2011, foi protagonista na discussão e aprovação do Estatuto do Idoso pelo Legislativo Federal, em 2003, e ainda formulou dois sucessivos Planos de Ação para o Enfrentamento da Violência contra a Pessoa Idosa.

Obteve evidência internacional em pelo menos dois episódios. O primeiro foi a realização no Brasil da conferência internacional Madri+5, em 2007, que aprovou a Declaração de Brasília, documento destinado a ser referência para a articulação desse segmento em todos os países nos anos seguintes. Como desdobramento, outro destaque foi a intervenção brasileira em um seminário internacional na sede das Nações Unidas, em 2008, para celebrar o Dia Internacional dos Direitos do Idoso, quando o ministro dos Direitos Humanos levou como posição oficial de nosso país uma chamada para que se iniciasse a construção de uma convenção da ONU sobre direitos do idoso, sendo o primeiro Estado a se pronunciar sobre o assunto, com apoio da Argentina e discordância de muitos países europeus.

O Conselho Nacional de Combate à Discriminação viveu uma ambiguidade institucional a partir da criação da Secretaria de Políticas de Promoção da Igualdade Racial (Seppir), com status ministerial, em 2003 com a tarefa de implantar o Conselho Nacional de Promoção da Igualdade Racial, cujas atribuições coincidiam em grande parte com as atribuídas anteriormente ao CNCD. Em dezembro de 2010, por meio do Decreto n. 7.388, o CNCD seria reformulado para ocupar-se exclusivamente das demandas relacionadas à população LGBT.

Além dos conselhos supracitados, estão vinculados à SEDH quatro outros colegiados, compostos de maneira compartilhada entre representantes do poder público e da sociedade civil: Conatrae, Comissão Especial sobre Mortos e Desaparecidos Políticos, Comitê Nacional para a Prevenção e Combate à Tortura e Comitê Nacional de Educação em Direitos Humanos.

Criada por decreto presidencial na gestão de Nilmário Miranda, a Conatrae foi responsável pela elaboração de dois sucessivos Planos Nacionais para a erradicação dessa violência extemporânea, em 2003 e 2008. Sempre em estreita parceria com o Ministério do Trabalho e seu Grupo Especial de Fiscalização Móvel, promoveu reuniões itinerantes nos estados mais atingidos pelo problema e induziu à criação de Comitês Estaduais e leis estaduais de combate.

A Conatrae defendeu o cadastro nacional de exploradores de mão de obra em condições desumanas ("lista suja" do Ministério do Trabalho) das incessantes investidas em favor de sua eliminação, promoveu oficinas de capacitação de mais de seiscentos juízes do Trabalho e procuradores da área para um combate mais eficiente em cada estado, realizou em maio de 2010, em Brasília, um primeiro encontro nacional com quatrocentos representantes dos poderes públicos estaduais e federal e das organizações da sociedade civil com maior destaque nesse enfrentamento (Pastoral da Terra, ONG Repórter Brasil e outras).

Entre seus principais êxitos está a aprovação pela Câmara dos Deputados, em maio de 2012, durante a gestão da ministra Maria do Rosário, da PEC 438, em tramitação desde 2001, que prevê a expropriação das terras onde o trabalho escravo seja autuado pelos agentes do Grupo Móvel.

O Comitê Nacional para a Prevenção e Combate à Tortura foi criado por Lula em junho de 2006, como passo seguinte à aprovação do Plano de Ações Integradas para a Prevenção e o Combate à Tortura, no ano anterior, para gerar parcerias entre governo federal e poderes públicos estaduais no enfrentamento dessa persistente violação de direitos humanos praticada há séculos no Brasil e em quase todos os países do mundo.

Um dos trabalhos prioritários do CNPCT é sensibilizar autoridades do poder público, especialmente do Judiciário, para o absurdo de sermos um país onde a Constituição repele frontalmente esse crime e que possui uma lei federal (n. 9.455), de autoria de Hélio Bicudo, que prevê desde 1997 severas penas para quem o pratica, sem que resulte na efetiva condenação dos acusados por tais práticas.

Ao lado da produção de publicações, organização de seminários, pesquisas e campanhas publicitárias, o CNPCT, desde 2007, tem como prioridade a criação do Mecanismo Preventivo Nacional, recomendado pela ONU e exigido como compromisso do Brasil por ter aderido a um protocolo adicional da Convenção contra a Tortura e Outros Tratamentos ou Penas Cruéis, Desumanos ou Degradantes.

Depois de prolongada tramitação no interior do governo, por implicar a criação de novos cargos e gastos que não contavam com previsão orçamentária, esse mecanismo tramitará no Legislativo e pode assinalar o fim da impunidade que se arrasta há anos. Seus integrantes possuirão autoridade para realizar visitas não anunciadas a qualquer dependência onde se suspeite – mesmo que mediante denúncias anônimas – a ocorrência desse crime, sejam delegacias, presídios, quartéis, unidades socioeducativas ou estabelecimentos psiquiátricos.

A Comissão Especial sobre Mortos e Desaparecidos Políticos (CEMDP), criada no governo FHC pela Lei n. 9.140, conforme já mencionado, teve funcionamento regular e maior estrutura funcional nos governos Lula e Dilma. Assumiu forte protagonismo com o lançamento, em 2007, do livro-relatório *Direito à memória e à verdade*, que deflagrou a disputa política que resultaria em 2012 na conquista da Comissão Nacional da Verdade – seu trabalho voltará a ser abordado adiante, na narrativa a respeito do PNDH-3.

Como saldo de suas atividades deve ser registrada a participação em dezenas de comitivas à região do Araguaia e ao Parque Nacional do Iguaçu para buscar restos mortais de desaparecidos políticos. Nos últimos anos de governo Lula, a CEMDP decidiu reexaminar algumas de suas decisões anteriores, passando a reconhecer a responsabilidade do Estado brasileiro pelo assassinato do padre João Bosco Penido Burnier, em Mato Grosso, do líder sindical Nativo da Natividade, em Goiás, da secretária Lyda Monteiro, morta num atentado à bomba no Conselho Federal da Ordem dos Advogados do Brasil (OAB), no Rio de Janeiro, em represália a ações da entidade em defesa dos direitos humanos.

Conseguiu atender, finalmente, à antiga reivindicação de familiares de mortos e desaparecidos para que fosse criado um Banco de DNA, envolvendo a coleta de sangue de parentes consanguíneos próximos ainda vivos, para comparação em futuras descobertas de restos mortais de desaparecidos políticos. Com esse trabalho de ciência genômica, contratado de laboratórios especializados, foi possível eliminar incertezas envolvendo uma das ossadas que haviam sido resgatadas na região do Araguaia em 1991, reconhecida como a do líder estudantil cearense Bergson Gurjão Farias. Seus restos mortais foram então levados em traslado para sepultamento em Fortaleza, a bordo de um avião cedido pela Aeronáutica e transbordo em terra por caminhão do Corpo de Bombeiros, para um massivo ato público e funeral em que recebeu as honras de herói na luta pela liberdade.

O Comitê Nacional de Educação em Direitos Humanos (CNEDH) foi criado no início de 2003, na gestão de Nilmário Miranda, em conformidade com orientações da ONU no sentido de celebrar o período 1995-2004 como década da educação em direitos humanos. Ao final de vários seminários, encontros regionais e debates entre gestores do poder público, especialistas e entidades ligadas à defesa desses direitos, foi produzido o primeiro Plano Nacional de Educação em Direitos Humanos, publicado em 2006. Estabelece concepções, princípios, objetivos, diretrizes e linhas de ação em cinco eixos: educação básica, educação superior, educação dos agentes do Estado (principalmente na área segurança pública e justiça), educação não formal e mídia.

Esse Comitê, sempre em sintonia com a coordenação que lhe dá suporte na estrutura da SEDH, realizou, em dezembro de 2006, um congresso internacional sobre o tema, com palestra de abertura por Marilena Chaui e um discurso do presidente Lula reafirmando o compromisso de seu governo com todas as temáticas dos direitos humanos, em especial com a agenda estratégica, de longo prazo, de construção de novos valores na própria sociedade, bem como no poder público, para uma convivência humana baseada na solidariedade, no respeito à diversidade, no combate a todas as formas de violência.

Além desse congresso, gestões da SEDH e do Comitê durante muitos anos produziram dois resultados bastante importantes, que ajudam a formar um Brasil mais permeável aos direitos humanos nos próximos anos e décadas. Um deles foi a aprovação pelo Conselho Nacional de Educação, gestão do reitor Antonio Carlos Caruso Ronca, com apoio do ministro Fernando Haddad e sanção pelo ministro Aloizio Mercadante em 2012, das Diretrizes Curriculares Nacionais de educação em Direitos Humanos, que induzirão estados, municípios e estabelecimentos federais de educação a introduzirem essa temática em suas grades curriculares, com projeções na educação pré-escolar.

Outro marco importante foi o atendimento pelo Conselho Federal da OAB da proposta levada pela SEDH no sentido de que o Exame Unificado de Ordem, que os bacharéis em direito prestam necessariamente para obter a carteira e prerrogativas de advogado, tivesse a inclusão obrigatória de questões sobre direitos humanos, fato que promoverá um verdadeiro salto da abordagem desses temas nos cursos de direito em todo o país.

Em 2008, como parte da celebração brasileira dos sessenta anos da Declaração Universal, foi lançada a *Revista Direitos Humanos*, com tiragem de 10 mil exemplares em português e quinhentas em espanhol. Distribuída gratuitamente a uma ampla rede de gestores, autoridades dos três Poderes, nos três entes federados, alcançando a grande militância de base na sociedade civil, a revista já teve oito edições.

Essa publicação reúne análises, textos de reflexão e entrevistas com reconhecidos especialistas, militantes ou artistas comprometidos com essa luta civilizatória: Augusto Boal, Baltasar Garzón, Belisário dos Santos Jr., Boaventura de Sousa Santos, Camila Pitanga, Cezar Brito, Chico César, Dalmo Dallari, Dira Paes, Eduardo Luiz Duhalde, Ela Wiecko, Fábio Comparato, Flávia Piovesan, Giuseppe Cocco, José Geraldo de Souza Jr., José Gregori, Letícia Sabatela, Lindgren Alves, Marcio Pochmann, Marco Antonio Barbosa, Maria Victoria Benevides, Marilena Chaui, Mary Robinson, Navi Pillay, Nilmário Miranda, Paulo Betti, Paulo Carbonari, Paulo Sérgio Pinheiro, Paul

Singer, Rubens César Fernandes, Sergio Haddad, Sílvia Pimentel, Thiago de Mello, Venício Lima, Victor Abramovich, Zezé Mota e muitos outros.

Outra iniciativa ousada e pioneira, recoberta de grande êxito, foi a criação da Mostra Cinema e Direitos Humanos na América do Sul, com patrocínio da Petrobras, apoio do Itamaraty e Sesc, produção conjunta com o Ministério da Cultura através da Cinemateca Brasileira. A mostra começou em 2006 em apenas quatro capitais (Belo Horizonte, Brasília, Rio de Janeiro e São Paulo) e foi se expandindo ano a ano, até atingir todas as capitais brasileiras em 2012, fato único entre os festivais de cinema em nosso país, e já atraiu dezenas de milhares de pessoas para assistirem a centenas de filmes versando sobre as diferentes e boas causas dos direitos humanos.

Ainda nesse mesmo esforço de levar uma nova consciência do que sejam os direitos humanos, em particular para aquela grande massa de cidadãos ainda aprisionada à velha cantilena direitista de que se trata de defender bandidos, a SEDH promoveu, celebrando o 10 de Dezembro, aniversário da Declaração Universal, cinco grandes apresentações musicais em praça pública patrocinadas pela Petrobras.

Foram levados aos palcos montados no Rio de Janeiro (em 2006, para 20 mil pessoas), Salvador (em 2007, para 100 mil pessoas), Brasília (em 2008, para 20 mil pessoas), Recife (em 2009, para 100 mil pessoas) e Belo Horizonte (em 2010, para 50 mil pessoas) dezenas de artistas e grupos musicais, como Antonio Nóbrega, Arnaldo Antunes, Beth Carvalho, Chico César, Daniela Mercury, Elba Ramalho, Elza Soares, Emílio Santiago, Fernanda Takai, Gabriel o Pensador, Geraldo Azevedo, Gilberto Gil, Ilê Aiyê, Hamilton de Holanda, Lenine, Lô Borges, Luiz Melodia, Margareth Menezes, Mônica Salmaso, Moraes Moreira, MV Bill, Olodum, Sandra de Sá, Sérgio Ricardo e Zeca Baleiro.

O último dessa série de shows ocorreu em Belo Horizonte e foi fechado com uma homenagem a Milton Nascimento, durante a qual ele cantou ao lado do cubano Pablo Milanés. A cada edição, nos intervalos entre as músicas, os artistas liam os artigos da Declaração Universal dos Direitos Humanos ou estimulavam a multidão a lutar pelo respeito integral a todos esses direitos.

Integrando esse amplo esforço de construção de uma agenda positiva em torno dos direitos humanos, já que o tema surge quase sempre envolto em dor, lágrimas e sangue, cresceu a cada ano, nos governos Lula e Dilma, a amplitude e o vigor das solenidades de entrega do Prêmio Nacional Direitos Humanos, instituído em 1995 para homenagear pessoas e instituições que se destacam nessa luta.

Em dezembro de 2009, a emoção dessa cerimônia, que coincidiu com a assinatura por Lula do decreto instituindo o PNDH-3, atingiu seu ponto mais alto quando a ministra Dilma Rousseff se apresentou pela primeira vez em público sem a peruca utilizada durante o tratamento contra o câncer no sistema linfático. Coube a ela entregar o prêmio da categoria Direito à Memória e à Verdade a Inês Etienne Romeu, sua amiga desde a juventude militante em Belo Horizonte e única sobrevivente da Casa da Morte de Petrópolis, onde eram escondidos e torturados até a morte os presos políticos condenados ao desaparecimento pelo DOI-Codi e pelo Serviço Secreto do Exército, nos anos mais sombrios do terror de Estado.

Vale destacar também a realização pela SEDH, em julho de 2008 em São Paulo, numa parceria com o Instituto Ethos, de um grande encontro entre o presidente da República e os presidentes, diretores e corpo gerencial das maiores empresas do Brasil para firmar compromissos comuns em defesa dos direitos humanos, evento absolutamente sem paralelo em outros países.

Após um ato de abertura que reuniu mais de quinhentas pessoas e onde discursaram o governador José Serra e o presidente Lula, foram realizados painéis simultâneos com a presença de ministros e dirigentes de empresas para debater e planejar iniciativas de promoção dos direitos humanos em temas como: criança e adolescente, direitos da mulher, igualdade racial, pessoas com deficiência e combate ao trabalho escravo.

Em 2007, logo após iniciar o seu segundo mandato, o presidente Lula articulou um abrangente plano de ação intitulado Agenda Social, que interligava quase todos os seus ministérios em um trabalho colaborativo que valesse como verdadeira contraface do Programa de Aceleração do Crescimento (PAC).

A SEDH foi designada para coordenar três importantes eixos dessa Agenda Social:

- Compromisso Nacional pela Erradicação do Sub-registro Civil de Nascimento, que derrubou a taxa medida pela ONU do nível vergonhoso de 21% em 2003 (crianças não registradas até completar quinze meses), para menos de 5% hoje, patamar a partir do qual as Nações Unidas já não consideram existir sub-registro. Essa vitória espetacular, que a mídia sempre fingiu ignorar, envolveu reuniões de Lula com todos os governadores da Amazônia e do Nordeste, campanhas publicitárias de elevados custos, amplas parcerias institucionais e mutirões para registrar crianças em regiões muito remotas.
- Compromisso pela Inclusão de Pessoas com Deficiência, projetando a multiplicação de oficinas para fabricar órteses e próteses, assegurando acessibilidade no entorno das escolas e salas multifuncionais em seu interior, avançando também na qualificação e empregabilidade de pessoas com deficiência etc.
- Compromisso pela redução da violência contra crianças e adolescentes, que envolveu 47 ações e 14 ministérios, constituindo o maior plano intersetorial de enfrentamento da questão desde a vigência do ECA. Suas principais ações foram: implantação do Observatório Nacional dos Direitos da Criança e do Adolescente; projeto Na Medida Certa, voltado à proteção de adolescentes em conflito com a lei e implementação do já mencionado Sinase; projeto Caminho pra Casa, vinculado à questão dos abrigos e observância do plano nacional do direito à convivência familiar e comunitária; Projeto Bem me Quer, para defesa das crianças e adolescentes que vivem em situação de risco.

A Ouvidoria Nacional dos Direitos Humanos foi instituída e fortalecida durante o governo Lula, recebendo em 2010 a responsabilidade de coordenar o exitoso serviço do Disque 100, que anteriormente estava voltado exclusivamente a ocorrências envolvendo crianças e adolescentes. Ampliou sua abrangência, a partir de então, a todos os tipos de violação de direitos humanos e adquiriu maior estrutura e novos recursos orçamentários na gestão da ministra Maria do Rosário, no governo Dilma.

Essa área cuida de dar resposta à rotina de graves violações ainda presentes no cotidiano de nosso país: assassinatos e mortes de crianças indígenas, torturas no sistema socioeducativo e nas prisões, ameaças e eliminação de defensores de direitos humanos, entre outros. Fortalecidos, essa ouvidoria e o Disque 100 dão prosseguimento à gradual construção de um amplo sistema nacional de proteção, que teve início a partir de 1996 com os Centros de Referência e Balcões de Direitos. Distribuídos por áreas onde é mais rarefeita a presença dos mecanismos de controle e observância da lei, esses centros e balcões promoveram cerca de 1.200.000 atendimentos de situações emergenciais entre 2003 e 2010.

Na atual gestão da ministra Maria do Rosário foi promovida a unificação de três diferentes programas de proteção a pessoas ameaçadas, que tinham sido criados e fortalecidos a partir de 1999: Programa de Assistência a Vítimas e Testemunhas Ameaçadas (Provita), que até 2010 já tinha protegido 4.512 pessoas e realizado 10.541 atendimentos; Programa de Proteção a Crianças e Adolescentes Ameaçados de Morte (PPCAAM), criado em 2003, que até 2010 já havia protegido 4.873 pessoas; Programa de Proteção aos Defensores dos Direitos Humanos, estruturado a partir de 2004, que já cuidou de mais de trezentos militantes ameaçados e promoveu um seminário com a presença da alta comissária das Nações Unidas para os direitos humanos, a sul-africana Navi Pillay.

Duas outras linhas inéditas de trabalho iniciadas durante o governo Lula merecem registro. Uma delas foi a criação na SEDH de uma coordenação de informações e indicadores em direitos humanos. Mediante parceria com o Instituto Brasileiro de Geografia e Estatística (IBGE), conseguiu introduzir nas mais importantes pesquisas desse órgão (Pesquisa de Informações Básicas Municipais – Munic –, Pesquisa Nacional por Amostra de Domicílios – PNAD – e Censo 2010) novas questões para aferir temáticas dos direitos humanos, como as relacionadas com casais do mesmo sexo, condição dos idosos, pessoas com deficiência e mesmo sobre identidade religiosa. Nessa mesma direção, a SEDH contratou em 2008 uma abrangente pesquisa nacional sobre a percepção dos direitos humanos, cujos resultados estão apresentados na publicação *Direitos humanos: percepções da opinião pública (análises de pesquisa nacional)*[1].

A outra linha pioneira de trabalho foi a programação de uma série de reuniões e seminários com profissionais da área de segurança pública (delegados, policiais militares, policiais civis, agentes penitenciários, policiais federais e outros), em vários estados, com vistas a desfazer antigos bloqueios que afastam policiais de uma assimilação positiva do que sejam os direitos humanos. Esse esforço resultou no lançamento, em dezembro de 2010, mediante parceria entre a SEDH e o Ministério da Justiça, das "Diretrizes Nacionais de Promoção e Defesa dos Direitos Humanos dos Profissionais de Segurança Pública".

Luiz Inácio Lula da Silva, depois de concluído o seu mandato presidencial, sempre que perguntado sobre suas melhores lembranças do período, raramente deixa de citar as vezes em que recebeu no Palácio do Planalto grandes delegações de pessoas atingidas pela hanseníase e dos chamados moradores de rua.

---

[1] Disponível em: <http://portal.mj.gov.br/sedh/biblioteca/livro_percepcoes/percepcoes.pdf>. Acesso em 2 abr. 2013.

O primeiro desses dois grupos está articulado em uma entidade aguerrida e eficiente, denominada Movimento de Reintegração das Pessoas Atingidas pela Hanseníase (Morhan). Como resultado de suas reuniões com o presidente, em 2007 foi enviada ao Legislativo uma medida provisória que garantiu indenização mensal vitalícia para todos aqueles que foram mantidos segregados em leprosários e colônias depois da data em que a Organização Mundial de Saúde proibiu esse tipo de segregação. A SEDH sediou uma força-tarefa integrada por profissionais de vários ministérios, que examinou mais de 11 mil requerimentos para receber o benefício, número muito superior aos 4 mil estimados durante as negociações entre o Morhan e o governo federal.

Quanto à população de rua, o Ministério do Desenvolvimento Social e Combate à Fome já tinha acompanhado e apoiado a realização de dois encontros nacionais de população de rua, em 2005 e 2009, quando começou a ser elaborada uma política nacional para o segmento. Essa política nacional foi oficializada por decreto do presidente da República em dezembro de 2009, instituindo-se um Comitê Intersetorial de Acompanhamento e Monitoramento da Política Nacional para População em Situação de Rua que ficou alocado na SEDH por demanda do próprio movimento. Foi aprovada também a criação de um Centro Nacional de Defesa dos Direitos Humanos para a População em Situação de Rua, sediado em Belo Horizonte.

Uma parcela expressiva das atividades da SEDH se voltou em ritmo crescente ao âmbito das relações internacionais. Delegações e o próprio ministro precisam viajar a Genebra para apresentar relatórios periódicos sobre o cenário dos direitos humanos em nosso país, previstos em tratados assinados pelo Brasil: Pacto dos Direitos Civis e Políticos, Pacto dos Direitos Econômicos, Sociais e Culturais, Convenção contra a Tortura, Convenção sobre as Crianças, entre outros, além do mais recente mecanismo de Revisão Periódica Universal.

Também com alta frequência é preciso estar presente em Washington ou na Costa Rica para apresentar a posição do Estado brasileiro frente aos casos que são levados à Comissão de Direitos Humanos da OEA, ou à sua Corte, por cidadãos, vítimas e entidades que apontam violação de artigos e preceitos consignados na Declaração Americana de Direitos Humanos (Pacto de São José da Costa Rica), responsabilizando o poder público nacional.

Casos como o da Guerrilha do Araguaia, Presídio Urso Branco de Porto Velho, Damião Ximenez (morto por torturas em uma casa de repouso no Ceará) e vários outros requerem viagens, elaboração de arrazoados e sustentação oral, exigindo muitas vezes semanas e meses de debate interno no governo para estabelecer consenso ou algum tipo de composição antes de se firmar um posicionamento oficial.

No âmbito do Mercosul, a SEDH propôs em 2005, gestão de Nilmário Miranda, a realização de um encontro semestral intitulado Reunião de Altas Autoridades e Chancelarias do Mercosul e Países Associados (RAADH), que já realizou mais de vinte sessões, sempre no país que ocupa a presidência *pro tempore* do bloco. Durante um ou dois dias são debatidos temas e trocadas informações com vistas a uma atuação unificada e estabelecimento de parcerias em questões como direito à memória e à verdade, crianças e adolescentes, idosos, LGBT, pessoas com deficiência etc.

A SEDH sedia também a Autoridade Central Administrativa Federal (Acaf), organismo que se orienta pelas normas de três convenções de Haia, regulando as práticas de adoção internacional de crianças e adolescentes, fixando procedimentos e cautelas exigidas para assegurar o bem-estar das crianças e discorrendo sobre as condições em que os países devem promover obrigatoriamente o repatriamento.

Um caso de elevada repercussão no Brasil e nos Estados Unidos, com potencial de provocar danos irreparáveis à criança, ocorreu com Sean Goldman, nascido nos Estados Unidos, de nacionalidade norte-americana, que foi trazido ao Brasil por sua mãe brasileira em condições que caracterizaram nítida violação dos direitos do pai norte-americano. Deu-se, então, mais um daqueles episódios em que as emissoras de rádio e televisão dos Estados Unidos produziram uma espécie de cruzada nacional pelo repatriamento, enquanto as emissoras do Brasil lançaram uma campanha assentada em falsos pressupostos de patriotismo, ignorando que o pai norte-americano tinha como seu direito inalienável o exercício do poder parental após a morte da mãe brasileira no curso de um segundo parto.

As relações internacionais vinculadas à defesa dos direitos humanos também se intensificaram *pari passu* ao novo semblante assumido pelo Brasil na arena mundial durante o governo Lula. Demandas por ajuda, assistência e cooperação foram apresentadas em níveis crescentes à SEDH, que assumiu vários projetos de cooperação Sul-Sul, ajudando países como a Guiné-Bissau, Cabo Verde, El Salvador e Haiti em distintas áreas de suas atribuições.

Merece registro, por fim, iniciativas como o convite para que o juiz espanhol Baltasar Garzón visitasse o Brasil duas vezes para divulgar os procedimentos que permitiram a prisão de Pinochet em Londres, em 1998, bem como para sensibilizar a mídia brasileira sobre a importância das questões vinculadas ao direito à memória e à verdade, visitas que integraram a estratégia vitoriosa da SEDH rumo à conquista da Comissão Nacional da Verdade em 2012.

A SEDH também convidou e promoveu a vinda ao Brasil, para seminários, reuniões com os poderes públicos e visitas aos estados para contatos com a sociedade civil, de duas sucessivas altas comissárias da ONU para os direitos humanos, Louise Arbour e Navi Pillay. Apoiou também a vinda ao Brasil, para uma sessão itinerante em Brasília, dos juízes que compõem a Corte Interamericana de Direitos Humanos. Promovendo, aqui, o exame de casos não brasileiros, esse tribunal buscava divulgar os seus trabalhos perante membros do Judiciário brasileiro, advogados, entidades de defesa dos direitos humanos e estudantes das áreas de direito e relações internacionais.

3. O PNDH-3 e seu impacto

O chamado presidencialismo de coalizão, presente há muitos anos na vida política brasileira, sem o qual parece ser impossível o estabelecimento de uma razoável governabilidade, resulta na composição de um colegiado de ministros que ostentam larga pluralidade política, partidária e ideológica.

O inevitável rateio das áreas de governo entre partidos com interesses próprios e ideários muito afastados daquele que é defendido por quem ocupa a presidência – sem o qual o governo não alcança maioria parlamentar para aprovar suas propostas –

cria um ambiente de delicadas e difíceis negociações internas nos múltiplos temas de interface entre direitos humanos e alguns outros ministérios.

Tensão com a área da agricultura em temas como os direitos dos trabalhadores rurais sem-terra ou a respeito do desmatamento e utilização abusiva de agrotóxicos; atritos com a área de Minas e Energia em assuntos como a proteção aos direitos dos atingidos por barragens; com o Itamaraty, a respeito da melhor forma de responder a denúncias levadas pela sociedade civil ao Sistema Interamericano de Direitos Humanos são alguns exemplos das divergências corriqueiras, que exigem meses de negociação para se chegar a algum termo de composição ou para que seja arbitrada pela presidência a posição a ser seguida.

Desavenças como essas, todos sabem, estiveram na raiz do ataque desfechado pela mídia opositora e pela direita brasileira ao PNDH-3, numa carga raivosa e carregada de distorções e preconceitos, desencadeada nos últimos dias de 2009.

Uma divergência insanável entre as áreas da Defesa e dos Direitos Humanos levou à deflagração desse ataque, num episódio que só pode ser compreendido levando em conta a desigual evolução dos dois segmentos a respeito de um tema até então interditado. Enquanto a equipe responsável pela área Direitos Humanos se sentia fortalecida e avançava com desenvoltura no resgate oficial da verdade sobre o que foi a ditadura de 1964, sentindo-se legitimada nesse impulso por toda a história do PT e pelo próprio programa que tinha levado Lula à vitória de 2002, o ambiente na Defesa ainda era o de um segmento que ainda não conseguiu processar corajosamente o necessário exorcismo de um passado incômodo, à maneira do que já conseguiram fazer países como Chile, Argentina, Paraguai, Uruguai e Bolívia.

Desde agosto de 2007, o lançamento, num ato público presidido por Lula no Palácio do Planalto, do volumoso livro-relatório *Direito à memória e à verdade*, tinha sido digerido de modo disciplinado pelas Forças Armadas, embora alguns membros do alto oficialato tivessem apoiado a manifestação de minúsculos grupos de militares reformados que glorificam, ainda hoje, não apenas o regime ditatorial mas todo o seu rastro de violações de direitos humanos. Respeitando uma espécie de pacto de silêncio que vigora há décadas, a própria mídia buscou reduzir a dimensão de episódios importantes de insubordinação, como o patrocinado por um general do Alto Comando do Exército, que terminaria sendo afastado pelo ministro da Defesa.

O livro *Direito à memória e à verdade* tinha sido o ponto de partida de um programa levado a vários estados, que incluiu a produção de outros livros complementares (todos incluídos na bibliografia apresentada ao final) e um roteiro de exposições, seminários, debates e instalação de memoriais arquitetônicos e placas resgatando a verdade sobre os horrores da repressão política pós-1964 e homenageando os que morreram lutando pela liberdade.

Em cerca de setenta cidades foram instaladas exposições (em universidades, *shopping centers*, praças públicas, estações de metrô) que resumiam em textos breves e fotos gigantescas os principais episódios do que foi a ditadura e a luta de resistência contra ela. Foram implantados até 2012 nada menos que 24 painéis permanentes e monumentos homenageando dezenas de mortos e desaparecidos políticos em locais como: Assembleia Legislativa de Pernambuco (Davi Capistrano), Assembleia Legislativa de Santa Catarina (Paulo Wright), Assembleia Legislativa do Rio Grande do Norte (Luís Inácio Maranhão Filho), Universidade de Brasília (Honestino Guimarães), praça no centro do Rio de Janeiro (Edson Luiz de Lima Souto), praça no centro de Recife (padre Henrique), Clube de Regatas Flamengo (Stuart Angel Jones), Associação Brasileira de Imprensa (Mário Alves), Liceu Maranhense (Ruy Frazão), margem do Guaíba (Manoel Raimundo Soares).

Com esse pano de fundo delicado – uma área do governo deslanchando e multiplicando iniciativas que buscavam atingir como meta a instalação de uma Comissão Nacional da Verdade, enquanto outra área, muito mais antiga e de enorme contingente, seguia resistindo a promover uma serena virada de página mediante admissão de todos os erros desse passado recente – pode-se entender melhor a controvérsia do PNDH-3. Não resta dúvida de que o ataque ao documento partiu de dentro do próprio governo e a própria mídia opositora aproveitou para estruturar e ampliar o ataque, tentando produzir uma profunda crise institucional, com os olhos postos nas eleições de 2010 em que esses monopólios empresariais da comunicação de massa preferiam evitar a vitória de Dilma.

Qualquer análise maniqueísta daquele episódio não ajuda em nada. As Forças Armadas de hoje são constituídas por milhares de brasileiros que dedicam suas vidas e até sacrificam o conforto familiar em duras missões de defesa e proteção de um país gigante, que desperta forte cobiça em potências hegemônicas. Elas têm comprovado uma disciplinada atitude de respeito às normas constitucionais implantadas em 1988 e merecem ser respeitadas por todas as pessoas de bem. Serão ainda mais reconhecidas quando comprovarem coragem para realizar a necessária separação entre joio e trigo.

Mas ainda não foram capazes de encetar os passos que faltam para extinguir qualquer dúvida a respeito de sua genuína identidade democrática. Durante o governo FHC, em 1999, os três ministérios militares foram unificados no Ministério da Defesa, com um civil em seu comando. Foi um passo necessário e positivo, mas incompleto pelo menos em três aspectos básico: a nova institucionalidade foi claramente ambígua para contornar resistências castrenses e os chefes das Forças Armadas seguiram se reportando diretamente ao presidente da República; faltou coragem para avançar no indispensável processamento histórico, político, ético e judicial tanto das atrocidades cometidas nos porões da tortura quanto da insubordinação constitucional contida no próprio ato de depor João Goulart pelas armas; não foi iniciada a necessária e profunda reviravolta em todas as etapas do ensino militar para substituir a reacionária Doutrina de Segurança Nacional, arcabouço ideológico típico da polaridade existente na Guerra Fria, por adequados cursos de direito constitucional e matérias versando sobre os preceitos básicos dos direitos humanos.

No segundo mandato de Lula, o primeiro desses passos foi dado, sendo que o terceiro, embora aprovado, ainda não foi implementado de modo satisfatório até hoje. Quanto ao segundo, o relatório final da Comissão Nacional da Verdade deverá trazer recomendações para que os três poderes da República dividam entre si as tarefas que restam para, de fato, concluir o cumprimento de todos os requisitos da chamada Justiça de Transição, liberando o Brasil para avançar sem rédeas rumo ao seu pujante futuro de consolidação democrática.

Se o tema da repressão política valeu como verdadeiro estopim do ataque conservador desfechado contra o PNDH-3, a própria mídia agiu como repetidora da onda, expandindo o alvo para vários outros itens do programa: direito de união civil para a população LGBT; recomendação de que as repartições federais não ostentassem símbolos religiosos para não ferir a laicidade do Estado; criação de mecanismos de solução pacífica de conflitos para evitar a repetição de massacres como o de Corumbiara e Eldorado de Carajás, bem como o assassinato de defensores de direitos humanos, como a religiosa norte-americana Dorothy Stang. E outros pontos.

A mais grosseira distorção cometida durante esse linchamento midiático foi patrocinada pela Associação Brasileira de Rádio e Televisão (Abert), que veiculou durante dias, em horário nobre, um quadro-resumo do que estaria sendo proposto pelo PNDH-3. A associação empresarial dos proprietários de TVs e Rádios informou, por exemplo, que seria criada uma "comissão do governo" para decidir quais programas defendiam e quais atacavam os direitos humanos, quando o texto afirmava: "elaborar critérios de acompanhamento editorial a fim de criar um *ranking* nacional de veículos de comunicação comprometidos com os princípios dos direitos humanos, assim como os que cometem violações"[2].

Ou seja, a tal "comissão do governo" era pura invenção das emissoras que exercem monopólio na comunicação de massas. Uma proposta que poderia ser lida por elas como convite para firmar parcerias e até mesmo premiar bons programas, foi repelida como verdadeira ameaça chavista ou comunista. Antecipava-se, dessa forma, a radicalização que esses veículos trilhariam em 2012, quando a mídia impôs de forma histérica, ao próprio STF, um pré-julgamento que, sem direito de defesa, tinha sido realizado nas redações e salas de diretores desses grandes monopólios, que fraudam a liberdade de imprensa com o mesmo cinismo adotado quando serviam à ditadura em tempos passados.

Uma revista de circulação nacional, que sempre teve como fonte predileta o impoluto senador Demóstenes Torres, puxou no título a frase "coisa de maluco" como legenda de uma pequena foto do titular de direitos humanos do governo federal, sendo que o senador-vestal, em uma das centenas de matérias de ataque, era citado com aspas para chamar aquele ministro de "psicopata ideológico".

O tema do aborto e do direito das mulheres a decidir sobre sua saúde sexual e reprodutiva, complexos em si mesmos por envolverem delicadas convicções religiosas e éticas, que eram abordados muito de leve no PNDH-3, praticamente com a repetição de documentos da ONU que o Estado brasileiro apoiou, foi aproveitada para a deflagração de um verdadeiro retrocesso fundamentalista. Até mesmo uma seção regional da Conferência Nacional dos Bispos do Brasil (CNBB), que durante a ditadura desempenhou um papel tão corajoso na defesa dos direitos humanos, chegou a divulgar em missas milhares de panfletos em que o presidente da República era comparado a Herodes. Até um líder com antecedentes de esquerda, como José Serra, abraçou essa cruzada reacionária até ser nocauteado por Dilma num debate presiden-

---

2 Disponível em: <www.anj.org.br/sala-de-imprensa/noticias/nota-a-imprensa-1>. Acesso em 2 abr. 2013.

cial pela TV, quando denunciou ao vivo o comportamento manipulador e mentiroso de seu adversário.

Respondendo a esse clima contaminado pela disputa eleitoral, o governo decidiu agir de modo a desfazer qualquer dúvida a respeito de sua profunda índole democrática, anunciando sua disposição de acolher críticas e promover ajustes no texto do decreto presidencial. No momento de decidir sobre tais ajustes, em maio de 2010, Lula manifestou sua indignação ao ler atentamente as passagens que a mídia apontava como cerceadoras da liberdade de imprensa. Na verdade, o PNDH-2, do período FCH, era muito semelhante ao PNDH-3 nesse tópico e incluía propostas como "controle social" e "controle democrático" da mídia, ausentes no programa de Lula que essa mesma mídia atacava. Desde as polêmicas relacionadas com a Agência Nacional do Cinema e do Audiovisual (Ancinav) e a Conferência Nacional de Comunicação (Confecom), o governo já havia decidido evitar essas duas formulações para não dar espaço a qualquer interpretação distorcida para o seu compromisso de promover maior democratização da mídia.

O ataque conservador ao PNDH-3 somente se esgotaria com a vitória eleitoral de Dilma. Passado o furacão, várias das propostas mais atacadas do PNDH-3 seriam gradualmente aprovadas e legitimadas, no STF inclusive, como seguirá acontecendo com muitas outras nos próximos anos, em correspondência com os graduais avanços da consciência democrática e dos próprios valores civilizatórios em nosso país.

O saldo positivo mais importante do PNDH-3 está consignado exatamente no assunto que funcionou como estopim de todas as controvérsias e distorções. A Comissão Nacional da Verdade foi instalada por Dilma em maio de 2012, num ato público de alcance histórico, celebrado no Palácio do Planalto, reunindo pela primeira vez na mesma mesa todos os ex-presidentes vivos, sob a liderança de Dilma, para deixar bem claro que, ali, quem falava era a própria República e não este ou aquele partido. Quem se dispuser a ler com atenção o texto daquele programa polêmico ficará assustado – a cada página – com o abismo existente entre suas propostas e a imagem negativa que a mídia produziu, movida por interesses mesquinhos.

Esse mesmo tipo de abismo pode ser constatado neste início de 2013. De um lado, temos a imagem pessimista e negativa que essas empresas privadas monopolizadoras da comunicação de massa tentam criar a respeito do Brasil, ao repisar todo santo dia que tudo vai mal. De outro, segue crescendo o sentimento de confiança e autoestima no coração da imensa maioria dos brasileiros, especialmente entre os mais pobres.

DEZ ANOS DE PROMOÇÃO DA IGUALDADE RACIAL: BALANÇOS E DESAFIOS[1]

Renato Ferreira

> Hoje nós estamos um pouco mais negros, um pouco mais brancos e um pouco mais em paz.
>
> *Luiz Inácio Lula da Silva*

1. Introdução

O presente artigo pretende analisar as principais políticas de promoção da igualdade racial instituídas pelo Estado brasileiro nos últimos dez anos. Trata-se de um balanço sobre os avanços e desafios políticos institucionais afetos à luta antirracista nos governos de Luiz Inácio Lula da Silva e Dilma Rousseff.

Antes de entrar propriamente na análise das políticas antirracistas construídas nesse período, é importante ressaltar que ao contextualizar o neoliberalismo com a promoção da igualdade racial é necessário fazer ao menos três constatações.

A primeira é a de que o neoliberalismo, como forma de organização e atuação política do Estado, constitui-se como um vetor de precarização e não desenvolvimento do Estado de bem-estar social. Por meio de políticas de abertura econômica, privatização, flexibilização, desregulamentação do mercado, redução dos investimentos públicos etc., ele acabou por promover um profundo desajuste social[2]. Nesse contexto,

---

1 Agradecemos a Dora Bertúlio, Elisa Larkin, Eloi Araújo, Edson Santos, Frei David, Hédio Silva Jr., Humberto Adami, João Carlos Nogueira, José Vicente, Marcelo Paixão, Mario Theodoro, Martvs das Chagas, Pablo Gentili, Paulo Paim e Thiago Thobias pelas reflexões antirracistas construídas ao longo dos últimos anos.

2 Laura Tavares Soares, "O desastre social", em Emir Sader (org.), *Os porquês da desordem mundial: mestres explicam a globalização* (Rio de Janeiro, Record, 2003).

aqueles historicamente mais pobres, como negros e indígenas, sofrerão o impacto mais significativo desse período[3].

A segunda constatação é a de que as políticas neoliberais tentam redefinir o papel da sociedade civil, concebendo os movimentos sociais como meros espectadores do processo de opressão e/ou como substitutos estatais. Busca-se vestir nos movimentos a carapuça de terceiro setor, por intermédio do apoio às ONGs. Assim, tenta-se fazer com que essas instituições assumam de forma precária o papel do Estado na construção de políticas públicas de promoção da igualdade racial. Tome-se como exemplo o Programa Diversidade na Universidade. Como única política desse período para promover o ingresso de negros e índios no ensino superior, o Programa ajudava financeiramente os chamados cursinhos comunitários (de ONGs) a preparar alunos carentes para o vestibular[4].

A terceira constatação, por fim, é a de que a promoção da igualdade racial no Brasil tem início já no final do neoliberalismo. Naquela época, o enfrentamento do poder público ao racismo era tímido em discurso, simbólico no reconhecimento e pouco eficaz na política, denotando um profundo mal-estar diante da questão que só avança por meio de um processo político exógeno, devido à pressão internacional sofrida pelo Brasil durante a Conferência de Durban, na África do Sul em 2001[5].

Passemos a analisar a promoção da igualdade racial num contexto pós-neoliberal que começa a se desenvolver com a chegada de Lula à Presidência da República.

2. Antirracismo no pós-neoliberalismo: a construção das políticas de promoção da igualdade racial

2.1. Antecedentes históricos

O racismo se desenvolveu como uma espécie de pilar ideológico na formação e estruturação da sociedade brasileira. A discriminação racial mediou por centenas de anos e por diversas gerações as relações sociais estabelecidas em nossa sociedade, hierarquizando-a injustamente com base na subjugação da população negra. O fim da escravidão, contudo, não foi sucedido por políticas públicas antirracistas que teriam contribuído para romper com os séculos de atraso que nos prenderam e nos prendem até hoje aos grilhões de uma pré-modernidade legada pela injustiça de nossos colonizadores.

---

[3] No dizer de Göran Therborn: "Para aqueles que são bem-sucedidos, seja por sorte, talento, posses ou empenho pessoal, um mercado mais amplo significa maiores recompensas. Para os que não têm tais predicados, qualquer que seja o motivo, a extensão do mercado significa ser deixado para trás, a marginalização ou empobrecimento por estar fora da competição", Göran Therborn, "Dimensões da globalização e a dinâmica das (des)igualdades", em Pablo Gentili (org.), *Globalização excludente* (Petrópolis/Buenos Aires, Vozes/Clacso, 2000).

[4] Não se apoiou a construção de novas universidades nem a expansão de novos *campi*. Por outro lado, havia uma repulsa à instituição das políticas de cotas. O referido programa teve de ser redefinido a partir de 2003.

[5] Lembremos do mal-estar causado pelo ex-presidente Fernando Henrique ao dizer que tinha um pé na cozinha. A declaração causou repúdio em ativistas do Movimento Negro.

A secular inércia pública contra o racismo, a baixa densidade do Estado de Bem-Estar Social brasileiro, somados a uma boa dose de democracia racial, consolidaram uma abolição inconclusa e, por essa narrativa histórica, cristalizaram o *apartheid* que nos coube: disfarçado, sinuoso, mas terrivelmente eficaz, não só para permitir que muitas desigualdades continuassem baseadas nas diferenças, mas também para sustentar uma enorme invisibilidade para o problema. Dessa forma, estabeleceu-se uma profunda letargia nos governantes, impedindo a construção de políticas que nos teriam feito romper com desigualdades incompatíveis com o estado democrático de direito.

A construção de políticas públicas antirracistas no Brasil é relativamente recente[6]. Somente a partir dos anos 1980 é que os movimentos sociais negros conseguiram paulatinamente sensibilizar o Estado para essa agenda. Um marco no período é a superação da vã tentativa de enfrentar a discriminação, categorizando o racismo como contravenção penal[7]. Nesse sentido, o processo de elaboração da Constituição de 1988 contribui significativamente para a construção das normas de combate à discriminação de forma ampla. Com base na valorização dos povos que constituíram o Brasil, a Carta Magna marca um significativo avanço para a efetividade dos direitos fundamentais dos grupos tradicionalmente excluídos. Por diversos dispositivos, a Lei Maior rompe com o *mito da democracia racial*, tornando o racismo crime (art. 5, XLII) e assegurando o direito à diferença, ao reconhecer e valorizar as especificidades étnico-raciais, sociais, religiosas e culturais dos povos que ajudaram a formar a sociedade brasileira (art. 215)[8].

Em 1995 o Movimento Negro realiza a Marcha Zumbi dos Palmares contra o Racismo, pela Cidadania e a Vida. Esse evento tinha como objetivo exigir que o governo federal tomasse uma postura em relação à discriminação racial.

Posteriormente, durante o processo preparatório da III Conferência Mundial de Combate ao Racismo, Discriminação Racial, Xenofobia e Intolerância Correlata, realizada em Durban, África do Sul, em 2001, o governo brasileiro passou a reconhecer a importância do racismo como um dos fatores determinantes para a perpetuação das desigualdades sociais e começou, de forma tímida, a criar algumas políticas de ação afirmativa[9].

---

6 Uma boa reflexão sobre o avanço da luta antirracista no contexto da promoção da igualdade racial é fornecida por Amauri Mendes no artigo "Toma que o filho é seu". Disponível em: <www.abpn.org.br/Revista>. Acesso em 14 jan. 2013.

7 Como exemplo tivemos a Lei Afonso Arinos, n. 1.390, de 3 de julho de 1951, que incluía entre as contravenções penais a prática de atos resultantes de preconceitos de raça ou de cor.

8 Ver "Manifesto em defesa da justiça e constitucionalidade das cotas". Disponível em <www1.folha.uol.com.br/fsp/cotidian/ff1405200808.htm>. Acesso em 12 jan. 2013.

9 Podemos destacar a Portaria n. 202 de 4 de setembro de 2001 do Ministério do Desenvolvimento Agrário, que, a rigor, foi a primeira política de cotas para negros no Brasil e instituiu cotas de 20% para negros nos cargos de direção do Ministério. A portaria determinou ainda que o referido percentual fosse elevado até chegar a 30% no ano de 2003. Outros órgãos governamentais adotaram sistemas similares. A Portaria n. 1.156/2001 do Ministério da Justiça criou 20% de cotas para afrodescendentes; o Decreto n. 3.921/2001 regulamentou a identificação para reconhecimento, delimitação, demarcação e titulação das terras remanescentes de quilombos; o Protocolo de Cooperação sobre Ação Afirmativa no Instituto Rio Branco (2002), passou a fornecer bolsas-prêmio de vocação na diplomacia para afrodescendentes. Destaque-se também a Portaria n. 484/2002, na qual

Já é consenso entre muitos pesquisadores das relações raciais que a Conferência de Durban é o fator político mais significativo para o início da construção das políticas de promoção da igualdade racial no Brasil[10]. Não há como discordar dessa assertiva[11]. O referido evento se consolida como forte instrumento político institucional de cunho internacional para pressionar os Estados na construção de políticas antirracistas[12].

Em relação ao Brasil, essa conferência tem impacto singular, sobretudo se comparamos a situação do país com a de outras nações que compõem a diáspora africana[13].

A luta histórica do Movimento Negro, impulsionada pela pressão internacional ocorrida em Durban, fomentou uma tímida introdução do governo brasileiro na construção das políticas de promoção da igualdade racial. Entretanto, como já mencionado, tais políticas consolidam-se de modo mais efetivo com a chegada de Luiz Inácio Lula da Silva à Presidência da República em 2003[14].

---

o Ministério da Cultura estabeleceu a cota de 20% para afrodescendentes nos cargos de direção e assessoramento superior (DAS); e a Lei n. 10.558/2002, que instituiu o Programa Diversidade na Universidade, com objetivo de promover o acesso de pessoas pertencentes a grupos socialmente desfavorecidos, principalmente afrodescendentes e indígenas, ao ensino superior. Ressalte-se ainda o Decreto n. 4.228 de 13 de maio de 2002, que criou um programa de ações afirmativas na administração pública federal, mas padece até hoje de efetividade.

[10] Desde a sua criação, a Organização das Nações Unidas (ONU) promoveu diversas atividades e conferências internacionais para lutar contra a discriminação, dentre elas a Convenção para a Prevenção e Repressão do Crime de Genocídio (1948), a Convenção Internacional sobre a Eliminação de Todas as Formas de Discriminação Racial (1963), a instituição do dia 21 de março como Dia Internacional Contra a Discriminação Racial (1966), a Convenção Internacional sobre a Repressão e o Castigo do Crime de Apartheid (1973), a declaração do Primeiro Decênio da Luta Contra o Racismo e a Discriminação Racial (1973-1982), a I Conferência Mundial para o Combate ao Racismo e à Discriminação Racial em Genebra (1978), a II Conferência Mundial para o Combate ao Racismo e à Discriminação Racial em Genebra (1983), o II Decênio da Luta Contra o Racismo e a Discriminação Racial (1983-1992), o III Decênio da Luta Contra o Racismo e a Discriminação Racial (1994-2003) e a Conferência Mundial contra o Racismo, Discriminação Racial, Xenofobia e Intolerância Conexa (2001). Essas são as principais legislações e eventos das Nações Unidas, contudo, optamos por investigar as duas convenções por serem as mais citadas no debate sobre ações afirmativas no judiciário. A Convenção 111, por exemplo, é uma das oito convenções fundamentais da Organização Internacional do Trabalho (OIT).

[11] Ver João Feres Junior e Jonas Zoninsein (orgs.), *Ação afirmativa e universidade: experiências nacionais comparadas* (Brasília, Editora UnB, 2008).

[12] Sobre a conferência, em "A batalha de Durban" (*Revista de Estudos Feministas*, 2002, disponível em <www.scielo.br/pdf/ref/v10n1/11639.pdf>), Sueli Carneiro afirma que Durban ressalta e advoga a necessidade de uma intervenção decisiva nas condições de vida das populações historicamente discriminadas. Mas que é preciso transformar as boas intenções em ações concretas que permitam ao Estado brasileiro realizar a equidade de gênero e de raça.

[13] Tivemos a oportunidade de representar o governo brasileiro, pela Seppir, num evento promovido pela Organização dos Estados Americanos (OEA) em Washington, em 2011. O encontro era sobre a questão racial nas Américas, e, no diálogo com os representantes dos demais países, pudemos comparar as experiências internacionais para a promoção da igualdade racial. Constatamos que o Brasil, dentre os países que compõem a diáspora africana, é o que mais tem avançado nessa questão.

[14] Como um dos seus atos mais importantes dessa época, Lula nomeia Joaquim Barbosa, o primeiro ministro negro para o Supremo Tribunal Federal.

2.2. A criação da Secretaria de Políticas de Promoção da Igualdade Racial

Uma das medidas mais significativas realizadas logo no início do governo Lula, em 2003, foi a criação da Secretaria de Políticas de Promoção da Igualdade Racial (Seppir). Instituída pela Medida Provisória n. 111/2003 (convertida na Lei n. 10.678), a Seppir decorre de uma grande articulação política e representa o reconhecimento público de uma demanda antiga do Movimento Negro brasileiro. A Secretaria tem como atribuições:

> Art. 1º: A Secretaria de Políticas de Promoção da Igualdade Racial, órgão essencial da Presidência da República, tem como área de competência os seguintes assuntos:
> I - assessoramento direto e imediato ao Presidente da República na formulação, coordenação e articulação de políticas e diretrizes para a promoção da igualdade racial;
> II - formulação, coordenação e avaliação das políticas públicas afirmativas de promoção da igualdade e da proteção dos direitos de indivíduos e grupos raciais e étnicos, com ênfase na população negra, afetados por discriminação racial e demais formas de intolerância;
> III - articulação, promoção e acompanhamento da execução dos programas de cooperação com organismos nacionais e internacionais, públicos e privados, voltados à implementação da promoção da igualdade racial;
> IV - formulação, coordenação e acompanhamento das políticas transversais de governo para a promoção da igualdade racial;
> V - planejamento, coordenação da execução e avaliação do Programa Nacional de Ações Afirmativas; e
> VI - promoção do acompanhamento da implementação de legislação de ação afirmativa e definição de ações públicas que visem o cumprimento dos acordos, convenções e outros instrumentos congêneres assinados pelo Brasil, nos aspectos relativos à promoção da igualdade e de combate à discriminação racial ou étnica.[15]

Para desenvolver essa verdadeira missão, foi criada a Política Nacional de Promoção da Igualdade Racial (PNPIR)[16], que tem como princípios norteadores a transversalidade, a descentralização e a gestão democrática que são desenvolvidas de maneira simultânea e orientam o conjunto das ações do governo federal e a relação deste com as demais esferas da administração pública, com as instituições privadas e com a sociedade civil[17].

---

[15] Ver Lei n. 10.683, de 28 de maio de 2003, e o Decreto n. 7.261, de 12 de agosto de 2010.

[16] Ver o Decreto n. 4.886/2003 que institui a PNPIR.

[17] De acordo com a Seppir a *transversalidade* refere-se à necessidade de incorporação da equidade étnico-racial às políticas públicas de saúde, educação, cultura, justiça etc. e de comissões organizadoras de conferências nacionais. A *descentralização* diz respeito à inserção da Política Nacional de Promoção da Igualdade Racial no sistema federativo, em atendimento à exigência da Constituição, por meio da distribuição de competências entre os entes federados, sendo a superação da pobreza e a inclusão social de segmentos historicamente excluídos obrigações comuns da União, estados, municípios e Distrito Federal. Para garantir a descentralização da Política Nacional de Promoção da Igualdade Racial, em outubro de 2003 foi criado o Fórum Intergovernamental de Promoção da Igualdade Racial (Fipir), com a finalidade de capacitar gestores estaduais e municipais, bem como planejar, executar e monitorar a implementação dessa política nacional nos estados e municípios. Já a *gestão democrática* implica a instituição de mecanismos de controle social dos programas e ações contidos na Política Nacional de Promoção da Igualdade Racial. Assim, em novembro de

Em dez anos de existência, a Seppir teve quatro ministros[18]. Os desafios da secretaria são grandes: mesmo com todo o avanço que a questão racial vem alcançando, a política em si é nova e precisa ser mais capilarizada junto aos outros órgãos de governo e da sociedade civil para se consolidar.

2.3. As políticas de promoção da igualdade racial na educação

Historicamente, a educação é o direito fundamental mais reivindicado pelas entidades afro-brasileiras[19]. Uma bandeira presente desde a Frente Negra (principal entidade nas primeiras décadas do século XX) até o Educafro (uma das mais destacadas atualmente, tendo iniciado suas atividades na década de 1990).

Dentre as políticas desenvolvidas pelo governo na área de educação podemos destacar: o Programa Institucional de Iniciação Científica nas Ações Afirmativas (Pibic-AF), que é um convênio entre a Seppir e o Conselho Nacional de Desenvolvimento Científico e Tecnológico (CNPq) para concessão de bolsas de iniciação científica a estudantes de graduação membros de programas de ações afirmativas; o Programa Institucional de Bolsas de Iniciação Científica em ações afirmativas no Ensino Superior, que foi criado por uma parceria entre a Seppir, a Coordenação de Aperfeiçoamento de Pessoal de Nível Superior (Capes) e o Ministério da Educação (MEC) e cujo objetivo é desenvolver ações e programas para fomentar o ingresso de alunos oriundos de ações afirmativas nos cursos de mestrado e doutorado; o Selo Educação para a Igualdade Racial, que objetiva reconhecer e difundir as boas práticas de escolas e secretarias de educação na implementação da Lei de Diretrizes e Bases da Educação Nacional, no que tange ao ensino sobre História e Cultura Afro-Brasileira.

Há ainda o Programa de Extensão Universitária (ProExt), que, através de uma parceria entre MEC e Seppir, visa apoiar políticas de inclusão desenvolvidas pelas universidades; e o projeto A Cor da Cultura, que em parceria com entidades da iniciativa privada promove a valorização da diversidade étnico-racial nas escolas públicas. Destaque também às políticas educacionais desenvolvidas para os quilombolas e ao diálogo e demais articulações feitas com a Comissão Técnica Nacional de Diversidade para Assuntos Relacionados à Educação dos Afro-Brasileiros (Cadara).

Ressalte-se que, em 2008, o Ministério da Educação criou o programa Uniafro, que apoia financeiramente as instituições de educação superior que desenvolvem ações para a formação inicial e continuada de professores da educação básica e para a elaboração de material didático específico no âmbito do Programa de Ações Afir-

---

2003, foi instalado o Conselho Nacional de Promoção da Igualdade Racial (CNPIR), órgão colegiado de caráter consultivo que integra a estrutura básica da Seppir. O conselho é composto por 22 órgãos do poder público federal, 19 entidades da sociedade civil, escolhidas por meio de edital público, e mais três pessoas indicadas, com notória atuação na área da promoção da igualdade racial. Para mais informações, ver: <www.seppir.gov.br>. Acesso em 15 jan. 2013.

[18] Comandaram a Secretaria Matilde Ribeiro (2003-2008), Edson Santos (2008-2010), Eloi Ferreira de Araujo (2010-2011) e Luiza Helena de Bairros (2011-atual).

[19] Essa afirmação está em perfeita sintonia com o texto publicado no jornal *O Exemplo*, de Porto Alegre, que em 1892 afirmava: "O que negro precisa é Educação [...] uma vez que ajudamos a pagar os custos da educação pública é melhor que lutemos por ela." .

mativas. O programa é mais uma iniciativa para implementar as relações raciais na educação em acordo com a LDB[20].

2.4. *O combate à discriminação racial e a inclusão no mercado de trabalho*

Em relação ao mercado de trabalho destaca-se o Plano Setorial de Qualificação – Trabalho Doméstico Cidadão (Planseq-TDC), uma iniciativa da Seppir, do Ministério do Trabalho e Emprego (MTE) e da Federação Nacional das Trabalhadoras Domésticas (Fenatrad). Ele visa capacitar trabalhadoras domésticas de todo o país. Há também o Plano Nacional de Comércio e Serviços para Profissionais Afrodescendentes (Planseq/Afrodescendente), que representa uma demanda antiga do Movimento Negro e vem sendo incorporado pelo governo, visando qualificar 25 mil trabalhadores afro-brasileiros em diversas áreas no setor de serviços e comércio.

Ressalte-se que foi lançado o Subcomitê de Promoção da Igualdade Racial, que funciona no âmbito do Comitê Executivo Interministerial da Agenda Nacional de Trabalho Decente e possui as seguintes prioridades:

> Prioridade 1: Promover ações afirmativas para a igualdade de oportunidades e tratamento da população negra e quilombola no mercado formal de trabalho.
> Prioridade 2: Fortalecer o empreendedorismo negro [por meio do fomento da política de crédito para a geração de emprego e renda, destinada a empreendedores negros e negras].
> Prioridade 3: Estimular o acesso ao crédito e recursos produtivos [promovendo o desenvolvimento local para a geração de trabalho e renda, em especial, para as mulheres negras].
> Prioridade 4: Efetivar o cumprimento dos marcos legais ao enfrentamento ao racismo e a promoção da igualdade racial [promovendo as Normas Internacionais e Nacionais sobre o Enfrentamento ao Racismo e a Promoção da Igualdade Racial].[21]

2.5. *A igualdade racial nas políticas de saúde*

Por conta da discriminação direta ou institucional, as pessoas negras têm menos acesso aos serviços de saúde e se tornam mais suscetíveis a doenças e demais agravos. Para enfrentar essa situação, o governo lançou a Política Nacional de Saúde Integral da População Negra (PNSIPN), instituída pela Portaria n. 992 de 2009 do Ministério da Saúde. Essa política se desenvolve por uma série de ações e tem como objetivo reduzir as desigualdades étnico-raciais por meio do enfrentamento à discriminação[22]. Ela vem sendo

---

[20] Ver a Resolução CD/FNDE n. 14, de 28 de abril de 2008. Disponível em: < http://portal.mec.gov.br/sesu/arquivos/pdf/UNIAFRO/resolucao14_2008.pdf>. Acesso em 11 abr. 2013.

[21] Para mais informações, ver: <www.seppir.gov.br/destaques/trabalho-decente>. Acesso em 12 jan. 2013.

[22] De acordo com a referida portaria, as diretrizes gerais da política são: I - inclusão dos temas "racismo" e "saúde da população negra" nos processos de formação e educação permanente dos trabalhadores da saúde e no exercício do controle social na saúde; II - ampliação e fortalecimento da participação do Movimento Social Negro nas instâncias de controle social das políticas de saúde, em consonância com os princípios da gestão participativa do SUS, adotados no Pacto pela Saúde; III - incentivo à produção do conhecimento científico e tecnológico em saúde da população negra; IV - promoção do reconhecimento dos saberes e práticas populares de saúde, incluindo aqueles preservados pelas religiões de matrizes africanas; V - implementação do processo de monitoramento

desenvolvida pela Seppir e pelo Ministério da Saúde com a participação da sociedade civil, de pesquisadores, gestores e profissionais de saúde de vários estados brasileiros[23].

Segundo o Ministério da Saúde, essa política:

> se insere na dinâmica do Sistema Único de Saúde (SUS), por meio de estratégias de gestão solidária e participativa, destacando: utilização do quesito cor na produção de informações epidemiológicas para a definição de prioridades e tomada de decisão; ampliação e fortalecimento do controle social; desenvolvimento de ações e estratégias de identificação, abordagem, combate e prevenção do racismo institucional no ambiente de trabalho, nos processos de formação e educação permanente de profissionais; implementação de ações afirmativas para alcançar a equidade em saúde e promover a igualdade racial.[24]

Historicamente, os dados referentes à saúde indicam que filhos de mães negras têm maior risco de adoecer e morrer e que a expectativa de vida da população negra é menor do que a da população branca. A população negra é a mais vulnerável a doenças e a que mais necessita do serviço público de saúde. Daí a importância da instituição dessa política. Ela representa o reconhecimento das especificidades de gênero e raça na questão da saúde e remete para ações estratégicas em prol da equidade e redução da discriminação[25].

---

e avaliação das ações pertinentes ao combate ao racismo e à redução das desigualdades étnico-raciais no campo da saúde nas distintas esferas de governo; e VI - desenvolvimento de processos de informação, comunicação e educação, que desconstruam estigmas e preconceitos, fortaleçam uma identidade negra positiva e contribuam para a redução das vulnerabilidades. O objetivo geral é promover a saúde integral da população negra, priorizando a redução das desigualdades étnico-raciais, o combate ao racismo e à discriminação nas instituições e serviços do SUS. Os objetivos específicos são: I - garantir e ampliar o acesso da população negra residente em áreas urbanas, em particular nas regiões periféricas dos grandes centros, às ações e aos serviços de saúde; II - garantir e ampliar o acesso da população negra do campo e da floresta, em particular as populações quilombolas, às ações e aos serviços de saúde; III - incluir o tema "combate às discriminações de gênero e orientação sexual", com destaque para as interseções com a saúde da população negra, nos processos de formação e educação permanente dos trabalhadores da saúde e no exercício do controle social; IV - identificar, combater e prevenir situações de abuso, exploração e violência, incluindo assédio moral, no ambiente de trabalho; V - aprimorar a qualidade dos sistemas de informação em saúde, por meio da inclusão do quesito cor em todos os instrumentos de coleta de dados adotados pelos serviços públicos, conveniados ou contratados com o SUS; VI - melhorar a qualidade dos sistemas de informação do SUS no que tange a coleta, processamento e análise dos dados desagregados por raça, cor e etnia; VII - identificar as necessidades de saúde da população negra do campo e da floresta e das áreas urbanas e utilizá-las como critério de planejamento e definição de prioridades; VIII - definir e pactuar, com as três esferas de governo, indicadores e metas para a promoção da equidade étnico-racial na saúde; IX - monitorar e avaliar os indicadores e as metas pactuados para a promoção da saúde da população negra visando reduzir as iniquidades macrorregionais, regionais, estaduais e municipais; X - incluir as demandas específicas da população negra nos processos de regulação do sistema de saúde suplementar; XI - monitorar e avaliar as mudanças na cultura institucional, visando à garantia dos princípios antirracistas e não discriminatórios; e XII - fomentar a realização de estudos e pesquisas sobre racismo e saúde da população negra.

[23] Em outubro de 2011, a Seppir e o Ministério da Saúde assinaram, em Brasília, um termo de cooperação para promoverem a implementação da Política Nacional de Saúde Integral da População Negra. Para mais informações, ver: <www.seppir.gov.br/>. Acesso em 10 jan. 2013.

[24] Para mais informações, ver: <www.saude.mt.gov.br/arquivo/1234>. Acesso em 14 jan. 2013.

[25] Os indicadores sociais de saúde demonstram que os negros representam 67% do público atendido pelo SUS, ao passo que a população branca corresponde a 47,2%. De acordo com a Pesquisa Na-

2.6. Políticas para a juventude negra

Há alguns anos o movimento social e pesquisadores têm se dedicado à investigação sobre a juventude negra[26]. Os movimentos sociais buscam consolidar nos governos o entendimento de que a maneira com a qual o racismo incide sobre a juventude faz surgir uma situação de vulnerabilidade social que necessita receber atenção do Estado por meio de políticas específicas que ampliem a proteção social e combatam a discriminação. Com efeito, os dados do "Mapa da violência 2012: a cor dos homicídios no Brasil" revelaram que, em 2002, a taxa de homicídio de jovens brancos era 40,6 por 100 mil habitantes e que em 2010 esse índice caiu para 28,3 por 100 mil. Já entre os jovens negros, os dados pioraram. Em 2002 o índice de mortes violentas de jovens negros era 69,6 por 100 mil habitantes e em 2010 foi de 72 para cada 100 mil habitantes.

Constatações como essas deram origem a duas importantes políticas do governo federal. O Projeto Farol, uma iniciativa do Ministério da Justiça com a Seppir, cujo objetivo é promover a cidadania dos jovens negros em situação de vulnerabilidade social. Essa política é importante, pois apoia as ações estaduais e municipais que visam prevenir a violência contra a juventude negra.

O projeto fomenta oportunidades econômicas, sociais, políticas e culturais para jovens em conflito com a lei, egressos do sistema prisional, que possuam baixa escolaridade, estejam expostos à violência doméstica e urbana etc. Seu principal desafio é recuperar esses jovens, reinserindo-os no sistema de ensino e no mercado de trabalho[27].

Outra importante política para combater a vulnerabilidade a que está sujeita a juventude negra é o Plano Juventude Viva. Lançada em 2012, essa política demanda grande articulação interministerial e funciona sob a coordenação da Secretaria-Geral da Presidência da República, por meio da Secretaria Nacional de Juventude e da Secretaria de Políticas de Promoção da Igualdade Racial.

O plano decorre da necessidade de enfrentar os altos índices de homicídio da juventude negra e visa fomentar ações para esse público nas áreas de trabalho, educação, saúde, acesso à justiça, cultura e esporte[28]. O Juventude Viva foi lançado primeiramente na cidade de Maceió por conta dos altos índices de violência contra juventude negra

---

cional por Amostra de Domicílios (Pnad/IBGE), em 2008, 34,9% da população branca era atendida na rede privada, já a população negra correspondia a 17,2% dos atendimentos dos planos privados. Ver <www.ibge.gov.br/home/estatistica/pesquisas/pesquisa_resultados.php?id_pesquisa=40>. Acesso em 14 jan. 2013.

Em 2004 foi criado o Grupo Interministerial para examinar as políticas dirigidas à juventude, que reuniu dezenove ministérios e teve participação do Ipea, com a produção de diagnóstico sobre a juventude brasileira. Em 2005, finalmente, por meio de medida provisória foi criada a Secretaria Nacional de Juventude, o Conselho Nacional de Juventude e o Programa Nacional de Inclusão de Jovens (ProJovem).

26 Para mais informações, ver: <mapadaviolencia.org.br>. Acesso em 14 jan. 2013.

27 Para mais informações, ver: <www.seppir.gov.br>. Acesso em 14 jan. 2013.

28 Em grande medida esse plano contempla as reivindicações resultantes da I e da II Conferência Nacional de Juventude, realizadas em 2008 e 2011, respectivamente.

no estado de Alagoas. Segundo o governo, as ações desse plano serão articuladas em parceria com a União, 5 estados e 132 municípios, que foram priorizados por concentrar 70% dos homicídios de jovens negros[29].

2.7. O marco legal das políticas de promoção da igualdade racial

O reconhecimento da correlação entre discriminação racial e desigualdade social não basta para alterar a difícil realidade que os afro-brasileiros enfrentam. Os avanços mais significativos nesse processo de promoção da cidadania que têm promovido transformações sociais importantes nos últimos dez anos estão se desenvolvendo pela profusão de uma série de leis estratégicas. De fato, para que haja uma mudança estrutural nas mazelas que delineiam a complexa temática das relações raciais no Brasil, é preciso que o Estado, por meio dos seus poderes constituídos, elabore e busque garantir a efetividade de normas que estabeleçam os princípios e as regras necessárias para o combate ao racismo e a promoção da igualdade racial[30]. Passemos à analise das principais legislações[31].

A Lei n. 10.639/2003 foi a primeira sancionada pelo ex-presidente Lula e alterou os artigos 26A e 79B da Lei n. 9.496/1996. Com isso a Lei de Diretrizes e Bases da Educação, a LDB, passa a incluir no currículo oficial da rede de ensino a obrigatoriedade da temática "História e Cultura Afro-Brasileira"[32]. Para dar mais efetividade a essa legislação, o Conselho Nacional de Educação editou a resolução 1/2004. Por outro lado, o Projeto de Lei n. 8.035/2010, que trata do Plano Nacional de Educação (PNE 2011-2020), traz várias normas para impulsionar as demandas da LDB[33].

Lembremos que a educação, como um dos principais espaços de sociabilização, é um fator primordial nesse debate, pois é na escola que podem ser desenvolvidas diversas estratégias de combate ao racismo, desde o ambiente escolar até a sociedade de maneira geral. Nesse sentido, a alteração que a Lei n. 10.639/2003 fez na LDB tem grande importância por tornar obrigatório o estudo da história e cultura afro-brasileiras, valorizando e ampliando o debate sobre a discriminação na escola e sobre

---

29 Para mais informações, ver: <www.juventude.gov.br/juventudeviva>. Acesso em 15 jan. 2013.

30 Chamamos de direito contra a discriminação racial o conjunto de leis que objetivam combater o racismo e promover a igualdade. Ele é composto por leis antirracistas e por normas que instituem as chamadas ações afirmativas.

31 É importante também destacar o Decreto n. 4.886/2003, que institui a PNPIR, e a Lei n. 10.678/2003, que cria o CNPIR.

32 De acordo com a lei, nos estabelecimentos de ensino fundamental e de ensino médio, públicos e privados, torna-se obrigatório o estudo da história e da cultura afro-brasileiras e indígenas: "Os conteúdos referentes à história e cultura afro-brasileira e dos povos indígenas brasileiros serão ministrados no âmbito de todo o currículo escolar, em especial nas áreas de educação artística e de literatura e história brasileiras", Lei n. 11.645, de 10 de março de 2008.

33 Em 2009 o MEC e a Seppir lançaram um Plano, Nacional de Implementação das Diretrizes Curriculares Nacionais para Educação das Relações Étnico-Raciais e para o Ensino de História e Cultura Afro-brasileira e Africana. O plano tem como base estruturante seis eixos estratégicos: 1) fortalecimento do marco legal; 2) política de formação para gestores e profissionais de educação; 3) política de material didático e paradidático; 4) gestão democrática e mecanismos de participação social; 5) avaliação e monitoramento; e 6) condições institucionais.

os aspectos negativos contidos nos livros infanto-juvenis, além de reconstruir, sob outros paradigmas, a contribuição das culturas e dos povos formadores da sociedade brasileira[34].

A Lei n. 11.096/2005 criou o Programa Universidade para Todos (Prouni), que permite a instituições privadas de ensino superior promoverem a concessão de bolsas integrais e parciais a estudantes de baixa renda, desde que sejam negros, indígenas ou tenham feito o ensino médio em escolas públicas[35]. O programa recebeu a adesão progressiva de centenas de instituições de ensino superior privadas em todo o país. Além da bolsa que isenta total ou parcialmente o pagamento da mensalidade, os estudantes podem concorrer a bolsas de permanência oferecidas em número variável a cada semestre e distribuídas segundo critérios de renda familiar *per capita*, dentre outros[36].

Segundo dados do MEC, o Prouni já concedeu mais de 1,1 milhão de bolsas, das quais cerca de 535 mil (49% do total) foram para estudantes negros[37]. Como visto, o Prouni produz grande impacto inclusivo, pois cerca de 70% das vagas do ensino superior brasileiro estão na rede privada.

O Decreto n. 4.887/2003 regulamenta o procedimento para identificação, reconhecimento, delimitação, demarcação e titulação das terras ocupadas por remanescentes das comunidades dos quilombos de que trata o artigo 68 do Ato das Disposições Constitucionais Transitórias[38]. Ele ensejou a criação do Programa Brasil Quilombola (PBQ), que reúne ações do governo federal distribuídas em 23 ministérios e demais órgãos federais. A Fundação Cultural Palmares, do Ministério da Cultura, mapeou 3.524 comunidades, dentre as quais 1.342 são certificadas por ela.

O programa trata de uma complexa política pública que objetiva garantir o acesso à terra, promover ações de saúde e educação, construir moradias, promover a eletrificação e a recuperação ambiental. O PBQ promove o atendimento das famílias quilombolas por programas sociais, como o Bolsa Família, e busca também preservar e promover suas manifestações culturais, incentivando o desenvolvimento local[39].

---

[34] A formação desenvolvida na escola pode contribuir para a compreensão da dinâmica das relações raciais e com isso ajudar na transformação dos processos de exclusão social. O ambiente escolar representa uma importante ferramenta no combate ao racismo e seus efeitos e também pode desmascarar a invisibilidade e o silêncio de práticas discriminatórias naturalizadas, dentre elas o estigma de superioridade e inferioridade que, desdé muito cedo, se revela nas atitudes das crianças.

[35] A quantidade de bolsas oferecidas aos estudantes negros corresponde ao percentual desse grupo na população do estado onde a instituição universitária se localiza.

[36] Ver <www.mec.gov.br>. Acesso em 20 jan. 2013.

[37] Disponível em: <www.mec.gov.br>. Acesso em 15 jan. 2013.

[38] O Partido Democrata ingressou com uma a Ação Direta de Inconstitucionalidade (ADI) 3.239 no Supremo Tribunal Federal contra o Decreto n. 4.887/2003. O julgamento já teve início com o voto do ministro Cezar Peluso, que votou pela inconstitucionalidade do referido decreto. O julgamento foi suspenso com o pedido de vistas da ministra Rosa Weber.

[39] Segundo a Seppir, o programa promove: "Regularização fundiária – Desde 2005, 81 Relatórios Técnicos de Identificação e Delimitação (RTDIs) foram publicados, totalizando uma área de 516 mil hectares e beneficiando 10.625 famílias quilombolas. No mesmo período outras 3.755 famílias foram beneficiadas por meio da publicação de 40 portarias de reconhecimento, totalizando 216 mil

A Lei n. 12.288/2010, o Estatuto da Igualdade Racial, é uma das mais debatidas de nossa recente história republicana[40]. Produto de uma longa correlação de forças políticas que tensionaram o parlamento, a sociedade civil e o governo, a referida lei foi sancionada pelo presidente Lula no dia 20 de julho de 2011 e entrou em vigor em outubro do mesmo ano.

A referida lei possui 65 artigos dispostos em quatro títulos. O Título I trata das disposições preliminares, estabelecendo uma série de princípios que norteiam toda a legislação. Por ele é possível obter o conceito de termos como discriminação racial, desigualdade racial, população negra, políticas públicas e ações afirmativas (art. 1). Além disso, nesse título adota-se como diretriz político-jurídica do estatuto a inclusão das vítimas de desigualdade étnico-racial, a valorização da igualdade étnica e o fortalecimento da identidade nacional (art. 3). No artigo 4, o legislador demonstra quais políticas públicas devem ser adotadas prioritariamente para promover a participação econômica, social, política e cultural da população negra. Ressalte-se ainda o artigo 5, que institui o Sistema Nacional de Promoção da Igualdade Racial (Sinapir).

O Título II estabelece os direitos fundamentais da população negra na saúde, educação, cultura, esporte e lazer, acesso à terra e moradia adequada, trabalho e meios de comunicação.

O Título III cria o Sinapir, instituído como forma pela qual o Estado brasileiro se organizará para implementar o conjunto de políticas e serviços, prestados pelo poder público federal, destinados a superar as desigualdades na promoção da igualdade racial. Os demais entes federados poderão participar do referido sistema mediante adesão, e a iniciativa privada deverá ser estimulada a participar pelo poder público (art. 47). O sistema confere uma série de atribuições à Secretaria de Políticas de Promoção da Igualdade Racial (art. 47, 49 §1 e 51). As normas referentes ao Sinapir estabelecem-no como órgão de promoção, formulação, descentralização, articulação e que garante a eficácia dos meios e instrumentos para implementação das políticas de promoção da igualdade racial (art. 48).

---

hectares reconhecidos. Certificação – Entre 2004 e 2008, 1.342 comunidades foram certificadas como remanescentes de quilombos pela Fundação Cultural Palmares. Luz para Todos – O programa de eletrificação coordenado pelo Ministério das Minas e Energia chegou à marca de 19.821 domicílios atendidos em áreas quilombolas, investindo R$ 99 milhões no período entre 2004 e 2008. Bolsa Família – O programa de renda mínima, sob a responsabilidade do Ministério do Desenvolvimento Social e Combate à Fome, alcançou 19 mil famílias quilombolas ao final de 2008. Desenvolvimento local – Projetos de desenvolvimento local, fruto de parcerias entre Seppir, Eletrobras, Petrobras, Caixa Econômica Federal, Fundação Universidade de Brasília e Ministério do Desenvolvimento Social e Combate à Fome destinaram R$ 13 milhões a projetos de desenvolvimento econômico sustentável em comunidades quilombolas de oito estados brasileiros. Desenvolvimento agrário – Através do Programa Territórios da Cidadania, o Ministério do Desenvolvimento Agrário destinou em 2008 R$ 82 milhões para ações específicas de desenvolvimento regional e garantia de direitos sociais em comunidades quilombolas. Também em 2008, outros doze projetos de desenvolvimento agrário foram apoiados com R$ 1,9 milhão, beneficiando 59 comunidades em 9 estados". Para mais informações, ver: <www.seppir.gov.br>. Acesso em 15 jan. 2013.

[40] O estatuto foi proposto na câmara pelo então deputado federal Paulo Paim, no ano de 2000, por meio do Projeto de Lei n. 3.198/2000.

Também no Título III há o capítulo que trata das ouvidorias permanentes e do acesso à justiça e segurança (art. 51 a 55). A técnica legislativa aqui é passível de crítica, pois justiça e segurança são direitos fundamentais e como tais deveriam constar do Título II, afastados da parte que trata de normas institucionais referentes à ouvidoria.

Ainda no Título III há a parte que trata do financiamento das iniciativas de promoção da igualdade racial. Essa sem dúvida se estabelece como uma das partes mais importantes da legislação, pois é a que exerce significativo impacto, introduzindo a questão do enfrentamento ao racismo e da promoção da igualdade racial nas peças orçamentárias (art. 56 e 57).

Por fim, no Título IV, são abordadas as disposições finais. Vale destacar o art. 59, que estabelece que o Poder Executivo Federal criará instrumentos para aferir a eficácia social das medidas previstas nessa lei e efetuará seu monitoramento constante, com a emissão e a divulgação de relatórios periódicos, inclusive pela internet.

Os artigos seguintes buscam um aprimoramento da legislação antirracista (Lei n. 7.716/1989), com destaque para uma importante alteração na Lei da Ação Civil Pública (Lei n. 7.347/1985), que manda utilizar os recursos provenientes dessas demandas judiciais em políticas de promoção da igualdade racial (art. 62).

O estatuto tornou-se o principal marco regulatório sobre o tema das relações raciais no país, devendo ser utilizado como paradigma na elaboração, interpretação e aplicação das políticas de promoção de igualdade racial como formas de enfrentamento ao racismo.

Por último vale analisar a Lei n. 12.711/2012, que dispõe sobre o ingresso nas universidades federais e nas instituições federais de ensino técnico de nível médio e dá outras providências[41]. De acordo com essa lei, as universidades federais terão de reservar, em cada concurso seletivo, 50% de suas vagas, por curso e turno, para estudantes que tenham cursado integralmente o ensino médio em escolas públicas. Dentro desse percentual, estudantes pretos, pardos e indígenas deverão ser contemplados com uma proporção no mínimo igual ao número que esses grupos representam no Estado em que a universidade está situada, segundo o mais recente censo demográfico do Instituto Brasileiro de Geografia e Estatística (IBGE).

A lei também se destina às instituições federais de ensino técnico de nível médio. Nesse caso, também existem as cotas étnico-raciais na mesma proporção já citada. Ressalte-se apenas que os candidatos deverão ter cursado todo o ensino fundamental em escolas públicas (art. 4).

Trata-se de um programa sistematizado que visa promover o acesso de grupos *minorizados* às referidas instituições de ensino (art. 6)[42]. Por isso, a lei determina que o MEC e a Seppir, ouvindo a Fundação Nacional do Índio (Funai), sejam os responsáveis pelo acompanhamento e pela avaliação do referido programa.

[41] Essa lei foi regulamentada pelo Decreto n. 7.824, de 11 de outubro de 2012.

[42] Dados do Ministério da Educação apontam que a rede privada atende a 12,2% de vagas no ensino médio e, no entanto, ocupa a maioria das vagas ofertadas pelas universidades federais, sobretudo nos cursos de maior demanda.

Com essa lei, cotas serão reservadas – só nas universidades federais, cerca de 50 mil vagas para negros e indígenas por ano –, dado o caráter inclusivo e redistributivo da política. Isso trará um grande impacto social para as instituições federais de educação e será determinante para diversificar a elite brasileira nas próximas gerações[43]. Tudo nos leva a reconhecer que se trata de um importante programa que, somado ao Prouni, ao programa Reestruturação e Expansão das Universidades Federais (Reuni) e ao Programa Nacional de Acesso ao Ensino Técnico e Emprego (Pronatec), completa uma série de políticas que vêm sendo adotadas nos últimos anos para tornar mais democrático o direito à educação no Brasil.

3. Conclusão

Os avanços dos últimos dez anos na questão racial só foram possíveis por conta do contexto pós-neoliberal em que vivemos e que nos remete a outras arenas de análise e de luta para enfrentar o racismo. Como exemplo, pode-se citar o fato de que, em 2012, o Supremo Tribunal Federal (STF) conferiu estabilidade jurídica institucional ao processo de promoção da igualdade racial em construção, na medida em que declarou a constitucionalidade do sistema de cotas raciais na educação superior no julgamento da Ação de Descumprimento de Preceito Fundamental 186.

Pode-se afirmar, então, que nos últimos dez anos a promoção da igualdade racial efetivou-se como uma questão de Estado. Diferentemente do que ocorria no período neoliberal, quando o enfrentamento do poder público ao racismo era tímido em discurso, simbólico no reconhecimento e pouco eficaz na política.

A chegada de um governo de esquerda ao poder promoveu relevantes avanços para criar e começar um processo significativamente contundente no que tange à promoção da igualdade racial.

Chamamos a atenção para o fato de que, durante esse período, os três poderes da República foram instados a se manifestar sobre a legitimidade das políticas de promoção da igualdade dos afro-brasileiros e legitimaram o protesto histórico do Movimento Negro.

Agora não se trata mais de buscar consolidar um marco legal favorável, o Congresso Nacional aprovou o estatuto e as cotas raciais. Não se trata mais de buscar convencer o Judiciário, as cotas foram julgadas constitucionais por unanimidade no STF. Não se trata sequer de sensibilizar o Executivo, visto que a política de promoção da igualdade racial é um fato social poderoso que vem se capilarizando em centenas de unidades da federação[44].

---

[43] Segundo dados do último Censo da Educação Superior, tabulados pelo Laboratório de Análises Econômicas, Históricas, Sociais e Estatísticas das Relações Raciais (Laeser) (2012), das 222.126 vagas oferecidas pelas universidades federais, pouco mais e 8 mil foram ocupadas por alunos negros e indígenas incentivados por ações afirmativas. Nos institutos federais (IFs) e Centros Federais de Educação Tecnológica (Cefets), 41,2% do total de instituições aderiram à política de cotas de acesso (isto é, 14 das 36 Instituições Federais). Contudo, o número de ingressantes por meio dessa ação afirmativa representou, em 2010, apenas 4,8% do total de 25.555 novos estudantes e apenas 49 deles eram negros ou indígenas.

[44] Segundo a Seppir, atualmente 669 municípios, 26 estados e o Distrito Federal possuem organismos de promoção da igualdade racial. Para mais informações, ver <www.seppir.gov.br/fipir>. Acesso em 15 jan. 2013.

Não se trata mais de convencimento ou de sair da invisibilidade. Trata-se de uma questão de justiça. Agora é hora de radicalizar na concretude dos instrumentos de promoção de cidadania que foram alcançados. Assim como disse Abdias Nascimento em seu discurso quando da inauguração da Seppir: "a injustiça por questão de raça é uma questão de direitos humanos. É uma questão de todo ser humano consciente e firme na sua própria dignidade de ser humano (...). Axé!".

SOBRE OS AUTORES

LUIZ INÁCIO LULA DA SILVA foi presidente da República de 2003 a 2010. Ex--sindicalista, com papel de liderança nos protestos contra a ditadura militar, é um dos fundadores do Partido dos Trabalhadores, do qual é presidente honorário.

JOSÉ LUÍS FIORI é professor titular de economia política internacional da Universidade Federal do Rio de Janeiro (UFRJ). É autor de *Poder global e a nova geopolítica as nações* (2007) e *Ontem, hoje e amanhã: tendências do sistema mundial* (no prelo), ambos pela Boitempo.

MARCO AURÉLIO GARCIA é assessor especial de Política Externa da presidenta Dilma Rousseff, função que desempenhou nos dois governos de Luiz Inácio Lula da Silva. É professor aposentado de História, na Universidade Estadual de Campinas (Unicamp).

NELSON BARBOSA é professor do Instituto de Economia da UFRJ e secretário executivo do Ministério da Fazenda.

LUIZ GONZAGA BELLUZZO é professor de Economia da Unicamp. Atuou como consultor pessoal de economia do presidente Luiz Inácio Lula da Silva. Escreveu com Júlio Sérgio Gomes de Almeida, *Depois da queda: a economia brasileira da dívida aos impasses do real* (Civilização Brasileira, 2002).

JORGE MATTOSO é economista e consultor. Foi presidente da Caixa Econômica Federal (2003-2006) e atua como secretário de finanças da Prefeitura do Município de São Bernardo do Campo desde 2009.

MARILENA CHAUI é professora de Filosofia na Universidade de São Paulo (USP) e autora, entre outros livros, de *Iniciação à filosofia* (Ática, 2012) e *Cidadania cultural* (Perseu Abramo, 2006).

EMIR SADER foi secretário-executivo do Conselho Latino-Americano de Ciências Sociais (Clacso). Organizou ao lado de Ivana Jinkings, Carlos Eduardo Martins e Rodrigo Nobile a *Latinoamericana: enciclopédia contemporânea da América Latina e do Caribe* (Boitempo, 2006).

MARCIO POCHMANN é professor do Instituto de Economia da Unicamp. Pela Boitempo, publicou *O emprego na globalização* (2001), *O emprego no desenvolvimento da nação* (2008) e *Nova classe média?* (2012).

TANIA BACELAR DE ARAUJO é professora da Universidade Federal de Pernambuco (UFPE) e especialista em desenvolvimento regional. É autora de *Ensaios sobre o desenvolvimento brasileiro: heranças e urgências* (Revan, 2000).

LUIZ PINGUELLI ROSA é diretor do Instituto Alberto Luiz Coimbra de Pós-Graduação e Pesquisa de Engenharia (UFRJ). Membro da Academia Brasileira de Ciências, foi presidente da Eletrobras de 2003 a 2004.

BERNARDO MANÇANO FERNANDES é professor de Geografia na Universidade Estadual Paulista (Unesp) de Presidente Prudente e coordenador do Núcleo de Estudos, Pesquisas e Projetos da Reforma Agrária na mesma universidade.

VENÍCIO A. DE LIMA é professor de Ciência Política e Comunicação da Universidade de Brasília (UnB), fundador e primeiro coordenador do Núcleo de Estudos sobre Mídia e Política da mesma universidade.

LISZT VIEIRA é doutor em Sociologia pelo Instituto Universitário de Pesquisas do Rio de Janeiro (Iuperj) e professor da Pontífica Universidade Católica do Rio de Janeiro (PUC- Rio).

RENATO CADER é doutor em Ambiente e Sociedade pela Unicamp e docente da Fundação Getulio Vargas (FGV).

ANA MARIA COSTA é médica sanitarista, doutora em Ciências da Saúde e presidente do Centro Brasileiro de Estudos de Saúde (Cebes).

PABLO GENTILI é secretário executivo do Clacso, professor da Universidade do Estado do Rio de Janeiro (Uerj) e diretor da Faculdade Latino-Americana de Ciências Sociais (Flacso-Brasil).

DALILA ANDRADE OLIVEIRA é presidente da Associação Nacional de Pós-Graduação e Pesquisa em Educação (ANPEd) e professora da Universidade Federal de Minas Gerais (UFMG).

SERGIO MACHADO REZENDE é professor de Física da UFPE. Foi ministro da Ciência e Tecnologia no governo de Luiz Inácio Lula da Silva. É autor de *Materiais e dispositivos eletrônicos* (Livraria da Física, 2004).

GLAUBER PIVA é sociólogo e foi diretor da Agência Nacional de Cinema (Ancine). Foi professor de Políticas Culturais, Corpo e Diversidade na Faculdade de Artes de Paraná.

ARTUR HENRIQUE é sociólogo e ex-presidente da Central Única dos Trabalhadores (CUT). É conselheiro do Banco Nacional do Desenvolvimento (BNDES) e diretor financeiro da Fundação Perseu Abramo na gestão 2012-2016.

ELEONORA MENICUCCI DE OLIVEIRA é socióloga e ministra-chefe da Secretaria de Políticas para as Mulheres. É professora em Saúde Coletiva da Universidade Federal de São Paulo (Unifesp).

PAULO VANNUCHI é jornalista. Foi ministro-chefe da Secretaria de Direitos Humanos de 2005 a 2010. Trabalhou na elaboração de *Brasil nunca mais*, coordenado por dom Paulo Evaristo Arns.

RENATO FERREIRA é advogado e professor de Direitos Humanos. Mestre em Políticas Públicas pela Uerj. Foi assessor da Secretaria de Políticas de Promoção da Igualdade Racial da Presidência da República.

OUTRAS PUBLICAÇÕES DA BOITEMPO

O caderno azul de Jenny: a visita de Marx à Comuna de Paris
Michael Löwy e Olivier Besancenot
Tradução de **Fabio Mascaro Querido**
Orelha de Marcelo Ridenti

Camarada
Jodi Dean
Tradução de **Artur Renzo**
Primeira orelha de **Christian Dunker**
Segunda orelha de **Manuela D'Ávila. Slavoj Žižek, Bruno Bosteels e Mark Fisher**
Quarta capa de **Antonio Negri**

O ecossocialismo de Karl Marx
Kohei Saito
Tradução de **Pedro Davoglio**
Prefácio de **Sabrina Fernandes**
Orelha de **Murilo van der Laan**
Quarta capa de **Kevin Anderson e Michael Heinrich**

Marx: uma introdução
Jorge Grespan
Orelha de **Ricardo Antunes**

Raça, nação, classe
Étienne Balibar e Immanuel Wallerstein
Tradução de **Wanda Caldeira Brant**
Orelha de **Silvio Almeida**

Rosa Luxemburgo e a reinvenção da política
Hernán Ouviña
Tradução de **Igor Ojeda**
Revisão técnica e apresentação de **Isabel Loureiro**
Prefácio de **Silvia Federici**
Orelha de **Torge Löding**
Coedição de **Fundação Rosa Luxemburgo**

Teoria econômica marxista: uma introdução
Osvaldo Coggiola
Orelha de **Jorge Grespan**

MARX-ENGELS

Dialética da natureza
Friedrich Engels
Tradução e notas de **Nélio Schneider**
Apresentação de **Ricardo Musse**
Orelha de **Laura Luedy**

ARSENAL LÊNIN
Conselho editorial Antonio Carlos Mazzeo, Antonio Rago, Augusto Buonicore, Ivana Jinkings, Marcos Del Roio, Marly Vianna, Milton Pinheiro e Slavoj Žižek

O que fazer?
Vladímir Ilitch Lênin
Tradução de **Edições Avante!**
Revisão da tradução de **Paula Vaz de Almeida**
Prefácio de **Valério Arcary**
Orelha de **Virgínia Fontes**

BIBLIOTECA LUKÁCS

Essenciais são os livros não escritos: últimas entrevistas (1966-1971)
György Lukács
Organização, tradução, notas e apresentação de **Ronaldo Vielmi Fortes**
Revisão técnica e apresentação de **Alexandre Aranha Arbia**
Orelha de **Anderson Deo**

ESCRITOS GRAMSCIANOS

Odeio os indiferentes: escritos de 1917
Antonio Gramsci
Seleção, tradução e aparato crítico de **Daniela Mussi e Alvaro Bianchi**
Orelha de **Guido Liguori**

ESTADO DE SÍTIO
Coordenação de Paulo Arantes

A escola não é uma empresa
Christian Laval
Tradução de **Mariana Echalar**
Orelha de **Afrânio Catani**

MARXISMO E LITERATURA
Coordenação de Michael Löwy

A estrela da manhã
Michael Löwy
Tradução de **Eliana Aguiar**
Apresentação de **Leandro Konder**
Orelha de **Alex Januário**
Apêndice de **Sergio Lima**

MUNDO DO TRABALHO
Coordenação de Ricardo Antunes

Os laboratórios do trabalho digital
Rafael Grohmann (org.)
Orelha de **Ruy Braga**
Quarta capa de **Edemilson Paraná, Muniz Sodré e Nuria Soto**

PANDEMIA CAPITAL

Pandemia: covid-19 e a reinvenção do comunismo
Slavoj Žižek
Tradução de **Artur Renzo**
Prefácio de **Christian Ingo Lenz Dunker**

TINTA VERMELHA

Educação contra a barbárie
Fernando Cássio (org.)
Com textos de **Alessandro Mariano, Alexandre Linares, Ana Paula Corti, Aniely Silva, bell hooks, Bianca Correa, Bianca Santana, Carolina Catini, Catarina de Almeida Santos, Daniel Cara, Denise Botelho, Eudes Baima, Isabel Frade, José Marcelino de Rezende Pinto, Maria Carlotto, Marina Avelar, Matheus Pichonelli, Pedro Pontual, Rede Brasileira de História Pública, Rede Escola Pública e Universidade, Rodrigo Ratier, Rogério Junqueira, Rudá Ricci, Sérgio Haddad, Silvio Carneiro, Sonia Guajajara, Vera Jacob Chaves**
Apresentação de **Fernando Cássio**
Prólogo de **Fernando Haddad**
Quarta capa de **Mario Sergio Cortella**

CLÁSSICOS BOITEMPO

O dinheiro
Émile Zola
Tradução de **Nair Fonseca e João Alexandre Peschanski**
Orelha de **Mario Sergio Conti**

LITERATURA

Água por todos os lados
Leonardo Padura
Seleção e edição dos textos de **Lucía López Coll**
Tradução de **Monica Stahel**
Orelha de **Carlos Marcelo**
Quarta capa de **Wagner Moura**

BARRICADA

Conselho editorial Gilberto Maringoni e Luiz Gê

Marx: uma biografia em quadrinhos
Anne Simon e Corinne Maier
Tradução de **Mariana Echalar**
Letras de **Lilian Mitsunaga**

BOITATÁ

Troca-tintas
Gonçalo Viana

Ricardo Stuckert/Instituto Lula

Este livro, publicado em 2013, quinhentos anos após Maquiavel escrever *O príncipe* e quarenta e cinco anos após Lula se filiar ao Sindicato dos Metalúrgicos do ABC, foi composto em California, 10/12,5 e reimpresso pela gráfica Meta Brasil para a Boitempo.